美国与印度的安全防务合作

胡二杰　著

世界知识出版社

目 录

绪 论

进入21世纪以来，美国和印度一直在稳步推进双边伙伴关系，其中安全防务领域的合作日趋紧密，合作内容和层次都得到不断的拓展及提升。美印安全防务合作的持续强化对中国国家安全的影响非常深远，涵盖海洋安全、军事安全、周边安全、地区安全和国际安全等多个层面。面对美印安全防务合作对中国国家安全的可能影响，我们需要未雨绸缪，密切关注并积极思考应对之策。

一、当前美印安全防务合作概况

自从美国总统克林顿2000年访问印度以来，美印两国关系日趋紧密。在过去20余年里，美印双边关系已经拓展至非常广泛的领域，其中有五个关键支柱：战略合作；能源和气候变化；教育与发展；经济、贸易和农业；科学技术、健康和创新产业。美印两国于2009年7月发起由印度外交部长和美国国务卿共同主持的部长级战略对话，即围绕上述五个关键支柱展开。[①] 在美印双边关系的战略议题中，美印安全防务合作最为引人瞩目。美国驻印度大使罗伯特·布莱克威尔（Robert D. Blackwill）曾指出："防务合作是美印关系转变中一个富有活力、成绩显著并不断扩大的方面。"[②]

美国在2001年"9·11"事件后解除了对印制裁，美印安全防务关系随之步入稳步上升的轨道。"9·11"事件后不久，印度海军舰船即护送美国舰船通过马六甲海峡。2004年美印携手应对海啸的合作努力是两国安全防务合作的重要转折点之一。海啸后的美印联合救援工作标志着两国在行动沟通与合作方面取得显著进展。2004年12月26日，一场毁灭性的海啸袭击了印度洋沿岸部分地区，造成印尼、斯里兰卡、印度、泰国等14个国家的23万人丧生。伴随受灾国家的救灾和重建努力，美国、印度、日本和澳大利亚等国进行合作，迅速组成"海啸核心小组"来协调初步的救灾工作。此次海啸救灾工作的意外成果之一是美印军事关系的转变。美印两国

---

① Kenneth I. Juster, "U.S.-India Relations: Building a Durable Partnership for the 21st Century," January 11, 2018, accessed March 15, 2021, https://in.usembassy.gov/u-s-india-relations-building-durable-partnership-21st-century/.

② Robert D. Blackwill, "The Future of US-India Relations," July 17, 2003, accessed March 16, 2021, https://2001-2009.state.gov/p/sca/rls/rm/22615.htm.

虽然自1992年以来一直在进行海军联合演习，此次海啸救灾工作却是美军对印军态度的重要转折点。此前，美军对印军的能力认知还停留在比较有限的层次。美国对于印度作为潜在净安全提供者的认知，在此次合作后开始发生深刻改变。"可以说，这是两国历史上的第一次，美国开始把印度视为印度洋地区安全的未来提供者。"[①]

2005年，美国国防部长唐纳德·拉姆斯菲尔德（Donald Rumsfeld）和印度国防部长普拉纳布·慕克吉（Pranab Mukherjee）签署了《美印防务关系新框架》（New Framework for the U.S.-India Defense Relationship）协议，规定两国重要安全防务合作领域，包含打击海盗、灾难应对、反恐和防务贸易等。该框架协议是在《美印民用核能合作协议》（U.S.-India Civilian Nuclear Cooperation Agreement）尚在谈判期间签署的。这是美印防务关系史上的重要时刻。在2005年《美印防务关系新框架》协议的推动下，美印安全防务关系发展势头迅猛。2005年，两国联合发布了《美印灾难救援倡议》（U.S.-India Disaster Relief Initiative）；2006年，两国签署了《美印海上安全合作框架》。从那时起，美印安全防务关系发生了巨大的转变。美印两国在诸如海上安全、维护阿富汗稳定以及有效应对自然灾害等领域出现利益重合，这为两国加强安全防务合作奠定基础。

美印安全防务合作在此后数年里继续深入，两国军事交往和联合演习的规模、复杂程度和范围都在扩展。以年度"马拉巴尔"（Malabar）演习为代表的美印海军合作，成为发展迅猛的美印防务关系的最重要象征之一。美印两国空军从2002年开始开展联合演习，2004年后双方的合作进一步强化，它们通过"对抗印度"（Cope India）系列演习在两国空军飞行员之间建立沟通和交流。美印两国陆军自2004年开始进行"准备战争"（Yudh Abhyas）系列军演，美军海军陆战队和美军特种部队也分别与各自的印度同行开展合作。在2007年9月，美印联合军演出现了一个高潮，当时在孟加拉湾北部举行的"马拉巴尔"海军演习参与国增加到了五个国家（美国、印度、澳大利亚、新加坡和日本），有25艘舰船、150架飞机和两万余人参加了此次演习。演习期间，参与各方进行了反潜战、打击海盗和灾难救援等项目的联合演练。

---

① S. Amer Latif, *U.S.-India Military Engagement: Steady as They Go* (Washington, D.C.: CSIS, 2012), p.VIII.

　　紧随2007年五国"马拉巴尔"海军演习之后的是2008年10月生效的《美印民用核能合作协议》，对美印安全防务关系的发展发挥了较大的促进作用。2004—2008年是美印安全防务合作的一个高潮时期。在此期间，印度与美国的联合军事演习次数要超过任何其他国家。两国在防务关系的广泛领域开展了一系列防务对话，并完成了价值几十亿美元的防务贸易。印度从美国采购了若干重要的军事平台，以增强自身远程投送（洛克希德-马丁公司的C-130J运输机和波音公司的C-17"全球霸王"运输机）、海上监视（波音公司的P-8I海上反潜巡逻机）和两栖运输（奥斯汀级两栖运输舰）等能力。

　　在美国总统奥巴马任期内，伴随"亚太再平衡"成为美国外交政策的显著特征，印度军事力量也通过防务采购和全球参与而不断成长，美印双方在共同战略关注领域开展更多合作。美印双方努力将它们主要基于联合军演的关系转变为两国在共同关心领域的持续性常态化合作。两国的军事合作不断强化，印方从美方获得大量先进武器装备和防务技术，两国联演联训的规模和领域持续扩大，印军武器装备和军事训练的现代化水平不断提升。2016年4月，美印两国达成《后勤交换协议备忘录》（Logistics Exchange Memorandum of Agreement，LEMOA），使得两国军方可使用对方的军事基地进行后勤保障，显示出双方在防务合作方面日趋紧密的关系。2016年6月，莫迪访美期间发表的美印领导人联合声明指出，美印两国"将彼此视为亚太–印度洋地区的首要伙伴"，"美国承认印度为其'主要防务伙伴'，并将继续在防务技术共享上向印度提供便利，以期达到作为美国最紧密盟友和伙伴应有的程度"。[①]

　　在美国总统特朗普任期内，印度是美国推行"印太战略"最重要的合作伙伴之一，印度与美国的防务伙伴关系呈现持续强化之势。《美国国家安全战略报告（2017）》（National Security Strategy of the United States of America，2017）表示，美国欢迎"印度成为全球领先的大国以及更强大的战略和国防伙伴"，并明确宣布美国"将扩大与印度的防务和安全伙伴关系"。随后的《2018美国国防战略》（2018 National Defense Strategy of the United States of America）将"大国竞争"视为国防部的首要任务，并

---

　　① U.S. White House, "Joint Statement: The United States and India: Enduring Global Partners in the 21st Century," June 7, 2016, accessed March 16, 2021, https://obamawhitehouse.archives.gov/the-press-office/2016/06/07/joint-statement-united-states-and-india-enduring-global-partners-21st.

强调了美国"强大盟友和合作伙伴"的重要性。[①] 在2020年中印两军边境对峙期间，印度从美国获得许多情报，包括高清卫星图像，中国军队在实控线附近的武器装备、人员部署和其他数据。[②] 2020年9月，美国P-8A反潜巡逻机首次在印度安达曼–尼科巴群岛接受加油及后勤补给。在2020年10月美印第三次"2+2"部长级对话会上，双方签署《地理空间情报基本交流与合作协定》（Basic Exchange and Cooperation Agreement，BECA），继续深化军事领域合作。该协议与美印两国2016年和2018年相继签署的《后勤交换协议备忘录》及《通信兼容与安全协议》（Communications Compatibility and Security Agreement，COMCASA）一起，共同构成三大基础性军事合作协议，为美印两国共享军事基地、信息情报和防务系统建立制度化的框架。2020年7月，美国国务院发布《美国与印度的安全合作》文件指出，"印度在实现我们对自由和开放的印度洋–太平洋共同愿景中发挥着至关重要的作用。（国务院）政治军事局与跨部门合作伙伴一道，促进美印防务贸易关系和更广泛的安全伙伴关系"。[③]

美国总统拜登上任后，美印战略伙伴关系进一步加强。美国著名智库布鲁金斯学会（Brookings Institution）的一份报告称，"美国与印度的安全防务关系是拜登政府更广泛的印度洋–太平洋议程中的一个温和但重要的部分，这将需要进行稳定的投入和重新校准，而不是进行大幅度重新设计"。[④] 从实践看来，美国拜登政府的印太政策保持较大连续性，仍致力于强化美印两国的安全防务合作，注重发挥印度在美国"印太战略"框架中的作用。由此可见，发展美印关系已经成为美国两党的共识，无论美国是共和党还是民主党执政，美印安全防务合作预计都将继续发展。

当然，建立可持续的常态化美印安全防务合作关系并非易事，也面临

---

① Bradley Bowman and Andrew Gabel, "US, India Bolster Their Military Partnership in Tiger Triumph Exercise," November 13, 2019, accessed March 16, 2021, https://www.defensenews.com/opinion/commentary/2019/11/13/us-india-bolster-their-military-partnership-in-tiger-triumph-exercise/.

② Dave DeCamp, "US Is Helping India Spy on China's Military Near Disputed Border," December 27, 2020, accessed March 16, 2021, https://libertarianhub.com/2020/12/26/us-is-helping-india-spy-on-chinas-military-near-disputed-border/.

③ U.S. Department of State, "U.S. Security Cooperation With India: FACT SHEET," July 21, 2020, accessed March 16, 2021, https://www.state.gov/u-s-security-cooperation-with-india/.

④ India New England News, "India, US Defense Ties to Strengthen Further in Face of Rising China," January 19, 2021, accessed March 16, 2021, https://indianewengland.com/2021/01/india-us-defense-ties-to-strengthen-further-in-face-of-rising-china/.

不少棘手的挑战。总体而言，美印深化安全防务合作至少面临着五类制约：战略的、政治—外交的、官僚的、程序—技术的以及军事和沟通能力的制约。每个类别的制约因素都带来了在短期内难以克服的独特障碍。

1. 战略制约。美国和印度需要有明确的战略愿景来强化两国的安全防务合作。目前，美印双方对于安全防务合作的终极目标缺乏共识，对于"互用性"（Interoperability）等概念也存在不同理解。美方有加快推进两国安全防务合作的雄心，印度则认为需要稳步推进合作，不宜操之过急。从根本上讲，印方具有自身的战略利益考量和战略自主诉求，更愿意将美国定义为合作伙伴而非正式盟友。所以，在可预见的近期，印度出于外交政策取向和能力限制考虑，难以与美国建立正式的联盟关系，美国也被迫降低对于印度作为重要安全合作伙伴的期望值。

2. 政治—外交制约。具体包括美印双方持续的信任缺失、美国与巴基斯坦的关系、印度与俄罗斯的关系以及美印两国的国内政治考量等，这些都对美印安全防务合作产生负面影响。有效管控这些挑战将在较大程度上取决于印度对于美方合作诚意的认可，美国对巴政策会否被印度视为有损自身利益，以及美印两国国内政治动态对双边合作关系的影响。

3. 官僚制约。美印双方防务关系的发展受制于一系列官僚制约。在印度方面，尽管印度军方希望加强美印双边合作，但以国防部为代表的印度文职官僚却对美印安全防务合作设定红线。这些文职官僚对印度战略自主受损的敏感以及印方的人员和预算限制，导致了双方更深入的安全防务合作难以实现。印方对美方官僚的关切集中于技术转让领域，印方认为本国获得美国高科技的强烈意愿总是遭到美方忽略或敷衍，而应付复杂的美国官僚机构也颇为棘手。

4. 程序—技术制约。美印深化安全防务合作面临一系列程序和技术挑战，具体包括美国对外军售和印度防务体系之间的严重脱节、在技术转让议题上的尖锐矛盾以及在采购抵消和外商直接投资等事项上的明显分歧。

5. 能力制约。除了政治、官僚以及程序—技术障碍，印度也面临着严峻的能力制约，尤其表现在军事能力和沟通交流两方面，对美印安全防务合作形成一定制约。印方可用于美印安全防务合作的资源着实有限，而美方与印度相关部门及民意群体的交流沟通也并不顺畅。

二、国内外研究现状述评

国内外关于美印关系的研究成果比较丰硕，其中也或多或少地涉及美印安全防务合作问题。代表性著作包括赵蔚文的《印美关系爱恨录》、张贵洪等的《中美印三边关系研究》和慕永鹏的《中美印三边关系——形成中的动态平衡体系》。时间较近的、关于美印安全防务合作的代表性论文包括：《"印太"背景下的非盟友战略伙伴——印美外交–防务"2+2"对话机制解读》（张力），《论印美战略安全关系的趋向、进展与阻滞》（刘红良），《特朗普政府时期美印关系的发展态势》（王莎莎），《特朗普执政以来美印海上安全合作探析》（张东冬），《从〈通讯兼容与安全协议〉透视近期美印安全合作》（肖军），《新时期美印战略关系：威胁感知与利益权衡》（杨晓萍等），《美印防务合作新态势评估》（楼春豪），《美印防务安全合作最新动态探析》（罗藏才让），《关于美印战略伙伴关系的再思考》（张贵洪等），《美印"2+2"对话和安全合作对印太安全的影响和挑战》（蔡鹏洪），《美印海洋合作的新发展及前景》（孙现朴），《美国与印度的太空互动：从分歧到合作与竞争》（江天骄等），《当前美印安全合作及前景分析》（章节根），《"印太"语境下的美印日海洋安全合作》（许娟），《美印〈战略愿景〉："全球摇摆国家"定位及解读》（许娟），《"东向政策"遭遇"重返亚太"：美印在亚太地区的安全互动》（曾祥裕等），《美印防务合作述评》（时宏远），《浅析美印军事安全合作》（邓睿），《美国"重返亚太"战略与印度的角色选择》（张力），《美国南亚政策调整下的中印关系研究》（卫灵），《冷战时期美国的南亚战略与美印关系》（胡志勇）等。此外，孙士海、马加力、赵干城、张敏秋、蓝建学、郑瑞祥、张敏谦、刘学成、孙晋忠、马嬿、罗会钧、林民旺、慕小明等中国学者也曾对美印安全和防务关系进行了深入探讨。

放眼国外，美印等国也有不少相关研究成果。相关著作包括：美国学者丹尼斯·库克斯（Dennis Kux）的《美国和印度：疏远的民主国家》，美国学者甘古利（Ganguly）等的《迈入21世纪的美印战略合作》，美国学者特雷西塔·沙菲尔（Teresita Schaffer）的《21世纪印美关系：重新缔造的伙伴关系》；印度学者巴尔吉（Baerjee）的《印美战略合作伙伴关系回顾：过山车般的印美关系》，印度学者米纳克什·艾哈迈德（Meenakshi Ahamed）的《信任的问题：从杜鲁门到特朗普的印美关系》等。丹尼斯·库克斯非常细致地探析了冷战时期美印两国有限的安全防务合作，并分析两国此时关系疏远的宏观和微观原因。甘古利等认为，新时期美印"战略伙伴"关系的基础是两国的民主价值观、对全球恐怖主义的担忧，以及对中国在亚洲及世界舞台上发展的担忧。沙菲尔认为，在新形势下，美印两国在全球和地区问题上将存在广泛的共识，并正呈现利益趋同之势，而这与中国的外交动向有着千丝万缕的联系。艾哈迈德认为，从杜鲁门到特朗普的每个美国总统都对印度有着自己的见解，但其观点很少反映出对印度的历史、文化甚至政治的深刻理解，而是反映其个人喜好和偏见、经验和见闻；即使被国内优先事项和专家建议所覆盖，美国总统个人对印度的观点也通常会对其政策产生潜移默化的影响，有时甚至产生意想不到的影响；美国和印度在结构上有约束力，它们具有共同的民主价值观，拥有共同的地缘政治、经济和战略利益，美印两国领导人的个人偏好可以削弱这种纽带，但不能完全打破它们。

在官方层面，2011年11月，美国国防部曾就美印安全合作问题向美国国会提交了一份报告；2017年7月，美国国防部和国务院向国会提交了一份关于加强美印防务与安全合作的联合报告。在学术界，尤为值得关注的是美国战略与国际问题研究中心（CSIS）的"美印安全防务合作"研究项目。该项目的负责人是S. 阿米尔·拉蒂夫（S. Amer Latif）博士，他曾在2007年至2011年担任美国国防部部长办公室南亚事务主管。该项目比较系统地梳理了深化美印两国安全防务合作的主要挑战和机遇，并提出了不少具体的政策建议供美国政府参考。该项目的研究成果主要见诸三份研究报告，分别为《美印军事交往》《美印防务贸易》和《美印国土安全合作》。美国战略与国际问题研究中心此后对美印安全防务合作问题长期保持跟踪性研究，时间较近的研究成果包括：杰西·巴克·盖尔（Jesse Barker Gale）和安德鲁·希勒（Andrew Shearer）的研究报告《"四国安全对话"和海上丝绸之路倡议》（2018年3月）；赫曼特·辛格（Hemant Singh）和理查德·罗索（Richard Rossow）的研究报告《美印海上安全合作》（2019年10月）。除了美国战略与国际问题研究中心的持续性专门研究外，其他研究报告包括：美国国会研究报告《美印安全关系：战略议题》；印度观察家研究基金会（ORF）研究报告《寻求方向的美印防务关系》等。

相关论文包括：巴基斯坦军官沙希德·拉蒂夫·巴吉瓦（Shahid Latif Bajwa）的论文《美国与印度及巴基斯坦的安全合作：比较研究》；印度军

官维仁德尔·辛格·萨拉利亚（Virender Singh Salaria）的论文《美印安全合作：过去、现在和未来》；拉格胡（Raghu）的论文《美印战略伙伴关系：安全的视角》；伊凡·菲根保（Evan Feigenbaun）的《印度崛起，美国利益：美印伙伴关系的前途》；尼古拉斯·伯恩斯（Nicholas Burns）的《美国对印关系的战略：新的美印伙伴关系》；马沙尔·博顿（Marshall Bouton）的《美国在印度的利益诉求》；大卫·卡尔（David Karl）的《美印关系：走向未来之路》；思锐坎的《美国重返亚太新战略与印度的政策选择》等。

总体而言，现有研究成果主要聚焦于美印两国战略和安全关系，角度多样，成果丰富，为本研究奠定了比较坚实的基础。其中，国外研究更为深入，伴随美印两国战略伙伴关系的发展，两国对对方的关注不断增加。由于美印等国学者对我国的认知存在一定的误区和盲区，在涉华问题上不可避免地存在一定的偏差。相较于对美印战略和安全关系的研究，聚焦于美印两国防务合作的研究成果仍显不足。21世纪以来，尤其是近年来美印安全防务合作的持续变化，为我们留下了巨大的研究空间，特别是将理论研究、历史考察、动态分析和前瞻性预判结合的深入研究还比较欠缺。

三、基本思路、研究重点和研究方法

基本思路：以现有国际关系理论为支点，把理论研究、历史考察、现状分析和前瞻性预判结合起来，遵循"背景分析—历史考察—现状研究—前瞻预判"的思路，力求对美印安全防务合作的发展演进进行长时段、宽领域和广视角的研究。

研究重点：第一，全面回顾美印安全防务合作的历史演进；第二，系统梳理美印安全防务合作的主要成就，并尝试预测其发展前景；第三，深入剖析美印深化安全防务合作的主要制约。

研究方法：主要采取比较分析法、层次分析法、案例分析法、文本分析法等研究方法，在研究中坚持马克思辩证唯物主义和历史唯物主义，秉持历史的视角、大战略的视角和前瞻性的视角等。此外，历史研究法、实证研究法以及归纳、综合、演绎等基本的方法也是本研究力图贯彻始终的方法。

第一章　美印安全防务合作的历史脉络

　　多年来，美国与印度的安全防务关系经历了许多波折。在印度独立后的前40年里，美印关系受冷战政治支配，安全防务合作难有实质性的发展，往往美印关系刚有所进展，印巴冲突、核试验或冷战政治等就会阻碍双方建立更为紧密的安全防务关系。由于美国屡次对印度实施武器禁运，美国在印度政府内部被贴上了"不可靠的武器供应者"的标签。[①] 尽管美印双方都做出诸多努力来克服它，这种思维定势却一直延续到20世纪90年代。1991年，美军太平洋司令部陆军司令克罗德·基克莱特（Claude M. Kicklighter）访问印度，双方签署了美印两国首个扩展两军交往的协议。此后，美印安全防务合作开始逐步发展，但极大地受制于两国在核不扩散等问题上的矛盾。1998年5月，印度进行了两次核试验，并招致国际社会的制裁，美印安全防务合作再度中断，直至美国克林顿总统任期末撤销对印制裁并成功访印。后来的美国小布什政府将美印安全防务合作推向高潮。美印安全防务合作的上升态势在美国奥巴马政府时期和特朗普政府时期得以保持。从时间的维度上看，美印安全防务合作大致可以分为三个阶段，即冷战时期、20世纪90年代和21世纪以来。

第一节　冷战时期的美印安全防务合作

　　冷战时期美印安全防务合作的历史显示了两国长达近半个世纪的动荡关系。有学者认为："双边关系实际上长期在一个具有上下限的甬道内波动。波动的下限是印度不能超过仅作为地区大国的力量角色，如果印度试图突破这一角色的限制，美国将作出反应压制印度，使双边关系降温。波动的上限是让印度保持作为地区大国的相对独立性，如果印度实力相对下降或受到其他大国的强力吸引时，美国将出手援印或拉印，使双边关系升

---

① Brian Hedrick, "India's Strategic Defense Transformation: Expanding Global Relationships," November 2009, accessed March 16, 2021, https://www.globalsecurity.org/military/library/report/2009/ssi_hedrick.htm.

温。"① 虽然美印两国军事人员的教育和训练项目得以长期维持，② 但是在冷战时期，印度政府没有赋予美印军事人员交流以足够的战略价值，美国也从未让自己成为印度防务武器的可靠供应者，而这又是印度用来衡量防务关系的关键指标之一。结果美印安全防务合作陷入了某种反复摇摆的状态，往往美印关系刚取得进展，印巴战争、核试验或冷战政治等就会阻碍双方建立更为紧密的安全防务合作。

一、从印度独立到20世纪60年代末

美印安全防务关系的缘起要早于冷战，可以追溯到第二次世界大战时期。由于印度重要的地理位置和巨大的战略潜力，美国富兰克林·罗斯福政府将印度视为第二次世界大战潜在的重要参与者，希望获得印度民族主义者的合作，将之打造成为阻挡日本在东南亚地区进行侵略扩张的防波堤、同盟国物质和人力资源的重要来源。印度民族解放运动领导人有意支持盟国的反法西斯战争，但是想要以获得民族独立作为回报。印度将美国视为其民族独立斗争的潜在盟友。美国总统罗斯福确曾采取一定的努力，试图说服英国向印度提供明确的独立时间表，却遭到时任英国首相丘吉尔的断然拒绝。罗斯福和丘吉尔两人在印度独立问题上的原则分歧在《大西洋宪章》中有所体现。宪章声明，同盟国根本的战争目的是"所有民族拥有民族自决的权利"。罗斯福认为，宪章是普适性的，包括殖民地人民寻求独立的权利；丘吉尔则辩称，宪章对民族自决的承诺仅适用于纳粹占领区，而非英帝国的海外属地。英方的强硬态度使得罗斯福不再试图推进印度独立问题的解决，这让甘地、尼赫鲁、钱德拉等印度独立运动领导人大失所望，后者转而对英方的殖民统治进行更积极的抵制，甚至与德日法西斯政权建立某种联系。这让美方难以容忍。美方认为，印度独立运动领导人的策略破坏了第二次世界大战的成果；美国的首要目标是战胜法西斯"轴心国"，印度的独立虽然重要，却不能因此影响最重要目标的实现；尽管英国对海外属地的政策存在错误，但这不能成为印度拒绝支持盟军反抗日本和纳粹法西斯犯罪的正当理由。而对于印度来说，自身独立才是第一

① 赵蔚文：《印美关系60年》，载张敏秋主编《跨越喜马拉雅障碍：中国寻求了解印度》，重庆出版社，2006，第417页。

② 美国一直通过"国际军事教育和训练"（IMET）项目支持印度军官到美国军事院校学习，也支持美国军官到印度军事院校学习。

位的，反法西斯战争胜利的重要性要次于结束英国殖民统治的事业。"正是由于在优先性问题上的分歧，使本来可以成为美印关系良好开端的事情，实际上却呈现出双方矛盾冲突的状态"。①

印度终于在1947年8月15日获得独立，美印关系却在此后进一步趋于恶化。独立之初，印度希望与美国建立亲密的关系。尼赫鲁在1947年12月制宪会议的首次外交辩论中宣布，美印两国是朋友，印度希望与美国进行合作。但是美印关系的发展并不顺利，充满曲折和波动。时任美国总统的杜鲁门将印度视为"与美国的政治利益没有直接关系的遥远国家"，他没有努力去了解这个国家，也没有与尼赫鲁建立密切的个人关系。② 印度独立时，美国已经开始推行遏制共产主义的政策，遏制苏联成为美国此后40余年国家安全政策的根本驱动力。1947年美国出台《国家安全法》，对国家安全相关机构进行重大改组。该法案建立了许多协助美国总统制定和实施安全防务政策的机构，包括中央情报局、国防部和国家安全委员会。面对国际体系鲜明的两极化趋势，独立之初的印度坚持独立自主的外交政策。印度开国元勋、总理尼赫鲁支持"不结盟"的外交政策，主张印度不加入美苏两大阵营中的任何一个。尼赫鲁在与美国首任驻印大使亨利·格雷迪（Henry F. Grady）博士的谈话中，阐述了他对印度外交政策的主张。首先，印度不希望加入美苏两大阵营中的任何一个，但也要发展与美国的友好关系。其次，苏联从落后国家迅速发展成为工业强国的发展模式对印度颇具吸引力。然而，印度在政治上并不喜欢苏维埃政权的"非民主"本质。尼赫鲁认为，印度通过置身于美苏两大阵营之外，将保持本国的行动自由，提升自身国际地位，降低因外交事务引起国内分裂的可能性。此外，印度自视为南亚最强大的国家，认为不需要外部支持来加强其外交政策立场。③

---

① 〔美〕苏米特·甘古利：《印度外交政策分析：回顾与展望》，世界知识出版社，2015，第245—248页。

② Vikram S. Mehta, "Over the Barrel: A Brief History of India-US Relations," February 8, 2021, accessed March 16, 2021, https://www.financialexpress.com/opinion/over-the-barrel-a-brief-history-of-india-us-relations/2190026/.

③ Dennis Kux, *India and United States: Estranged Democracies* (Washington, DC: The National Defense University Press, 1992), p.57.

　　印度和美国的首个重大分歧出现在克什米尔问题[①]上。克什米尔的归属问题在1947年8月印巴分治后变得日趋复杂，印巴双方展开了激烈的争夺。1947年12月31日，印度将克什米尔争端提交联合国安理会，控诉巴基斯坦对印度的"侵略"，并威胁说印度政府可能为了自卫而被迫进入巴基斯坦领土，对"入侵者"采取军事行动。1948年1月20日，联合国安理会通过决议，决定成立联合国印巴委员会，调停印巴在克什米尔的冲突。英国采取了支持巴基斯坦的政策，强烈反对印度扩大战争和攻击巴基斯坦，并逼迫印度将该问题提交至联合国；英国还积极寻求美国的支持，推动此事在联合国层面的解决。美国由于在全球的过度承诺和害怕为苏联介入南亚事务提供借口，并不愿意卷入克什米尔问题，也不希望与盟友英国出现不和。所以，当该议题提交联合国安理会表决时，美国与英国的立场保持一致，要求印巴两国在克什米尔立即停火，并划定一条停火线。美方甚至警告印方，如果在这些问题上没有达成合作，将会危及未来的美印关系。联合国未将巴基斯坦作为"侵略者"加以谴责，印方对此感到沮丧。印方还认为，美国在该问题上偏袒巴基斯坦。印度总理尼赫鲁认为，美国在克什米尔问题上的立场并非基于问题本身的是非曲直，而是基于美苏争霸的全球战略需求，"美国的动机是在巴基斯坦获得军事和经济优惠"，尼赫鲁宣称，美英两国在克什米尔问题上的态度"完全错误"，警告它们的立场将对美印和印英关系造成深远的负面影响。[②]经过一番外交纵横捭阖，联合国印巴委员会先后于1948年8月和1949年1月通过关于克什米尔停火、非军事化和公民投票的决议；印巴表示接受，双方达成停火协定。1949年7月划定停火线，克什米尔约五分之三的土地和四分之三的人口划

─────────

[①]　克什米尔争端是1947年印巴分治时英国殖民主义遗留下来的问题。克什米尔（又名查谟和克什米尔）位于南亚次大陆北部，地处印度、巴基斯坦、中国和阿富汗之间，面积约19万平方公里，人口约500万，其中穆斯林占77%，印度教徒占20%。在英国殖民统治时期，克什米尔系英印帝国的一个土邦。1947年蒙巴顿分治方案规定，克什米尔土邦可自由决定加入印度或巴基斯坦，或保持独立。由于绝大多数克什米尔居民是穆斯林，因而倾向于加入巴基斯坦，而克什米尔王公是印度教徒，倾向于加入印度，印巴间及土邦内部矛盾逐步激化。1947年10月22日，由数万穆斯林组成的部落武装从巴基斯坦西北边境省进入克什米尔，与克什米尔王公展开"圣战"。王公逃至德里，求助印度。10月26日，克什米尔王公与印度签署协议书，声称克什米尔归属印度联邦，将国防、外交、邮电大权交印度政府后在联邦内享有特殊地位。对此，巴基斯坦坚决反对。10月27日，印度出动正规部队对穆斯林部落武装进行镇压。印军进入克什米尔后，巴基斯坦也随之出兵，第一次印巴战争因此爆发。钱其琛主编《世界外交大辞典》，世界知识出版社，2005，第2284页。

[②]　Dennis Kux, *India and United States: Estranged Democracies*, p.61.

归印度，其余归巴基斯坦，克什米尔问题暂时平息。除了克什米尔问题，美印两国在诸多其他问题上也存在分歧，例如核不扩散、巴以问题和对印度尼西亚的政策等。

美国在中华人民共和国成立后更重视发展与印度的关系，希望印度能在亚洲发挥抵御共产主义的作用。1949年8月30日美国合众社报道说："越来越多的外交家认为，印度以其军事和经济潜力，乃是美国对亚洲外交政策成功的关键。"1949年10月，尼赫鲁应邀访美。美国对尼赫鲁此访寄予厚望，可由于美印双方在对待共产主义问题上的分歧，尼赫鲁的美国之行成效不佳。印度不仅没有像美方希望的那样成为在亚洲遏制共产主义的中坚力量，反而很快承认中华人民共和国，并与之建交。这让美方大为不满。当然，此时美印关系虽不融洽，美国仍给予了印度一定的经济和其他方面的援助。1949年，杜鲁门政府提出"援助落后地区经济开发计划"（简称"第四点计划"），印度被列入援助对象。据此，美印两国分别于1950年12月、1952年1月和1952年11月签订《美印技术援助协定》（General Agreement for Technical Cooperation Between India and The United States of America）、《美印技术合作协定》（Agreement Between the United States of America and India Relating to Technical Cooperation）、《美印技术合作补充协定》。根据这些协定，美国向印度赠款120万美元，并在农业、水电和建筑等方面向印度提供技术援助。1951年6月，美国通过"紧急援助法"向印度提供了66万吨小麦、7万吨玉米以及2万吨大米。1952年，美印两国签署《共同安全保障协定》，美国向印度提供5,000万美元，并承担训练技术人员的费用。①

1950年朝鲜半岛冲突的爆发给美印关系的改善带来了契机。令美方惊讶的是，印度居然投票赞成联合国安理会谴责朝方的"入侵"。不过，印方坚决反对将朝鲜半岛冲突与台湾问题及印度支那问题联系起来。1950—1953年的朝鲜战争将冷战转变为一场全球性对抗，随后美印两国的世界观在一系列根本安全问题上发生更为激烈的碰撞。朝鲜战争激发了美国通过建立安全联盟体系来遏制苏联威胁的兴趣。美国将共产主义视为"世界性威胁"，并倡导用强大的军事实力和安全联盟体系来维护"全球和平"。相比之下，印度认为共产主义的威胁被明显夸大了。尼赫鲁担心，对共产主

---

① 张忠祥：《尼赫鲁外交研究》，中国社会科学出版社，2002，第190—191页。

义的过度防备不仅难以实现和平，反而会引发战争。印方认为维持和平的最好手段是对话而非强制，并积极寻求这种手段，正如美国积极追求更强大的军事实力和联盟体系。双方的分歧在克什米尔问题上进一步彰显，这个问题对印度而言远比对美国更为重要。于是，一种相互失望之感开始影响美印关系。印度期待获得美国在克什米尔问题上的支持，美国则期望印度支持遏制共产主义。美国并不欣赏印度走"不结盟"道路，游离于两大阵营之外。美国艾森豪威尔（Dwight D. Eisenhower）政府时期的国务卿杜勒斯曾指责印度的不结盟政策是"不道德的中立"，因为它不仅否定了结盟的美德，而且压缩了美国潜在的势力范围。因此，美印关系在印度独立初期处于摇摆不定的状态。1952年，为加强国防现代化建设，印度请求向美国采购一批坦克和飞机。印方的请求最初得到了美方的批准，但巴基斯坦的强烈反对和美方的潜在担忧使得交易最终不了了之。

与此同时，美国积极支持印度的地区对手巴基斯坦，因为巴方不仅在国家层面支持美国的反苏大战略目标，而且加入了中央条约组织、东南亚条约组织等反共军事联盟，美国因此确立了以巴基斯坦制衡印度的南亚基本战略格局。在20世纪50年代，美国先后与巴基斯坦签署《巴美技术援助协定》《巴美共同防御援助协定》《巴美合作协定》等，并向巴基斯坦提供了大量的经济和军事援助。对于印度来说，美国与其夙敌巴基斯坦结盟，并给予后者大量军事援助是令人极为愤怒的。1954年2月，美国总统艾森豪威尔曾致信尼赫鲁，为即将签订的《巴美共同防御援助协定》进行辩护，并告诉尼赫鲁此举"不针对印度"。但尼赫鲁仍表达了坚决反对的态度，他在议会演讲中表示，这会"增加南亚地区的紧张局势，使印巴之间的问题更加难以解决"。①

不过，美国在建立与巴基斯坦的军事同盟关系后，开始经营它在南亚确立地区大国间相互制衡战略格局的另一方关系，即拉拢印度。美国决策者认为，当时亚洲新兴国家中弥漫着一股强烈的民族主义情绪，其中一些国家受到中国革命的影响，而印度的甘地"非暴力"主张无疑是一股抗衡中国革命的意识力量。此外，印度是亚洲"民主制度的橱窗"，美国想促进实施代议民主制的印度经济发展，从而向世人展现西方民主制度的"优

---

① 张忠祥：《尼赫鲁外交研究》，第199页。

越性"，以抵制共产主义在亚洲的扩张。[①] 于是美国向印度提供了大量的经济援助。据统计，从1951年到1966年，印度外援有51%来自美国，只有11%来自苏联和东欧国家。1957年，印度共产党在第二次大选中获得30个议席，成为印度国内第二大党。美国国家安全委员随后对美国的印度政策进行评估，发现脆弱印度给美国造成的安全风险要远大于强大印度，因为脆弱印度可能增加共产主义的吸引力。美国对印度国内"激进势力"的增长感到担忧，转而对印度采取怀柔政策，不再指责"中立主义不道德"，在宣传上强调"求同存异"，并加大了对印经援的力度。1958年3月，美国艾森豪威尔总统敦促参议院积极参与印度的发展事务；同年，美国财政部长道格拉斯·狄龙（Douglas Dillon）等人成功创建援印财团。约翰·肯尼迪在1960年就任总统后，进一步推进援印事业的发展，并启用了以知名学者约翰·肯尼斯·加尔布雷斯（John Kenneth Galbraith）为代表的一批亲印外交官。肯尼迪对资助印度的第三个五年计划（1961—1966年）颇有兴趣，每年援助数额达到10亿美元之巨。[②] 尼赫鲁曾致信肯尼迪向美方表达谢意："我们发展经济的任务虽然巨大，但由于你们的善意和慷慨的援助，已减轻了不少。对伟大的美国人民，尤其是您本人，总统先生，我满怀谢意。"[③]

　　美国对印度的支持和援助不仅表现在经济方面，也表现在外交和军事方面。早在20世纪50年代中期，印度就已被美国纳入其"前沿防御区域计划"（前沿防御区域是指那些与中苏两国接壤的国家），只是由于印度的"不结盟"政策，妨碍了美国与之结盟的愿望。1959年3月西藏叛乱事件发生后，美国首次公开表达对印度的"同情"态度；朗久事件（1959年8月印度在中印边境挑起的一次较大的武装冲突）后，美国再次向印度表达了类似态度；同时美国舆论也大肆攻击中国，为印度帮腔。1959年12月，美国总统艾森豪威尔对印度开展为期四天的访问。艾森豪威尔和印度时任总理尼赫鲁之间的友情，给当时正处于艰难阶段的美印关系提供了助力。1960年，美方向印方出售少量C-119运输机，用于印度边境地区的军事物资供给运输。1961年5月，美国副总统林登·约翰逊（Lyndon B. Johnson）

---

　　① 邱美荣:《1959—1962的中印关系：国际危机管理的研究视角》，同济大学出版社，2014，第141页。

　　② 〔美〕苏米特·甘古利:《印度外交政策分析：回顾与展望》，第296—297页。

　　③ 邱美荣:《1959—1962的中印关系：国际危机管理的研究视角》，第142页。

访问印度后备受鼓舞，他甚至建议美国帮助印度实现军事现代化，使印度可以把军队从克什米尔抽调出来威慑中国，而非同巴基斯坦对峙。

1962年的中印边境冲突将这一时期的美印关系推至顶点。在冲突爆发前的1962年3月，美国副国务卿切斯特·鲍尔斯（Chester Bowles）曾访问印度，与鼓吹"前进政策"的印度陆军中将布里吉·考尔（Brij Mohan Kaul）举行会谈，并表达出在中印发生军事冲突时将向印度提供军援的意愿。1962年中印边境冲突爆发后，印度竭力争取外国军事援助，在从美方得到积极的回复后，美印关系迅速升温。

在中国军队自1962年11月16日开始实施反攻作战，并迅速击退当面印军后，印度国内出现了严重的恐慌情绪。11月19日，面对中国军队凌厉的反击作战攻势，陷入恐慌的印度总理尼赫鲁两次致信美国总统肯尼迪，呼吁美国紧急向印度派遣12个中队的超音速战斗机，并提供雷达和通信设备；他甚至要求由美国飞行员来驾驶这些飞机作战；他还寻求美方支援两个中队的B-47战略轰炸机，袭击中国的基地和机场。这无异于要求美方直接派空军参战。由于印度没有公开澄清本国的不结盟政策，为弄清尼赫鲁的真实想法，肯尼迪派遣主管远东事务的助理国务卿威廉·哈里曼（William Averell Harriman）赶赴新德里。肯尼迪政府在和英国交换意见后，准备向尼赫鲁提出增加援助的交换条件：印度应做出切实努力来解决与巴基斯坦的克什米尔问题，以使它能够把对付巴基斯坦的军队转向对付中国；印度将与中国的边界争端提交至联合国，以使后者通过一项谴责中国的决议。当哈里曼于当年11月22日抵达印度时，中国已宣布单方面停火，并将军队撤回至1959年实际控制线，这就打破了美国让中印边境冲突长期拖延的幻想。哈里曼访印回国后提交的报告认为，印度人的确需要尼赫鲁在11月19日向英美提出的"大规模"援助，但"此时不想在面临崩溃之际得到韩国那样或南越式的让西方国家的军队进入本国或接受西方领导的紧急救济"。

由于对印度国内情况还不摸底，再加上对中国宣布停火、撤军的动机没有达成共识，美国政府内部对英美联合援助印度的具体措施存在较大争论。故哈里曼印度之行后美国并没有立即做出决定和出台具体措施，只是决定同意继续提供印度所需要的紧急援助，并为今后的援助计划摸清情况。1962年12月5日，肯尼迪致信尼赫鲁，表示将向印度提供6,000万美元的援助，并为印度提供空中保护。美国还积极协调其盟友向印度提供更多的援助，最终促使英国政府同意按照对等份额也援助印度6,000万美元，并为印度建设山地师提供必要装备。12月24日，美国驻印大使加尔布雷斯拜会尼赫鲁时表示，眼下的援助主要有关山地师，因为"第一要务是准备反击中国的下一次进攻"；美国政府关于长期军援印度的计划尚未制订妥当，"这不仅因为需要进行仔细的财政准备，也需要对中国的意图及次大陆防务的总体发展进行最终的评估并做出决定"；至于帮助印度建立大规模防空体系的问题，此事影响深远，涉及巨额花费以及与巴基斯坦的关系。[①] 由于中方撤军，美国失去了对印军援的重要动力，同时鉴于印巴克什米尔问题谈判进展不畅，美国开始减少对印军援。

为保持南亚平衡，美国没有响应印度政府关于扩大军援以抗衡中国的要求，这令印度大失所望。不过，美国利用中印边境冲突让印度恐慌的机会，提议使用印度空军基地为美国中情局U-2侦察机补充燃料，深入中国境内执行任务，帮助提供中国军队有关情报，得到了尼赫鲁的同意。1963年6月，美印双方就U-2侦察机使用印度奥里萨邦沙尔巴迪空军基地达成一致。1964年，该基地正式启用，此后曾多次执行对华侦察任务，直至1967年7月因印度国内政局变化而关闭，美印双方相关合作也告一段落。此外，美国还继续向印度提供印度山地师使用的通讯和其他装备、工程和筑路设备、运输机等，直至1965年第二次印巴战争爆发才停止对印度军援。

1964年10月，中国成功试爆了首枚原子弹，美国开始担心印度会效仿中国，成为继美、苏、英、法、中之后的第六个有核国家。此前，为了维护自身核垄断地位并限制其他国家发展核技术，美苏两国积极推动核禁试谈判，于1963年8月签署了旨在防止核扩散的《部分核禁试条约》。印度尽管承受来自美苏两国的巨大压力，最终却拒绝签署该条约，印度认为该条约是拥核国家和无核国家之间的"不平等协议"。印度认为，"核禁试条约未能为非核国家在遭遇核攻击威胁时提供安全保证"。[②] 印度拒绝签署《部分核禁试条约》的行为，进一步损害了美印关系。尼赫鲁之女英迪拉·甘地（Indira Gandhi）1966年出任印度总理后，为拉拢国内政治反对派，甚至严厉批评美国在越南的行动，这激怒了美国约翰逊总统。尽管时

---

① 孟庆龙:《中印边界战争前后美国对印度态度的变化——兼论美印关系的历史基础》,《清华大学学报(哲学社会科学版)》2020年第3期, 第76—93页。

② Dennis Kux, *India and United States: Estranged Democracies*, p.263.

任美国驻印大使鲍尔斯强烈反对，美方还是在1967年与巴基斯坦签署了新的武器协定。该协定规定，美国根据具体情况向巴基斯坦提供有限的军火供应。1968年，苏联出兵捷克斯洛伐克。虽然印度口头上强烈谴责苏联的行动，却在联合国安理会关于谴责苏联的提案中投了弃权票。

二、20世纪60年代末到冷战结束

在1969年理查德·尼克松出任美国总统后，美国外交政策的关注点集中在抵御苏联的强劲攻势和尽早结束越南战争上。面对苏攻美守的国际情势，美国开始调整本国外交政策，努力将"共产主义中国纳入国际大家庭，扭转了20年来美国孤立中国的政策"。[①]尼克松本人对于南亚事务较为冷淡，南亚在美国总体外交政策优先次序中处于比较靠后的位置。这在1970年美国《国家安全研究备忘录》（National Security Study Memorandum，NSSM）中有所体现。该文件将该年度美国对南亚的外交政策总结成三个要点："美国在南亚的战略关切仅限于不让中国或苏联在次大陆获得支配地位；美国接受巴基斯坦调整后的外交政策和印度的不结盟外交，'我们不想迫使它们建立超过它们自身利益所需的更密切关系'；美国在次大陆的主要利益是促进经济发展，应对人道主义关切，并鼓励印巴两国消除分歧。"[②]尼克松总统也不喜欢印度奉行的"不结盟"外交政策。尼克松政府的总统国家安全事务助理亨利·基辛格曾指出："尼克松比起他的一些前任更不待见印度关于道义领导权的声明；事实上，他认为与印度的外交妥协是软弱的自由主义外交的典范。"[③]对于美国政府的冷漠态度，时任印度总理英迪拉·甘地曾针锋相对地表示："我认为我与除了尼克松先生之外的历届美国总统都拥有良好关系。尼克松对印度具有成见。"[④]

较之于愈发疏离的美印关系，美巴关系在尼克松上任后趋于紧密。美国在第二次印巴战争后曾停止了对印巴双方的军援。1970年，尼克松政府批准了一项美巴防务协议，允诺向巴方出售300辆装甲运兵车和一定数量的飞机，这引起了印方的强烈反对。面对日益紧密的美巴关系，苏联在1969年末决定放弃此前在印巴之间搞平衡的做法，重返过去更重视苏

---

①   Dennis Kux, *India and United States: Estranged Democracies*, p.285.

②   *Ibid.*, p.289.

③   Henry A. Kissinger, *The White House Years* (Boston: Little, Brown &Company, 1979), p.848.

④   *Ibid.*, p.848.

印关系的政策。苏联外交政策的变化和印度总理英迪拉·甘地的政策调整，为加强印苏关系和签署《苏印和平友好合作条约》（*Treaty of Peace, Friendship and Cooperation Between the Union of Soviet Socialist Republics and the Republic of India*）奠定了基础。此外，这一时期，印度等国领导的"不结盟运动"的成员国数量扩展至一百多个，使得该运动拥有更为显著的国际影响力。[①] 印度的"不结盟"姿态不为美国所喜，甚至成为激怒美国的原因之一，"从美国的视角来看，印度政策的主要问题在于它的'不结盟'政策实际上并不是真正的中立。相反，印度远离了美国，走向了苏联的范围，特别是20世纪70年代前期之后"。[②]

当1971年东巴基斯坦（现孟加拉国）爆发危机时，南亚次大陆再次成为美国外交政策的关注点。1971年初，东巴掀起了大规模"不合作运动"，要求获得自治。同年3月，巴基斯坦政府宣布取缔东巴的主要政党人民同盟，东巴发生兵变。巴基斯坦军队随即进入东巴，"孟加拉解放军"无力抵抗，大规模难民外逃。印方声称，涌向印度的难民潮将巴基斯坦内部问题转变为印巴之间的国际问题。印度对美国的做法表示不满，认为美国并未制止巴基斯坦的军事行动和南亚次大陆的难民问题，还将价值5,000万美元的武器运送到巴基斯坦。在美国总统国家安全事务助理基辛格1971年7月秘密访华后，情况更趋复杂。印度希望得到美国支持来对抗中国的愿望遭受重挫。数周后，印度和苏联于1971年8月9日签署了带有军事同盟性质的《印苏和平友好合作条约》。条约规定：签约双方保证不参加矛头针对另一方的任何军事同盟；避免对另一方的任何侵略，防止利用它的领土从事可能给另一方造成军事损害的任何行动；不向同另一方发生武装冲突的任何第三方提供援助；在任何一方遭受进攻或威胁时应立即共同协商，以消除威胁并采取适当的有效措施保证两国的和平安全。当时就有印度国内人士指出：这个条约实际上具有军事同盟性质，是对不结盟立场的破坏。英迪拉·甘地则拒绝承认这是对不结盟立场的背弃，只认为是在特定时期的一种特殊处置。在英迪拉·甘地1971年11月初访问美国白宫时，美印之间的分歧已经暴露无疑，据后来解密的美国白宫文件显示，尼克松私下

---

① 1956年，印度总理尼赫鲁、南斯拉夫总统铁托和埃及总统纳赛尔举行会谈，针对当时东西方两大军事集团严重对抗狄及广大中小国家的情况，提出了不结盟的主张。1961年9月，首次不结盟国家首脑会议在南斯拉夫举行，25个国家的代表出席了会议，不结盟运动正式形成。

② 〔美〕苏米特·甘古利：《印度外交政策分析：回顾与展望》，第252页。

称英迪拉为"老巫婆",称印度人为"狡猾的叛徒"。[①]

由于数百万难民涌入印度和东巴局势的进一步恶化,印巴战争迫在眉睫。在经过精心的战争准备后,1971年11月21日,印度向巴基斯坦发起小规模边境战争。同年12月3日,巴基斯坦被迫宣布对印度发动反击。这正中印度下怀,印度立即对巴宣战,并迅速获得了战场优势。在1971年第三次印巴战争期间,美印关系跌至谷底。美国派遣第七舰队赴孟加拉湾,甚至呼吁中国开辟针对印度的第二战线。美国批评印度政府,要求它对战争负责,并敦促双方立即停火。据美国记者杰克·安德森(Jack Anderson)出版的关于第三次印巴战争的白宫秘密会议记录披露:"总统尼克松要求向巴基斯坦'倾斜',并因为基辛格反制印度的措施不到位而'经常大发雷霆'。"[②]在联合国安理会的投票中,中美两国的立场一致,拟通过谴责印度的决议;苏联否决了该决议;英国和法国则在安理会投票中选择弃权。第三次印巴战争于1971年12月16日结束,当时在东巴的93,000名巴基斯坦士兵向印军投降,印军也于次日宣布在西巴实行"单方面停火"。美国担心印度可能对西巴基斯坦发动袭击,曾指令"企业"号航母编队驶入孟加拉湾,向印度和苏联传递信号,"强调我们关于西巴基斯坦问题的警告"。[③]美方利用"企业"号航母施压的做法让印方极为愤怒。印度总理英迪拉·甘地致信尼克松,表达了她的不满。1972年10月,英迪拉·甘地在美国《外交》杂志发文指责美国"派遣'企业'号航母支持冷酷的军事独裁者,恐吓民主国家"。她进而表达了对美方的蔑视,"美国尚未解决其内在矛盾,即开国元勋及林肯的传统和当前奉行冷战权力政治逻辑的超级大国形象之间的矛盾"。[④]第三次印巴战争的结果同样让尼克松感到愤怒,"在基辛格的鼓励下,尼克松给肢解巴基斯坦的英迪拉·甘地贴上了'战争信

---

① Joe Gandelman, "Nixon Calls Indira Gandhi 'Old Witch' on Tapes," June 29, 2005, accessed May 28, 2021, https://themoderatevoice.com/nixon-calls-indira-gandhi-old-witch-on-tapes/.

② 有研究人员认为,美国之所以倾向于袒护巴基斯坦,是为了奖励巴基斯坦在中美关系正常化中发挥的重要作用。美国国家安全委员会南亚事务工作人员哈罗德·桑德斯(Harold Saunders)曾回忆基辛格在若干场合的讲话:"中美两国正基于对苏联意图的共同关切而开始建立外交关系……在我们与中国开始对话的关口,我们的南亚传统盟友巴基斯坦面临危机。中国会关注我们如何对待这个盟友……如果美国作壁上观,不顾盟友死活,中国人会怎么考虑我们的可靠性。" Dennis Kux, *India and United States: Estranged Democracies*, p.306.

③ *Ibid.*, p.305.

④ Indira Gandhi, "India and the World," *Foreign Affairs*, Vol.51, No.1, October 1972, pp.75-76.

徒'的标签,在其任期内取消了对印度原有的一些援助"。[①]

此后,美印两国破裂的关系逐渐从1971年印巴战争中有所恢复。正在两国关系缓慢恢复之际,印度于1974年5月18日在邻近巴基斯坦的博克兰试验场试爆了一枚地下核装置,旨在实施代号"博克兰–I"[②]的核试验计划。此次核试验引起了美国的强烈反应,担心其他国家会效仿印度。虽然印度坚称此次核试验是出于和平目的,并非为了开发核武器,它却严重削弱了印度在联合国的地位。印度核试验对美印安全防务合作造成了较大冲击,两国关系再度面临考验。1974年10月,美国国务卿基辛格对印度进行为期三天的访问,试图通过外交措施修复两国关系的裂痕。在基辛格访印期间,两国签署了建立美印联合委员会的协议。基辛格表示,"过去的误解已被消除,美印两国在未来将建立更友好、更现实的关系";"美国接受印度作为该地区的优势国家,并表示华盛顿对印度的'不结盟'外交没有异议";"美国承认印度是全球主要大国之一,并据此执行其政策"。[③]然而,美印关系的向好势头并未持续很久,因为美国对巴供应武器问题很快造成新的麻烦。美国国务院此时解除了始于1965年的对巴基斯坦的武器禁运。印度总理宣称,"美国的决定等于给(印度)伤口上撒盐"。[④]可美方认为,印度在1971年印巴战争中大获全胜以及大量苏联武器进入印度,他们几乎没有理由反对向巴基斯坦供应武器。

相比之下,印度与苏联的关系在第三次印巴战争后更为密切起来。1973年印度与苏联签订议定书,苏联承诺帮助印度发展包括钢铁、化肥、石油冶炼、石油化工、发电等关键工业部门。同年11月,苏联领导人勃列日涅夫访印受到热情的接待,两国领导人签订了未来15年的经济贸易合作协定。1976年印度总理英迪拉·甘地访问苏联,双方共同发表的联合公报中宣称,印苏在世界所有重大问题上的观点完全一致。

此后,由于印苏关系日趋良好,美国对印度只能以拉为主,防止印度

---

① Vikram S. Mehta, "Over the Barrel: A Brief History of India-US Relations," February 8, 2021, accessed March 16, 2021, https://www.financialexpress.com/opinion/over-the-barrel-a-brief-history-of-india-us-relations/2190026/.

② 此次核试验有若干代号名称,负责该核试验的科学家一般称之为"微笑的佛陀行动"(Operation Smiling Buddha),印度空军称之为"快乐的黑天神行动"(Operation Happy Krishna),而印度外交部对外称之为"博克兰–I"(Pokhran-I)。

③ Dennis Kux, *India and United States: Estranged Democracies*, pp. 327-328.

④ *Ibid.*, p.332.

过于靠近苏联。美印关系在卡特总统时期开始好转。为了推动美印安全关系，美国总统吉米·卡特在1978年访问印度，与印度总理莫拉尔吉·德赛（Morarji Desai）联合发布了《德里宣言》。卡特在对印度进行国事访问期间没有在巴基斯坦停留，因此受到印方舆论的积极称赞。然而，美印两国的分歧再次出现在《核不扩散法案》（NNPA）上。该法案规定，"美国今后只向这些将所有核设施置于国际原子能机构监管下的国家出口敏感核材料，例如浓缩铀燃料"。这意味着，"除非印度接受国际原子能机构对其所有核设施（不仅是塔拉普尔的核设施）的监管，否则美国将不得不停止向其提供浓缩铀燃料"。[①] 虽然印度同意对这些在外国帮助下建造的印度核设施（如塔拉普尔核设施）进行监护，却拒绝接受对印度独立建造的核设施进行监管。印度认为，国际原子能机构的全面监管将是对印度主权的"不公正侵犯"；印度也担心巴基斯坦秘密发展核武器的努力。

不久之后，美苏冷战的幽灵再次困扰美印安全关系。1979年12月27日，苏联出兵阿富汗，国际社会大部分国家均公开反对苏联的军事干预。然而，印度驻联合国代表的相关声明却比较温和。印方宣称："只是在巴基斯坦开始武装阿富汗叛军对抗喀布尔政府之后，苏联才进行干预。"[②] 印方还认为，较之于苏联在阿富汗的军事存在，美国对巴军事援助给印度造成更大的威胁。苏联入侵阿富汗后，美国将巴基斯坦作为支持阿富汗抵抗运动的前线基地，美巴安全防务合作进一步升温。美国把"向阿富汗游击队提供秘密军事援助，向难民提供人道主义援助，以及重新向巴基斯坦提供军事和经济援助作为主要措施"。[③] 作为对巴基斯坦支持美国秘密援助阿富汗抗苏力量的奖励，美国向巴基斯坦提供了一份多达25亿美元的援助方案，"其中包括长达数年的援助承诺，还有F-16战斗机，这是美国最先进的飞机，以前只提供给北约盟国"。[④] 这引起了印度的强烈反对，但美国否认对巴武器援助会给印度造成麻烦。

这一时期，美国仍然希望保持比较友好的美印关系，这主要基于三点考虑。首先，美国希望能利用印度来影响苏联。其次，美国需要印度协助保持对巴基斯坦的缓和环境。最后，更重要的是，美国担忧印度和苏联进

---

① Dennis Kux, *India and United States: Estranged Democracies*, p.357.

② *Ibid.*, p.369.

③ *Ibid.*, p.379.

④ *Ibid.*, p.382.

一步靠近。尽管受制于《印苏和平友好合作条约》，印度也不想失去在国际外交舞台纵横捭阖的自由，想要以"不结盟"姿态在美苏两个超级大国之间实现更大的平衡。为了实现这个目标，印度通过军备采购多元化来减少对苏联武器的依赖。印度先后采购了英国的"捷豹"轰炸机、联邦德国的潜艇，以及来自法国的"幻影"战斗机和其他军事装备。作为美印关系缓和的开始，印度军事采购团队于1980年访问美国，试图采购大批陶式反坦克导弹和远程榴弹炮，美国也"一改过去的做法，转而同意在印度从英国采购的'捷豹'飞机上使用先进的美国电子制导系统"。①

1984年底出任印度总理的拉吉夫·甘地显示出对发展经济的渴望，他游刃于美苏两国的竞相拉拢之间，并努力改善与包括中国在内的邻国关系，以多方位外交谋求实利，争取和平环境发展国力。此时，美印两国对彼此都有战略性的缓和需求，这成为影响20世纪80年代两国关系的主线，使这一时期美印关系基本保持着平稳的发展态势。②而印度与巴基斯坦关系的相对缓和使印度对外国军事援助的需求逐渐减弱，印度政府开始把工作重心向经济建设转移。1985年6月，印度总理拉吉夫·甘地访美，与美国签署高科技合作备忘录，并在一定程度上得以落实。拉吉夫·甘地访美所取得的外交成果包括：美国表示有条件地同意向印度出售1台超级计算机，这是美国首次同意向西欧盟国之外的国家提供这种技术；美国还原则上同意向印度出售先进军事装备；美国企业家也表达了在印度增加投资的愿望。拉吉夫·甘地称此次和美国达成的协议是"实质性伙伴关系的开端"。印度媒体称此次访问标志着美印合作进入新时期。印度之前明显偏向苏联的外交政策以此为标志得到了调整。

不过，在整个里根政府时期，经济技术合作是美国拉拢印度的主要手段，美印安全防务合作进展比较有限。美印两国关于采购155毫米榴弹炮和陶式反坦克导弹的谈判迟迟没有达成实际成果。尽管印军想要采购这些武器装备，印度国防部却并不确定美国是否是值得信赖的武器供应者。美国在1965年第二次印巴战争中单方面裁减对印武器供应以及美国不愿意为印度塔拉普尔核电厂提供燃料，使得印度质疑美国作为武器供应者的可靠性。印方的担忧倒也不无道理，"许多美国官员，特别是美国国防部官员存

---

① Dennis Kux, *India and United States: Estranged Democracies*, p.371.
② 赵蔚文:《印美关系60年》，第417—421页。

在着浓厚的疏印亲巴情结，不喜欢对印军售的想法"。[1] 最后，由于太多的不确定性，印度决定不再与美国进行武器交易。

拉吉夫·甘地在发展与美国外交关系之时，同样重视维护与苏联的密切关系。在拉吉夫·甘地的五年任期内，他和苏联领导人之间的互访共有八次之多。1985年5月，印苏签订了《2000年苏联和印度经济、贸易和科学技术合作基本方针协定》及《苏联和印度经济和技术合作协定》。苏联根据协议向印度提供10亿卢布的优惠贷款和一批先进的武器装备。同年10月，苏联同意向印度提供3台可用于原子能、国防和航天领域的高级计算机。1987年7月，印苏又签订了为期12年的内容更广泛的科学技术长期合作纲要。同年，印度成为首批获得苏联先进的米格-29战斗机的国家之一，并获准在印国内生产。1988年，印苏签订协议，决定在印度的库丹库拉姆建造两座核能反应堆。拉吉夫·甘地在努力向美苏双方寻求更多援助的同时，致力于发挥印度在南亚及印度洋地区的地缘外交影响力。然而国际形势的变化使印度被迫对外交政策进行急剧调整。

苏联于1988年从阿富汗撤军，紧随其后的是美国南亚政策的又一次重大调整。随着苏联的撤离，"美国继续向阿富汗游击武装提供武器援助，以便与援助阿富汗政府军的苏联进行对抗，但巴基斯坦不再是'前线'国家"。[2] 事实上，在巴基斯坦拒绝取消铀浓缩计划（这是巴方秘密发展核武器能力的关键步骤）后，美国根据"普雷斯勒修正案"[3]，中止了对巴基斯坦的军事援助。苏联解体、东欧剧变后，美国成为全球唯一的超级大国，两大阵营对垒的格局不复存在。在这种形势下，印度开始把发展同美国的关系作为外交主攻方向之一。1991年印度总理拉奥在首次宣布自己的外交政策时表示，印度非常重视取得美国的支持。

冷战的结束原本有望带来美印安全关系的迅速升温，但是实际情况远远低于预期。美国国防部不愿扩展美印安全关系的传统态度没有发生根本改变。在美方看来，由于苏联解体，防止印度与苏联过于靠近的战略意义

---

① Dennis Kux, *India and United States: Estranged Democracies*, p.394.

② Dennis Kux, *India and United States: Estranged Democracies*, p.425.

③ 1985年，美国国会通过了单独针对巴基斯坦核试验的"普雷斯勒修正案"，要求在美国政府向巴基斯坦提供经济和军事援助项目前，美国总统必须每年向国会提供证词，证明这些援助项目不会被巴方用于发展核武器且能明显降低巴方发展核武器的风险。1990年，美国更进一步以巴基斯坦于1980年代中期便有能力准备进行核武器测试为由，根据"普雷斯勒修正案"结束了对巴基斯坦的经济和军事援助。

已大大降低。在冷战结束之初，美印防务合作的最重要项目仍是"光辉"轻型战斗机（LCA）项目。两国在该项目上的合作进展缓慢，"没有收获新的项目，也没有关于其他重大军事采购计划的任何认真考虑"。[①] 1992年《美国国防规划指南》（Defense Planning Guidance，DPG）指出："美国有意抑制印度称霸南亚的意愿，并再次武装其最大的敌人兼邻国巴基斯坦。"[②]该文件宣布："我们将设法防止印度次大陆核军备竞赛的进一步发展。在这方面，我们应该努力让印巴两国遵循《不扩散核武器条约》，将其核能设施置于国际原子能机构的监管之下。我们应该阻止印度在南亚和印度洋地区的霸权主义雄心。至于巴基斯坦，建设性的美国-巴基斯坦军事关系将是我们促进西南亚和中亚地区稳定战略的重要组成部分。为了较好地解决我们的核关切，我们应努力重建我们的军事关系。"[③]

从印度独立到冷战结束的40多年里，美印关系跌宕起伏，美印安全防务合作进程也断断续续，没有取得太大的成就。在很长一段时期内，"印度未被列入华盛顿的主要政策议程，除了美国一贯将印度作为首要的核扩散问题"；"印度与美国之间的其余政府间关系微不足道，这不足为奇。除了印度的核武器计划以及在认识上如何化解南亚的近期危机之外，人口最多和最强大的民主国家间似乎别无其他可谈论的话题。华盛顿与新德里之间几乎没有外交合作，也没有进行实质性的军事互动，更没有进行任何有价值的情报交换。执法合作同样微不足道。美国高级政府代表的对印访问与在野外发现孟加拉白虎的情况一样罕见"。[④] 如果追根究底，冷战时期美印两国分歧的根本原因是其不同的世界观和在国家安全议题的冲突。美国与巴基斯坦的关系被印度视为主要障碍，印度对苏联的态度则是美国的重要关切。由于美国在对印军售上的摇摆态度，它在印度政府内部甚至被贴上了"不可靠的武器供应者"的标签。而印度的不结盟立场也不为美国所喜，因为冷战时期美国外交政策的根本动力是通过建立安全联盟来遏制以苏联为首的社会主义阵营。

---

① Dennis Kux, *India and United States: Estranged Democracies*, p.430.

② Dennis Kux, *India and United States: Estranged Democracies*, p.17.

③ *Ibid.*

④ Robert D. Blackwill, "The Future of US-India Relations," July 17, 2003, accessed March 16, 2021, https://2001-2009.state.gov/p/sca/rls/rm/22615.htm.

第二节　20世纪90年代的美印安全防务合作

冷战结束和苏联解体为美印安全防务合作带来了新动力。后冷战时期的新国际格局为促进美印关系的发展提供了良好的机遇和广阔的空间，美印关系不再严重受制于美巴关系和印苏关系。新的国际环境使得美印两国在维持印度洋区域稳定和全球均势上出现利益重合。美印关系开始逐步修复，但过去的裂痕仍然存在。

一、冷战后美印安全防务合作的启动

随着冷战的结束和苏联解体，美印关系进入了新时期。由于印苏准同盟关系一直是美印关系的重要障碍，苏联解体为美印安全防务合作的发展提供了契机。印度丧失了强有力的支持者苏联，转而渴望从美国获得更多支持。与此同时，1990年巴基斯坦核武器计划使得美巴战略关系终止，美国已不再是印度敌国的朋友，美印安全防务合作的主要障碍被消除。印度希望与美国改善关系的苗头最早在海湾战争中有所体现。印度允许飞赴海湾战场的美国军机在印度加油，谴责伊拉克入侵科威特，支持联合国安理会关于制裁伊拉克的各项决议。1990年12月，美国国防部主管国际安全事务的助理国防部长亨利·罗文（Henry Rowen）率团访印，讨论两国防务合作的框架。1991年，印度派遣军事代表团访问美国，开启两国军事交流新纪元。

美国原太平洋司令部陆军司令克罗德·基克莱特中将在最初扩展美印两军交往方面取得了一定的成功。他于1991年与印方签署了广为人知的"基克莱特提议"（Kicklighter Proposals），提出美印两军加强交流的"一揽子计划"，其中包括两军参谋长年度互访、建立两军联合指导小组等，确定双方进行较低层级的联合军演和太平洋司令部陆军分队层级的定期双边对话。"基克莱特提议"使得美印首次开展代号"易洛魁"（Iroquois）和"马拉巴尔"的军事演习，"马拉巴尔"演习后来成为美印两国海军的例行军演。根据提议，双方还建立了联合指导小组来指导两军军演，加强两军合作。

20世纪90年代中期，美国开始"重新定位印度在全球和地区事务中的作用"，"近印疏巴"的意图十分明显。1995年1月，美国商业部长罗纳德·布朗（Ronald Brown）率大规模企业代表团访印，与印度签订了12项

商业协议。同年2月，美国能源部长黑泽尔·奥利里（Hazel Reid O'Leary）访印，与印度签订了14亿美元的投资协议。到1995年底，美国已成为印度最大的贸易伙伴和最大的投资国，美国资本已占到外国在印度投资总额的40%左右。与此同时，美印两国开始推进安全防务合作，军事演习、高层互访以及军事人员交流逐步展开。1995年1月，美国国防部长威廉·佩里（William J. Perry）访问印度，与印度国防部长举行会晤。双方一致认为，加强防务合作是发展两国关系的重要组成部分，符合各自的战略利益，为此签署《美印防务关系会议纪要》（Agreed Minute on Defense Relations Between the United States and India），为两国安全防务关系发展增添了新的动力。协定备忘录的主要内容包括：其一，两国国防部官员举行定期磋商，讨论共同关心的问题，为两国国防研究与生产合作提供政策指导；其二，开展两军合作，重点加强职能部门间的合作，增加军队高层互访，互相观摩军事演习，举办专题讨论会等；其三，继续进行现有的国防研究和技术与生产合作计划，成立联合技术小组，研究在两国法律、政策及有关协定范围内进一步扩大合作。此外，双方同意尽早就达成互相保护秘密情报的双边协议进行磋商。根据该协定备忘录，美印双边防务交流层级提升至国防部一级，并建立了高层交往机制防务政策委员会，作为美国国防部长办公室和印度国防部进行协调的政府间机构。[1] 防务政策委员会为美印安全防务合作提供政策层面的指导，审查所有相关事宜，并解决更广泛的政策议题。根据规划，该机构的主要职责包括：1. 审查双方共同关注的事项，譬如后冷战安全规划和政策视角等；2. 向联合技术小组提供政策指导，支持双方的防务研制合作；3. 解决军兵种合作指导小组提出的政策议题；4. 推动双方就防务和安全议题举行高阶民事交流和联合研讨。[2]

二、1998年印度核试后美印安全防务合作的中断与恢复

20世纪90年代的美印安全防务合作并不顺遂，尤其受制于双方在核不扩散问题上的矛盾。正当许多美印安全防务合作提议开始逐步落实时，1998年的印度核试验及随之而来的制裁使得双边防务关系骤然停顿，美印

---

① 钱其琛主编《世界外交大辞典》，第2287页。

② "New Dimension in India-US Cooperation," *The Naval Review*, Vol.83, No.4, January 1995, p.83.

关系再次陷入低谷。1998年，瓦杰帕伊（Atal Bihari Vajpayee）在第二次当选印度总理后刚两个月便下令进行了五次核试验（5月11日和5月13日），打破了印度24年未曾进行核试验的纪录，引起了国际社会的极大震撼。在美国看来，此事导致"全球核秩序的稳定濒临危境"，"印方进行核试验的决定反映了该国长期以来对国际体系规则的明显歧见"。印度却"认为此事关乎自身主权、安全和平等；既然五大国（美、英、中、法、俄）进行核武装的权力得到国际社会认可，为什么印度就没有同样的特权呢？"[①] 印度核试验固然对瓦杰帕伊政府争取国内民众支持有所裨益，却造成印度国际环境的急剧恶化。联合国随即通过1172号决议，提出关于印巴两国停止核武器化的"五项基准要求"[②]。1998年6月18日，美国克林顿政府宣布对印实施制裁。

起初，美国企图说服印度接受"五项基准要求"，以防止核不扩散机制的崩溃。印度则以强硬和灵活相结合的方式应对，并竭力修复受损的美印关系。一方面，印度总理瓦杰帕伊表示印度可以"暂时"冻结裂变材料的生产，但印度不能接受诸如签署《全面禁止核试验条约》（Comprehensive Nuclear Test Ban Treaty，CTBT）这样的条件，更不用说限制印度开发弹道导弹的要求。另一方面，瓦杰帕伊以印度是"世界上最大的民主市场""充满潜力的巨大市场""信息产业的人才银行"和"形成亚洲均势的平衡力量"为号召，积极寻求打破美印关系的僵局。瓦杰帕伊的积极示好获得了美国国内部分人士的响应。美国一些高官认为，印度无论在面积上还是在总体实力上都是"南亚地区的决定性角色"，应获得与其重要性相当的尊重。美国副国务卿斯特罗布·塔尔博特（Strobe Talbott）认为，应该理解印度的安全需要，尊重印度在保持核威慑力方面的权利。包括美国前驻印度大使弗兰克·维斯纳（Frank G. Wisner）在内的一些美国官员也强调与印度合作的必要性，并表示"美国必须学会与核武化印度共处与合作。印度既然踏上了核道路，它的核政策就不会再模糊不清，相

---

① Strobe Talbott, *Engaging India Diplomacy, Democracy, and the Bomb* (Washington, DC: Brookings Institution Press, 2004), pp.4-5.

② 1998年6月，联合国通过了1172号决议，要求印巴两国政府明智地认清国际社会的一致愿望，尽快无条件地签署《全面禁止核试验条约》和《不扩散核武器条约》，停止核武器化或部署核武器，停止试验和部署可以运载核武器的导弹，简称"五项基准要求"。

关的政策议题可以直接处理"。① 美国商业界则把印度视为最具潜力的市场之一，呼吁美国的政策"进行适应性调整"。对印制裁在印方的示好、美国国会及院外游说集团的压力下越来越难以维持。

不久后，印巴之间爆发卡吉尔危机，这是印巴两国自1972年以来最大规模的军事冲突。印度认为美国政府在此次冲突中首次"客观公正"地看待克什米尔问题。1999年春季，印巴两国为争夺克什米尔控制线的前沿哨站爆发了激烈的卡吉尔冲突，引起了国际社会的广泛关注。巴基斯坦总理谢里夫（Mohammad Nawaz Sharif）担心印度进行大规模反攻，于当年6月访美，请求美国总统克林顿帮助解决冲突。克林顿表示，除非巴基斯坦退回己方控制线以内，否则拒绝合作；同时，克林顿还知会印方他与谢里夫会谈的进展。克林顿的行为可谓意味深长，显示美国不一定会牺牲印度来支持其传统盟友，在合适时机美国甚至会站在印度一边而不惜伤害巴基斯坦。"对印度发出的这个信号并不是单纯的偶然，克林顿对卡吉尔冲突的处理方法是经过深思熟虑的。这对于传达美国对印度的善意起到了极其重要的作用，表明两国将来可以成为合作伙伴。"② 1999年7月5日，美国众议院通过了一项谴责巴基斯坦支持卡吉尔地区的渗透行为的决议，并要求对巴进行制裁。八国集团也不点名地批评了巴基斯坦"越过控制线的行为"。印度总理瓦杰帕伊在对巴保持军事优势的前提下，坚持有利有节的方针，为解决卡吉尔危机赢得了主动权。面对印度的凌厉攻势和国际社会的巨大压力，巴基斯坦最终做出妥协，决定将渗透者撤出卡吉尔；7月17日，印度宣布冲突结束。这是美国在印巴冲突中第一次支持印度，在一定程度上调整了此前的政策。印方认为美国首次明白了印度的安全关切，"包括迫使印度发展核武器的战略原因"。③ 印度外长贾斯万特·辛格（Jaswant Singh）在此后曾向美国副国务卿斯特罗布·塔尔博特表示："我们与邻国在过去数月里发生了可怕的事情。而我们两国间却发生了全新的好事，关于信任的好事。总理和我都对你们的总统深表感激。"④ 这次危机也向印度清晰地展

---

① V. P. Malik, "Indo-US Defense and Military Relations," in Sumit Ganguly, Brian Shoup, and Andrew Scobell ed., *US-Indian Strategic Cooperation into the 21st Century* (New York: Routledge, 2006), p.87.

② 〔美〕苏米特·甘古利：《印度外交政策分析：回顾与展望》，第259页。

③ V. P. Malik, "Indo-US Defense and Military Relations," p.88.

④ Strobe Talbott, *Engaging India Diplomacy, Democracy, and the Bomb*, p.169.

示了其武器装备的缺点，尤其是诸如夜视装备和地面侦察雷达等传感技术的欠缺。在印巴卡吉尔冲突后，印度出台了一项更为咄咄逼人的军备采购计划。

在印度核试验后不久，以"辛格—塔尔博特会谈"闻名的美印和解进程标志着美印关系的转折点。紧接印度核试验之后，印度总理瓦杰帕伊就致信美国总统克林顿，寻求美国对印度的核试验给予谅解。该信件谈及美印早期最高领导人的不寻常交流，并集中陈述印度面临的"中国威胁"。不过，该信件被美国主流观点视为印度为博取美国同情捏造的谎言，更会深深地激怒中方。而印度对1998年6月27日的《中美两国元首关于南亚问题的联合声明》①的强烈反对，则促使美国重新思考如何才能更好地保护美国利益。于是，从1998年中开始，由美国副国务卿斯特罗布·塔尔博特和印度外长贾斯万特·辛格领衔进行高层会谈，这是美印之间迄今最为广泛的核问题交流。美印两国高级官员围绕核问题在三大洲的七个国家举行了14轮会谈，双方不仅努力解决迫在眉睫的军备控制和防扩散问题，也讨论了对美印关系的总体看法、两国经济和战略合作的潜力，以及印度民族主义对印度社会、政治和安全演进的影响。通过多轮会谈，美印两国虽然仍存在不少矛盾，但在一定程度上缩小了政治和战略分歧。美国从联合国1172号决议的立场撤退，不再要求印度放弃核武器和弹道导弹能力，而是要求后者承诺防止动用和转让核武器。美印两国还就一系列问题达成共识，从核扩散和核政策议题到更广泛的议题，譬如国际体系格局、反恐和两国战略合作等。由于美印两国战略理念中的共同点日益增多，美印关系出现了较大的变化。美国国会众议院超越党派限制，以396票对4票的压倒性多数通过了要求美国与印度建立伙伴关系的"印度问题决议"。

美印两国通过高层会谈达成的共识可见诸2000年《美国国家安全战略报告》的措辞。该文件指出："美国已经对美印双边关系进行变革，基于美国利益需要更强大的美印关系这一信念。我们是全球最大的两个民主国家，致力于受代议制政府保护的政治自由。印度正在走向更大的经济自由。我们在维护商业自由流动（包括经由印度洋重要海道）方面拥有共同

---

① 1998年6月27日，正在中国进行访问的美国总统克林顿在北京签署了《中美两国元首关于南亚问题的联合声明》，中美双方共同要求印、巴停止核试验，立即无条件加入《全面禁止核试验条约》。

利益。最后，我们共同致力于打击恐怖主义和维护亚洲稳定。"[1]而在印度看来，印度的外交手段最终成功化解了美国的压力，因为在印度对"五项基准要求"全无明确承诺的情况下，克林顿总统最终还是于2000年3月实现了对新德里的"历史性访问"，距离美国总统上次访问印度已经过去了20年之久。

美国总统克林顿的访印之行标志着美国对印度政策的重大转变。两国在一定程度上认可了对方的战略需求，签署了《美印关系：21世纪展望》（U.S.-India Relations: A Vision for the 21st Century）这一指导美印关系的框架性文件。文件旨在确立"持久的、政治上有建设性、经济上有成果的"伙伴关系。作为自己任期内的最后举措之一，克林顿于2001年1月19日撤销了对印度的制裁。此后，诸如美印防务政策委员会会议和下属的执行指导小组会议等机制很快得以恢复。美印双方迄今对这些制裁措施记忆犹新，但制裁问题已不再主导双方的讨论。美印防务关系此后取得了明显的进展，两国逐步建立了全面的、制度化的关系，涉及领域广泛，安全防务合作也逐步恢复。

第三节　21世纪以来的美印安全防务合作

进入21世纪以来，随着冷战结束导致的全球地缘政治格局的变化，印度被视为全球舞台上日益重要的角色。"印度在具有战略重要性的南亚地区占据主导地位，其充满活力的经济、多元化社会、文化影响力和日益壮大的军事力量使得该国成为21世纪美国外交政策关注的重点"；"在小布什总统及继任的奥巴马总统任内，美国和印度政府一直寻求维持实质性的'战略伙伴关系'，两国经济贸易和人员往来也一直保持繁荣"。[2]"9·11"事件以及之后的反恐战争为美印开展更为密切的战略合作创造了机会。

一、小布什政府时期

将印度视为南亚、印度洋乃至整个亚太地区的一支越来越重要的平衡

---

① V. P. Malik, "Indo-US Defense and Military Relations," p.87.

② K. Alan Kronstadt, Shayerah I. Akhtar, "India-US Relations: Issues for Congress," U.S. Congressional Research Service Report, June 19, 2017, accessed March 16, 2021, https://fas.org/sgp/crs/row/R44876.pdf.

力量的看法率先得到美国保守派的支持，并在小布什政府上台后成为美国对亚洲战略的重要考量之一。美国小布什政府2001年上台后，对美印关系给予了特殊重视。小布什早在竞选期间就强调了建立强大美印关系的重要性。1998年上台执政的印度人民党联合政府在外交上大力推进与西方大国，特别是与美国的关系，再加上印度经济在进入21世纪后的快速增长之势，这一切引起了美国的关注。2001年5月，美国副国务卿理查德·阿米蒂奇（Richard Armitage）专程访问印度，阐释小布什总统的对印战略框架，其中包括导弹防御计划和加强反恐合作。

"9·11"事件使印度的大国外交进入了一个新的活跃时期。在印度的外交优先顺序上，美国的重要性日益突出，被视为印度外交的重中之重。安全防务领域是美印关系转型的首个受益领域。"9·11"事件后，印度迅即表态无条件支持美国的全球反恐战争，这为美印安全合作带来了新动力。印度对美国的反恐战争不仅给予了外交和道义上的支持，而且在一些实质性问题上与美国进行了密切合作，如印度海军为美国舰船通过马六甲海峡、支援在阿富汗的"持久自由行动"提供护航巡逻；美国军舰使用印度港口设施停泊、休整；给予美国飞机飞越印度领空的权利等。

美印关系的积极向上势头为两国安全防务合作的重新提速提供了强大动力。美国驻印大使罗伯特·布莱克威尔于2001年9月在新德里发表演讲，重申了美方此前的立场，表示"布什总统对美印关系持有全球性态度，与印度崛起为世界强国相一致"，并补充说这是因为"没有国家能离开盟国和朋友的帮助，独自推广价值和拓展利益"。[1] 作为对印方善意的回应，美国总统小布什于2001年9月宣布进一步解除因印度核试而对其实施的经济和军事制裁。小布什政府不再强调核不扩散问题为美国对印政策的决定性因素，也不再要求印度签署《全面禁止核试验条约》。美印两国积极合作的成果之一是双方签署了《美印军事信息总体安全协定》（General Security of Military Information Agreement，GSOMIA），这曾是美印军事合作的障碍之一。《美印军事信息总体安全协定》的签署使得印度更容易从美国获得军民两用技术，并为美国对印军售铺平了道路。因美国对印制裁而一度中断的美国对印军售和技术转让也重新开始。在印度大力开展的军力

---

① Robert Blackwill, "The Future of US-India Relations," September 6, 2001, accessed March 16, 2021, https://www.globalsecurity.org/wmd/library/news/india/2001/india-010906-usia1.htm.

建设中，美国逐步成为关键性的参与者。

2001年12月，美国国防部副部长道格拉斯·费斯（Douglas Feith）到访印度，双方达成了军事合作协议。美印两国恢复了"马拉巴尔"系列联合军事演习。两国海军执行指导小组也加强了在联合搜救、分享反恐情报、保护海上交通线、反海盗和维护海上安全方面的合作。2002年2月，美军参联会主席理查德·迈尔斯（Richard Myers）空军上将率团访印，达成了美国向印度出售价值1.46亿美元的火炮定位雷达系统（"火力发现者"AN / TPQ-37）的军事采购协议。这是印度40多年来首次自美国的重大军事采购。此后，美国对印军售增长迅猛，印度政府采购了许多关键的武器装备和技术服务。两国关系的良好发展还促成了2002年11月美印高科技合作小组（HTCG）的成立，该小组的第一重目标：其一，促进美印两国各领域的高新技术贸易，包括信息技术、生物技术、纳米技术和防务技术；其二，针对附加战略贸易建立信任措施。美印高科技合作小组的第二重目标致力于增加美印两国的精密产品和技术贸易，并继续处理大规模杀伤性武器扩散等问题。①

在美国及其盟军于2003年发动伊拉克战争时，美印两国安全防务合作的发展态势曾受到了一定考验。有美方人士期望印度能够参加美国领导的反恐盟军，但印度国内无法就此达成政治共识。虽然美方感到有些失望，但美国政府对印度的国内政治制约因素表示理解，此事也没有对两国安全防务合作产生太多不利影响。然而，"此事证明印度国内政治制约可能会造成与美国期望背道而驰的结果。没有对两国国内政治因素的充分理解，美印防务关系就总会有脱轨的危险"。②

2004年1月，美印达成"战略合作伙伴关系后续步骤倡议"（NSSP）协议，助力两国战略伙伴关系的发展。根据该协议，美印两国将努力在四个不同领域开展合作，即民用核能、民用太空计划、高科技贸易和导弹防御。民用核技术、太空技术和高科技转让都是落实美印战略伙伴关系的主要内容。2005年7月，恰逢该协议完成之际，印度总理曼莫汉·辛格（Manmohan Singh）访美，双方签署了16项高新技术合作协议，全面启动两国在高新技术领域的合作。辛格和美国总统小布什发表联合声明，主要

---

① V. P. Malik, "Indo-US Defense and Military Relations," p.90.

② Ibid., p.91.

涵盖了三大类问题：其一，直接关乎印度国家发展目标并反映出利用美印关系推动实现这些目标的问题；其二，放松乃至废除阻碍美印合作和印度崛起为知识主导型主要大国的技术管控制度；其三，印度和美国需要应对的主要全球责任。美印双方决定把两国战略伙伴关系推向全球伙伴关系的新阶段，美印安全防务合作逐步从两军关系扩展到反恐合作、民用核能合作和太空合作等多个领域。

这一时期，美印两军交流合作取得突破性进展。2005年，美印两国签署《美印防务关系新框架》协议，规划在未来十年加强两国安全防务合作的各项举措，内容涉及联合军演、联合研制武器装备、人员培训与交流等方方面面。该协议成为美印防务关系发展的基石，由美国国防部副部长和印度国防部长领衔的防务政策委员会（Defense Policy Group）重新正式确立。该委员会作为两国安全防务合作的指导机构，主要功能是对双方防务合作进行政策指导和事项检查，以及解决防务合作中遇到的具体问题等。防务政策委员会下设立防务联合工作组（Defense Joint Working Group）、防务采购和生产组（Defense Procurement and Production Group）、联合技术组（Joint Technical Group）、军事合作组（Military Cooperation Group）和高级技术安全组（Senior Technology Security Group）等旨在推进两国防务合作的制度化机制。其中，防务联合工作组负责对防务政策委员会及其下属各工作组的工作进展进行年中审查，并为防务政策委员会的年度会议准备议题。

除了防务政策委员会及其附属的各个机构，美印两国还签署了一些补充性框架协议，旨在推动两国在海上安全、网络安全、灾难救援等领域的合作。2006年3月，鉴于既有举措取得的成功，印度总理辛格和美国总统小布什签署了《美印海上安全合作框架》（Indo-U.S. Framework for Maritime Security Cooperation）协议，申明两国对于保护商业自由流通和航行安全的共同承诺，努力开辟海上合作的新领域，譬如打击海盗、武装抢劫、武器和毒品走私等跨国犯罪，应对自然灾害和增强合作能力等。《美印海上安全合作框架》指出："与两国的全球战略伙伴关系和防务关系新框架相匹配，印度和美国承诺开展全面合作以确保海洋领域的安全。在这样做时，它们承诺与其他必要的区域伙伴国一起工作，以保护商业自由流动和反制可能破坏海上安全的威胁。"为此，两国将"在防务政策委员会、海军行政指导小组和军事合作小组层面定期举行关于海上安全政策和实施的磋商";"在以下领域寻求合作:预防和应对海上跨国犯罪行为,譬如海盗、海上武装抢劫、走私和贩运武器和毒品;海上搜索和救援行动;交流信息和促进关于治理海洋污染的技术援助;通过技术合作和防务贸易,以及关于后勤支持的适当协议,增强两国在海洋领域的合作能力"。[①]

美国国会的亲印情绪也在进一步增长。2008年5月,美国众议院通过了"美印防务技术与合作法案",作为对《国防授权法案》的修正案。在美国参议院,共和党参议员约翰·科宁(John Cornyn)和民主党参议员马克·华纳(Mark R. Warner)提出了"推进美印防务合作法案"。美国立法机构日益意识到美印之间的历史分歧,新通过的法案旨在向印方确认美方的战略承诺。美国国会参众两院的法案要求美国总统"正式确立印度作为美国主要合作伙伴的地位"。[②]科宁和华纳共同主持美国参议院的印度核心小组,该小组由科宁和希拉里·克林顿(Hillary Clinton)于2004年成立,是美国参议院首个聚焦于单个国家的核心小组,拥有30余名成员,旨在促进华盛顿与新德里的关系,以增进广泛战略利益之间的紧密合作,譬如反恐和促进民主、经济发展、人权、科学研究和灾害救援等。[③]

伴随美印伙伴关系的提升,美国对印军售中所涉及军事装备的技术含量逐步提升,以期帮助印度提高武器装备的整体水平和战备能力。2007年1月,美国向印度移交了排水量为1.7万吨的"特伦顿"号两栖运输舰,使印度海军远洋两栖作战能力得到质的提升,印度将"特伦顿"号列装印度海军视为美印战略关系发展的重要标志和象征。2008年9月,美国国防部向国会报告,向印度出口24枚"鱼叉"反舰导弹,该型导弹可增强印度空军的反舰作战能力,并改善海军作战的灵活性。

小布什政府为推动美印关系发展,不惜在核问题上对印度"网开一面",两国民用核能合作取得突破性进展。2006年3月小布什访印期间,《美印民用核能合作协议》签署,这是双方关系史上具有里程碑意义的成就之一。根据该协议,印度可以从美国获得核燃料和技术用于民用核能工

---

① S. Amer Latif, *U.S.-India Military Engagement: Steady as They Go* (Washington, D.C.: CSIS, 2012), p.53.

② Ajai Shukla, "US Defence Cooperation Bill Steered Past Anti-India Lobbies in Washington," May 23, 2016, accessed March 16, 2021, https://www.ajaishukla.com/2016/05/us-defence-cooperation-bill-steered.html.

③ Mark R. Warner, "Senate India Caucus," accessed March 16, 2021, https://www.warner.senate.gov/public/index.cfm?p=senate-india-caucus.

业，而无须加入《不扩散核武器条约》。作为回报，印度承诺其民用核设施接受国际原子能机构的监督。这一历史性协议清除了两国关系发展的最大障碍，事实上奠定了美印关系的重要基础。小布什政府称，"现在的美印关系比任何时候都要牢固"。[①] 2008年10月，《美印核合作及促进防扩散法案》正式签署，此举意味着《美印民用核能合作协议》正式生效，也标志着美印民用核能合作进入实质性阶段。2008年10月，美国国务卿赖斯（Condoleezza Rice）访印，双方表示美印双边关系已成为真正的战略伙伴关系。

二、奥巴马政府时期

2009年奥巴马政府上台后，对美印安全防务合作的推动较前任毫不逊色，基本延续了逐步强化之势。美印关系被奥巴马称为21世纪"决定性的伙伴关系"。奥巴马政府很早就开始全面扩展与印度的安全防务合作。在奥巴马政府时期，即使是那些比较滞后的美印防务合作领域也取得了一定的成就，例如联合军备研发以及国防工业合作。至于这些原本已经进展迅速的领域，例如两军交往和国防贸易，则提升至新的高度。伴随高级官员频繁往来于新德里和华盛顿之间，美印两国的安全防务关系也达到了十年前难以想象的广度和深度。

美国对印军售在奥巴马政府时期取得了较大的突破。2009年7月美国国务卿希拉里访印期间，美印两国签署了《终端用户监控协议》（End Use Monitoring Agreement，EUMA），美国同意向印度出售一些先进防务技术。该协议是印方获得美国先进武器的重要门槛之一，因为美国法律明确规定，美国不得向未签署该协议的国家出售先进武器装备。2010年11月，奥巴马在首次访印期间宣布，美国将放宽自1998年以来实施的对印技术出口限制，取消禁止印度购买军民两用技术的规定。随后，美国修订了技术转让制度，从黑名单中删除了印度的一些企业，并将印度列入高新技术转让紧密伙伴国之一。[②] 奥巴马的此次访印之行为美国拿下了120亿美元的军售大单，创下了冷战后美国向单一国家军售的新纪录。同年，美印签署"反恐合作倡议"。

---

① 郑瑞祥：《透析印度崛起问题》，《国际问题研究》2006年第1期，第40页。

② S. Amer Latif, *U.S.-India Defense Trade* (Washington, D.C.: CSIS), June 2012, p.37.

在奥巴马政府时期，美印建成了制度化的战略对话机制，以促进攸关相互战略利益的双边合作，并"通过扩大对话和演习以及共享先进技术加强安全合作"。[①] 2009年6月，美印两国举行首届战略对话，奥巴马总统称印度是塑造国家安全与繁荣的不可或缺的未来伙伴。印度外交部长克里希纳和美国国务卿希拉里·克林顿表示，牢固的美印安全关系在迎接共同挑战和促进双方共同目标方面具有工具作用。2011年11月，美国国防部向国会提交关于美印安全合作的专项报告，详细梳理了过去十年美印防务和安全合作的情况，展望未来合作的发展方向与前景。伴随各项合作内容的全面展开，印度与美国的安全防务合作项目已超过印度与其他国家的合作。其中，中国因素是美印合作的重要战略考量，两国就对华政策定期举行磋商，不断加强政策的协调和具体合作。除美印战略对话外，"美印日三边安全对话"于2011年12月首次举行。

2012年，美印两国签署《美印国防技术和贸易倡议》（Defense Technology and Trade Initiative，DTTI）。针对美印防务技术和贸易合作中出现的官僚和程序障碍，时任美国国防部长莱昂·帕内塔（Leon Edward Panetta）指示国防部副部长阿什顿·卡特（Ashton B. Carter）发起一项倡议，由美方提供更多的高级监督和合作来克服这些障碍。这项倡议被称为《美印国防技术和贸易倡议》。该倡议的主要目标包括：将美印防务关系转变为仅受制于两国的独立战略决策，而不是官僚障碍或低效程序；加强印度的国防工业基础，美印双方从传统的"买方–卖方"模式转向更加协作的模式；通过共同研发和联合生产，探索美印科技合作的新领域；扩展美印商务关系。[②] 美方对该倡议相当重视，由美国国防部副部长（分管采购、技术和后勤事务）负责落实。此外，美方还建立了一个《美印国防技术和贸易倡议》机构间联合工作组（DIATF），由美国国防部国际合作主任和国防部副部长（分管采购、技术和后勤事务）办公室主任共同主持。2012年7月，美国国防部副部长阿什顿·卡特访印，与印度工业联合会防务委员会举行会谈。印度工业联合会总干事估计，印度在未来五年将会从美国

①　U.S. Department of State, "Security Partnership for the 21st Century," July 19, 2011, accessed March 18, 2021, https://2009-2017.state.gov/r/pa/prs/ps/2011/07/168744.htm.

②　U.S. Department of Defense, *U.S.-India Defense Technology and Trade Initiative (DTTI)*, 2012, accessed March 16, 2021, https://forumias.com/portal/daily-editorial-us-india-defense-technology-and-trade-initiative-dtti/.

采购价值800亿~1,000亿美元的防务装备，但表示"印度将不再满足于与美方达成买方/卖方或顾客/客户类约定"，未来的对美军事采购将强调技术转让和联合研制。作为回应，卡特谈到了实际步骤："我们想要建立美印防务合作的共同愿景，我们需要定义我们的合作目标，然后让实现这个目标变得可能。"卡特强调了美印达成战略共识的重要性，以破除官僚主义障碍和调整经济与商业利益。①

2013年6月，美国国务卿约翰·克里（John Kerry）在美军太平洋司令海军上将塞缪尔·洛克莱尔（Samuel J. Locklear III）的陪同下，到新德里参加美印战略对话，主要聚焦经济和气候变化议题，但是远程反潜作战、情报和海上安全合作等议题也在战略对话的议程之中。同年7月，美国副总统拜登访印，宣称美印防务合作颇有进展，已经摆脱冷战遗留下的负面影响。拜登还特别谈及印度的战略自主诉求："在战略自主和战略伙伴之间并无矛盾，全球大国有能力处理好这两者的关系。"②

印度总理莫迪2014年5月上任后，积极推行实用主义色彩浓厚的外交政策，为实现印度的大国雄心，主动调整对美关系，使本已步伐趋缓的美印关系重新焕发出地缘战略活力。美方关于发展美印战略伙伴关系的提议得到了莫迪政府更为积极的响应，双方开始谋求将两国"战略伙伴关系"升级为"全球战略伙伴关系"。"全球战略伙伴关系"强调积极推动防务贸易、区域安全、海上安全、反恐以及经济等领域的合作，同时呼吁在共同应对中国崛起等全球和区域性现实问题上开展积极合作。美印双方都视对方为全球重要的战略伙伴，美印安全防务合作获得了明显提升。莫迪试图全方位地与美国结成某种意义上的战略伙伴关系，借助西方大国的资金与技术支持，以发展军事工业为主导，积极推动海军现代化建设，以实现印度主导印度洋地区事务的战略目标。

2014年9月，印度总理莫迪访美，美印安全防务合作是其外交重点。双方发表的联合声明规划了莫迪政府时期美印安全防务合作的方向。其中

---

① Richard Halloran, "Friends or Allies," *Air Force Magazine*, December 2013, accessed March 16, 2021, https://www.airforcemag.com/PDF/MagazineArchive/Documents/2013/December%20 2013/1213allies.pdf.

② Richard Halloran, "Friends or Allies," *Air Force Magazine*, December 2013, accessed March 16, 2021, https://www.airforcemag.com/PDF/MagazineArchive/Documents/2013/December%20 2013/1213allies.pdf.

意义最为重大的是双方同意从2015年起延长即将到期的《美印防务关系框架》（Framework for the U.S.-India Defense Relationship）协议。2015年签署的《美印防务关系新框架》协议为两国的安全防务合作开辟了道路，并取得了诸多成果。现在，美印双方决定基于新的形势和挑战进一步拓展该框架协议。双方承诺在"防务技术转让、贸易、研究、联合制造和研发"等领域，"以同等水平视彼此为最密切的合作伙伴"。双方还决定在两国军方之间开展更频繁的对话，扩大联合演习规模，尤其是海上演习，实施"更宏大的（防务）计划和活动"。联合声明特别指出，美印双方将推动防务关系向行动/战术层次深入，扩大两国军事院校之间的交流。

2015年1月25日，美国总统奥巴马访印，出席印度具有重要意义的共和国日庆典，两国领导人发表联合声明，并签署《美印亚太和印度洋地区联合战略构想》等多项合作协议，涉及民用核能、气候变化、联合军演、军事技术等。美国官方文件对于奥巴马此次访问予以高度评价："在过去的十年中，两国关系发生了特别的变化，最终奥巴马总统作为印度第66届共和国日庆祝活动的主要嘉宾成功访问新德里。总统的访问带来了数项重要的防务成果，包括最终确定了2015年《美印防务关系新框架》协议。该框架为我们两国提供了未来十年防务交往的指导原则，包括我们的军事交流和演习，对防务贸易的乐观前景以及就区域安全问题和海上安全日益密切的磋商。"[1] 新加坡《联合早报》称，无论就实质合作或外交的象征意义而言，奥巴马此行都反映了美印双边关系的重大进步，也凸显了区域地缘政治捭阖纵横之势的加剧。其重大意义是，双方就十年防务协议达成了基本一致，并表态支持《美印国防技术和贸易倡议》，以推动美印之间的共同军备开发。双方要求该倡议聚焦于推动六个美印共同研发/联合生产项目，涵盖美印共同研发新型航母的弹射装置、新型无人机、C-130J运输机的情报搜集与侦察装备，以及单兵生化防护装置等。

2015年6月2日，美国国防部长阿什顿·卡特首访印度，两国正式签署《美印防务关系新框架》协议，明确了15个防务合作领域，包括简化美国对印防务技术转让、加强军工生产合作等，为两国未来十年的安全防务合作的发展指明了方向和前景，其中包括为印度打造国产航母提供先进

---

[1]　U.S. Department of Defense, "Fact Sheet: U.S.-India Defense Relationship," 2015, accessed March 16, 2021, https://dod.defense.gov/Portals/1/Documents/pubs/US-IND-Fact-Sheet.pdf.

技术支持。访印期间，卡特还参观了印度东部海军司令部，登上了印度国产P17隐身护卫舰"萨亚德里"号，成为首位参观该舰的外国防务领导人。2015年12月，印度国防部长马诺哈尔·帕里卡尔（Manohar Parrikar）首次访美，双方既重申扩展美印安全防务合作的战略意义，也讨论了在飞机发动机和航母设计建造方面的具体进展，以及在其他感兴趣项目上的合作可能。帕里卡尔不仅与美方就落实两国防务合作协议展开详细磋商，还顺道访问了美国太平洋司令部，应邀登上美国海军"艾森豪威尔"号航母观看现场飞行训练，成为首位访问太平洋司令部和登上美军航母的印度国防部长。2016年4月，美国国防部长卡特再次访问印度，双方宣布就三项"基础协议"的谈判取得突破，其中原则上同意达成一项"后勤保障协议"备忘录。2016年5月，美国众议院通过《美印防务技术和伙伴关系法案》，该法案要求美国总统强化对《美印国防技术和贸易倡议》的贯彻落实。

2016年6月，印度总理莫迪访美，这是莫迪上任以来第四次访美，也是第七次与奥巴马总统会面，双方表示要将美印安全关系转变为"稳定之锚"，美印关系定位再升级。两国就反恐、海上安全、防务合作、经贸合作等一系列问题达成了深化合作的共识。其中尤为引人关注的是，莫迪与奥巴马明确了美印关系的新定位，确认印度为美国"主要防务伙伴"（major defense partner）的身份，两国将彼此视为"亚太和印度洋地区的首要伙伴"。这被视为是对双方在安全防务领域政治身份的一种体现。确定印度为"主要防务伙伴"，反映美国愿意为双方联合开展项目、计划和合资兴业以及便利商品和技术对印出口提供协助，以支持美印官方防务合作。"主要防务伙伴"关系将美印关系提升至新高度，美国将"以对待最亲密同盟国和伙伴的标准"持续分享防务技术给印度，加速两国间的军事技术转让，促进武器的互用性，支持共同安全利益和推进情报共享。[①] 有媒体称，在印度获得这一身份后，"将具备接触美国99%防务技术的资格"；美国学者库格尔曼指出，奥巴马和莫迪之间的密切关系以及美印关系的转变引人瞩目，"最近两年，随着奥巴马认真对待'重返亚洲'战略以及结束在阿富汗的军事行动，美印关系发生了重大变化"。[②] 9月28日，印度国防部长帕里卡尔再次访美，两国国防部长正式签署《后勤交换协议备忘录》。

① Debu C., "The Modi-Obama Meet," June 8, 2016, accessed March 16, 2021, https://www. mapsofindia.com/my-india/politics/the-modi-obama-meet.

② 韩显阳：《美印关系缘何"着急升温"》，《光明日报》2016年6月14日。

次日，美国国务卿克里访问印度，主持第二届美印战略经济对话。

三、特朗普政府时期

特朗普上台带来美国对外政策的重大调整。奥巴马政府的"亚太再平衡"战略遭到了继任者特朗普的强烈质疑和否定，后者力主美国应将主要精力放在应对国内挑战上。不过，就美印关系而言，特朗普似乎延续了小布什政府以来美国共和党总统对印度的重视和友好态度。早在参加竞选期间，特朗普就认定印度将是美国寻求保持特殊关系的国家之一，莫迪也是首批致电特朗普向其祝贺选举胜利的国家领导人之一。特朗普在2017年1月上任后即与莫迪通电话。2017年2月，美国国防部长詹姆斯·马蒂斯（James N. Mattis）与印度国防部长马诺哈尔·帕里卡尔通电话，表示"要继续推动双方的防务合作"。特朗普上任后，印度财政部长、外交部长和商务部长等政要相继访美，而美国总统国家安全事务助理赫伯特·麦克马斯特（Herbert Raymond McMaster）也曾对印度进行访问。

2017年6月26日，美国总统特朗普与到访的印度总理莫迪举行会晤。特朗普在会后表示："印度与美国的关系从未如此牢固，从未比现在更好。"莫迪则表示，"我们要把两国战略伙伴关系提升到新的高度"，"我的新印度愿景和特朗普总统'让美国再次伟大'愿景，将为两国的合作带来新前景"。从美印两国联合声明来看，莫迪此次访美的成果主要集中在安全防务合作方面，两国领导人承诺加强两国安全防务合作，建立美印外交与国防层面"2+2"对话机制，将双边外交与国防对话机制等级向美日看齐；美印两国领导人强调恐怖主义是全球性问题，两国承诺加强在打击"基地"和"伊斯兰国"等恐怖组织方面的合作；双方还强烈谴责朝鲜的"挑衅行为"，强调朝鲜寻求发展核技术和弹道导弹项目对地区安全与全球和平"造成严重威胁"，双方承诺就解决朝核问题进行合作。[1] 在会晤当天，美国国务院正式批准向印度出售一架价值3.65亿美元的C-17军用运输机。

在特朗普上台后，美印两国在贸易及美国移民政策等领域呈现出较大分歧。有分析认为，特朗普和莫迪都主打民粹牌，特朗普强调把制造业就业岗位留在国内的"美国第一"理念和莫迪的"印度制造"政策容易导致

---

[1]　陆佳飞、周而捷：《莫迪访美：探索特朗普时代印美关系》，人民网，2017年6月27日，http://world.people.com.cn/n1/2017/0627/c1002-29366722.html，访问日期：2021年3月16日。

两国间的贸易摩擦。不过，美国白宫在莫迪来访之际驳斥了美印关系出现不确定的"谣传"，坚称特朗普上台后美印关系"不断发展"；美国白宫表示，希望在朝鲜问题、阿富汗反恐、贸易和全球化领域与印度合作，推动贸易对话，增进两国繁荣增长和创造就业机会，"强大的印度对美国有利"。①

2017年7月10—17日，美印日三国"马拉巴尔"海上联合演习在印度南部金奈海域开展。这是美国特朗普政府上台后的首次美印联合军演。美国"尼米兹"号航母、印度"超日王"号航母以及日本海上自卫队最大舰艇"出云"号等总计约20艘舰船参加了演习，演习阵容可谓强大。特朗普于2017年签署《以制裁反击美国敌人法案》（Countering America's Adversaries Through Sanctions Act，CAATSA），责成美国对与俄罗斯等国的防务、情报实体从事"重大交易"的国家实施制裁。但该法案附有豁免条款，规定是否享有豁免将由美国总统最终判定。印度和俄罗斯拥有紧密的军工合作关系，美国根据《2017财年国防授权法案》对印度实施豁免，但设置了一些限定条件。

2017年10月18日，美国国务卿雷克斯·蒂勒森（Rex Wayne Tillerson）在启程访问印、巴等国前，发表题为"确定下一个世纪我们与印度的关系"演讲，印度被美国视为"印太再平衡"战略的最重要伙伴国之一。该战略的主要内容包括：其一，发挥美印经济的比较优势，促进"印太"地区尤其是南亚地区的经济增长和互联互通；其二，美印联手推动实现"印太"地区的安全与稳定，尤其是加强区域国家的安全能力建设；其三，构筑"印太再平衡"的同盟架构，将其他"志同道合"的国家纳入其中。蒂勒森的演讲得到印方的高度赞赏。②10月24—26日，蒂勒森对印度进行访问，双方重点讨论了"印太"地区的安全挑战和互联互通问题。2017年12月，美国白宫发布的《美国国家安全战略报告（2017）》指出，支持印度成为"印太"地区的领导者，美印关系对这一地区的繁荣和稳定具有十分重要的作用。美国新任驻印大使肯尼斯·贾斯特（Kenneth Jast）在新德里发表演讲时明确表示，进一步增强美印双方安全关系是确保"印太"地区安全的首要条件。

---

① 《莫迪访美特朗普白宫设宴招待，印媒：温暖的私人关系》，新华网，2017年6月26日，http://www.xinhuanet.com/world/2017-06/26/c_129640405.htm，访问日期：2021年3月16日。

② 林民旺：《印度将充当美国新亚洲政策的"支柱"》，《世界知识》2017年第22期，第74页。

2018年9月，美印两国举行"2+2"部长级对话会，讨论了两国共同致力于在相互尊重与合作伙伴关系的基础上维持与加强"印太"地区的规则与秩序。美印两国不断深化在"印太"地区的战略伙伴关系，并希冀将两国在"印太"地区的合作项目纳入"2+2"对话机制中。2018年12月，印度国防部长尼尔马拉·西塔拉曼（Nirmala Sitharaman）对美国进行了为期5天的访问，先后到访美国五角大楼、位于加利福尼亚的美国国防创新部门以及位于夏威夷的"印太司令部"。美印两国国防部长举行会晤，美国国防部长马蒂斯将印度描述为横跨"印太"地区和全球的"稳定力量"，宣称"美印在印太地区的共同愿景明确体现为实现该地区的安全、繁荣和自由，并以尊重该地区所有国家的主权和领土完整为基础。美国赞赏印度为实现此愿景作为稳定力量的领导者所做的努力，印度的这些努力促进了整个地区乃至全球的和平与安全"。[①] 双方在联合声明中重申，将加快两国防务与安全关系的发展，将之作为"美印战略伙伴关系"的关键支柱领域；双方同意在2018年"2+2"对话的基础上进一步加强双边的防务合作关系。

2020年2月24—25日，特朗普在就任美国总统后首次出访印度。特朗普此行的最主要成果体现在安全防务合作领域。访问期间发表的美印联合声明指出，两国领导人允诺深化安全防务合作，特别是加强对海洋和空间领域的认知和信息共享；加强军事联络人员交流；开展各军种及特种部队之间的高阶训练和扩展演习；在共同研制和生产高级防御组件、设备和平台方面进行更密切的合作；推动国防工业之间伙伴关系的发展。"特朗普总统注意到印度军队强大而有能力，维持着和平、稳定与基于规则的地区秩序，重申他支持将美国先进的军事技术转让给印度的承诺，对印度最近决定采购美军武器表示欢迎。"根据协议，美国将向印度出售价值30多亿美元的军事装备，包括24架MH-60R"海鹰"直升机和6架AH-64E"阿帕奇"直升机。[②] 美印两国还宣布将加强在打击跨国犯罪以及反恐等方面的合作。

[①] PTI, "India, US Agree to Accelerate Defence and Security Ties as Sitharaman Meets Mattis at Pentagon," December 4, 2018, accessed March 16, 2021, https://www.newindianexpress.com/world/2018/dec/04/india-us-agree-to-accelerate-defence-and-security-ties-as-sitharaman-meets-at-pentagon-1907115.html.

[②] U.S. White House, "Joint Statement: Vision and Principles for the United States-India Comprehensive Global Strategic Partnership," February 25, 2020, accessed March 16, 2021, https://trumpwhitehouse.archives.gov/briefings-statements/joint-statement-vision-principles-united-states-india-comprehensive-global-strategic-partnership/.

从根本上说，奉行"美国优先"的特朗普政府并非真的要让美国回到孤立主义状态，而是希望以更少的支出、更轻的联盟负担和更有效的方式来维持美国的全球霸主地位。事实上，认同将"离岸制衡"战略作为特朗普政府大战略的学者和媒体为数不少。该战略的主要宗旨是阻止可能挑战美国霸权的地区领导者出现，基本做法是和其他利益攸关国家合作，以避免地区内出现美国以外的另一位领导者。[①] 印度是美国奥巴马政府"亚太再平衡"战略的重要筹码，又成为特朗普政府"离岸制衡"战略的支点。特朗普政府从制衡亚太新兴大国的战略需求出发，促使印度进一步向美国靠拢，加强对印度防务能力建设的扶植，使之成为美国主导的"印太安全架构"的重要组成部分。

四、拜登政府时期

拜登政府执政后，在"印太战略"问题上基本继承了特朗普政府的遗产，同时通过修复"印太"盟友关系、升级完善"四边机制"等举措，寻求进一步稳固美国的"印太战略安全架构"。在这一架构中，印度扮演的角色十分重要，它既是影响"四边机制"走向的关键因素，也是美国下一步打造"印太–北约"阵营的重要支柱。美国与印度的战略合作继续升温，双方对"印太"互动的兴趣和能量也在不断放大，但节奏、程度和性质仍受制于双方的利益分歧及其他外部因素。

2021年3月，美国国防部长劳埃德·奥斯汀（Lloyd Austin）访印，成为拜登政府首位访印的高官。奥斯汀拜会了印度总理莫迪、国家安全顾问多瓦尔（Ajit Doval）和外交部长苏杰生（S. Jaishankar），并与印度国防部长辛格就加强双方军事合作、情报共享和后勤支持等举行了深入讨论。双方同意继续加强印军与美军印太司令部、中央司令部和非洲司令部之间的合作，加快落实美印已经签署的一系列防务协议。奥斯汀强调，美国将致力于和印度建立"全面与前瞻性防务伙伴关系"。莫迪发表声明，"概述其对两国战略伙伴关系的愿景，并强调了双边防务合作在美印关系中的重要作用"。奥斯汀则表示，美印防务伙伴关系是"我们对印太地区采取行动

---

① 《专家：特朗普倾向对华实施"离岸制衡"》，中国新闻网，2017年2月17日，http://www.chinanews.com/gj/2017/02-17/8152357.shtml，访问日期：2021年3月16日。Tom Switzer, "Offshore Balancing: A Tutorial for Trump," June 21, 2016, accessed March 16, 2021, https://www.aspistrategist.org.au/offshore-balancing-tutorial-trump/.

的中心支柱"，"是拜登—哈里斯政府的优先事项，我们将通过地区安全合作、军事交往和防务贸易来实现"。[①] 8月底，美军印太司令部司令阿奎利诺上任后首次访印，会见了印度国防部长、外交部长、国防参谋长以及陆海空各军种参谋长，旨在强化美印主要防务伙伴关系。阿奎利诺表示："我们与印度的关系基于一致的价值观，是建立持久伙伴关系的重要模式。"[②]

在2021年9月"印太四国"线下峰会之际，美国总统拜登与印度总理莫迪举行了首次线下会晤，商讨如何进一步扩展美印合作，共同维护"印太"地区安全，应对疫情和气候变化等关键挑战。拜登称赞印度在2021年8月担任联合国安理会轮值主席国期间的"强力领导"，并表态支持印度加入核供应国集团以及成为改革后的联合国安理会常任理事国。[③] 莫迪还会晤了具有印度裔血统的美国副总统哈里斯，宣称"哈里斯当选美国副总统是具有重要历史意义的事件"，"在拜登—哈里斯的领导下，美印关系将达到新的高度"。[④]

2021年以来，美印"2+2"合作机制得以延续和发展。9月1日，美印"2+2"闭会期间会议在美国华盛顿举行，印度国防部国际合作事务主管、外交部美洲事务主管以及美国负责"印太"事务的助理国防部长和负责南亚、中亚事务的副助理国务卿与会。双方评估了美印战略伙伴关系双边议程的进展，探讨加强国防、公共卫生、经济、科技、清洁能源、气候、金融和人员交往等领域持续合作的机会，并讨论了在网络、太空安全和新兴技术等领域的合作。印度外交秘书哈什·施林格拉（Harsh Vardhan

---

① Sheikh Saaliq, "India, US to Expand Military Engagement, Defense Ties," March 20, 2021, accessed March 24, 2021, https://abcnews.go.com/US/wireStory/india-us-expand-military-engagement-defense-ties-76575231; PTI, "Elevating US-India Defence Partnership Priority of Biden Administration: Lloyd Austin," March 20, 2021, accessed June 16, 2021, https://economictimes.indiatimes.com/news/defence/elevating-us-india-defence-partnership-priority-of-biden-administration-lloyd-austin/articleshow/81604017.cms.

② U.S. Mission India, "U.S. INDOPACOM Commander Visits India," August 26, 2021, accessed January 26, 2022, https://in.usembassy.gov/u-s-indopacom-commander-visits-india/.

③ Daily Excelsior, "Modi, Biden Discuss Indo-Pacific, Climate Change, Trade, COVID," September 25, 2021, accessed January 26, 2022, https://www.dailyexcelsior.com/modi-biden-discuss-indo-pacific-climate-change-trade-covid/.

④ Bhavya Sukheja, "Joe Biden Highlights Kamala Harris' Indian Roots, Praises Her Mother During PM Modi's Meet," September 25, 2021, accessed January 26, 2022, https://www.republicworld.com/world-news/us-news/joe-biden-highlights-kamala-harris-indian-roots-praises-her-mother-during-pm-modis-meet.html.

Shringla）也于9月初访美，先后与美国国务卿布林肯和副国务卿舍曼举行会晤。施林格拉与布林肯讨论了双边关系以及阿富汗局势，与舍曼就推进美印在国防、贸易、投资和气候变化等领域的战略伙伴关系进行了实质性讨论，双方还有意加强在联合国、反恐、人道主义救援和海上安全等领域加强合作。[①]

自20世纪90年代初以来，美印两国已建立了多项联合军演机制，包括"准备战争""霹雳"两项陆军演习，"马拉巴尔"海军演习和"红旗"空军演习等，种类多样的美印联合军演在拜登政府上任后得以维系，并在多边联合军演领域进一步拓展。2021年2月，美印两国陆军在印度拉贾斯坦邦举行第16届"准备战争"演习，这是拜登政府上任后的首场美印联合军演。3月，美印两国特种部队在印度特种部队训练学校举行第11届"霹雳"联合演习。3月28—29日，美国海军"罗斯福"号航母打击群与印度海军、空军在印度洋东部水域举行了联合军演；6月23—24日，美国海军"里根"号航母打击群与印度海军、空军在印度洋举行了联合演习。这些演习均旨在磨练作战技能、加强互用性，提升美印在军事行动中全面整合及协调作战兵力的能力。

不过，拜登政府上任以来，持续的新冠肺炎疫情对美印两国的安全防务合作造成冲击，甚至使两者的所谓伙伴关系经受考验。据世界卫生组织的统计数据，截至2022年1月27日，美国累计新冠肺炎确诊病例超过7,181.26万例，累计死亡病例86.60万例，均位列全球首位；印度累计新冠肺炎确诊病例超过4,037.15万例，累计死亡病例49.17万例，分别位列全球第二和第三位。[②] 美印两国的疫情防控和社会救助压力巨大，经济发展遭受重创，限制了双方在安全防务合作方面的投入和能力。疫情的限制使得美印双方大幅减少了人员交往的频次，不少人员交往改为线上方式或电话联络。一些重要军事演习被迫改以"非接触、仅限海上"的形式举行。同时，面对疫情造成的巨大经济压力，印度在军购领域也表现出更强烈的"自力更生"色彩，客观上会限制美印两国在军备领域的合作。在2021年4

---

① Ujjwal Samrat, "India-US Hold 2+2 Intersessional Dialogue; Review Prevailing Afghanistan Situation," September 2, 2021, accessed January 26, 2022, https://www.republicworld.com/world-news/us-news/india-us-hold-2-2-intersessional-dialogue-review-prevailing-afghanistan-situation.html.

② WHO, "WHO Coronavirus (COVID-19) Dashboard," Jaunary 28, 2022, accessed Jaunary 28, 2022, https://covid19.who.int/table.

月，印度空前严峻的疫情和美国政府的自私冷漠一度引发国际关注，美国因此遭到印方人士批评。据《印度时报》报道："拜登和哈里斯冷漠对待新德里的需求，反美情绪（在印度）爆发。"有印方人士列举拜登政府对新德里不利的行动，包括封锁疫苗原材料、称印度为货币操纵国、未经通知进入印度水域、发布有关印度人权和少数族裔权利的负面报道等，并质问"这就是盟友的表现吗？"[①]

小　结

安全防务合作包括许多维度，譬如军售、采购、联合研制武器装备、技术转让、情报共享、反恐和防扩散合作、联合救援、联合打击跨国毒品走私活动、联合海上巡逻等。安全防务合作是双边合作的重要组成部分，与两国的整体合作密不可分。从历史的视角看，美印两国由于在国际体系中的不同地位和对全球秩序的不同认识，双边安全防务关系经历了十分曲折的发展历程。

虽然美印两国的国家利益存在冲突，但在冷战时期仍然有数次防务合作的案例，譬如：在20世纪50年代初，美国曾批准向印度出售200辆谢尔曼坦克，合同价值1,900万美元；在1962年中印边境冲突期间，美印防务合作曾经急剧增加。伴随苏联解体和冷战结束，国际体系发生剧烈变化，开启了美印防务合作的新时代。印度从两极对峙的冷战格局中摆脱出来，对本国外交政策进行若干重大调整。1991年，美国太平洋司令部陆军司令基克莱特访印，标志着后冷战时期美印安全防务关系的正式起步。在取得一些初步成果后，1998年印度核试使得美印安全防务合作突然中止，直至2001年1月美国克林顿政府撤销对印制裁才重新恢复。

进入21世纪以来，美印安全防务合作总体呈蓬勃发展之势。"9·11"事件后，美印反恐合作为两国安全防务合作的全面开展提供了契机。2005年，美印两国国防部长签署了《美印防务关系新框架》协议，为提升两国防务关系（包括联合研制和弹道导弹合作）开辟了道路。该框架协议的签署促成了美印防务采购和生产小组以及防务联合工作组的建立，二者均是

---

① Indian Defence News, "Anti-US Sentiment Explodes as Joe Biden-Kamala Harris Remain Cold to New Delhi's Needs," April 25, 2021, accessed Jaunary 28, 2022, http://www.indiandefensenews.in/2021/04/anti-us-sentiment-explodes-as-joe-biden.html.

防务政策委员会的附属机构。此外，美印两国还签署了一些补充性框架协议，旨在推动两国在海上安全、网络安全、灾难救援等领域的合作。美国小布什政府对于推动美印安全防务合作可谓不遗余力，甚至不惜在核问题上对印度"网开一面"，2006年签署的《美印民用核能合作协议》，奠定了美印关系的重要基础。奥巴马政府基本延续了美印安全防务合作逐步强化之势。美国奥巴马政府把美印关系视为21世纪"决定性的伙伴关系"，全面扩展与印度的安全防务合作，两国安全防务关系也达到了十年前难以想象的广度和深度。美国特朗普政府高举"让美国再次伟大"的旗帜上台，努力避免美国过度卷入海外地区的事务，奉行"印太战略"以平衡新兴大国的力量，印度是美国需要借重和扶植的重要"印太"地区大国，美印安全防务关系的强化之势得到继续保持。美国拜登政府上台后，美国与印度的战略合作继续升温，双方对"印太"互动的兴趣和能量在不断放大，但也受制于双方的利益分歧及其他外部因素。

第二章　美印开展安全防务合作的主要背景、动因和目标

在后冷战时期，尤其是进入21世纪以来，美印关系呈现蓬勃发展之
势，已成为21世纪最具影响力的双边关系之一。美印安全防务合作的开展
具有丰富多样的背景和动因，是多种因素综合作用的结果，其中既有宏观
国际环境因素，也有两国具体利益诉求和认知变化因素，还有两国自身的
力量基础因素。这些因素也使得美印两国在安全防务合作中追求兼有共识
和差异的主要目标，两国目标的不同侧重点为两国安全防务合作增添了一
些不确定因素。

第一节　美印开展安全防务合作的主要背景和动因

美印两国的安全防务合作经历了非常曲折的发展历程，直至21世纪方
才进入迅速发展的轨道。后冷战时期的国际环境和美印两国的力量消长是
美印安全防务合作的客观背景，美印两国的利益诉求和认知变化则是美印
安全防务合作的主观动因。

一、国际环境

在后冷战时期，美印安全防务合作的国际环境发生了急剧变化。其中
既有冷战结束和苏联解体的国际体系变动，也有全球权力东移以及美国与
亚太新兴大国力量消长的国际格局变化。

（一）冷战结束和苏联解体

冷战时期两极格局下的印苏准同盟关系一直是美印关系的重要障碍，
苏联解体和冷战结束为美印关系的发展提供了契机。苏联解体后，俄罗斯
将战略重心转向国内问题和处理同美欧的关系，以及巩固其在独联体中的
领导地位。俄罗斯在南亚的利益和影响较苏联削弱了许多，既无意愿也无
能力推行原来的对印政策。1993年《俄印友好合作条约》的签订标志两国
从原有战略关系向普通国家关系的转变。俄罗斯从南亚的淡出使印度丧失
了强有力的支持者，转而渴望从美国获得更多支持。对印度而言，冷战的
结束导致印度发现自己处于失败者的尴尬境地，此时转而寻求与胜利者美
国开展安全合作非常有必要。起初是印度而不是美国主动寻求与对方开展

合作。[①]

与此同时，随着苏联撤离阿富汗，巴基斯坦对于美国的战略重要性明显下降。1990年的巴基斯坦核武器计划导致美巴战略关系终止，美国已不再是印度敌国的朋友，美印战略合作的主要障碍被消除。于印度而言，要实现自己的国家利益，保持在南亚的特殊地位和作用，就必须加强与全球唯一超级大国——美国的关系。印度既需要美国的资金、技术以发展国内经济，也需要美国的武器装备以维持其在南亚的军事优势。于美国而言，较之巴基斯坦的国内动荡和边缘化，印度积极推行改革和加入经济全球化进程，这使得美国开始重视印度在维护南亚力量平衡中的作用。

除了印苏关系和美巴关系的大幅调整，后冷战时期国际力量格局的总体演进也为美印安全防务合作的拓展提供了较为广阔的空间。在冷战结束之初，美国成为全球唯一的超级大国，享有"一超"地位的美国积极推行单极战略，谋求巩固并强化自身的战略优势。与此同时，在经济全球化的推动下，中印崛起、欧洲一体化进程、日本谋求政治和军事大国战略、俄罗斯国力的缓慢恢复等多极化趋势对美国推行的全球单极化构成挑战。根据英国学者巴里·布赞（Barry Buzan）的划分：在冷战时期存在2+3的全球权力结构，美国和苏联作为超级大国，中国、日本和欧盟成为大国力量；在冷战后的第一个十年期间，全球权力结构转向1+4，唯有美国还是一个超级大国，中国、欧盟、日本和俄罗斯只是一般性大国。[②]在20世纪90年代的国际力量格局之下，美印安全防务合作较之于冷战时期有了一定的发展，但总体进展有限。这一时期的美国自恃超强的总体实力，对于地区安全合作伙伴的需求尚不强烈。至于印度，虽然被视为21世纪最具有世界大国潜质的地区大国，但其巨大发展潜力尚有待呈现，何况1998年印度核试验引发了国际社会的广泛焦虑。

进入21世纪以来，在新兴大国崛起等一系列因素的推动下，国际力量格局出现新的变化，并呈现出一些明显的发展趋势，主要表现如下：

第一是"相对大国时代"的到来。尽管美国在冷战后成为全球唯一的超级大国，欧盟、日本、俄罗斯、中国、印度等其他权力中心的力量也在

---

① Daniel Twining, "Was the U.S.-India Relationship Oversold？" April 26, 2012, accessed March 16, 2021, https://www.gmfus.org/commentary/was-us-india-relationship-oversold.

② 〔英〕巴里·布赞：《美国与诸大国：21世纪的世界政治》，刘永涛译，上海人民出版社，2007，第75—76页。

不断发展。在评估当前国际力量格局时，法国前总统萨科齐提出了"相对大国时代"的概念：与"单极世界"或"超级大国"不同，未来30年至40年内世界将进入"相对大国时代"，"中国、印度、巴西等国在政治、经济领域日益崛起，俄罗斯逐渐恢复元气，为形成一个新的大国合唱的多极世界创造了条件"。[①] 显然，在"相对大国时代"，美国要维护其现有地位，要应对的并非仅仅是一两个新兴大国。美国印裔学者法里德·扎卡利亚（Fareed Zakaria）曾提出"他者的崛起"概念。扎卡利亚眼中的"他者"除了中印等金砖国家，还包括印尼、土耳其、墨西哥和阿根廷等一大批新兴市场国家。此外，包括国际组织、国际机构及其相关国际制度在内的非国家行为体也被纳入"他者"的范畴。[②]

第二是相互依存趋势。在全球化浪潮的推动下，以金砖国家（中国、印度、俄罗斯、巴西、南非）为代表的新兴经济体快速发展，不仅有力地促进了它们与美国等发达国家的政治、经济、外交、军事和科技文化等方面关系的发展，也为国际社会在上述诸多领域提供了合作机遇。各国间的相互依存水平不断提高，在许多领域，"双输、双赢"规则逐渐取代了过去的零和游戏规则。譬如，在经贸领域，大国之间高度依存，形成"利益攸关"的共生关系。在反恐、防扩散、气候变化、环境保护等诸多领域，全球首要强国美国难以独力应对，需要寻求国际社会和其他国家的支持与合作。

第三是国际体系的内部调整趋势。随着国家间力量消长及国际形势的发展演变，现有的国际机制、制度和规范等也在不断改革和调整。2008年全球金融危机发生后，国际货币基金组织和世界银行等机构就相继实施了减少发达国家部分投票权份额以提升新兴经济体份额的改革方案。美国并未阻挠这种变革，而是积极向西欧国家施加压力，要求它们向新兴经济体让渡"被过分代表的权力"。与此同时，由中印等国推动成立的亚洲基础设施投资银行与金砖国家开发银行已于2015年投入运营，如今成为全球金融体系中重要的新兴机构，有助于中印等新兴经济体争取更多的国际金融话语权。当然，美国在切身利益上仍然难以让步，它对新兴经济体也竭尽威逼利诱之道，在国际货币体系改革、货币汇率、美国债券增/减持等问

---

① 沈孝泉：《萨科齐"相对大国"论内涵》，《瞭望》2008年第4期。

② 〔美〕法里德·扎卡利亚：《后美国世界：大国崛起的经济新秩序时代》，赵广成、林民旺译，中信出版社，2009。

题上与之进行着激烈博弈。

第四是战争代价越发高昂。自从核武器诞生以来，大规模杀伤性武器发挥了巨大的威慑作用。由于核战争的后果非常可怕，可能会导致整个人类的毁灭，大国在对待战争（特别是这些有核国家之间的战争）问题上极为谨慎。诚如美国军事战略学家伯纳德·布罗迪（Bernard Brodie）所言，在核攻击面前，没有真正的胜利者。一旦核战争爆发，无论是国际体系主导大国，还是实力迅速增长的新兴大国都无法独善其身。[①] 这事实上对在军事上占据较大优势的美国不利，使得美国难以像历史上的主导国家那样对拥有核武的挑战国发动战争，因为这要冒着"玉石俱焚"的危险。即便是对待无核国家，战争的开支也非常高昂，美国在阿富汗和伊拉克两场反恐战争中的巨大消耗已经证明了这一点。

（二）美国的全球霸权地位及其相对衰落

美国的全球霸权地位至少要追溯至第二次世界大战。第二次世界大战改变了世界的权力分配格局。这场战争几乎摧毁了此前力量迅速增长的德国和日本，削弱了原来实力相对强大的英国和法国，促使在19世纪末已经进入世界强国行列的美国在国际权力分配格局中的地位更加突出。第二次世界大战后的美国不但拥有强大的实力，也有成为并保持世界第一大国的强烈意愿。第二次世界大战后，美国放弃了奉行多年的孤立主义政策，全面介入了国际事务。在联合国体制下，作为安理会五常之一，虽然冷战时期美国在联合国常常遭到苏联的对抗，但其对联合国的议程还是发挥了一定的主导作用。在安全领域，美国积极组建北大西洋公约组织、中央条约组织、东南亚条约组织等军事同盟和安全机制，与日本、韩国等国家和地区缔结了安全条约，不仅构建了对苏联、中国等的遏制性包围圈，而且形成了以美国为核心的全球安全体系。在经济领域，美国先是设计建立了布雷顿森林体系，其后又以马歇尔计划为战后资本主义国家的经济复苏和发展提供了大量援助。美国还长期主导世界银行、国际货币基金组织的议程、关贸总协定（以及后来的世界贸易组织）的谈判进程。这些举措奠定了以美元为中心、以美国经济实力为基础、以西方经济理念为准则的世界经济框架。安全、经济和政治三大秩序结构的建立是美国领导二战后世界意愿的突出表现和重要战略。随着这三大秩序结构的建立，美国全球主导

---

① 杜幼康：《权力转移理论质疑》，《国际观察》2011年第6期，第33—34页。

国的地位得到了充分的显示和最终的确立。所以说，"冷战时期的'两极世界'并非'双头领导格局'，而只是核毁灭前景下并不对称的恐怖平衡；苏联也并不具有世界领导国的心态，而只是继续扮演其挑战者、革命者的角色"。①

20世纪90年代，挟冷战胜利余威的美国曾以绝对优势占据全球权力结构的首要位置。冷战结束之初，美国一超独大之势形成，全球霸权地位进一步强化。美国与生俱来的要以自己的理念改造世界的理想、优越感，与实际战略利益结合在一起，雄心空前膨胀。它借助经济全球化浪潮，大力推广美式资本主义和民主模式。进入21世纪以来，美国的全球霸主地位面临着来自新兴大国和非国家行为体的严峻挑战。与此同时，美国多年来的诸多霸权主义行径也积累下了不少负面影响，反美情绪乃至反美主义浪潮在全球不少地区汹涌澎湃。美国学者肯尼斯·沃尔兹（Kenneth N. Waltz）指出："只有在美国，人们才能听到世界需要美国领导的说法；在世界其他地方，人们听到的是美国的骄横和单边主义。"② 学者约瑟夫·奈（Joseph S. Nye Jr.）也曾警告，美国是处于十字路口的巨人，既有国际体系已经步入变革的轨道。

21世纪以来，面对变革的压力，美国试图维持甚至巩固自身的全球霸权地位。譬如，美国认为，现存国际安全秩序未能正确反映当今世界政治力量的对比，希望自身的权力和行动自由进一步增加；当前国际秩序中关于同盟体系的安排没有适应冷战后安全威胁的新变化，无法满足国家安全环境变化所带来的新需求。小布什政府时期，美国政府高举"反恐"大旗，热衷于通过武力来确保其全球霸主地位。"9·11"事件后，面对十分突出的中东恐怖主义威胁，美国小布什政府旋即发动阿富汗反恐战争和伊拉克战争，并提出了在反恐问题上"非友即敌"的划线策略，罔顾国际社会的单边主义倾向十分强烈。

旷日持久的反恐战争和2007年次贷危机的发生极大地削弱了美国的力量。在奥巴马政府时期，遭受金融危机重创的美国经历了非常艰难的复苏进程，其经济政策时常处于两难境地之中：一方面需要继续推行扩张性财

---

① 〔美〕保罗·肯尼迪：《大国的兴衰：1500—2000年的经济变迁与军事冲突》，陈景彪译，国际文化出版公司，2006，序言，第13页。

② 〔美〕肯尼斯·沃尔兹：《冷战后国际关系与美国对外政策》，《南开大学学报（哲学社会科学版）》2004年第4期，第1—5页。

政政策，以刺激经济增长，创造就业岗位；另一方面，又需要实施紧缩性财政政策，以减少几乎已达到政府承受极限的预算赤字和政府债务。或许美国经济面临的最严峻的挑战在于，在美国对世界经济依赖度越来越高的同时，其对世界经济的影响力却越来越小。美元作为世界主要货币的地位也经受着考验。[①] 从近年来国际形势的发展来看，美国在维护自身首强地位时常常显得"心有余而力不足"。

除了新兴国家崛起等外部原因，美国权势流失也有自身深刻的内部原因。在美国总统国家安全事务助理兹比格涅夫·布热津斯基（Zbigniew Brzezinski）看来，除了经济颓势，美国还面临着日益严峻的六大内部问题：其一，美国日益庞大的国债使其在面对中国等主要债权国时更显脆弱，威胁美元作为世界储备货币的地位，削弱美国作为世界杰出经济榜样的影响力，并进而导致它在国际经济治理机制中的领导地位下降；其二，不健全的金融制度是美国的严重问题之一；其三，伴随着社会流动性受阻出现的收入差距扩大，长期威胁着社会的共识和社会的民主稳定性，而这两者是支撑美国有效外交政策的基本条件；其四，美国日渐老化的基础设施；其五，公众缺乏对世界的了解；其六，美国内部对立日趋严重，政治制度党性越来越强。[②]"这些事件的累积效果是，使得一项新的地缘政治事实不言自明：全球力量和经济活力的重心因而会相应地由大西洋向太平洋，由西方向东方转移"。[③]

在美国面临的诸多问题中，有两点非常值得注意：一是帝国的过度扩张；二是过度的公私消费。前者是指"由于在远离中心的地区的不断扩张，以至于所花费的成本超过了其所获得的收益"。[④] 美国在"9·11"事件后发动的大规模反恐战争就有"帝国的过度扩张"之嫌。有统计数据显示，美国2001—2019年在阿富汗反恐战争中的总支出高达2万亿美元。[⑤] 而且，

① 〔美〕弗雷德·伯格斯坦：《美国经济政策的两难困境》，2011年10月18日，http://finance.jrj.com.cn/opinion/2011/10/18004511313868.shtml，访问日期：2021年3月16日。

② 〔美〕兹比格涅夫·布热津斯基：《战略远见：美国与全球权力危机》，洪漫等译，新华出版社，2012，第46—54页。

③ 同上书，第11页。

④ 〔美〕杰克·斯奈德：《帝国的迷思：国内政治与对外扩张》，于铁军等译，北京大学出版社，2007，第7页。

⑤ Brown University, "U.S. War Spending in Afghanistan FY 2001-2019 (in Billions of USD)," September 2019, accessed March 16, 2021, https://watson.brown.edu/costsofwar/figures/2019/us-war-spending-afghanistan-2001.

伊拉克战争没有得到联合国的授权，基本上是美国的单边主义行为，这使得美国几乎丧失了"9·11"事件后的"道义优势"和"议题优势"。另一个原因是"过度的公众消费"。美国公众的过度消费是2007年次贷危机发生并不断发酵的主要原因之一。过度消费限制了美国对生产和防务的投入，削弱了美国霸权护持的政治、经济和军事基础。[①]

奥巴马政府2009年上台后，不得不面对美国的力量颓势与新兴国家的崛起。一方面，美国实力因国际金融危机和两场反恐战争的巨大开支而呈现颓势；另一方面，新兴国家群体性崛起，国力蒸蒸日上。面对国际格局的变迁，奥巴马政府摈弃前任小布什政府的单边倾向和黩武政策，转而强调"软实力"和"巧实力"，将国际角力的重点由军事领域转向经济和意识形态领域。2009年1月，美国国务卿希拉里·克林顿在参议院听证会上指出，美国需要秉持"巧实力"战略，运用包括外交、经济、军事、政治、法律和文化领域的一切工具，以维持美国在全球的领导地位。在奥巴马政府时期，伴随网络信息技术在全球范围的迅速普及，互联网成为美国维护自身霸权地位的重要战略工具。有"互联网总统"之称的奥巴马上任后，即敦促美国政府各部门投身于网络社会中，奥巴马外交战略的核心之一就是充分发挥互联网强大的传播作用，并融入美国的民主自由理念，以实践"巧实力"战略。美国国务卿希拉里连续两次发表"互联网自由"演说，表示美国政府将与实业界、学术界和非政府组织一道，"利用这些（互联网）技术推进我们的外交目标"。[②]美国还积极发展网络空间军事力量，明确将网络空间视为与陆海空天同等重要、需要美国维持其决定性优势的五大作战范畴之一。

缺乏从政经验、特立独行的美国富商唐纳德·特朗普打出了"让美国再次伟大"的竞选口号，他的成功当选反映出美国选民对传统政治精英的厌烦，不仅让美国国内的建制派力量感到惊慌，也给美国的全球战略增添了许多不确定性因素。特朗普大肆鼓吹"美国优先"理念，在就任后着力从美国国内事务入手，努力推动美国经济的复苏和繁荣，而奥巴马颇为自豪的"亚太再平衡"战略遭到抛弃。特朗普将反恐和军力建设视为外交政策的两大支柱，外交和国家安全政策团队也以退役军方将领为主。根据

---

① 娄伟：《论中美之间的权力转移》，《东北亚论坛》2011年第4期，第39—40页。

② 《克林顿国务卿关于互联网自由的讲话》，美国国务院网站，2010年1月21日，https://2009-2017.state.gov/documents/organization/135876.pdf，访问日期：2021年3月16日。

2017年5月23日特朗普政府公布的首个新财年预算纲要报告，美国国防预算将增加10%，突出强调发展军事"硬实力"，而国务院等部门的"软实力"预算被大幅削减。

面对新的国际环境和安全挑战，2017年12月，美国总统特朗普任内的首份国家安全战略报告公布。报告将"保护国土安全""促进美国繁荣""以实力维持和平""提升美国影响"列为国家安全战略的"四大支柱"。报告指出，美国致力于加强国土安全，将强化边境管控，收紧移民政策，通过增强导弹防御体系等手段强化美国防御大规模杀伤性武器的能力。报告强调促进美国经济对于确保国家安全的重要性，提出将通过放松监管，推进税改和发展基建等一系列手段，重振美国经济。此外，美国将继续寻求在全球科研创新领域保持领先地位，并充分利用自身拥有的能源优势。报告称，美国正面对着充满"竞争"的世界，俄罗斯和中国等是美国的"竞争者"，而朝鲜、伊朗、"基地"组织和"伊斯兰国"等则对美国构成威胁；特朗普政府将强化美国竞争优势，增强军事、核力量、太空、网络和情报等方面竞争力，提升美国的全球影响。[①]

尽管美国的权力已呈现颓势，美国的霸权地位在当前面临诸多危机，美国的衰落却只是相对的。美国学者约瑟夫·奈认为，衰落一词包含两层不同的意思：其一是衰败意义上的绝对衰落，其二是因其他国权力资源增长或得到更有效利用而造成的相对衰落。美国当前的衰败并非衰败意义上的绝对衰落，而是因其他国权力资源增长或得到更有效利用而造成的相对衰落，"它并不是像古罗马帝国那样，呈现给人一幅经济绝对衰败的景象"。[②]从传统意义权力的各个重要的有形方面（经济、金融、科技和军事）而言，美国仍然难有匹敌。美国拥有全球规模最大的国民经济、最大的国际金融影响力、最先进的科学技术，以及最为强大的军事力量。这种优势究竟会持续多长时间尚难下定论，但至少是目前国际政治的现实。诚然，美国经济因2007年次贷危机及随后的金融危机而受到比较严重的损害，但这场危机也带来了美国社会的深刻反省。美国主导的国际秩序也仍然有其顽强的生命力。美国学者约翰·伊肯伯里（John Ikenberry）指出："美国主

---

① 《特朗普政府发布国家安全战略，强调"美国优先"》，人民网，2017年12月19日，http://world.people.com.cn/n1/2017/1219/c1002-29716003.html，访问日期：2021年3月16日。

② 〔美〕约瑟夫·奈：《21世纪不会是一个"后美国"世界》，《国际政治》2013年第1期，第117—118页。

导的国际秩序独具一格，它比帝国更注重道德的力量，而且易于被人们理解和接受，其合法性更强，也更持久……进入美国主导的国际秩序容易，颠覆美国主导的国际秩序却很困难。"[1] 事实上，在一些西方学者看来，美国主导的既有国际秩序拥有吸纳中印等新兴大国的潜力。

从某种意义上说，美国的衰落不仅是相对的，而且"并非注定"。美国总统国家安全事务助理兹比格涅夫·布热津斯基曾以"美国的资产负债表"的形式列出了美国的弱点和优势，总结了影响美国制度全球竞争力这一重要命题的加分与减分项目。[2] 他的结论是：可预见的未来（例如未来20年）仍将很大程度上由美国来塑造。如果美国能充分利用六个方面的重要实力，即总体经济实力、创新潜力、人口活力、民众响应能力、地理基础和民主吸引力，那么它就有能力纠正那些摆在眼前的问题。从实际经济表现看，美国经济在2009年后逐渐走出低谷，重回复苏。摩根大通国际董事长雅各布·弗兰克尔（Jacob Frenkel）在参加2015年达沃斯论坛年会时曾表示："格局已经发生了变化，美国正在恢复其在世界经济中的地位，经济复苏劲头非常强劲。"[3] 由于系统性风险已经率先出清，美国经济基本面在发达国家中表现最优。2017年，伴随美联储开启加息进程和缩表操作，美国经济的内生增长依旧强劲，消费引擎保持稳健，标志着美国经济复苏已经告别此前货币宽松政策导致的繁荣幻觉，正在转向真实的复苏。美国主导的现行国际秩序也仍然有其较强的生命力。

（三）全球权力东移和新兴大国崛起

进入21世纪以来，在美国政府对美印关系进行重新评估时，全球权力东移和新兴大国中印快速崛起是其重要考量之一。冷战后，全球形成了"一超多强"的权力格局，超级大国美国几乎处于全球权力结构的顶端；而21世纪以来中印两国的迅速成长对美国主导的全球权力结构，尤其是亚

---

① John Ikenberry, "The Rise of China and the Future of the West: Can the Liberal System Survive?" *Foreign Affairs*, Vol.87, No.1, January/February 2008, p.24.

② 在布热津斯基看来，美国的"负债"包括国家债务、有缺陷的金融制度、不断加剧的社会不平等、越来越陈旧的基础设施、公众的无知、政治对立，美国的"资产"则包括总体经济实力、创新潜力、人口活力、民众响应能力、地理基础、民主吸引力。〔美〕兹比格涅夫·布热津斯基：《战略远见：美国与全球权力危机》，第55页。

③ 李天真：《达沃斯论坛问诊2015世界经济：冷热不均症结何在？》，中国社会科学网，2015年1月23日，http://www.cssn.cn/zt/zt_zh/xwzt/djdwslt/dwsmtbd/201501/t20150123_1490452.shtml，访问日期：2021年3月16日。

太权力结构形成了较大冲击。一方面，美国越来越依靠亚太市场的贸易和投资来维持发展自身经济；另一方面，伴随着中印两个亚洲新兴大国的崛起，权力和财富从美欧向亚太地区的转移呈加速之势。美国奥巴马政府的首任国务卿希拉里·克林顿曾表示，亚太地区"已经成为全球政治的关键驱动力"，"中国、印度等新兴大国"是其重要组成部分；"全球政治的未来将在亚洲决定"。①

中国和印度崛起的概念是基于两国自20世纪90年代以来经济发展和影响力日增的事实，尽管从时间上说两国的发展有先后之分。有人喜欢把中印两国的崛起视作同一种现象，合称为"中印崛起"；也有人更愿意关注中印两国各自的潜力和发展前景。冷战后的国际环境为中印两国的崛起提供了非常难得的机遇，譬如经济全球化浪潮、世界产业结构调整、新的科技革命、2008年全球金融危机等。21世纪以来，中印两国国力的快速增长及其对国际体系和地区格局的可能影响引起各方的高度关注。2006年，亚洲开发银行总裁黑田东彦表示："两个经济大国在短短的时间里获得了空前的发展，就像历史上的经济里程碑一样，二者对地区和全球其他国家的贡献和影响是深远的。"②

鉴于中国巨大的发展潜力和良好的发展势头，中国会否成为下一个超级或准超级大国，已成为近年来国际社会的关注焦点之一。目前中国发展强大的前景几乎已成共识，根据一些最权威的国际机构的预测，中国未来在全球经济和世界贸易中的地位将进一步上升。人们更为关注中国将如何发展强大，即中国的发展强大对国际体系的可能影响，以及崛起大国中国将如何使用它的力量，其中既包括地区层面，也包括全球层面。后者主要指向对全球主导大国的可能挑战。英国学者马丁·雅克（Martin Jacques）指出，中国"巨大的人口规模和超高的经济增长率相结合，为世界提供了一种全新的经验。毫不夸张地说，中国正在改变呈现在我们眼前的世界，而且还会把它带入一个陌生的未来"。③美国总统国家安全事务助理兹比格

---

① Hillary Clinton, "America's Pacific Century," November 10, 2011, accessed March 16, 2021, https://2009-2017.state.gov/secretary/20092013clinton/rm/2011/11/176999.htm.

② 〔英〕戴维·史密斯：《龙象之争：中国、印度与世界秩序》，丁德良译，当代中国出版社，2007，第156页。

③ 〔英〕马丁·雅克：《当中国统治世界》，张莉、刘曲译，中信出版社，2010，第151—152页。

涅夫·布热津斯基指出："中国令人瞩目的经济增长势头，在清楚的国家利益驱动下做出果断政治决策的能力，相对而言不受那些有可能削弱其力量的国外承诺的牵绊，其军事潜力逐渐提升，再加上全世界都认为它不久将挑战美国至高无上的全球地位，这些因素都表明，中国理应在当前的国际等级体系中居于仅次于美国的位置。"①

促使全球权力分布日渐东移的另一个因素是，昔日被视为中等国家的印度凭借不俗的经济表现走上世界舞台的前列，成为新兴大国的代表之一。独立后的印度经济发展经历了一个比较曲折的过程。为了实现所谓世界大国地位，独立印度的几代政治领袖都作出了巨大的努力。尼赫鲁帮助印度国民树立了国际观念，将成为世界大国视为印度某种宿命般的道路。但是，由于印度在独立后的较长时期内经济发展缓慢，以及印度在处理南亚地区事务时与巴基斯坦屡屡发生冲突，使其在成为地区主导大国的道路上步履维艰。虽然印度一直自诩为世界大国，但直至20世纪90年代初，印度在国际体系中距离理想中的世界大国地位相距甚远。事实上，由于旷日持久的印巴争端及其导致的持续冲突，国际社会当时对印度亚太地区大国的地位都存在争议，甚至视之为"中等强国"。"人们普遍认为，印度是一个看待世界事务时抱有强烈道德观念，但没有与之相匹配的影响力的国家。"② 其中最主要的原因之一当然是印度落后的经济。直至冷战后，这种看法才逐渐开始改变，这主要源于两方面的重要变化。其一，印度从20世纪90年代开始的经济快速增长；其二，印度于1998年进行了公开核试验。

就印度的大国梦想而言，冷战的结束是一条显而易见的分水岭，这不仅由于苏联解体使印度处于崭新的国际环境中，也因为印度几乎同时走上了经济改革的道路。20世纪90年代以来，印度走上了经济发展的快车道，综合国力迅速增强。进入21世纪后，印度年均经济增长超过8%，2007年更高达10%，创下历史新高。由于冷战后较快的经济增长，印度舆论对本国的未来发展充满了乐观的预测，时任副总理阿德瓦尼等政要甚至宣称21世纪将是"印度世纪"。这种说法虽有夸张的成分，但印度巨大的市场潜力、低廉的人力成本和丰富的人才资源的确吸引了全球关注。同时，印度政府又陆续推行了开放金融市场、加快国有部门私营化速度等一系列经济

---

① 〔美〕兹比格涅夫·布热津斯基：《战略远见：美国与全球权力危机》，第19页。
② 同上书，第16页。

自由化政策。这些政策虽然在印度国内仍存有争议，但其推动经济发展的作用明显，而且印度政府仍在尝试进一步深化改革。

而印度的抱负真正引起世人瞩目是在1998年核试验以后。"印度的目标是避免在世界事务中处于二等地位，和获得与其作为世界上最古老的文明国家之一、拥有近五分之一的世界人口的大国相称的地位。因为核武器仍将是权势的主要构成要素，对这种平等地位的追求促使印度改善其制造和发射核武器的能力，除非有核国家在实现一个无核世界方面取得可信的进展。"[①] 在现实的政策层面上，印度的行为引起了以美国为首的西方大国的警觉，并对印度突破现行国际体制束缚的行为加以制裁。这导致了印度在随后的外交中努力调整对美政策，大力推行大国外交，旨在缓解西方的压力，但并未放弃谋求核国家的地位。有学者认为："自从有了核武器后，印度的国际地位有了很大的改变。一方面，在对印度制裁了一个时期以后，美国认识到不承认印度核大国地位是做不到的。另一方面，印度核试验以后，以及它公开地发展核打击能力及其载运工具之后，中国也开始提高了对印度的尊重与重视。"[②] 在外交方面，印度逐步摆脱了核试验带来的国际负面影响，并积极谋求在联合国、世贸组织、世界银行等国际机制中发挥更大的作用。印度开展了非常活跃的大国外交，努力推进与美国、俄罗斯、中国和欧盟等的关系。印度在其周边地区也采取了颇为积极的外交政策，在南亚地区的影响力处于上升之中。这些成就昭示着印度的大国之路逐渐取得进展。

印度要在南亚和印度洋获取主导地位的愿望是国际社会所熟知的，但印度在进入21世纪后所表现出来的成为世界大国的诉求仍然使世界震撼。当国际社会仍然在关注印巴矛盾冲突时，印巴两国的力量对比事实上早已超出了这个范围。虽然印度在多数情况下仍被视为地区大国，但作为一个在文化和文明方面颇有影响力，在政治和战略决策方面日趋成熟，在经济和军力发展方面迅速崛起的新兴大国，它具有成为世界大国的深厚潜质和强烈意愿。提升印度全球影响力的雄心勃勃的战略远景和印度在南亚地区内的地位至高无上的信念，一直驱动着印度的政治精英。从印度首任总理尼赫鲁到现任总理莫迪，将印度建设成为"有声有色大国"的梦想一以贯

---

① 宋德星:《印度国际政治思想刍议》,《南亚研究》2006年第2期，第15页。
② 〔美〕谭中主编《中印大同:理想与现实》,宁夏人民出版社，2007，第86页。

之。印度领导人从不讳言印度的战略目标是成为一个和其他大国平起平坐的世界大国，印度的利益从印度洋延伸到南中国海和西太平洋，为此印度把与美军在这两大战略要地的合作视为美印"防务政策对话"的重要内容，这也是印度大力加强海军建设的原因。

印度的发展潜力及其巨大的防务投入表明，印度成为世界大国的决心难以逆转，在条件适当时甚至可能以抗衡的方式来谋求，这将首先体现在南亚次大陆和印度洋，而印度洋的战略地位和地缘重要性决定了印度的行为可能对国际体系的基本结构产生重大冲击。此外，印度还致力于在国际多边机制中发挥更重要作用，大国外交的色彩日渐浓厚。金砖国家合作机制作为新兴大国的合作平台，影响力最大，发展前景也最为广阔，因此印度对这一合作机制尤为重视；印度还作为"基础四国"成员，与中国、巴西和南非就气候变化问题协调立场。为了实现"入常"梦想，印度继续积极作为，既与日本、德国、巴西等共同谋划，也利用各种场合为自己拉票。不甘平庸的印度积极开展大国外交，不仅成功解决了因核试验而造成的外交困局，也进一步扩大了与主要大国在政治、经济、能源、安全等领域内的战略对话与合作，谋求大国地位的姿态十分明显。

为实现大国梦想，莫迪政府近年来提出建设"新印度"的构想，加快国内改革的步伐。2017年6月，莫迪在圣彼得堡国际经济论坛上首次提出建设"新印度"的想法；8月15日，他在印度独立日演讲中再次阐释了"新印度"的构想。按照莫迪的解释，"新印度"是个为所有国民提供平等机会实现自己梦想和愿望的国度，将消除种族主义、社群主义、恐怖主义和腐败现象，形成和平团结和友爱的社会主流风潮。莫迪还提出要继承和发扬圣雄甘地关于建立强大自由的21世纪新印度的理想，呼吁年轻人共同努力，祈愿"在2022年前实现安全、繁荣和有能力的国家愿景，实现甘地的梦想"。莫迪的"新印度"构想注重发挥青年人的政治热情，凸显实现男女平等和改善民生环境等迫切需求，在印度社会颇有号召力。客观而言，莫迪的"新印度"宏大构想也面临着文化传统、国民素质、官僚体系等重重困难。不过，自"新印度"概念提出以来，莫迪政府通过一系列改革措施，已取得了一定成果，经济的持续增长和环境的不断改善都证明了"新印度"构想有望成为引领印度成长的巨大动力。[①]

总之，印度的目标不仅在于主导它所处的南亚—印度洋地区，而且要成为一个在国际体系中与其国力相称的全球性大国。这并非印度自20世纪90年代走上经济发展快车道后所萌生的一时之念，而是印度独立以来的长期抱负。著名美国国务活动家基辛格认为，在21世纪的国际秩序中，印度可能会成为一个发挥重要作用的权力中心。冷战结束以来，印度正将基辛格所说的"可能"变为"现实"。[②] 面对冷战后的国际形势，印度不但从未改变成为"有声有色大国"的长远目标，而且还加快了这一步伐，因为印度认为自己的战略自主能力已经获得极大提高。渴望获得世界大国地位的印度，首先基于"地区核心国家"的身份定位，在南亚极力反对印巴之间的均势政治；其次，基于多中心国际体系构想，在亚洲地区层级主要推行对华均势政策，在全球体系层级则对全球首强美国采取均衡与搭车并用的战略。正是这种在地区和全球层级上看似截然相反但却有机一致的战略追求，使得冷战后印度的战略行为与过去迥然不同，即完全以印度为中心，以现实主义为根本出发点，强调国家利益至上，并由此开启了新一轮印度特色的世界大国地位追求。当然，受制于各种国际国内因素，印度追寻世界大国梦想的道路注定是不平坦的。

（四）美印经贸关系和人员往来的发展

作为全球首要经济强国，美国在第二次世界大战后开始了向其他国家的产业转移进程。20世纪90年代以来，美国加快了产业结构调整的步伐，其对外产业转移的进程也不断加速。美国力求将其经济增长主要建立在较高层次产业上，而传统制造业尤其是劳动密集型产业则逐步让位和退出。在冷战后的美国全球产业转移中，印度是美国服务业最为重要的承接转移国。美国之所以向印度进行产业转移，主要基于以下原因：其一是由于随着经济全球化进程中资源要素的大洗牌，资本能够比较自由地流动；其二是交通和通讯技术的迅速进步，为产业转移创造了便捷条件；其三是印度劳动力素质的提高，以及拥有巨大国内市场两大优势，必然吸引发达国家

---

① 王瀚浥：《莫迪的"新印度"面临巨大困难》，中国社会科学网，2018年1月14日，http://ex.cssn.cn/hqxx/201801/t20180114_3814282_1.shtml，访问日期：2021年3月16日。

② 周桂银、葛腾飞：《当代国际关系史（1945—2005）》，解放军出版社，2008，第437—506页。

的投资。[①]

美国服务业的外包给予了印度发展机会，印度承接的产业转移客观上塑造了其当前的经济发展面貌。信息产业的迅猛发展是印度经济中最耀眼的亮点。20世纪90年代初的经济改革为印度信息产业的发展创造了有利的内部条件，而美国服务业的大量外包则为其创造了良好的外部条件。在20世纪八九十年代，美国信息技术产业一直吸引印度的优秀工程师、软件人才移民美国。而进入21世纪后，越来越多的美国公司把可外包的服务搬到印度；美国微软、苹果、摩托罗拉、戴尔、得克萨斯仪器等信息产业巨头都在印度建立了研发中心；AT&T、MCI、AOL等美国大型通信公司也纷纷把电话交换中心设在印度。进入21世纪以来，印度已成为仅次于美国的第二大软件出口商。信息产业最为集中的班加罗尔市被誉为印度的"硅谷"，是世界第四位的信息技术城市，具有很强的国际竞争力。美国微软公司创始人比尔·盖茨甚至预言，未来的软件超级大国将是印度。尽管服务业颇具竞争力，印度近年来发展制造业的呼声也越来越高。有印度学者认为："仅靠服务业自身将无法使印度经济恢复活力并实现可持续增长。纵观历史，工业化曾经是，也还将是保证经济可持续发展的唯一途径，特别是对印度这样拥有大量劳动力并且劳动力素质不高的国家来说更是如此。"[②] 故而，2014年莫迪政府执政以来，"印度制造"被视为印度各项改革计划中的重中之重，印度希望借此计划振兴制造业。

与产业转移相伴的还有大规模的资本流动。20世纪90年代，美国相对较低的利率鼓励了国际资本向发展中国家的流动，印度成为国际资本竞相追逐的热土。在20世纪90年代和21世纪初，美国虽然一直希望能够进入印度市场，却由于印度严苛的吸引外资政策而进展有限。从2000年到2015年12月，美国对印累计直接投资额占印度接收的外国直接投资额总量的近6%，美国是印度的第五大外国直接投资来源国。不过，这一切正在改变。2012年，经济增长乏力的印度开始了新一轮经济改革，其主要内容就是进一步开放零售、航空和广播电视等多个行业，增加外资在上述行业公司中的持股比例。美国财政部长蒂莫西·盖特纳（Timothy Geithner）在同年10月访印时，对印度政府的经济改革计划给予了积极评价，同时表达了美国

---

① 程大为：《中国、印度和美国，谁更需要谁？》，《时代经贸》2005年第9期，第68—72页。
② 〔印〕莫汉·古鲁斯瓦米等：《追龙》，王耀东等译，时事出版社，2010，第182—183页。

希望与印度加强商业联系，增加对印投资的意愿。莫迪政府上台后，设法降低了外国公司投资印度若干经济部门的难度，美国也加大对印度的投资力度。经过莫迪政府的努力，印度的外商投资机制近年来趋于简化，有助于吸引美方的投资。美国对印直接投资总额在2000—2006年平均为55亿美元，在2007—2013年平均为212.4亿美元；而2014—2019年，美国对印度直接投资总额分别为332.4、353.6、401.2、451.6、424.4和458.8亿美元，呈连续递增之势。[①] 根据2014年9月莫迪访美时达成的美印投资协议，两国合作的重点集中于外商直接投资、资本市场发展、基础设施融资以及加强美印基础设施合作平台等。两国还建立了美印基础设施协作平台，以利用先进的美国技术来满足印度的基础设施需求。2016年6月莫迪访美期间，两国领导人欢迎美国私营公司参与印度的智慧城市建设，美国公司将成为阿拉哈巴德、阿杰梅尔、维沙卡帕特南等印度城市建设智慧城市的主要合作伙伴。美国国际开发署成为印度城市水、卫生和下水道联盟的知识合作伙伴，将帮助利用商业和慈善资金为印度500个城市提供清洁水和卫生设施。与此同时，近年来印度对美直接投资也在不断增长，双向投资已成为美印关系中的亮点。2015年8月的调查数据显示，印度有上百家公司在美国35个州进行价值约150亿美元的投资，创造了9.1万多个美国就业机会，在美国投资的印度公司包括信实、塔塔、马恒达等印度产业巨头。[②]

　　美国向印度的产业转移和资本流动是印度经济迅速发展的最重要原因之一，促进了美印两国经贸关系的不断强化。伴随印度经济的迅速增长，印度的市场潜力引起美方的极大兴趣。"印度以每年8%的速度增长，导致美国对印度的态度截然不同。布莱克威尔大使关于美印贸易'像印度飞饼一样平坦'的描述已是遥远的回忆，事实上，美印双边贸易每年都以健康的20%以上的速度增长，并且我们现在是美国增长最快的出口市场。高增长的印度在商品、服务和技术上提出了新的要求，是诸如美国这样的全球贸易国家难以忽视的，已经在印度开展业务的美国公司获得了积极的体验，事实上它们的盈利能力也是如此。……如今，在潜力和可能性方面，

　　① Statista Research Department, "Direct Investment Position of the U.S. in India 2000-2019," December 9, 2020, accessed March 16, 2021, https://www.statista.com/statistics/188633/united-states-direct-investments-in-india-since-2000/.

　　② Embassy of India in Washington, D. C., USA, "Brief on India-U.S. Relations," June 2017, accessed March 16, 2021, https://mea.gov.in/Portal/ForeignRelation/India_US_brief.pdf.

印度堪与中国并驾齐驱。"① 在2014年9月莫迪总理访问美国期间，双方设定了将双边商品和服务贸易额提高至5,000亿美元的目标。2016年6月，莫迪总理和奥巴马总统承诺探索新的机会，以打破阻碍商品和服务流动的障碍，并支持更深入地融入全球供应链，从而在这两个经济体中增加就业机会并创造繁荣。从2014年到2020年，美印双边商品和服务贸易额从960亿美元增至1,430亿美元。② 不过，在对美商品和服务贸易领域，印度均享受比较明显的顺差，这是导致双方贸易摩擦的重要原因之一。譬如在2016年，美印双边商品和服务贸易总额约1,148亿美元，其中印度对美商品和服务出口价值为728亿美元，从美进口商品和服务的价值为420亿美元。在2019年，美国是印度最大的商品出口市场（17%份额）和第三大商品进口来源（7%份额）。③

伴随美印经贸关系强化而来的是两国人员交往和人文交流的日益密切。进入21世纪以来，印度作为信息和软件人才的重要来源地，赴美国留学和技术移民美国人数一直居高不下。印度在美留学人数在2015年就已接近133,000人，到2019年增至202,000人，印度是美国第二大外国留学生来源地。④ 印度前外交秘书萨仁山（Shyam Saran）曾指出："美方意识到美印伙伴关系在知识经济方面具有的潜力。美印双方目前采取的一种或多种形式的合作大多是基于知识的，如科技、农业研究、能源问题、空间、原子能、健康或高科技。美国政界高层重视与印度合作的重要性，这个社会培养出数以百万计的毕业生，成千上万的工程师、技术人员和医生。美国国家情报委员会关于'描绘全球未来2020'的报告中提及印度的人口优

---

① Shyam Saran, "The India-US Joint Statement of July 18, 2005 — A Year Later," July 14, 2006, accessed March 22, 2021, https://www.mea.gov.in/Speeches-Statements.htm?dtl/2304/The+IndiaUS+Joint+Statement+of+July+18+2005++A+Year+Later+Address+by+Foreign+Secretary+Mr+Shyam+Saran+at+India+Habitat+Centre+New+Delhi.

② India New England News, "Free Trade Agreement Will Double Indo-US Trade by 2026," November 23, 2020, accessed March 16, 2021, https://indianewengland.com/2020/11/free-trade-agreement-will-double-indo-us-trade-by-2026/.

③ K. Alan Kronstadt, "U.S. Trade Relations," Washington, D.C.: Congressional Research Service Report, December 23, 2020, accessed March 16, 2021, https://fas.org/sgp/crs/row/IF10384.pdf.

④ Ishani Duttagupta, "Total Number of Indian Students in the US Up 3% to 202,014, According to 2019 Open Doors Report," November 19, 2019, accessed March 16, 2021, https://economictimes.indiatimes.com/nri/visa-and-immigration/total-number-of-indian-students-in-the-us-up-3-to-202014-according-to-2019-open-doors-report/articleshow/72107549.cms?utm_source=contentofinterest&utm_medium=text&utm_campaign=cppst.

势。该报告认为，印度（和中国）的新服务业职位可能超过发达经济体提供的类似职位，这将导致技术应用激增，并进而可能导致新的国际产业合作。"[1] 2016年6月的美印两国领导人联合声明指出，美印两国15亿人民之间的牢固友谊为蓬勃发展的双边伙伴关系奠定了坚实的基础；旅游、商务和教育的双向流动已空前增长，仅在2015年，从印度到美国的旅客数量超过100万，从美国到印度的旅客数量相近。两国领导人决心促进专业人员、投资者和商务旅客、学生以及游客在两国间的更多往来，以增进人员交往及其经济和技术伙伴关系。为此，2016年6月美印签署了谅解备忘录，促进印度加入"全球入境计划"，以便加快符合条件的印度公民在美国机场的快速通关。两国还通过富布赖特—卡拉姆气候研究基金会的共同努力，以培养一批气候科学家来应对全球气候变化的共同挑战。

美印之间的人文交流也形式多样。在2016年6月印度总理访美期间，两国宣布将2017年确定为旅行和旅游年。美国大学和教育机构开办针对印度的教育计划，美国许多私人机构也教授印度文化艺术。另一方面，印度驻美使领馆通过其网站、社交媒体和各种出版物对美发布印度的各类最新信息，并组织各种对美国公众开放的文化活动。[2]

美国的印度裔族群在促进美印之间更紧密的联系方面发挥着催化剂的作用。目前，印度裔美国人约400万，是美国第三大亚裔族群，约占美国总人口的1%。印度裔美国人中涌现不少对美国社会拥有较大影响的科技界、商业界、学术界和教育界精英，在美国企业界、学术界和小企业中担任管理层的人数要明显高于他们在当地的人口比例。21世纪以来，不仅印度裔高管遍布美国硅谷高科技企业，印度裔在美国政界和战略界的影响力也呈不断上升之势。奥巴马总统首开大量任命印度裔担任重要政府职务的先河，在其任内有10余名印度裔被授予美国政府重要职位，包括美国国际开发署署长拉吉夫·沙阿（Rajiv Shah）、南亚和中亚事务助理国务卿妮莎·毕斯瓦（Nisha Biswal）、美国商务部首席农业谈判代表伊斯兰·西迪基（Islam Siddiqui）等。妮莎·毕斯瓦曾表示："加强与印度的关系是美国民主和共和两党的共识。我们与印度的关系基于一个原则，那就是强

---

① Shyam Saran, "The India-US Joint Statement of July 18, 2005 - A Year Later."

② Embassy of India in Washington, D. C., USA, "Brief on India-U.S. Relations."

大的印度符合美国的利益。"① 在特朗普总统任内，先后任命了八位印度裔执掌政府重要部门，其中曝光率最高的是美国常驻联合国代表妮基·黑利（Nikki Haley）；而在反对党民主党的阵营中，有五位印度裔任联邦参议院和众议院的议员。

印度裔已成为美国所有少数族裔中政治参与度最高的移民群体。在2020年美国总统大选中，印裔投票率高达62%，高于非裔与拉丁裔，其族群人数也是少数族裔中成长最快的。拜登就任美国总统后，至少任命了20余名印度裔美国人担任其政府的重要职务，包括副总统卡玛拉·哈里斯（Kamala Harris），演讲撰稿人维奈·雷迪（Vivak Reddy），主管公民安全和人权事务的副国务卿乌兹拉·泽亚（Uzra Zeya），行政管理和预算局长妮拉·坦登（Neera Tanden），白宫新闻副秘书卡利玛·维尔玛（Garima Verma），国家经济委员会副主任萨米拉·法兹利（Sameera Fazili）和巴拉特·拉马莫尔蒂（Bharat Ramamurti），卫生局长维韦克·穆尔蒂（Vivek Murthy），气候政策与创新高级顾问索尼娅·阿加沃尔（Sonia Aggarwal）等。2021年3月4日，美国总统拜登在向美国国家航空航天局的团队表示祝贺时感慨，"印度裔美国人正在占领整个国家"，该团队的核心成员之一是印度裔美国工程师斯瓦蒂·莫汉。② 卡玛拉·哈里斯当选美国副总统尤其令印度各界欢欣鼓舞，大肆宣扬她是"印度的女儿"。2021年9月24日，印度总理莫迪在会晤美国副总统哈里斯时称赞后者是"灵感之源"，宣称"哈里斯当选美国副总统是具有重要历史意义的事件"，"在拜登-哈里斯的领导下，美印关系将达到新的高度"。③

二、利益诉求

美印两国的安全防务合作之所以能不断发展，其根本动力源于双方利

① 《美高官：美印合作并非针对中国》，美国驻华大使馆和领事馆网站2015年1月16日，https://china.usembassy-china.org.cn/zh/20150116assistant-secretary-rivkin-zh/，访问日期：2021年3月16日。

② Agencies, "Indian Americans Are Taking Over the Country: Joe Biden," March 5, 2021, accessed March 16, 2021, https://gulfnews.com/world/americas/indian-americans-are-taking-over-the-country-joe-biden-1.1614914584210.

③ Bhavya Sukheja, "Joe Biden Highlights Kamala Harris' Indian Roots, Praises Her Mother During PM Modi's Meet," September 25, 2021, accessed October 7, 2021, https://www.republicworld.com/world-news/us-news/joe-biden-highlights-kamala-harris-indian-roots-praises-her-mother-during-pm-modis-meet.html.

益诉求在若干方面或领域的重合。2015年《美印防务关系新框架》指出："防务和安全合作是美印双边关系的关键组成部分，已经发展成为两国合作的重要支柱。美印两国已经建立了范围广泛的战略伙伴关系，能够反映两国的共同原则、民主传统、长期的战略聚合以及共享的国家利益。这些利益包括：维持安全和稳定；击败恐怖主义和暴力宗教极端主义；防止大规模杀伤性武器及相关材料、数据和技术的传播；支持基于规则的秩序，保护商业自由流通。"①

（一）美印"亚太战略"实现对接

冷战后，中国与印度在亚太地区的经济影响力不断提升，发展成为实力雄厚的全球新兴大国。但美国仍是亚洲最重要的外部力量，以美国为中心、"辐辏"结构②的双边联盟体系依然主导着亚太地区的安全秩序。美国奥巴马政府上台后，面对中印崛起带来的亚太力量格局的变化，极力推进"重返亚洲"和"亚太再平衡"战略。该战略集中在自身军事力量的扩大以及同盟关系与战略伙伴关系的强化，旨在维护和巩固美国在亚太地区的安全主导权。美国在战略上积极主张"今后20年必须留在亚洲"，要维持"在亚洲的领导"。为此，美国不仅大力加强在"印太"地区的海空力量部署，还积极调整巩固在该地区原有的"辐辏"式双边联盟体系。近年来，为配合"重返亚洲"和"亚太再平衡"战略，美国有针对性地调整在亚太地区的军事力量部署，强化在该地区的军事优势。"亚太再平衡"战略的军事核心是空海一体战略。2012年6月，美国时任国防部长帕内塔表示，美国海军在太平洋和大西洋的兵力配备约各占50%。到2020年，美国海军将把60%的总兵力部署在亚太地区，包括6艘航母及大部分巡洋舰、驱逐舰、濒海战斗舰和潜艇。从当前态势看，美国的部署调整已经取得明显进展。在强化亚太军事部署进程中，美国不仅明显增加海陆空军规模，还积极促进部署态势的优化、装备水平的提升、作战理念的革新，由此实现整体作

---

① "Text of Indo-US Defense Framework Agreement 2015," June 2015, accessed March 16, 2021, http://www.indiastrategic.in/topstories3823_Text_of_Indo_US_Defense_Framework_Agreement_2015.htm.

② 传统上，美国以"辐辏"结构（hubandspokes）来掌控亚太地区的安全秩序。冷战结束后，为巩固自己在安全上的主导地位、防范潜在对手的挑战，美国调整、强化了这一"辐辏"结构。这主要表现在以下几个方面：其一，深化了同日本、韩国、澳大利亚的军事同盟关系；其二，将泰国和菲律宾提升为"主要非北约盟国"；其三，同印度、新加坡、蒙古等国建立起"非盟国安全伙伴关系"；其四，与越南、印度尼西亚、马来西亚等国开展了广泛的军事交流与合作。

战能力的提升。

在实施"亚太再平衡"战略的过程中，美国提出了"印太"（即从印度洋到太平洋）战略概念，新两洋战略逐步成形。2010年10月，美国国务卿希拉里·克林顿在夏威夷发表的演讲中，公开使用"印太盆地"概念。"印太"是一个将印度洋与太平洋合二为一的概念，在美国国务卿希拉里的讲话与美国国防部的2012年"战略规划"中，这一概念被多次提及。"印太"地区被希拉里定义为"从印度次大陆到美国西海岸""跨越太平洋和印度洋两大洋"的广阔区域，"由于交通运输和战略因素而日益紧密地联系在一起。该地区有我们的一些重要盟国，还有中国、印度和印度尼西亚等重要的新兴强国"。[①] 奥巴马执政时期，主管东亚和太平洋事务的助理国务卿库尔特·坎贝尔（Kurt Campbell）、国务卿约翰·克里和副总统约瑟夫·拜登在阐述美国"亚太再平衡"政策时，都曾提到了类似"印太"的概念，而美国国防部长阿什顿·卡特、太平洋司令部司令哈里·哈里斯（Harry Harris）等则更偏好使用"印—亚—太"（Indo-Asia-Pacific）一词。美国决策者认为，把"印太"地区作为地缘战略重点有助于消除美国的主要对内和对外政策困境，同时保持它作为伟大强国的地位。

强化与印度的安全防务关系是美国亚太战略调整的重要组成部分。21世纪以来，南亚地区的地缘政治调整以及印度经济和军事实力的迅速发展，均极大增加了印度在美国亚太战略中的可用性，印度成为美国的重要拉拢对象之一，被奥巴马政府视为"亚太再平衡"战略中的防务合作"关键国"，该战略包括在南亚"扩大军事合作"。实施"亚太再平衡"战略的奥巴马政府将美印关系扩展作为美国的战略优先事项，向整个行政部门发出指示，阐释了这一政策的重要性。2012年6月，美国国防部长莱昂·帕内塔在访问新德里时宣称，"我认为美印关系能够也应该变得更具战略性、更为实际、更加协作"，他还表示将让国防部副部长阿什顿·卡特负责与印方发起新倡议的工作。

进入21世纪后，随着印度国家利益的不断扩展，印度在确保享有南亚—印度洋地区战略优势的同时，不断向亚太地区拓展，努力成为欧亚大陆甚至世界性的"主要战略棋手之一"。早在冷战结束之初，印度拉奥政

---

① Hillary Clinton, "America's Pacific Century," November 10, 2011, accessed March 16, 2021, https://2009-2017.state.gov/secretary/20092013clinton/rm/2011/11/176999.htm.

府就提出了"向东看"政策以改善与东盟的关系。印度借助地理邻近和文化亲近的优势,不断强化同东南亚国家以及日韩澳等国的经济合作,其"向东看"政策取得了一定的成效。莫迪政府2014年上台以来,大力推行"向东干"政策,精心打造"向东看"2.0版。2015年5月,莫迪在访问韩国时发表演讲指出,"我们的向东看政策一直是在'看'东亚,我们已经看够了,重要的是要行动"。印度著名地缘政治分析家拉贾·莫汉(C. Raja Mohan)指出,"向东看"政策推行至21世纪初,其开拓东南亚的目标已经全部完成,因此该战略已经进入所谓"第二阶段",即将印度的战略重心进一步向东亚地区转移。在莫迪"向东干"政策的指引下,印度不仅强化与东亚国家的经贸往来,还积极参与东亚地区机制,并以域外大国的姿态,参与东亚地区已经非常复杂的地缘政治角逐。

美国的"亚太再平衡"战略与印度的"向东干"政策出现了明显的战略交叉和重合。美方积极向印度伸出橄榄枝,通过表态支持印度的"向东干"政策来赢得印度对美国维护亚太领导权的支持;印方也积极附和美方的战略主张,加强与美国在亚太地区安全问题上的协调,希望借助美方的扶植来扩展印度在亚太的影响力。2010年11月,美国总统奥巴马首次访印,两国发表的联合声明阐述了奥巴马政府对印度"向东看"政策的支持,包括建立新的美印日三边对话和促进东南亚地区的经济融合和政治稳定,而印度被视为美方这一蓝图的关键所在。2014年莫迪提出"向东干"政策后,2015年1月奥巴马即表示,印度的"向东干"政策与美国的"亚太再平衡"战略为两国在亚太地区的战略合作提供了空前的机遇。随即双方发表《美印亚太和印度洋地区联合战略愿景》(U.S.-India Joint Strategic Vision for the Asia-Pacific and Indian Ocean Region),表明印度接受了美国对其在"亚太再平衡"战略中的角色定位。同年6月,美国国防部长卡特访印后表示,两国领导人赞同"亚太再平衡"战略与"向东干"政策具有战略契合点,并会提供更多的合作机遇。2015年9月印度总理莫迪访美,两国发表的联合声明提出通过磋商、对话和联合演习,与其他亚太国家开展更密切的合作,从而考虑了印度人民党政府的"向东干"政策和美国向亚太地区的军事再平衡。美印两国领导人还提出加快建设连接南亚、东南亚和中亚的基础设施,以及经济发展通道,以替代中国在印度洋地区的"海上丝绸之路"和对中亚国家摆出的军事和商业友好姿态。该联合声明宣布:"总统们重申,通过新丝绸之路和印太经济走廊,美国正在推动将印度与其邻国和更广泛的地区连接，令贸易和能源更加自由地流动。"①

　　2015年12月，印度国防部长访美，美国国防部长阿什顿·卡特指出："印—亚—太是对美国未来影响最为深远的地区之一，该地区拥有全球一半的人口和50%的经济活动，我们欢迎印度崛起为该地区的安全伙伴。美印关系对于强化印亚太地区的安全架构非常关键，有助于该地区实现持续增长和繁荣。"卡特表示，"美印两国目前所做的是两对互补性协议的携手：印度的印度制造政策和美国的《国防技术和贸易倡议》，以及印度的向东干政策和美国的亚太再平衡"，二者扩展的美印防务伙伴关系将成为"全球安全之锚"，"美印的共同未来实乃命中注定"。②2016年2月，美军太平洋司令部司令哈里斯在参议院军事委员会进行陈词，他表示对迅速增长的美印关系尤为满意，"作为两个最大的民主国家，我们对整个地区更大的安全与繁荣具有独特的影响"，"当美国向西的'印亚太'再平衡与印度实施'向东干'政策相遇时，两个具有前瞻性的政策相得益彰"。同年3月，哈里斯在参加印度瑞辛纳对话会时表示，美国和印度的政策正在完美的时间"交汇在一起"，"奥巴马总统正在实施重返亚太战略，莫迪总理正推行'向东干'政策，不远的将来，美国和印度的海军将游弋在亚太海域，并成为广受欢迎的一道风景"。③2016年9月，美印两国国防部长在签署《后勤交换协议备忘录》新闻发布会上公开表示，美印强化防务合作，是美加快推进"亚太再平衡"战略，强化印度洋地区战略布局，印借助美先进技术与资金提升实力与影响力的必然结果。2016年12月，美国驻印度使馆宣扬美印防务关系的成就时指出："如今，美印两国比以往任何时候都更接近实现对亚太和印度洋地区的共同愿景。近年来，由于美国'亚太再平衡'战略与印度总理莫迪的'向东看'政策趋于一致，因此美国和印度进行了'战略握手'。两国的'技术握手'则是这一'战略握手'的补充，我们通过

　　① 《英媒：印美深化防务合作》，中国社会科学网，2014年10月5日，http://mgmt.cssn.cn/dzyx/dzyx_jlyhz/201410/t20141005_1351533.shtml，访问日期：2021年3月18日。

　　② Aziz Haniffa, "What We Have Achieved in 50 Years, We May Achieve in the Next 30, 40 Months," December 11, 2015, accessed March 16, 2021, http://www.rediff.com/news/report/defence-news-india-and-us-are-destined-for-a-common-future-parrikar-carter/20151211.htm.

　　③ 蓝雅歌等：《美国拉印度日本搞"南海军演"，要建"海上强国网络"》，环球网，2016年3月4日，http://world.huanqiu.com/exclusive/2016-03/8647848.html，访问日期：2021年3月16日。

这种方式试图利用我们各自的工业和技术能力来满足相互的安全需求。"①

2017年特朗普上台标志着美国对外政策的重大调整。特朗普尽管强烈质疑奥巴马政府的"亚太再平衡"战略，却有望延续小布什政府以来美国共和党总统对印度的重视和友好态度。在奥巴马政府时期，印度是美国"亚太再平衡"战略的重要支点，而今又被奉行"美国优先"并重视"印太再平衡"的特朗普政府鼓吹为"美国的真正朋友"。② 2017年10月18日，美国国务卿蒂勒森在访印前发表公开演讲时表示："印太（包括整个印度洋、西太平洋以及围绕它们的国家）将成为21世纪全球最重要的部分。该地区拥有超过30亿人口，是世界能源和贸易航线的焦点。世界上40%的石油供应每天都经由印度洋——通过像马六甲海峡和霍尔木兹海峡这样的关键通道。预计本世纪中叶亚洲占全球GDP的比例将超过50%。我们需要与印度合作，以确保印太地区日益成为和平、稳定和更为繁荣之地——这样它就不会成为一个无序、冲突和掠夺性经济的地区。世界的重心正在转向印太的中心。美国和印度（我们拥有和平、安全、自由航行的共同目标以及自由开放的架构）应该成为印太的东部和西部灯塔，这样该区域可以实现其最大和最好的潜力。"③ 特朗普政府积极推行"自由开放的印太战略"，着手重启美日澳印四方安全对话。2018年，美国太平洋司令部更名为"印度洋－太平洋司令部"，"印太战略"进入正式实施阶段。2019年6月出台的美国《印太战略报告》（Indo-Pacific Strategy of the United States）提出，为确保美国在"印太"地区的军事优势，重要举措之一就是落实与印度的主要防务伙伴关系。2020年特朗普访印时发表美印联合声明，宣扬两国在印度洋－太平洋地区的战略融合："美国和印度之间的密切伙伴关系对于自由、开放、包容、和平与繁荣的印度洋－太平洋地区至关重要。以下措施可以巩固这种合作：承认东盟的中心地位；遵守国际法和善治；支持航行、

---

① U.S. Embassy & Consulates in India, "U.S.-India Defense Relations: Fact Sheet," December 8, 2016, accessed March 16, 2021, https://in.usembassy.gov/u-s-india-defense-relations-fact-sheet-december-8-2016/.

② Indo American News, "India a 'True Friend', Says Donald Trump," January 24, 2017, accessed March 16, 2021, https://www.indoamerican-news.com/india-a-true-friend-says-donald-trump-in-call-with-pm-narendra-modi-invites-him-to-us/.

③ Rex W. Tillerson, "Defining Our Relationship with India for the Next Century," October 18, 2017, accessed March 16, 2021, https://www.csis.org/analysis/defining-our-relationship-india-next-century-address-us-secretary-state-rex-tillerson.

飞越以及其他合法利用海洋的安全和自由；合法贸易不受阻碍；并倡导依据国际法和平解决海洋争端。"[①]

2021年上台的拜登政府虽然摒弃了特朗普政府的许多做法，但在"印太战略"问题上基本继承了特朗普政府的遗产，并推动战略升级。拜登和前任特朗普一样，试图统筹印度洋和太平洋，维系和扩大在该地区的军事、外交、经济和文化等方面的优势地位，依靠地区盟友遏制中国的海上崛起和影响力增长。当然，与特朗普政府相比，拜登政府更重视发挥盟友和伙伴的能动性，而不是单纯利用它们来赢得大国竞争。拜登政府进一步强化"印太战略"的地缘政治功能，防范竞争对手冲击美国霸权。同时，扩大"蓝点网络"的层级和规模，提供与中国"一带一路"倡议相竞争的替代方案，以掌握"印太"地区乃至全球基础设施建设的市场和国际标准。为了凸显美方优势，拜登更加强调所谓"普世价值"，更加注重将意识形态渗透于安全规则架构、经济技术合作、基础设施建设等具体事务当中。拜登政府还在白宫专门设置"印太"政策高级协调员和中国事务资深主任的岗位，以协调政府各部门的政策和资源。[②]

印度是拜登政府构筑"印太战略"框架，特别是对华战略中的重要棋子。2021年上任伊始，拜登政府即高调继承"印太战略"。2月8日，拜登与印度总理莫迪通话，首次公开提出推进"自由和开放的印太地区"发展，并升级完善相应机制。2月10日发表的国防政策讲话中，拜登将中国与"印太"相联系，明确指出"应对中国带来的日益增长的挑战，维护印太地区和全球的和平和利益"。3月，拜登召集美日印澳四国首脑线上会晤，推动"印太"交流层级提升。拜登重申承诺，要确保"印太"地区"受国际法约束，致力于维护普世价值，不受胁迫"；印度总理莫迪则从价值观层面做出积极回应。拜登的总统国家安全事务助理沙利文在"四方安全对话"峰会之后称该机制不会变为"新的北约"，但是不能排除美国方面未来会以更加柔性和灵活的方式，在美印关系等构成的"印太外交"大棋局中注

[①] "Joint Statement: Vision and Principles for India-U.S. Comprehensive Global Strategic Partnership," February 25, 2020, accessed March 16, 2021, https://mea.gov.in/bilateral-documents.htm?dtl/32421/Joint_Statement_Vision_and_Principles_for_IndiaUS_Comprehensive_Global_Strategic_Partnership.

[②] 王鹏权:《"拜登时刻"：印太软实力之争》，2021年4月7日，http://www.banyuetan.org/gj/detail/20210407/1000200033136201617759883459091239_1.html，访问日期：2022年1月30日。

入更多的"北约因素"。

（二）应对各种非传统安全问题

近几十年来，美国面临越来越严重的伊斯兰极端主义和武装活动威胁，其高峰是2001年的"9·11"事件。南亚是美国领导的全球反恐战争的重点地区之一。印度作为南亚国土面积最大、人口最多和经济发展最迅猛的国家，长期以来一直是恐怖主义的受害国，因此也一直积极支持打击恐怖主义威胁。"9·11"事件发生后，印度立即表态全力支持美国将此次恐怖袭击的元凶绳之以法。2001年10月，美印两国签署《美印刑事司法互助条约》（Mutual Legal Assistance Treaty between the United States of America and India，MLAT），该条约可提供与调查恐怖主义相关的法律支持。印度提供的无条件支持是"前所未有的，让许多印度和美国观察家大吃一惊"。① 一些观察家认为印度的支持不仅仅是象征性的，而且用实际行动支持美国建立反恐联盟。印度尽管不能为打击阿富汗境内的恐怖分子发挥直接作用，却提供了后勤服务和情报支持。虽然巴基斯坦是美国阿富汗反恐战争的重要伙伴，但是美印反恐合作也在迅速推进，尤其是在2008年印度发生孟买恐怖袭击事件后。美印两国十分重视开展不同形式的反恐军演，如"马拉巴尔"系列军演的最初目的就是加强联合反恐，虽然在历经十余年后演习内容大大拓展，但联合反恐始终是演练的主要科目之一。

美印两国在促进印度洋北部边缘地带稳定方面拥有重要共同利益，美方欢迎印度在阿富汗问题上所发挥的作用和合作姿态。从中东延伸到亚洲沿海地区的印度洋北部边缘地带有"不稳定弧形区域"之称。非传统威胁是目前印度洋北部边缘地带最严峻的安全挑战。② 这里恐怖袭击频繁，海盗活动猖獗，自然灾害、非法移民、海洋污染等事件屡屡发生，这些威胁近年来在中东海域表现明显。美国前国务卿基辛格认为："在新加坡到亚丁湾这条弧线上，美国与印度的利益大致相同，谁也不希望看到伊斯兰原教旨派势力控制这一地区。"③ 由于印度的能源和安全关切、中东地区的大

---

① C. Christine Fair, "The Counterterrorism Coalitions: Cooperation with Pakistan and India," 2004, accessed March 15, 2021, http://www.rand.org/pubs/monographs/2004/RAND_MG141.pdf.

② Stephen J. Flanagan, Ellen L. Frost, and Richard L. Kugler, *Challenges of the Global Century: Report of the Project on Globalization and National Security* (Washington D.C.: National Defense University, 2001), pp.16-17.

③ 〔美〕亨利·基辛格:《美国的全球战略》，胡利平、凌建平译，海南出版社，2009，第134页。

量印度劳工以及该国对伊斯兰问题的敏感（印度拥有全球第二大穆斯林人口），印度认为本国在波斯湾、西亚和中亚地区拥有重大利益。美国在印度洋推行"前沿存在"政策，依托迪戈加西亚基地和巴林基地等前沿基地，加强对印度洋北部边缘地带的军事控制。印度由于自身地缘优势，早已萌发控制印度洋的强烈愿望。21世纪以来，印度军力建设步伐坚定而迅速，印度洋北部边缘地带被印度纳入安全边界之内，2001年印度国防部年度报告即指出，"鉴于印度的规模、位置、贸易往来和广泛的专属经济区，其安全范围延伸到西部的波斯湾和东部的马六甲海峡"。[①] 印度与伊朗、伊拉克等中东国家拥有传统友好关系；印度与以色列也建立了牢固的防务合作关系；在印度决策者看来，阿富汗对该国尤为重要。目前，美印两国在应对印度洋北部边缘地带的安全挑战方面形成了一定的合作关系，美国有意发挥印度作为地区国家的地缘优势，协助美国维护印度洋北部边缘地带的稳定，印度在西亚和中东等地的战略关切和国家利益也逐渐得到美国的认可和支持。2012年11月初，第十二次环印度洋地区合作联盟部长理事会会议在印度举行。会议发表了《古尔冈公报》，海事安全成为今后的合作重点，美国也成为该组织的新对话伙伴国。2017年6月莫迪访美期间，反恐成为美印两国领导人最具共识的议题之一，双方承诺在打击"基地"组织和"伊斯兰国"等恐怖组织方面加强合作。

美印两国在核不扩散、核能利用、太空开发、网络安全等全球新兴战略领域也存在开展合作的需求。这里尤以核不扩散和核能利用领域的合作需求最为突出。众所周知，美国是国际核不扩散机制的领导者和主要倡导者，印度在核问题上从一开始面对的主要压力就来自美国。而且美国在冷战结束后加紧打造国际防核扩散机制，使得印度有时不我待的压力，但印度化解的手段则尽力避开与美国的直接对抗。在1998年印度核试验后，面对美国的制裁措施，印度以强硬和灵活相结合的方式应对，并最终成功化解了美国的压力。美国小布什政府上台后，出于拉拢印度的战略考量，不仅取消了对印度的相关制裁措施，甚至修改美国法律以促进美印民用核能合作，并最终与印度签署《美印民用核能合作协议》。美方认为，新的安排有利于使印度在核不扩散方面更好地遵守全球制度和规则。虽然两国的合作尚未取得实质性进展，但美国的持续性重大利益在于阻止或至少减缓

---

① 汪戎、万广华：《印度洋地区研究（2012/1）》，社会科学文献出版社，2012，第32页。

南亚地区核武器的扩散速度，降低印巴两国发生核战争的可能性。

三、力量基础

进入 21 世纪以来，虽然美国经济在金融危机中遭受严重挫折，但其军事能力并未削弱，反而进一步增长。随着自身经济实力的提高，印度也在加强军力建设，但与美国尚存在较大差距。美印两国军力的客观差距为安全防务合作的开展提出了旺盛需求，而两国的经济实力则为安全防务合作的开展奠定了物质基础。

（一）美印两国的军事力量

1. 美国的军事力量。冷战结束以来，美国的军事力量一直居于全球首强地位。截至 2019 年，美国现役部队有 132.6 万人，国民警卫队 48.4 万人，预备役部队约 49.2 万人。其中，陆军 479,785 人，海军 332,528 人，空军 327,878 人，海军陆战队 186,009 人；陆上国民警卫队 336,362 人，空中国民警卫队 107,197 人，海岸警卫队 40,830 人[①] 进入 21 世纪以来，美军总体上呈不断强化之势，主要表现在以下方面。

其一，美军建立了结构合理、责权分明、不断升级的联合作战指挥体制。美军的联合作战指挥体制的构建，主要是通过三部法律的相继出台逐渐完善的，即 1947 年《国家安全法》、1958 年《国防部改组法》和 1986 年《戈德华特－尼科尔斯法》，前后经历了大约 40 年的时间，方才建立起了这种联合作战指挥体制。在构建联合作战指挥体制的同时，美军也针对现实威胁的变化，不断升级支撑联合作战指挥的指挥控制系统与联合作战战略战术。美军联合作战指挥体制突出的特点是实行军政和军令系统双轨制。美军"指挥链"由两部分组成。一是"行政指挥链"，即军政系统或领导管理体制，是以"总统和国防部长—军种部长（军种参谋长）—军种部队"为基本链条，主要负责对机关和部队的领导、管理、军种训练、军种联合基础训练和后勤保障。二是"作战指挥链"，即军令系统或作战指挥机制，是以"总统和国防部长（通过参联会主席）—联合作战司令部—作战部队"为基本链条，主要负责对部队的作战指挥、控制、协调和联合训练。在最高层，由总统和国防部长构成的最高指挥当局负责制定战略决策。国家安

---

① Erin Duffin, "Active and Reserve U.S. Military Force Personnel Numbers by Service Branch and Reserve Component in 2019," January 8, 2021, accessed March 16, 2021, https://www.statista.com/statistics/232330/us-military-force-numbers-by-service-branch-and-reserve-component/.

全委员会负责就国家安全问题向总统提供咨询。参联会由参联会主席、副主席、陆军参谋长、空军参谋长、海军作战部长、海军陆战队司令和国民警卫局长等组成，是总统和国防部长的主要军事咨询和参谋机构，也是维系军政和军令系统正常运行的重要纽带。参联会主席则是美国总统、国家安全委员会和国防部长的首席军事顾问，拥有美国武装力量军官的最高军衔，但没有作战指挥权。在中间层，联合作战司令部司令全权负责战役指挥。美军联合作战司令部由六大地区司令部（印度洋—太平洋司令部、欧洲司令部、中央司令部、南方司令部、北方司令部、非洲司令部）和五大职能司令部（战略司令部、运输司令部、特种作战司令部、网络司令部、太空司令部）构成，是美军全军战备活动的重心，也是其集成军种核心能力、处理军种竞争的主要组织平台。战时联合作战司令部司令通过参联会主席领受总统和国防部长下达的命令，对战区内所有部队全权实施指挥，并直接向最高指挥当局负责。在执行层，军种组成司令部负责战术实施。联合作战司令部下辖军种组成司令部，根据联合作战司令部司令下达的作战命令，执行作战计划，提供作战部队，履行作战任务。在美军领导体制中，军种退出作战指挥链，联合作战司令部成为整个作战指挥链的枢纽和重心，有助于提升指挥效率。[①]

其二，美国军费开支长期位居全球第一。在21世纪的第一个十年，美国军费开支由4,329.41亿美元（2001年）增加到7,848.35亿美元（2010年），年均增长率高达7%。此后，美国由于国内经济状况不佳以及从两场反恐战争（阿富汗战争和伊拉克战争）中抽身的政策，开始适度减少军费。即便如此，美国的军费开支仍要遥遥领先于包括印度在内的世界其他国家（参见表2.1）。特朗普上台后提出了雄心勃勃的强军计划，表示要"历史性"地大幅提高国防预算。在2019财年（2018年10月1日至2019年9月30日），美国军费预算开支为7,320亿美元，军费支出占联邦财政总支出的15%，超过排名其后十个国家的军费开支总和。[②]

---

① 付征南、赵小卓：《解读美军"作战指挥链"》，中国国防部网站，2015年2月13日，http://www.mod.gov.cn/wqzb/2015-02/13/content_4587018.htm，访问日期：2021年3月16日。

② Peter G. Peterson Foundation, "The United States Spends More on Defense than the Next 10 Countries Combined," May 13, 2020, accessed March 16, 2021, https://www.pgpf.org/sites/default/files/0053_defense-comparison.pdf.

表2.1 美印两国军费开支情况（2008—2018年）

年份/国别	美国（亿美元）	印度（亿美元）
2008	7,071.51	437.86
2009	7,638.72	515.53
2010	7,848.35	517.59
2011	7,751.56	522.61
2012	7,310.86	520.75
2013	6,731.02	516.91
2014	6,315.13	542.14
2015	6,164.83	547.29
2016	6,128.89	603.11
2017	6,058.03	645.59
2018	6,335.65	665.78

资料来源：瑞典斯德哥尔摩国际和平研究所，https://www.sipri.org/sites/default/files/Data%20for%20all%20countries%20from%201988%E2%80%932018%20in%20constant%20%282017%29%20USD%20%28pdf%29.pdf，访问日期：2022年4月30日。

其三，美国拥有全球最强的常规军事力量。截至2020年，美国陆军维持31个旅级战斗队和11个战斗航空旅；陆军国民警卫队维持27个旅级战斗队和8个战斗航空旅的兵力；陆军预备役近20万人，主要由支援部队组成，保留了2个战区航空旅。美国陆军在海外具有较大规模的部署，有30,000人部署在中东和阿富汗，有17,000人部署在韩国，有8,000人部署在欧洲。美国陆军的装备比较精良，配备有"艾布拉姆斯"坦克、"布拉德利"战车、"斯特赖克"装甲车、"圣骑士"自行榴弹炮、"爱国者"导弹系统、UH-60"黑鹰"直升机、AH-64"阿帕奇"直升机和CH-47"支努干"直升机等。[①]

美国的海空军力量尤其强大。美国是全球拥有现役航母最多的国家，现有10艘尼米兹级航母（排水量八万吨至十万吨）和一艘福特级航母在役，另有2艘福特级航母在建造中。尼米兹级航母是目前全球综合作战能力最强的现役航母，是美国维护海上霸权的中坚力量；福特级航母则是全

[①] Mark F. Cancian, "U.S. Military Forces in FY 2020: Army," October 15, 2019, accessed March 16, 2021, https://www.csis.org/analysis/us-military-forces-fy-2020-army.

球技术最先进的核动力航母，有望取代尼米兹级航母成为美国海军的新骨干。特朗普政府上任后非常重视海军建设，将航母视为美国海外战力的中坚力量。根据特朗普政府的计划，美国海军舰艇数量将从现阶段的274艘扩充到350艘，要把美国海军从眼下的"一战后最小规模"打造成"史上最大"。[①] 美国空军力量同样不容小觑。根据《国际航空杂志》发布的《世界空军2020》年度报告，美国拥有全世界最强大的空中力量；截至2019年12月，美国军用飞机（各类飞机和直升机）总数达13,300架，占世界军用飞机总数的25%。[②] 在美国政府制定"大国竞争"军事政策后，美军各军种都在进行相应的力量调整优化，为美国与中俄等的长期"大国竞争"做准备。美国陆海空军都提出了雄心勃勃的扩张军力和更新装备计划。其中，美国海军的计划落实相对迅速，而陆军和空军则基本保持平稳发展。据统计，美国空军飞机的平均服役年数已从1995年的18年增至2019年的29年，有些机型亟待更新换代。[③]

其四，美国拥有世界上最大的核武库。冷战结束后，美国仍然非常重视核力量建设，以进一步强化其战略主导权。2008年9月，美国出台报告称："核武器依然是保障美国国家安全的最终遏制力量。"据美国科学家联合会的数据，截至2019年7月，全球共有大约13,890枚核弹头，其中90%以上的核弹头由美俄两国所有，俄罗斯拥有约6,500枚，美国拥有约6,185枚。相比之下，中国拥有约290枚，印度拥有约140枚。[④]

其五，美国的军事科技能力和军备力量也居于全球领先地位。以美国的战略投送能力为例，据统计，美国约80%的航空航天工业和60%的船舶工业都从事军品生产。在强大的产业支持之下，美军直接用于战略投送的大型运输机可达700架，大中型海运舰船近200艘，集装箱可达1万多个，运送大中型装备的铁路车辆有1,000多节。长期以来，美军不断推进军民

---

① 《特朗普打造最大海军，从海岸警卫队"省钱"》，新华网，2017年3月5日，http://www.xinhuanet.com/world/2017-03/05/c_129501315.htm，访问日期：2021年3月16日。

② Flight Global, "World Air Forces 2020," December 2019, accessed March 16, 2021, https://www.flightglobal.com/reports/world-air-forces-2020/135665.article.

③ Mark F. Cancian, "U.S. Military Forces in FY 2020: The Struggle to Align Forces with Strategy," September 2019, accessed March 16, 2021, https://www.csis.org/analysis/us-military-forces-fy-2020-army.

④ Hans M. Kristensen and Matt Korda, "Status of World Nuclear Forces," July 2019, accessed March 16, 2021, https://fas.org/issues/nuclear-weapons/status-world-nuclear-forces/.

融合，促进军地技术资源双向互动，大大加快美军战略投送力量的发展和配套体系的完善。① 强大的战略投送能力为美国在战争中赢得时空优势提供了保证。

2. 印度的军事力量。印度武装力量由现役部队、准军事部队和后备力量组成。现役部队分陆、海、空三个军种。印军前身为英国殖民主义者的雇佣军，1947年印巴分治后始建分立的三军，1978年创建独立的海岸警卫队。印度陆、海、空三军现役兵力为127万人，居世界第四位。其中陆军110万人、海军5.3万人、空军11.7万人。另有50多万预备役军人和100多万准军事部队。

印度陆军分为东、南、西、北和中央五大军区，拥有中程导弹，已具备核能力。印度海军分为西、东两支舰队和南部科钦训练基地；西部舰队驻孟买，东部舰队驻维沙卡帕特南，孟买和维沙卡帕特南为印度最大的两个海军基地。另编有潜艇司令部驻维沙卡帕特南和海军航空兵司令部驻果阿。印度空军分成西、西南、东、南和中央五个军区，拥有1,000多架各型作战飞机，包括空中预警机、战斗机、加油机、运输机、侦察机和直升机等。印度海岸警卫队分为西岸、东岸、安达曼和尼科巴三个大队，指挥部分设于孟买、马德拉斯和布莱尔港。另外，印度于2003年设立核战略司令部，负责国家的战术和战略核武器储备之管理和行政。印度核战略司令部管理所有的战略打击力量，行使全面指挥和控制核资产的职责，以及调度所有生产应急计划需要完成的必要任务。

印度在独立后即模仿前殖民者英国，长期实行无统一指挥机构、军种各自为战的"三军分立"体制，其关键考量之一是将军队的最高决策权和控制权掌握在文官政府手中，防止军人干政。就军事领导体制而言，印度总统是名义上的武装力量统帅；内阁政治事务委员会为最高军事决策机构；国防部负责部队的指挥、管理和协调；各军种拥有各自军种的管理指挥权，军种司令部为最高指挥机构，负责拟定、实施作战计划，指挥作战行动。军种司令部通过所属的军分区司令部指挥控制所属部队，三军总计设置了17个军分区司令部。就军事指挥体制而言，三军平时无统一的作战指挥机构，由内阁总理通过内阁秘书处协同国防部对三军实行统一领导；战时通

---

① 马兴贤:《大国如何提升战略投送能力》,《国防交通参考》2012年第1期，第21—23页。

常授权主要军种参谋长实施统一指挥。① 莫迪政府上台后，印度军事改革动作频频。2019年8月，印度设立国防参谋长一职，作为国防部长的高级幕僚长，负责统一各军种意见、协调各军种作战以及掌握所有军事预算划拨；但国防参谋长被排除在内阁政治事务委员会之外，没有指挥军队联合作战的实权，各军种仍各自为政。目前，印度正在推进战区体制改革，这是对印度现有指挥体制的重构，存在较多制约因素，改革是否能够如愿实行还有待进一步观察。

　　较之于蓬勃发展的经济和大张旗鼓的外交，21世纪以来印度的军力建设虽不声张却取得了不少成就。一方面，印度努力开展国产导弹和火箭技术研发，加强海军舰船建设。印度开发战略武器投送能力和建设海上力量的投入在新兴大国中是比较突出的。长期以来，印度一直拒绝加入《不扩散核武器条约》，其战略导弹力量发展迅猛。目前，印度已开发出烈火系列导弹，射程覆盖周边地区乃至整个亚太区域，在全球居于先进水平。其中，烈火–1为中短程弹道导弹，射程为700～1,300公里；烈火–2、烈火–3和烈火–4为中远程弹道导弹，射程分别为2,000～3,000公里、3,500～5,500公里和3,000～4,000公里；烈火–5为洲际弹道导弹，射程分别为5,000～8,000公里。印度还在努力研制射程为8,000～10,000公里的烈火–6洲际弹道导弹。"烈火"中远程导弹可携带核弹头，在多次成功进行核试验后，印度将中远程弹道导弹作为核弹头的首要投送工具。印度非常重视海军建设，积极谋划通过打造两个航母战斗群，以及装备数艘隐形战舰、潜艇和远程侦察机来应对未来的突发事件。截至2020年底，印度海军拥有约140艘军舰，包括2艘航母、11艘驱逐舰、16艘潜艇和200多架飞机。在"维拉特"号航母2016年底退役后，印度海军名义拥有两艘航母：一艘为从俄罗斯采购的于2013年11月交付的"超日王"号，目前配属印度西部舰队；另一艘为虽屡次下水却迄今尚未正式入役的国产"维克兰特"号航母，目前正在完善装备，已于2019年12月成功进行首次点火。2019年12月，印度海军参谋长表示，印度海军的目标是同时拥有三艘航母，目前还有50艘各类舰艇正处于建造之中。印度计划到2027年拥有200艘舰艇，包括3艘航母、6艘核潜艇和24艘常规潜艇。另一方面，印度持

---

① 黄杨海：《印度武装部队概况》，中国军网，2016年3月22日，http://www.81.cn/ggjl/2016-03/22/content_7107661.htm，访问日期：2021年3月16日。

续加强对外军事采购和合作，全面提升武器装备的水平。印度的主要采购对象是俄罗斯、美国和法国。近年来，向俄罗斯采购了S-400型防空导弹系统、米格–29战斗机和苏–30战斗机，向美国采购了P8-I巡逻机、"海鹰"直升机和"阿帕奇"直升机，向法国采购了"阵风"战斗机，这些军购合同总价值超过250亿美元。

经过独立以来的长期努力，印度已经建立起结构较完善、门类丰富、具有较高研发水平的国防工业体系，在特定领域甚至跻身世界前列。印度国防工业主要包括六大行业，即：常规兵器工业、军事航空工业、导弹/军事航天工业、军用船舶工业、军用电子工业、军事核工业。其中，常规兵器工业是印度国防工业中自主生产能力最强的行业，能自主研制和生产包括轻武器、弹药和主战坦克在内的大部分武器。印度常规兵器主要由41家公营兵工厂负责供应，它们由印度兵工厂委员会统一管理。由于常规兵器工业发展水平相对成熟，除了向本国军队供货，印度还向一些国家和地区出口武器弹药、武器配件等军用品。不过，印度常规兵器工业也受制于总体设计与系统集成能力的不足，在打造拳头产品方面屡遭挫折，一些中高端常规武器仍然依赖进口。

印度已建立起比较完整配套的军事航空工业，进入21世纪后更将之视为应得到大力发展的"战略产业"，在轻型战斗机、多用途运输机、轻型直升机、教练机以及配套武器系统和电子装备的研制生产方面均取得了不少成绩。然而面对国际军事航空领域的迅猛发展，印度军事航空工业的发展长期无法满足印度军方的需求。近年来，为提升技术水平，包括印度斯坦航空公司在内的多家印度企业选择引进国外技术，试图与美、俄、法、以等外国先进公司开展合作。

印度军事电子工业具有相当基础和潜力，但与世界先进水平尚有差距。印度从20世纪50年代开始发展军事电子工业，产品涵盖航空电子、机载系统、军事通信系统、无人机、陆上电子系统、海军电子系统、电子战系统、C4ISR以及导弹电子系统等。不过迄今为止，印度本土军事电子企业仍在很大程度上依赖组装进口的子系统，在关键领域和核心技术方面的自主研发能力比较欠缺。与世界先进水平相比，印度本土军事电子企业在IP/软件无线电、军用GPS、加密/保密模块、集成CMS解决方案、目标采集系统、电池备用系统、现场无线LTE系统等均存在能力差距。[①]

印度军用船舶工业起步于20世纪70年代，现已较具规模，能自主设计建造各种小型水面舰艇，并能建造万吨级驱逐舰、中型航空母舰和仿制常规潜艇。进入21世纪以来，印度积极强化本国造船能力，新建一些船厂并对国营造船厂进行技术升级改造。2011年8月，印度自主建造的第二艘什瓦利克级护卫舰"萨特普拉"号开始在孟买服役，标志着印度已跻身具备建造隐身护卫舰能力的国家之列。但印度军用船舶工业仍受制于国内工业系统配套能力有限的痼疾，一些国产战舰的关键设备和技术仍严重依赖国外。承建印度首艘国产航母的科钦造船厂虽在印度国内首屈一指，其总体装备水平却仅相当于船舶工业先进国家20世纪八九十年代的水平。印度大部分造船厂仍然技术能力有限，在建造军用船舶时屡屡出现建造周期过长、计划无法如期完成的情况。

印度军事核工业已有一定规模。自独立之初，印度就认为拥有核武器是获得全球大国地位的"通行证"，因此从20世纪50年代开始构建本国的核工业体系。经过60余年的建设，印度核工业已拥有印度核电有限公司、印度铀有限公司等大型公营企业，约10家重水与核燃料处理厂以及40多个研究机构。目前，印度的核燃料循环体系建设已经相当完善，涵盖铀矿开采与水冶、纯化、转化、离心浓缩以及钚生产、氚生产、铍生产等，足以支持其核武器发展计划。1974年，印度进行首次核试验后掌握原子弹的设计、制造和试验技术，之后将重点转向增强裂变弹和氢弹的研究。1998年连续进行五次核试验后，印度基本掌握热核武器的设计、制造和试验技术。进入21世纪以来，印度开始努力发展计算机模拟核试验的能力，并致力于核武器实用化和小型化的研究。较之军事核工业，印度民用核能开发比较滞后；虽然核电站数量不少，但总体技术水平和经济效益不高，印度正努力寻求同美俄等核技术强国加强民用核能合作。

总体而言，印度的国防工业水平距离达到国防装备完全自给的目标仍有较大差距。印度自建国初期就有美好的大国梦想，但囿于军工产业基础薄弱，其建设能力一直无法满足国防发展的需要。这一方面与印度国防工业的体制有关，印度国防工业的主导力量仍是国营企业，虽然便于政府掌

---

① Ritika Behal, "Defence Electronics Market," 2020, accessed March 16, 2021, https://defproac.com/?p=4122.

控，但也存在官僚主义、人浮于事、效率较低等弊病；另一方面，印度长期奉行的内向型经济政策也限制了本国军工企业获得世界尖端技术。根据2019年的计划，印度预计在2025年前将花费1,300亿美元用于军事力量现代化。[①] 由于印度国内军工产业基础比较薄弱，莫迪政府推行的"印度制造"计划在国防工业领域总体进展有限，同时印度周边安全局势处于比较紧张的状态，印度在未来较长时间内仍将居于国际武器买家排行榜的前列，并拥有和军事发达国家开展防务技术合作的强烈意愿。

（二）美印两国的经济实力

为了更为客观地比较美印两国的经济总量和人均GDP水平，本书同时采用了官方汇率计算法和购买力平价计算法。[②] 表2.2列出了按官方汇率计算1970—2019年美印两国国内生产总值（GDP）占世界份额的变化。第二次世界大战结束以来，美国的GDP总量占全世界经济总量的份额从高于50%降至目前的24%左右，更从全球最大的债权国沦为最大的债务国。根据目前的预测，印度在未来40年内也将进入全球GDP排行榜前列，这在较大程度上依赖于其庞大的人口基础。尽管如此，印度与美国在经济总量上仍然相去甚远。根据世界银行的统计数据，按照官方汇率计算法，2019年世界GDP总量为87.798万亿美元，美国的GDP总量为21.433万亿美元，占世界总量的24.41%左右。印度GDP为2.868万亿美元，占世界总量的3.27%，居全球第七位。[③] 印度人均GDP也远未达到美国的水平。按照官方汇率计算，美印两国2019年的人均GDP分别为65,298和2,100美元，而全球人均GDP为11,442美元。[④] 在可以预见的未来，美印两国的人均GDP仍将存在较大差距（参见表2.3）。

---

① PTI, "Indian Army: India to Spend a Whopping USD 130 Billion for Military Modernisation in Next 5-7 Years," September 9, 2019, accessed March 16, 2021, https://www.newindianexpress.com/nation/2019/sep/09/india-to-spend-a-whopping-usd-130-billion-for-military-modernisation-in-next-five-to-seven-years-2031321.html.

② 计算GDP有两种主要方法，一种是按照官方汇率来计算，另外一种是按照购买力平价（Purchasing Power Parity，简称PPP）来计算。前者是根据各国货币相较于美元的汇率来折算，后者则是把各国的各类产品和服务都按照其在美国的同类产品和服务的价格进行折算，然后在实际购买力的基础上进行跨国比较，以纠正汇率计算方法可能带来的扭曲。

③ World Bank, "GDP (Current US$)," accessed March 16, 2021, https://data.worldbank.org/indicator/NY.GDP.MKTP.CD.

④ World Bank, "GDP Per Capita (Current US$)," accessed March 16, 2021, https://data.worldbank.org/indicator/NY.GDP.PCAP.CD.

表2.2　美印两国GDP占世界GDP总量的份额①（根据官方汇率计算）

（单位：%）

国别/年份	1970	1980	1990	2000	2010	2011	2015	2019
美国	27.26	26.18	26.76	28.31	26.30	21.50	24.43	24.41
印度	0.87	0.82	1.07	1.40	2.26	2.60	2.82	3.27

资料来源：美国经济研究所、美国农业部国际宏观经济数据集（2010年12月22日更新）；其中2011年、2015年和2019年的数据来自世界银行。②

表2.3　美印两国GDP与人均GDP预测③

（按2005年官方汇率计算）

GDP/国别	美国	印度
2025年国家GDP（万亿美元）	19.48	3.80
2030年国家GDP（万亿美元）	22.26	5.33
2050年国家GDP（万亿美元）	38.65	15.38
2025年人均GDP（美元）	54,503	2,722
2030年人均GDP（美元）	59,592	3,648
2050年人均GDP（美元）	88,029	9,287

资料来源：卡内基国际和平基金会《2050年的世界秩序》，2010年2月。

如果按购买力平价（PPP）计算，2015年世界国内生产总值（GDP）为113.613万亿美元，美国为17.947万亿美元，印度为7.983万亿美元。（参见表2.4）

① 〔美〕兹比格涅夫·布热津斯基：《战略远见：美国与全球权力危机》，第57页。

② World Bank, "GDP (Current US$)," accessed March 16, 2021, https://data.worldbank.org/indicator/NY.GDP.MKTP.CD.

③ 〔美〕兹比格涅夫·布热津斯基：《战略远见：美国与全球权力危机》，第58页。

表2.4 美印两国GDP和人均GDP的变迁，1700—2015年

（根据购买力平价法计算）

国别/年份	1700	1820	1870	1913	1950	1973	1998	2011	2015
国家GDP（10亿1990年PP元*）									
美国	0.5	13	98	517	1,456	3,537	7,395	15,076	17,947
印度	91	111	135	204	222	495	1,703	4,421	7,983
世界	371	694	1,101	2,705	5,326	16,059	33,726	78,970	113,613
人均GDP（1990年PP元）									
美国	527	1,257	2,445	5,301	9,561	16,689	27,331	48,328	55,837
印度	550	533	533	673	619	853	1,746	1,514	6,020
世界	615	667	867	1,510	2,110	4,104	5,709		

数据来源：1700—1998年的数据来自安格斯·麦迪森：《世界经济千年史》，前言，第121页；2011年的数据来自国际货币基金组织（IMF）；2015年的数据来自世界银行[①]。

*1990年PP元是用购买力平价法代替汇率法，对本国货币进行转换后估算而来。

不容否认，无论是根据官方汇率计算法还是根据购买力平价计算法，如果从人均GDP来看，印度与美国之间仍存在较大差距。有比较客观的估算认为，如果印度未来能够较好地克服经济发展中的问题，并充分挖掘各种经济潜力，使其经济在一个较长时期内保持较快增长速度，则21世纪中叶以后，印度经济规模可能超过日本，从而可能成为世界经济大国。不过，即便印度在未来40年始终以较快速度发展，成为世界经济大国，由于印度人口增长较快，其人均国内生产总值仍然显著落后于日本，到21世纪中叶以后也依然处于发展中国家水平；而且由于印度经济存在一些痼疾，如无法得到根本性改善，还有落入"中等国家陷阱"之危险。[②]印度1994—2011年年均GDP增长率约为7%，较之20世纪五六十年代约3%的"印度式增长率"已有大幅提高。而美国自冷战结束以来，其GDP增速从未超过4%，在2008和2009年，由于金融危机的拖累，美国经济甚至出现了负增长。

---

① World Bank, "GDP Per Capita, PPP (Current International $)," accessed March 22, 2018, https://data.worldbank.org/indicator/NY.GDP.MKTP.PP.CD.

② 文富德：《印度经济发展前景研究》，时事出版社，2014，第431—432页。

　　美国自2009年6月走出本轮经济衰退以来，年均经济增速一直保持在约2%的水平，远低于第二次世界大战结束后到2008年金融危机前年均3.4%的水平。据统计，2013年至2019年，美国GDP年度增长率分别为1.84%、2.53%、2.91%、1.64%、2.37%、2.93%和2.16%，年均增长率为2.34%。① 分析人士认为，这再次证实本轮金融危机后美国经济已无法打破缓慢复苏的"新常态"，凸显美国经济治理能力的减弱及其宏观调控政策的局限性。②

　　至于印度，近年来经济增长十分强劲，吸引了国际社会的广泛关注。2015年，印度实现了接近8%的经济增长，成为全球经济增速最快的国家之一。2016年4月，印度央行行长拉詹在美国华盛顿参加二十国集团财长和央行行长会议时表示，印度经济正处于近10年来最好的发展机遇期，得益于国际大宗商品价格走低和国内较低的通胀率，印度经济的中高速增长率有望在未来几年里得以持续。③ 2016年11月，印度政府突然决定废除500卢比和1,000卢比面值货币，对印度经济产生了一定的负面影响。印度废除大面额纸币后，惠誉国际评级公司将印度2016财年（2016年4月至2017年3月）的预期经济增速从7.4%下调至6.9%，印度政府也将本财年预期经济增速从7.6%下调至7.1%。④ 不过，国际社会仍然看好印度经济的未来发展前景。2016年度联合国世界经济现状和展望报告称，印度经济在2017和2018财年有望保持较高的增速，这主要受益于印度国内私人消费的增长和国内改革的推进。但报告警告称，印度公共设施发展水平较低，银行业资产负债表紧张将阻碍印度短期投资的增长。从实际表现看，印度2016年至2019年的经济增长率分别为8.26%、7.04%、6.12%和4.18%，2013—2019年年均增长率为6.77%。⑤

　　2020年，全球经济发展遭遇的最大"黑天鹅"事件无疑是新冠肺炎

---

　　① World Bank, "GDP Growth (Annual %)," accessed March 16, 2021, https://data.worldbank.org/indicator/NY.GDP.MKTP.KD.ZG?locations=US.

　　② 高攀、江宇娟：《美国经济复苏表象下的治理困境》，新华网，2016年8月22日，http://www.xinhuanet.com/world/2016-08/22/c_1119434168.htm，访问日期：2021年3月16日。

　　③ 邹松：《印度经济呈多重利好（主要经济体经济扫描）》，人民网，2016年4月19日，http://world.people.com.cn/n1/2016/0419/c1002-28285477.html，访问日期：2021年3月16日。

　　④ 《印度政府预测本财年经济增长7.1%》，新华网，2017年1月9日，http://news.xinhuanet.com/2017-01/09/c_1120272649.htm，访问日期：2021年3月16日。

　　⑤ World Bank, "GDP Growth (Annual %)," accessed March 16, 2021, https://data.worldbank.org/indicator/NY.GDP.MKTP.KD.ZG?locations=IN.

疫情。美国和印度是全球遭受此次疫情较为严重的两个国家。2020年6月
以来，美国和印度的新冠肺炎感染率快速增长。据世界卫生组织的统计
数据，截至2021年5月27日，美国累计新冠肺炎确诊病例超过3,284.45万
例，累计死亡病例58.57万例，均位列全球首位；印度累计新冠肺炎确诊
病例超过2,736.90万例，累计死亡病例31.52万例，分别位列全球第二和
第三。[1] 美国和印度的疫情防控和社会救助压力巨大，经济发展遭受重创。
根据国际货币基金组织2020年《世界经济展望》报告，新冠肺炎疫情大流
行是自1929—1933年的经济大萧条以来最严重的危机，预计给全球经济造
成总计28万亿美元的损失，全球发达国家和新兴经济体均未能幸免；2020
年全球经济萎缩4.4%，其中印度经济萎缩10.8%，美国经济萎缩4.3%；世
界经济在2021年有望实现5.2%的经济反弹，其中印度有望恢复8.8%的增
长率，美国为3.1%。[2]

展望未来，新冠肺炎疫情对于全球经济的影响尚未完全显露。国际货
币基金组织首席经济学家吉塔·戈皮纳特（Gita Gopinath）表示，这场灾
难造成的影响可能是漫长、不均衡和高度不确定的；2021年发达经济体以
及新兴市场（中国除外）的产出将保持在2019年水平以下；在2022年至
2025年，全球经济增长预计将放缓至3.5%，使大多数经济体的产出低于大
流行之前的预测水平。[3] 当然，新兴国家增速将依旧高于发达国家，尽管
其增速呈放缓趋势。根据经合组织全球远景报告的预测，未来50年全球经
济平均增速为3%，而印度平均增速为4.9%，美国平均增速则为2.1%。[4]

---

[1] World Health Orgnisation, "WHO Coronavirus (COVID-19) Dashboard," accessed May 28, 2021, https://covid19.who.int/.

[2] Riya Baibhawi, "World Economy to Drop 4.4% in 2020; Rebound with 5.2 % Growth in 2021: IMF," October 14, 2020, accessed March 16, 2021, https://www.republicworld.com/world-news/rest-of-the-world-news/global-economy-to-dip-4-dot-4-percent-in-2020-rebound-with-5-dot-2-percent-growth-in-2021.html.

[3] Julia Horowitz, "IMF Cuts Its Global Economic Forecasts for 2021 and Warns of 'Long, Uneven' Recovery," October 13, 2020, accessed March 16, 2021, https://edition.cnn.com/2020/10/13/economy/imf-economic-outlook-coronavirus/index.html.

[4] OECD, "Looking to 2060: Long-term Global Growth Prospects, a Going for Growth Report," November 2012, accessed March 16, 2021, https://www.oecd.org/eco/outlook/2060%20policy%20paper%20FINAL.pdf.

四、认知变化

21世纪以来，美印两国关系的进展引人瞩目。要知道在冷战时期，甚至在20世纪90年代，美印双方还是彼此疏远的两个大国。除了客观国际环境和主观利益诉求，美印两国对彼此的认知变化成为推动两国安全防务合作的重要推动力。

（一）印度认知的转变

在过去长达70多年的历程里，印度从一个坚定奉行不结盟政策的国家，变为一个寻求通过与所谓"友好外国"发展坚固的防务关系来增进安全的国家。

印度1947年独立后，印度总理贾瓦哈拉尔·尼赫鲁制定了"民主""世俗主义""社会主义"和"不结盟"四大基本国策。根据尼赫鲁的设计，印度的外交政策主要基于社会主义和不卷入美苏两大阵营对抗的原则。不结盟表示印度不与大国集团结盟、不介入东西方冷战的旋涡，特别是不参加军事组织、条约和集团；对外执行独立外交政策，根据自身利益需求做出判断、采取行动；不结盟并非自我孤立，不反对与其他国家加强合作；尽可能避免外交纠纷，除非涉及印度的利益。[①] 在实践层面上，这项政策最终让印度在1955年成为"不结盟运动"的发起国之一。不结盟的基本原则还指导着印度防务部门的对外交往，导致印军与外军交往有限，而且这些交往通常都是在执行联合国维和事务[②] 或在外国军事院校受训[③] 的前提下。尼赫鲁的外交方式常被描述为避免卷入、中立主义，甚至是缺乏道义。尼赫鲁的继任者们萧规曹随，直至20世纪90年代初，不断变化的地缘政治结构和印度国内的经济危机对这些原则提出了挑战。

冷战结束后，印度的地缘政治视角发生了非常显著的转变。20世纪90年代初的印度经济危机以及随之而来的经济自由化促成了这种转变。转变过程涉及的事件还包括1998年印度核试验、1999年印巴卡吉尔边境冲突、

---

① 张忠祥:《尼赫鲁外交研究》，第18页。

② 贾斯万特·辛格指出，印度迄今仅执行过四次未得到联合国授权的对外军事行动：1950年，支持尼泊尔镇压拉纳起义；1971年，援助斯里兰卡民选政府；1987—1990年，向斯里兰卡派遣维和部队。1988年，在马尔代夫的"仙人掌"行动。Jaswant Singh, *Defending India* (New Delhi: MacMillan India, 1999), p. 143.

③ 印度军官在国外接受职业训练主要限于英国、美国和前英国殖民地等英语国家，接受的一些技术训练则来自法国、苏联等对印军售的非英语国家。

印度成为全球信息技术服务中心、更多地参与联合国维和事务以及扩展全球视野。直至20世纪90年代晚期，印度仍主要从防务贸易的视角来看待它与其他国家的防务关系；双方关系的密切性主要取决于这个国家愿意向印度出售何种武器，或提供何种军事援助。1999年印巴卡吉尔边境冲突和2002年的印巴紧张对峙给印度的教训就是，它需要改变看待防务关系的视角，并大力改革自己的采购机制。2002年，印度发布了首版"国防采购程序"，旨在为国防采购程序建立包括进行相互竞价在内的规范。印度国防部门的某些人士开始认识到防务采购外其他形式的双边军事合作带来的益处，如20世纪90年代印度与美国签订两项协议，提出在联合军事演习和训练方面开展防务合作。

进入21世纪以来，印度国力的迅速崛起为其扮演新兴大国角色提供了基础。对于印度军方的对外交往来说，结果就是脱离了不结盟的孤立状态，对外军事协议和军事交往数量大幅增加，军备采购规模急剧变化。2000—2008年，与印度签订防务专项协议国家的数量从7个增加至26个。[①] 双边和多边军事演习成为印度扩展防务关系的显著特色，因为印度试图通过此类活动来寻求新技术，推进本国军队的现代化建设，从冷战时期的陈旧武器革新为21世纪的先进能力。

从冷战时期奉行的不结盟政策到21世纪以来对外大规模开展防务合作，印度对外安全防务合作态度的急剧转变体现着对过往政策和实践的极大背离。这种变化在美印安全防务关系的演进中表现得尤为明显。冷战时期，印度是个具有一定反美主义情结的国家。美国和巴基斯坦结盟直接破坏了印度的"大印度"梦想。1971年第三次印巴战争中，美国航空母舰开进了孟加拉湾，进一步把反美主义情结深植于印度人的心中。特别是印度左派政党始终对"美帝国主义"保持高度警惕，任何太过亲美的政策都会受到抵制和批评。然而，"形势比人强"。冷战后，由于国际格局的变化以及美国成为唯一超级大国的现实，"印度很大程度上放弃了他们对美国战略、经济和外交政策的条件反射式地反对，显示出全新的开放姿态并追求双赢和多赢结果。在避免成为美国遏制其他大国的人质的同时，印度认识到与美国建立更为紧密的关系可以帮助其填补苏联倒台留下的权力真

---

① Brian Hedrick, "India's Strategic Defense Transformation: Expanding Global Relationships," November 2009, accessed March 16, 2021, https://www.globalsecurity.org/military/library/report/2009/ssi_hedrick.htm.

空"。① 当然，由于长期以来对美国的抵制态度，印度态度的转变需要一个过程，并因核试验等事件而出现反复。进入21世纪后，印度对美国的认知不断升温。2000年9月，印度总理瓦杰帕伊访美期间，重申了他在1998年提出的美印是"天然盟友"的主张。在印度看来，要在21世纪实现印度的"复兴"，密切与国际体系主导国——美国的关系是最佳选择，除了美印两国的意识形态亲近外，这也是提高自身地位、实现大国战略突破的"门槛"和"垫脚石"。

"9·11"事件后，印度在美印"战略伙伴关系"的基础上，大力推进与美国在多个领域的全面合作，如在经贸与高科技领域开展的合作，在两国国防部间举行的双边定期防务对话等。印度不仅表示坚定支持美国的反恐斗争，在美国提出全面部署国家导弹防御系统（NMD）时，印度甚至早于美国的传统盟国，率先表态支持。印度显示出来的"亲美"姿态赢得了华盛顿的青睐，美印关系在小布什和奥巴马任期内总体发展势头良好，美国不仅解除了对印度的所有制裁，还在安全防务等领域与印度开展全面合作，签署了美印核能合作协议。在冷战时期，美印两国曾经是相互疏离的遥远国度，如今印度与美国的联合军演次数要超过其他所有国家，印度通过购买主要武器平台、获得技术转让以及签署联合制造协议来巩固不断扩展的美印安全防务关系。两国还通过签署防务框架协议界定了今后数十年内美印长期关系的发展进程。

印度总理莫迪上任后，尽管多次在公开场合强调印度将继续坚持独立自主的不结盟外交政策原则，但主客观环境的变化，使其内涵发生了明显变化。印度前外交官员斯里尼瓦桑表示，印度总理莫迪依据国家现实发展和安全诉求，进行"选择性结盟"，在莫迪的话语体系中不存在不结盟政策。莫迪政府的外交策略在美印关系中有明显体现。特朗普政府上台后，莫迪政府为了让美国对印度保持承诺，精心制定外交政策和策略，向特朗普示好是其策略的一部分。2016年6月莫迪访美期间发表演讲称："15年前，瓦杰帕伊总理站在这里，呼吁美印两国走出过去犹豫不决的阴影。自此以后，美印友谊取得了显著发展。今天，美印关系已经走出了犹豫不决的历史。"印度莫迪政府针对特朗普政府的外交策略取得了一定实效，美印关系在特朗普政府任期内保持了稳定和发展，安全防务合作也得到了进

---

① 〔美〕苏米特·甘古利：《印度外交政策分析：回顾与展望》，第256页。

一步推进。"2016年特朗普当选总统时，世界上许多国家的领导人都感到困惑和恐慌，但莫迪却试图让冲动的特朗普放下防备。在公开场合，莫迪对特朗普给予了极大的关注，并对其进行招牌式'熊抱'。私下里，他耐心地回避特朗普提出的各种要求，从阿富汗到印巴和平进程，再到美印双边贸易。莫迪以此表明美国对印度至关重要，他试图说服特朗普，即使是不对称的美印伙伴关系也有可能互惠互利。莫迪成功地吸引了美国的注意力，这无疑得益于华盛顿的战略需求。特朗普政府关注大国竞争，并追求'自由、开放的印太'，这些都促使印度重新受到重视。此外，特朗普想要向海外销售更多美国商品也是助推因素之一。"① 对于印度的态度变化，美国学者丽莎·科蒂斯（Lisa Curtis）感受明显："印度总是希望保持战略自主，在建立任何伙伴关系方面总是希望有选择。当然我们也不能期待与印度建立'同盟'这样的一种关系，印度和美国的安全伙伴关系当然有局限，但是，有一点值得注意，那就是莫迪政府在2014年5月上台后，出现了非常重要的变化。莫迪政府不太惧怕在战略问题上与美国更近地联系在一起。"② 放眼未来，伴随着印度对外防务合作的扩展，美印安全防务合作将得到进一步发展。

（二）美国认知的转变

在印度独立后的前40年里，美印关系一直受到冷战政治的支配。这一阶段，尽管美印两国拥有所谓共同的民主价值观，美印关系却呈现出比较"疏远"的状态。冷战时期，在美国的传统地缘战略与外交思维中，印度基本上处于一种被"忽视"状态。1959年，美国总统艾森豪威尔在访问印度时曾表示："在地球上最大民主国家印度和第二大民主国家美国之间横亘着一万英里的海洋，然而在民主的根本理念与信仰上我们是紧密的邻居。我们应该成为更紧密的邻居。"③ 艾森豪威尔也成为首位访问印度的美国总统。但在冷战时期，美印之间的意识形态认同感显然被实际利益所掩盖。采取"不结盟"政策的印度决定不加入美苏双方任一阵营，美国也对

---

① Ashley J. Tellis, "The Surprising Success of the U.S.-Indian Partnership," February 20, 2020, accessed March 16, 2021, https://carnegieendowment.org/2020/02/20/surprising-success-of-u.s.-indian-partnership-pub-81115.

② 《美媒：美印日澳正向非正式联盟迈进，应对中国崛起》，人民政协网，2016年3月15日，http://www.rmzxb.com.cn/c/2016-03-15/738498.shtml，访问日期：2021年3月16日。

③ U.S. Mission India, "America and India: Embracing an Age of Ambition," June 27, 2019, accessed March 16, 2021, https://in.usembassy.gov/america-and-india-embracing-an-age-of-ambition/.

印度采取了某种"忽略"态度，两国的安全防务合作非常有限，以至于"冷战的大部分年代里，印度在美国的亚洲政策中只不过扮演了一个局外人的角色"。①

20世纪90年代，随着冷战结束、苏联解体以及印度经济改革的实行，美印关系进入了新时期。由于南亚战略形势在后冷战时期的演变，美国被迫重新"认识"印度，对印度的认知和定位出现了由消极趋于积极的变化。90年代中期，美国明确提出"必须从宏观和长远角度看待南亚对美国的重要性"，开始"重新定位印度在全球和地区事务中的作用"，"近印疏巴"的意图十分明显。美国认为，印度本身已出现了值得肯定的变化，如令世人瞩目的经济奇迹，传统种姓制度为基础的规则与价值观受到挑战，非政府组织取得巨大发展，公民社会正在形成等；印度冷战后的所作所为也颇具"建设性"，如以"尊重和保护"周边小国利益为中心的"古杰拉尔主义"，与美积极的反恐合作等。美方甚至认为，印度已如中国一样，成为影响未来世界走向的另一关键"转型国家"。② 此后，美印两国加大了在政治、经济及军事等各层面的互动，但双边合作还是受制于在核不扩散问题上的矛盾。1998年5月，印度进行了地下核试验，导致美印关系陷入低谷。美国呼吁国际舆论对印度予以谴责，并要求印方放弃核武器计划。克林顿政府随即对印度实施军事、经济、科技制裁。但印方不时打出"政治上的民主制""经济上的大市场""软件业的人才库"和"国际关系上的平衡器"四大招牌，宣称美印是"天然盟友"，努力修复受损的美印关系。2000年3月，美国总统克林顿应邀访问印度，这标志着美国外交政策的重大转变。美印两国在相当程度上认可了对方的战略需求，签署了名为《美印关系：21世纪展望》的框架性文件，强调"世界上最大的民主国家和人口最多的民主国家间的合作"，表示将致力于建立"持久的、政治上有建设性、经济上有成果的"新型伙伴关系。此后，美印两国逐步建立了全面的、制度化的合作关系，涉及领域广泛，如经贸往来、政治对话以及军事交流。在接受美国发展援助和食品援助的南亚国家中，印度是最大的受援国。2000年，美国向印度提供的援助总计达1.7亿美元，仅次于印度尼西亚，是巴

①　〔美〕亨利·基辛格：《美国的全球战略》，胡利平、凌建平译，海南出版社，2009，第131页。

②　张敏谦：《美对印政策调整趋向、意图及美印关系走势》，《现代国际关系》2000年第4期，第31页。

基斯坦（378万美元）的45倍。[1]

小布什政府2001年上台后，对美印关系给予了特殊关注，开始着手从根本上改善美印关系，提出了雄心勃勃的安全防务合作设想。首先，印度被美国的安全规划者视为独特的地缘政治伙伴。白宫于2002年9月发布的《美国国家安全战略报告（2002）》把对印关系列为美国最需认真处理的大国关系，其位置甚至排在中美关系之前。事实上，美方自视有义务帮助印度崛起，认为这将有助于促进亚洲地区的权力平衡。其次，美方也期望通过自己的积极姿态来加强与一个非西方民主大国的关系。美国把印度视为第三世界民主的成功典范，同时也是扩展"普世性自由政治体系"的潜在合作伙伴，其全面成功将有助于建立繁荣的"自由国际秩序"。美方也希望在推广国际人权准则方面得到印度的支持，尤其是在印度的周边地区。最后，印度是全球新兴经济体中璀璨的明星，有望发展成为美方重要的商品市场和投资对象。此外，美国认为印度（尤其是印度海军）是印度洋地区实施灾害救援和人道主义援助任务的重要伙伴。美印关系在小布什政府任内发展迅猛，当时共和党政府的许多政要使用"转型"一词来形容美印关系，即从"相互疏远的民主"到"彼此接触的民主"。[2]

值得一提的是，意识形态认同成为冷战后美国转变对印政策的重要因素之一。印度的议会民主制推行了60余年，运行基本正常，成为吸引世界大国关注的重要砝码，被誉为世界上"人口最多的民主国家"。据美国驻印大使罗伯特·布莱克威尔透露，早在小布什1999年还是美国得克萨斯州州长时就有一个"大的想法"，其中一部分就是"转变"美印关系，因为印度是一个正在崛起的世界强国，是一个民主国家。[3] 而小布什上台后，美国高层关于民主国家印度是美国"天然的盟友"的言论更是不绝于耳。根据"民主和平论"，美印之间不会爆发战争，这有助于两国建立基本的政治信任。对于印度而言，其在发展中国家中相对成熟的议会民主制，既是印度引以为傲的成就，也是印度在处理与西方国家特别是美国的关系中

---

① Zhang Guihong, "U.S. Security Policy Toward South Asia and Its Implications for China: A Chinese Perspective," Janurary 2003, accessed March 15, 2021, https://www.stimson.org/wp-content/files/file-attachments/secpolsouthasia.pdf.

② 张贵洪：《美印战略伙伴关系与中国：影响和对策》，《当代亚太》2005年第5期，第28页。

③ Robert D. Blackwill, "The Future of US-India Relations," July 17, 2003, accessed March 16, 2021, https://2001-2009.state.gov/p/sca/rls/rm/22615.htm.

较具自我认同感的原因。随着美苏两极体制的瓦解和冷战后国际环境的迅速变化，这种认同感作为印度对美政策的全新坐标被纳入美印双边关系的利益因素中。

由于上述多重考量，美国小布什政府赋予美印安全防务合作极大的战略意义，努力以超越军事交往和偶尔军售的方式深化美印防务合作。"9·11"事件以及之后的反恐战争为美印双方更为密切的战略合作创造了机会。美印防务合作的领域大大扩展，美国不仅寻求成为印度防务采购的主要供应国，加强美印国防工业合作，还开始两国协同防务研发的早期努力。2003年，美国外交关系委员会和亚洲协会发布名为《南亚新的优先事项：美国对印度、巴基斯坦和阿富汗的政策》的政策报告。报告提出了一系列重要建议：需要努力扩大美印之间在政治、安全、军事和知识上的合作；强化经贸方面的官方和非官方对话；考虑服务贸易方面的双边自由贸易协定；美国需要放松与印度民用部门开展高技术合作的限制；美国在批准国防和高技术部门出口许可方面应该将印度作为"友好国家"来对待。[①] 这些建议受到印方的欢迎。2005年9月，美国副国务卿威廉·伯恩斯（William Joseph Burns）发表对印政策演说时指出，美国把印度视为其在南亚和太平洋的重要合作伙伴。小布什2006年访问印度时进一步提出，美国要帮助印度成长为全球性大国。

当然，由于美国严苛的技术转让限制条款，印度对美方可靠性的固有担忧，以及《美印民用核能合作协议》在两国国内引起的风波，小布什政府时期的某些举措未获最终成果。但小布什时代的美印安全防务合作总体而言成就显著。作为一个曾长期疏远印度并质疑其"不结盟"政策的国家，美国转而决心与印度建立良好的安全防务关系。尽管印度坚持战略自主，但它开始允许美印两国追求联合行动的目标。这个目标意味着，美国和印度将寻求发展长期军事协作能力，如果需要保卫共同利益，就可能开展联合军事行动。美国参议员约翰·麦凯恩（John Sidney McCain III）在2010年重申，小布什总统上任后，美方认为"提高印度的防务能力、增强美印两军的互用性具有积极意义。现在，我意识到，许多印度人士对美方的提议持怀疑态度，认为这会限制印度的自治和侵蚀其主权。事实上，情况恰

---

① 〔印度〕桑贾亚·巴鲁:《印度崛起的战略影响》，黄少卿译，中信出版社，2008，第254页。

恰相反。关于是否与美国合作的决策将始终由印度的民主领导人作出，更大的互用性只是为印度选择如何合作提供更多的选择"。①

在美印关系问题上，美国奥巴马政府在前任的基础上更进一步。奥巴马政府对印度的重视程度虽不及小布什，但从维护亚太区域稳定的角度出发，仍努力推动美印关系发展。伴随美国在伊拉克和阿富汗军事行动的陆续结束，美国决策者把注意力转向亚太地区，不仅加强对地区安全的承诺，还明显强化地区军力部署以安抚亚太盟国和合作伙伴。当然，由于国防预算的大幅度削减，美方也热衷于培养具有类似战略理念的合作伙伴，期待它们在未来有能力协助美国维护亚太安全和稳定。在这些可能的合作伙伴中，印度被美方视为战略赌注，美方期待印度在亚太和全球舞台上发挥更大的作用。美国国务卿希拉里曾撰文指出："印度在世界舞台上发挥更大作用有助于增进和平与安全，印度向世界开放市场有助于实现地区和全球繁荣，印度在科技上的进步有助于改善民众生活和增加人类知识，印度特色鲜明的多元化民主制不仅能为本国民众带来实在的裨益和进步，也能引导其他国家走向类似的开放和宽容之路。"②

此外，令许多人感到惊讶的是，奥巴马政府还清晰阐明了其在整个印度洋区域对印度领导人的期望和支持。随着"印太"地区态势的战略性演变，美印双方有望拥有更多的共同利益，包括在阿富汗实现稳定、反恐、海上安全、有效的灾害应对、商业和能源在印度洋的自由流动，以及对中国军力增长的关切。2001年，小布什总统的候任国务卿鲍威尔（Colin Luther Powell）在听证会上坦言，"印度有潜力帮助维护广大印度洋地区及其周边的和平"，结论是"我们需要更加持久地努力工作，在这方面帮助印度"。八年后，奥巴马政府的国防部长罗伯特·盖茨（Robert Gates）宣布，"在未来数年，我们期待印度成为印度洋安全的合作伙伴和净安全提供者"。③ 不过，印度独立自主的外交立场，以及印度在处理南亚地区事务时经常凸显的使用武力的意志，都一再提醒美国印度崛起仍然存在不确定的因素。

---

① Ashley J. Tellis, "Back to First Principles: Realizing the Promise of US-Indian Defense Ties," December 10, 2015, accessed March 16, 2021, http://carnegieendowment.org/2015/12/10/back-to-first-principles-realizing-promise-of-u.s.-indian-defense-ties/imz0.

② Hillary Rodham Clinton, "America's Pacific Century."

③ Ashley J. Tellis, "Back to First Principles: Realizing the Promise of U.S.-Indian Defense Ties."

美国特朗普政府上台以来，美国继续渲染中国崛起给亚洲尤其是给印度造成的挑战，促使印度在战略上进一步靠拢美国；同时，在对外表态中极力迎合印度追求大国地位的虚荣心，吹嘘印度会成为未来的"世界第一"；在实践层面，加强与印度的战略对接、政策协调和能力共建，除了要建立美印"2+2"部长级对话机制外，还促进美日印、美日澳印等多边合作机制的发展。对此，美国学者阿什利·泰利斯（Ashley J. Tellis）评价道："三年前，美印关系注定要步履蹒跚。美国总统唐纳德·特朗普提出'美国优先'议程，质问每个美国伙伴能为美国做些什么，这使美国与诸多传统盟友的关系紧张。而他的议程似乎与印度的期望尤为不符，印度期望继续受益于美国的慷慨捐助（特别是以外交支持和慷慨技术分享的形式），却坚决反对正式结盟带来的对等义务。尽管如此，三年后，美印战略伙伴关系不仅存活下来，而且蓬勃发展。……相较于对待其他盟友的态度，特朗普政府在贸易上对印度出奇地宽容，且还对印度可能走向非自由主义保持沉默。这使得两国能够推进战略合作，特别是防务合作，而这一直是指导美印关系的准绳。"[①] 此外，2017—2020 年，盖洛普关于美国民众对 20 个国家态度的调查报告显示，对印度持积极态度的受访者占比平均值约维持在 74%。

拜登政府执政后，美国的南亚政策有望保持较大连续性。美国与印度的战略合作将继续升温，双方对"印太"互动的兴趣和能量也有可能不断放大，但节奏、程度和性质将受双方利益分歧及其他外部因素的影响。2021 年 9 月 24 日，美国总统拜登与莫迪举行了首次线下会晤，双方商讨如何进一步扩展美印在各领域的合作，共同维护"印太"地区安全，应对新冠肺炎疫情和气候变化等关键挑战。莫迪称赞拜登在发展美印友谊以及疫情和气候变化方面的领导作用；而拜登则回应称，强大的美印关系可以解决"许多全球挑战"，"作为世界上最大的民主国家，印度和美国的关系注定变得更强、更紧密"。[②]

---

① Ashley J. Tellis, "The Surprising Success of the U.S.-Indian Partnership."

② "Modi, Biden Discuss Indo-Pacific, Climate Change, Trade, COVID," September 25, 2021, accessed October 7, 2021, Daily Excelsior, https://www.dailyexcelsior.com/modi-biden-discuss-indo-pacific-climate-change-trade-covid/.

第二节 美印开展安全防务合作的主要目标

美印两国在双边安全防务合作中追求并不完全相同的目标，对于衡量两国安全防务关系也拥有区别明显的标准。在对美印两国的主要目标进行评估时，不仅要深入考察美印两国各自不同的出发点，还应审查美印两国如何看待双方共同面临的安全局势。

一、美国的主要目标

（一）将印度纳入美国的战略轨道

印度的地缘战略地位非常重要，被美国战略家布热津斯基视为欧亚大陆五大"地缘战略棋手"之一，是影响世界格局的重要力量。印度所在的北印度洋区域在后冷战时代更是呈现出日益重要的地缘战略意义。美国学者罗伯特·卡普兰（Robert D. Kaplan）曾指出："如同欧洲勾勒出了20世纪的世界格局轮廓一样，大印度洋（西起非洲好望角，途经阿拉伯半岛、伊朗高原和印度次大陆，一路向东延伸至印度尼西亚群岛）可能构成对21世纪来说具有象征意义的世界格局图景。"[①] 从全球地缘战略格局来看，该地带构成了欧亚大陆柔软的腹部，是欧亚大陆唯一面向温水海洋的地区，且拥有苏伊士运河、红海、曼德海峡、霍尔木兹海峡等多条海洋交通要道。所以，控制该地区，不仅意味着从海洋方向上掌控整个印度洋，而且还意味着在陆地方向从"边缘地带"向欧亚大陆的"心脏地带"渗透。随着全球能源需求和海上贸易的逐年递增，该地带已不仅仅是世界上最重要的战略区域之一，还因为区域内根深蒂固的矛盾和难以调和的利益冲突，而成为世界上冲突爆发风险最高的地区之一。在北印度洋地区，印度拥有其他国家难以比肩的独特地缘战略优势。印度三面环洋，深入印度洋1,600公里，拥有长达7,600公里的漫长海岸线；印度的地理位置很理想，孟加拉湾和阿拉伯海这两个要害区域均在印度掌握之中；印度的半岛地形使其影响足以远播海上，印度沿岸海港密布，虽然除卡奇湾之外避风区不多，

---

① 〔美〕罗伯特·D.卡普兰：《季风：印度洋与美国权力的未来》，吴兆礼、毛悦译，社会科学文献出版社，2013，第1页。

但总的来说，海防形势很好。①

近年来，印度经济迅速崛起，综合国力不断提升，成为亚洲乃至全球最富活力和潜力的新兴经济体之一。美方之所以不遗余力地强化美印安全防务合作，不仅想要提升印度军事能力，充实美印战略伙伴关系的内容，更想要把印度崛起纳入美国的战略轨道，把印度改造成美国所需要的战略伙伴，使印度服从并服务于美国的全球战略利益。美方认为，美印两国作为全球两个大型民主国家，具有诸多相同、相似的战略需求，譬如海上安全、阿富汗稳定、及时有效的灾难救援、打击海盗和预防大规模杀伤性武器扩散等传统和非传统安全威胁。② 为此，美国明确提出要"帮助印度成为21世纪的世界大国"，这其中自然包含安全和防务内容。

21世纪以来，美印安全防务合作发生了量变与质变，美国对印度作为印度洋区域和全球范围内安全合作伙伴的未来作用寄予厚望。2006年3月的《美国国家安全战略报告（2006）》和2006年2月的美国国防部《四年防务评估报告》（Quadrennial Defense Review，QDR）均阐述了美国对印度的战略评估。《美国国家安全战略报告（2006）》认为印度是承担全球义务的主要大国之一。同样，《四年防务评估报告》将印度、中国和俄罗斯作为影响21世纪国际安全环境的关键国家。在2009年度香格里拉对话会中，时任美国国防部长罗伯特·盖茨在演讲中开始阐述这种愿景，他表示："未来几年，我们期待印度成为印度洋乃至更广阔区域的合作伙伴和安全净提供者。"③ 这是美方在谈及印度时首次使用"安全净提供者"一词，此后该提法成为阐释印度未来安全潜力的标示语之一，"安全净提供者"一词的各种版本已被用于多个场合。譬如，印度国防部长A.K. 安东尼（Arackaparambil Kurien Antony）对印度海军发出指令，要求后者"成为印度洋地区岛国的安全净提供者"；还有2012年1月美国国防部战略指导文件指出，"美国也在为美印长期战略伙伴关系进行投入，以支持印度成为更

---

① 〔印度〕潘尼迦：《印度和印度洋——略论海权对印度历史的影响》，德隆、望蜀译，世界知识出版社，1965，第89—90页。

② "Text of Indo-US Defense Framework Agreement 2015," June 2015, accessed March 16, 2021, http://www.indiastrategic.in/topstories3823_Text_of_Indo_US_Defense_Framework_Agreement_2015. htm.

③ Public Information Bureau, Government of India, "Indian Navy-Net Security Provider to Island Nations in IOR: Antony," October 12, 2011, accessed March 16, 2021, http://pib.nic.in/newsite/erelease. aspx?relid=76590.

广阔的印度洋地区的净安全提供者"。[①] 美方还使用其他表述来表达对印度崛起的期望，譬如美国国务卿希拉里·克林顿2011年在美国《外交政策》杂志上撰文指出："美国正在对印度的未来押上战略赌注，即印度在全球舞台上的更大作用将增进和平与安全。"[②] 美方的重视让印度官员感到欣喜，印度前外交秘书萨仁山曾感慨："伴随着全球原教旨主义暴力的上升，印度作为多元化和世俗化的民主政体，逐渐呈现为稳定、现代化和可预测性的典范，并开始对国际意识形态产生影响。印度已成为应对环境保护、传染病、反恐和救灾等全球挑战的主要对话者之一。"[③]

出于对印度在全球舞台发挥作用的厚望，美方不仅非常关注印度面临的外部挑战，也比较关注印度面临的国内挑战，包括从克什米尔冲突到纳萨尔邦和东北部的叛乱。虽然美印安全防务合作并非专门帮助印度应对国内威胁，但这些国内安全挑战可能会将印度的国力资源从美印安全防务合作转移到印度内部安全事项。随着近年来印度军力的持续增长，在美方看来，检验印度军力发展的关键指标之一就是其应对外部安全威胁及与其他安全伙伴开展合作的能力。如果印度国内挑战需要占用更多的军事资源，它可能会对印度开展对外军事合作的能力产生负面影响，限制其成为"安全净提供者"的能力。

（二）利用印度来维持"印太"区域稳定和战略平衡

长期以来，美国一直将主导亚太事务视为其全球战略的重要组成部分，努力构建由其主导的亚太安全体系。21世纪以来，随着美国推行"亚太再平衡"战略及其国内经济困境，美方正在寻求有能力的合作伙伴来协助其维护区域和全球安全。地处南亚次大陆的印度是美国相当青睐并着意培养的安全伙伴之一。曾在奥巴马政府时期担任国防部长的莱昂·帕内塔将印度描述为美国"亚太再平衡"防务战略的关键所在，他明确指出："美国正处于一个转折点。经过十多年的战争，我们正在制定21世纪的新国防

---

① U.S. Department of Defense, "Sustaining Global Leadership: Priorities for 21st Century Defense," January 2012, accessed March 19, 2021, https://archive.defense.gov/news/Defense_Strategic_Guidance.pdf.

② Hillary Clinton, "America's Pacifc Century."

③ Shyam Saran, "The India-US Joint Statement of July 18, 2005 - A Year Later," July 14, 2006, accessed March 22, 2021, https://www.mea.gov.in/Speeches-Statements.htm?dtl/2304/The+IndiaUS+Joint+Statement+of+July+18+2005++A+Year+Later+Address+by+Foreign+Secretary+Mr+Shyam+Saran+at+India+Habitat+Centre+New+Delhi.

战略，该战略的主要特征是重新平衡亚太地区。尤其是，我们将在从西太平洋和东亚延伸到印度洋地区和南亚的弧线上扩展军事伙伴关系和美国的存在。与印度的防务合作是该战略的关键。印度是世界上最大、最具活力的国家之一，拥有强大的军队。印度还与美国一样，对一系列有助于维护国际安全与繁荣的原则作出了坚定承诺。"[①] 事实上，美国有强烈意愿让印度崛起为军事强国，使之成为"印太"地区的净安全提供者。美国小布什政府、奥巴马政府、特朗普政府乃至拜登政府持续对南亚政策目标进行调整，非常重视印度广阔的市场和投资机会，积极谋求与印度建立战略伙伴关系，其战略目的在于将印度纳入美国在"印太"地区推行霸权与均势战略的轨道。

首先，美国希望通过发展美印关系来维持南亚–印度洋地区的战略平衡。尽管美国很少公开宣示，却有强烈兴趣帮助印度维护所在地区的安全与稳定。印度紧邻跨越印度洋的重要海上航道，拥有极为关键的地缘战略位置，也面临着一系列复杂的安全挑战。印度所处的印度洋北岸地区是全球"不稳定弧"的重要组成部分，也是各种矛盾冲突和安全威胁比较密集的区域。除印巴两国的持续军事对峙外，印度在其周边地区还直接面临一系列安全挑战，包括区域威胁、海洋安全威胁和跨境恐怖主义等。作为在南亚–印度洋地区拥有重大利益关切的全球大国，美国具有强烈意愿来确保印度能有效应对国家安全威胁，从而维护南亚乃至印度洋地区的稳定。美方认为，帮助印度增强自卫能力和应对各种传统及非传统安全威胁，可以促进南亚–印度洋区域的稳定和维护全球安全。

美国还希望利用印度的力量来维系亚太战略平衡，其中针对中俄两国的意图十分明显。一方面，离间俄印历史悠久的传统安全合作关系，进一步削弱俄罗斯在南亚–印度洋地区的影响力；另一方面，美方也有意利用印度来制衡亚太地区新的力量变化。

除了努力发挥印度的安全作用，美印防务合作也为美国军队得以进入不同的作战环境创造了便利条件。美方认为，在"印太"地区出现突发安全事件时，美国将日益需要借助印度这样的地区伙伴对当地情况的了解来成功实现共同商定的目标。这种想法并非基于传统意义的将部队部署在东

[①]　Leon Panetta, "Partners in the 21st Century," June 10, 2012, accessed March 16, 2021, https://spacenews.com/us-and-india-partners-21st-century/.

道国的领土上，相反，通过与印军的合作，美军以机动作战方式，增强了与印度在不同作战环境和条件下联合行动的能力。这种合作方式可以使美国免除在海外增建永久性军事基地的高成本，取代原先的轮换式进驻方式，可以做到即到即走。这种模式的核心内容之一就是美国与更熟悉当地地形、条件和整体环境的东道国部队密切合作。

（三）全面强化美印防务合作能力（互用性）

美方希望通过加强美印防务合作，推动两国发展更深入的战略伙伴关系，与印方就更多共同关切的战略议题开展合作，譬如海上安全、打击海盗、防止武器扩散和反恐等。当然，在美国寻求全面强化与印度的防务合作时，它使用的"互用性"（interoperability）等术语容易引起印度官员的反感。在印方看来，"互用性"的概念意味着某种被印度领导人抵制的美印准军事联盟关系。为了避免这种敏感性，美国军事规划者和战略家已经采用"合作能力"来代替"互用性"。鉴于印方的敏感性，美方逐渐接受印方在允许本国防务平台与美方系统实现兼容方面所设定的限制。美国军事规划者在开展美印防务合作时态度比较克制，即便在危机时期策划援助印度也是如此。

美方将加强对印军售作为强化美印防务合作的重要手段之一。美国军事规划者认为，与合作伙伴建立通用防务平台是重要的力量倍增器，能够加强两国军队间更密切合作的能力，并促进两国与拥有类似平台的其他国家加强合作。就美印两国而言，通用防务设备可以大大提升双方开展防务合作的能力，推动美印两军进行更多的人员交流和在联合战术、技术和程序等课目上的培训，以及开设关于两军互通使用的特定装备的技术课程。通用武器装备也使得美印双方可以更深入地讨论如何部署某种特定防务系统，并就部署原则和战略展开更广泛的讨论。

各层次（初级、中级和高级）防务人员的交流是防务关系的重要组成部分。美方认为，加强防务人员往来对于增进美印双方的熟悉和了解乃至于整体防务关系都非常有益，防务合作为美印两国军人的相互了解和建立关系提供了极好的机会。考虑到印度防务部门内一些机构对美国仍然存在信任缺失，人员往来对于弥平信任鸿沟和建立长期关系颇有助益。无论是通过军事演习、专题交流、专业军事课程还是通过高层访问，双方都可以建立业务（以及个人）关系，使得美国官员在危机时期能与印度同事进行更为密切的合作。这种人员交往有望在危机时期发挥重要作用，有助于消除两国政府间时常出现的误解。

（四）经济利益

除了战略考虑，美方的经济利益考量也不容忽视。在后冷战时期，尤其是进入21世纪以来，美国成为印度主要的贸易伙伴和外部投资国之一。印度的经济改革和市场导向战略刺激了印度的经济增长，使之成为对美国具有重要价值的经济伙伴。经贸合作在美印关系发展中发挥着重要作用，从1998年到2005年，美印贸易额从45亿美元蹿升至近270亿美元，增长之快令人瞩目。众所周知，信息产业的迅猛发展是印度经济中最耀眼的亮点。印度信息产业的崛起使印度成为美国同行的主要合作伙伴，而美国服务业的大量外包则为印度创造了良好的外部条件。在20世纪八九十年代，美国信息技术产业一直吸引印度的优秀工程师、软件设计师移民美国。而进入21世纪后，越来越多的美国公司把可外包的服务搬到印度，以便在降低人工成本与提高用户满意度之间找到一种平衡。在军工产业，美国也有进行外包以便降低成本和利用印度廉价劳动力的意愿。美国国防和航空航天工业的未来有赖于该行业吸引、发展和保留技术熟练的科学、工程和生产人员以及出口市场的能力。而随着本国劳动人口的老龄化，美国国防工业面临着迫在眉睫的人才缺口。相比之下，印度拥有大量的技术熟练、成本低廉、受过良好教育且使用英语的劳动人口，于是印度便成为美国防务公司的重要目的地。[①] 与此同时，美国也非常希望加强对印度的投资力度，不过一直受限于印度严苛的吸引外资政策而进展缓慢。莫迪政府上台后，设法降低了外国公司投资印度若干经济部门的难度，美国也加大了对印度的投资力度。根据2014年9月莫迪访美达成的美印投资协议，两国合作的重点集中于外商直接投资、资本市场开发、基础设施融资以及加强美印基础设施合作平台运作等方面。2015年6月，印度国防部长帕里卡尔在访美期间，曾向美国国防部长卡特以及一些美国国防工业官员和制造企业通报了印度政府为防务部门制定的新的鼓励投资政策，其中包括外商直接投资上限提高至49%，宽松的税务抵消政策和贸易便利措施，希望以此吸引美方投资，推动美印双方建立更多的合资企业。

除了贸易和投资，军售也有望为美国军工企业乃至整体经济带来巨大

---

①　Ashok Sharma, "The U.S.-India Strategic Partnership: An Overview of Defense and Nuclear Courtship," July 4, 2013, accessed March 16, 2021, http://journal.georgetown.edu/the-u-s-india-strategic-partnership-an-overview-of-defense-and-nuclear-courtship-by-ashok-sharma/.

的商业利益。在后冷战时期，国际形势的相对缓和使得国际防务市场上的竞争更加激烈。世界主要军工大国的生产能力在冷战时期均大为膨胀，军工产业在美国已成为国民经济的重要支柱之一。冷战结束之初，尽管部分国家和地区仍存在较大的武器进口需求，但美国国内的军火订单明显下降，全球军火市场也相对萎缩。为了摆脱困境，一些美国军火生产商日益将销售重点转向国际市场，通过对外出售或联合研制和销售传统与新式武器来增加收入。其他传统的军工强国也纷纷将目光投向国际市场，使得国际防务市场的竞争日益白热化。在老布什政府时期，美国一方面高举裁军旗帜，呼吁国际社会裁减军备，另一方面则采取措施，帮助美国军火商对外开辟和争夺国际防务市场，以挽救美国的军工产业。大力推动对外军售的政策在此后的历届美国政府中都得到了继承和发展。[①]

印度是后冷战时期全球少数的对外军购仍在迅速增长的市场之一。根据瑞典斯德哥尔摩国际和平研究所的报告，印度至少从2010年开始就已经是全球最大的武器进口国，并保持数年；2005—2009财年较2010—2014财年，印度军备进口额增加了140%。在2005—2009财年，印度军备进口额占全球总额的9%，而在2010—2014财年则上升至全球总额的15%。在2005—2009财年，印度的军备进口额尚不及中国，约为巴基斯坦的两倍，而目前印度的武器采购额已是中国和巴基斯坦总和的三倍。在可预见的将来，印度仍将位居世界武器进口国的前列。[②]2015—2019财年，印度政府批准了200多项国防采购，采购总金额达到4万亿卢比（约520亿美元）。[③]防务贸易向来利润丰厚，这些美国军工巨头对印度规模庞大且潜力深厚的防务市场兴趣浓厚，目前已在其中占据相当份额，并将不遗余力地进一步拓展市场。在21世纪的前十年，在短短十年的时间里，美国向印度出售了价值数十亿美元的武器装备，已在美国本土创造出数千个工作岗位。[④]奥

---

① 张清敏：《美国常规武器转让政策的形成与演变（1947—1992）》，《美国研究》2009年第3期，第85—89页。

② Ajay Banerjee, "India Emergs as World's Largest Arms Importer," March 16, 2015, accessed March 16, 2021, http://www.tribuneindia.com/news/nation/india-emerges-as-world-s-largest-arms-importer-yet-again/54336.html.

③ Pradip R. Sagar, "How 'Make in India' in Defence Sector Is Still an Unfulfilled Dream," May 25, 2019, accessed June 26, 2021, https://www.theweek.in/theweek/current/2019/05/25/how-make-in-india-in-defence-sector-is-still-an-unfulfilled-dream.html.

④ S. Amer Latif and Karl F. Inderfurth, "The Long View of Indo-U.S. Ties," *Wall Street Journal*, May 12, 2011.

巴马政府时期，美国国防预算在2010年达到峰值后曾在数年内进行了浅尝辄止的削减，美国军工企业努力在其他地区寻求更多的国际客户，其中自然包括军备需求旺盛的印度。

尽管海外市场会对美国军工企业产生更大的拉动作用，但印度市场在美国公司的商业蓝图和业务计划中能占多大分量仍有待观察。2000—2011财年，在印度防务采购来源国中，俄罗斯占据77%的市场份额，遥遥领先；以色列占5%，英国占4%，美国、法国和德国分别占2%。2013—2017财年，俄罗斯仍是印度的最大武器供应国（62%），其次是美国（15%）和以色列（11%）。显然，与俄罗斯等印度传统防务采购来源国相比，美国在印度军火市场所占份额还非常有限。从印度推动军队现代化的步伐来看，印度未来20年将成为全球最大的军火进口国之一。据瑞典斯德哥尔摩国际和平研究所估算，到2050年，印度采购武器装备的费用可能高达2000亿美元。美国非常重视印度这个潜在的巨大市场，急于改变差强人意的现状，在印度防务市场中抢占更大的份额。

二、印度的主要目标

尽管美印两国在一些官方文件中经常使用民主、自由等外交辞令来表达两国的共同立场，但印度对发展美印关系的根本考量显然是从自身国家利益出发的。印度外交秘书萨仁山曾在新德里发表公开演讲，直言不讳地表示："当我们设想与美国加强合作的新基础时，有必要问：对我们有什么好处？我们如何通过加强与美国的关系而获益？考虑到过去的经验，我们在寻求加强美印关系时也应考虑到这是否增加了对应的风险。这些问题有很好的答案，其中许多是我们国内政治讨论的一部分。美国显然是我们时代的杰出力量。毫无疑问，与美国建立良好的关系符合我们的国家利益。它是我们最大的贸易伙伴、投资来源国和技术来源国。同样重要的是，作为主导力量，美国帮助塑造了全球态势。从经济角度来看，与美国的合作倡议可以加快我们的发展进程并提高我们的增长率。从技术层面讲，与美国建立伙伴关系将使印度这样的国家极大受益，我们的未来与知识和服务业息息相关。美印之间在应对恐怖主义、海上安全或来自非国家行为体威胁方面存在着强有力的共同安全需求。从政治角度看，更牢固的美印关系将对我们与第三国的关系产生积极影响。在国内发展方向，印度正在寻求取得跨越式发展。在外交方面，我们要调整国际秩序，以便符合我们的愿望。与美国建立更牢固的关系可以为这两个方面带来好处。当然，印度外交所面临的挑战是，如何在最大程度地提高收益的同时，实现成本最小化，并创造一个有利于我们发展的国际环境。"[①]

（一）利用美国来实现世界大国梦想

印度历史上大一统富强帝国的缺失与持续不断的外族入侵统治，使得印度民族主义与生俱来地具有一种追求强大的动力。印度特别强烈地寻求国家强大和统一，成为获得世界尊重的大国，不再遭受外敌的侵略。千百年积淀形成的历史传统和社会观念使得"大国梦"和"强国梦"思想已经渗透到印度民族心理之中。数百年的英国殖民统治似乎助长了印度的地区主义雄心。印度独立后以"英印帝国的天然继承者"自居，企图继承英印帝国的边界和安全体系，把在南亚–印度洋地区建立"印度中心"作为国家战略目标，梦想以"大印度"联邦的形式全盘继承英印帝国的"遗产"，确立印度在南亚地区的中心地位，最终成为"有声有色"的世界性大国。印度首任总理尼赫鲁曾指出："印度以它现在所处的地位，是不能在世界上扮演二等角色的，要么就做一个有声有色的大国，要么就销声匿迹。"[②] 尼赫鲁的思想奠定了此后历届政府追求大国地位的战略取向。

印度要在南亚和印度洋获取主导地位的愿望是国际社会所熟知的，但印度在进入21世纪后却将成为世界大国作为更高的追求。当国际社会仍然在关注印巴矛盾冲突时，印巴两国的力量对比事实上早已超出了这个范畴。"印度一改往日囿于南亚、困于中巴、局限印度洋的'狭隘'安全观，根据濒海国家的地理环境以及实现世界大国地位的战略目标，形成了新的地缘战略思维，即以南亚次大陆、印度洋为基地，分别向东、西、北三个方向寻求侧翼支持，积极向亚太地区拓展势力，企图从南亚大国逐步走向亚洲大国、亚太大国。"[③] 印度的发展潜力及其巨大的防务投入表明，印度成为世界大国的决心难以逆转，在条件适当时甚至可能以抗衡的方式来谋求这一战略目标。印度世界大国雄心的战略立脚点将首先在南亚次大陆和印度洋，而印度洋的战略地位和地缘重要性决定了印度的行为可能对国际体系的基本结构产生重大冲击。此外，印度还致力于在国际多边机制中发挥更为重要的作用，大国外交的色彩日渐浓厚。印度的大国外交不仅成功

---

①　Shyam Saran, "The India-US Joint Statement of July 18, 2005 - A Year Later."

②　〔印度〕贾瓦哈拉尔·尼赫鲁：《印度的发现》，齐文译，世界知识出版社，1956，第57页。

③　方玮：《冷战后印度地缘战略思维探析》，《国际观察》2005年第2期，第54页。

解决了因核试验而造成的外交困局，也进一步扩大了其与主要大国在政治、经济、能源、安全等领域内的战略对话与合作，谋求大国地位的姿态十分明显。美国是印度大国外交最重要的一环。印度认为，在相当长时期内，美国仍将是全球唯一超级大国，印度要成为世界大国，必须借助美国的力量。加强与美国在包括安全防务在内的多领域合作，有助于提升印度的国际地位和影响，为其实现大国梦想营造有利条件。

印度领导人从不讳言印度的战略目标是成为一个和其他大国平起平坐的世界大国，印度认为本国的利益从印度洋一直延伸至南中国海和西太平洋，为此印度把与美军在这两大战略要地的合作视为美印"防务政策对话"的重要内容，这也是印度大力加强海军建设以及美印海上安全防务合作进展最为迅猛的重要原因之一。虽然有其战略必要，但是印度海军一直是印度海上雄心的重要变革力量。海军是印度武装力量中最少意识形态驱动却最具战略意识的一员，它长期以来一直强调需要扩展印度海洋视野。印度海军的雄心在其政策文件及与美日等国的防务合作中显而易见，印度海军官员和海洋战略家似乎"热衷于在逻辑上可以向东扩展到南中国海和太平洋沿岸地区的'海军前沿战略'"。对印度在南亚次大陆或印度洋传统势力范围的前沿防御，意味着在印度洋边缘甚至扩展至太平洋的前沿存在。2004年5月，印军联合国防参谋部海军分部发布名为《印度海上军事学说》（Indian Maritime Doctrine）的政策文件。在印度独立后的前50年，防御性有限"海上拒止"的框架曾一度主导了印度海军的战略思想，2004年的《印度海上军事学说》则更为自信，提出了深入和超越印度洋的力量投送战略。该文件认识到全球海洋关注点正在从大西洋－太平洋转移到太平洋－印度洋地区，设想印度海军的主要任务之一就是增加域外大国干预印度海上势力范围的成本。该文件同样强调海军作为外交工具为印度争取更大外交利益的作用。此外，鉴于印度海军曾为美国船舶运送重要物资护航，该文件也注重海军提供国际"公益"的能力，如保护海上交通线进行人道主义援助和救灾等。从印度在21世纪关于海上安全的系列文件和实际举措来看，印度海上力量的发展颇具雄心，这已成为印度大国梦想的最重要注脚之一，也为美印安全防务合作的扩展提供了广阔的空间和巨大的动力。

印度希望借助美国之力，对接既有国际体制和规范。后冷战时期的国际体系主要是由以美国主导的、以西方大国为支撑的机制和规则所组成的。印度是抱负远大的文明古国，当前国际体系的诸多价值观念、规则规范甚或运行机制并未得到印度的完全认可，它力图以自己的方式来减轻甚至消解既有体系的制约。在印度人看来，国际体系目前给予印度的地位是不够的，印度既有的和即将获得的能力与其实际地位存在着"不相称性"。所谓的"不相称性"主要指向两个层面。第一个层面是印度的自我定位，即印度自认为若按照其能力与贡献而言，特别是印度迅速增长的经济、庞大的人口与市场、比较成熟的民主和司法制度、蓬勃开展的国防建设、不断提高的国际参与度与贡献度等，这一系列因素决定了印度已具备世界大国的资格，但印度理应获得的地位却由于种种原因而实际上没有获得，如联合国安理会常任理事国的席位，在南亚-印度洋地区的主导地位，在发展中国家阵营中的领导地位，等等。① 第二个层面是印度能力与贡献所获得的国际认可度。虽然印度一直自诩为世界大国，但直至20世纪90年代初，印度在国际体系中距离理想中的世界大国地位相距甚远。事实上，由于旷日持久的印巴争端及其导致的持续冲突，国际社会当时对印度亚太地区大国的地位都存在争议，甚至视之为中等强国；人们普遍认为，印度是一个看待世界事务时抱有强烈道德观念，但没有与之相匹配的影响力的国家。其中最主要的原因之一当然是印度落后的经济。直至冷战后，这种看法才逐渐开始改变，这主要源于两方面的重要变化。其一，印度从20世纪90年代开始的经济快速增长；其二，印度于1998年进行了公开核试验。此后，国际社会对印度的认可度似乎有所提高。但印度在国际政治中的话语权有限的事实表明，国际体系对印度的政治大国地位仍然是有保留的。虽然印度对现有国际等级权力结构颇为不满，但由于受到国际体系及南亚区域体系的诸多制约，以及国内困难的束缚，印度并未以"急迫的挑战者"的形象出现在国际舞台上。面对国际体系强大的外部制约因素，印度面前的政策选项比较有限，在多数情况下仍然只能选择合作，虽然在若干条件下也会采取某些近似于"非暴力不合作"的政策选项。

对于印度的世界大国梦想，美国至少在官方层面一直持肯定和鼓励的态度。美印领导人在2005年7月发表联合声明指出，鉴于美印两国间密切的关系，并认识到印度在加强区域和全球安全方面日益重要的作用，两国领导人同意，"国际机制必须充分反映自1945年以来发生的全球局势变化"；小布什总统重申其观点，即"国际机制将不得不进行调适，以反映

---

① 赵干城：《印度：大国地位与大国外交》，上海人民出版社，2009，第12—13页。

印度的中心地位和不断增长的作用"；两位领导人表示，希望印度和美国在全球论坛上加强合作。[①] 目前，印度和美国在联合国、二十国集团、国际货币基金组织、世界银行和世界贸易组织等全球多边组织中加强协调，也在东盟地区论坛、环印度洋联盟（IORA）等区域性组织中开展合作。印度已成为东盟对话伙伴国、经济合作与发展组织的伙伴国，也是美洲国家组织的观察员，印度还是环印度洋联盟的主要成员之一，而美国则是该机制的对话伙伴。美国欢迎印度于2021年成为任期两年的联合国安理会非常任理事国，并表态支持印度成为改革后的联合国安理会常任理事国。[②] 印度努力突破一些对印度构成制约的国际制度，尤其是谋求加入核供应集团、"导弹及其技术控制制度"、澳大利亚集团以及"瓦森纳协定"等四个国际主要多边出口管制机制。在这方面，印度得到了小布什政府以来历届美国政府的大力支持。在美国等国的大力推动下，印度已于2016年6月、2017年12月以及2018年1月相继加入"导弹及其技术控制制度""瓦森纳协定"以及澳大利亚集团，目前仍在为加入核供应集团而不懈努力。

（二）应对外部国家安全挑战

众所周知，印度处于一个比较动荡的区域，国家安全环境十分复杂。2004年《印度海上军事学说》文件指出："印度洋地区周边的安全环境远不能令人满意。在阿拉伯海–孟加拉湾范围内，地区内及地区外力量始终不断持续增长，而且导弹和大规模杀伤性武器在印度洋地区内的扩散，宗教极端主义的蔓延和对恐怖主义在道义和物质上的支持对印度洋海上安全也构成严重威胁。"[③] 在广袤的地区环境中，巴基斯坦始终是印度最直接的地区安全威胁。在南亚之外，印度越来越关注中国蓬勃发展的军事力量及其对印度周边安全的影响。

印度已敏锐地意识到印军必须加速现代化。然而，印军的现代化进程步伐缓慢，这引发了印军高层的担忧。在大多数常规武器领域，印度一度

---

① U.S. White House, "Joint Statement between President George W. Bush and Prime Minister Manmohan," July 18, 2005, accessed March 22, 2021, https://georgewbush-whitehouse.archives.gov/news/releases/2005/07/20050718-6.html.

② U.S. State Department, "U.S. Relations with India: Bilateral Relations Fact Sheet," January 20, 2021, accessed March 16, 2021, https://www.indoamerican-news.com/india-a-true-friend-says-donald-trump-in-call-with-pm-narendra-modi-invites-him-to-us/ /.

③ Government of India, *Annual Report, 2001-2002*, New Delhi: Ministry of Defense, 2002, p.2.

对巴基斯坦享有2:1的优势（甚至更大）。[①] 可是，印度目前效率低下的采购体系和快速老化的武器装备已经使得一些印度军事领导人开始担心，认为印度的传统军事优势正在削弱。至于潜在的大国威胁，印方感觉自己老旧的军事机器缺点日渐暴露。在常规军力方面，印度仍然明显落后，在较近的将来也难以赶上。它可以期望的最好状况是在近期获得具有明显优势的杀手锏武器，可以在相当程度上增强印度的自卫能力，并在可能的边界争端中慑止对方。在2009年8月印度国家海事基金会的一次演讲中，时任印度海军参谋长苏里什·梅赫塔（Sureesh Mehta）海军上将建议，"'兵来将挡'的传统或消耗式方法必须让位于利用现代技术实现灵敏的威胁感知和创造可靠的对峙威慑"。[②] 虽然印度希望能实现防务需求的自给自足，但不争的现实是印度大约70%的武器装备依赖进口，只有30%能够国产。[③] 在这种情况下，印度积极拓展武器装备和先进防务技术的来源，而全球军事首强美国自然成为印度寻求合作的对象，不过印方竭力避免在防务需求上对美方产生依赖。

除了巴基斯坦的直接军事压力外，其他印度南亚邻国也存在不稳定因素，有的面临冲突后重建的挑战（斯里兰卡），有的因经济困顿而面临恐怖威胁（孟加拉国），有的因水域广阔而面临海上安全威胁（马尔代夫群岛）。不仅南亚地区各国面临自身特有的一系列挑战，该地区也存在一些能够危害区域各国的重大跨国自然灾害，譬如地震、台风、季节性洪水和干旱。在南亚地区，这些灾难发生的概率很高，而一旦有重大灾害发生，南亚地区各国难免会寻求地区首强印度的援助。印度需要有效应对这些自然灾害，以免成为跨国难民潮或其他次生效应的受害者。

除了区域挑战，印度还日益面临诸多危及本国利益的全球性非传统安全威胁，例如海盗、恐怖主义（类似2008年11月孟买恐怖袭击事件）以及导弹和核技术扩散。这些挑战需要印度在海事和警事情报、海岸安全、国土安全和反恐等有关领域提升能力。虽然印军将主要精力放在以巴基斯

---

① Rodney Jones, "Conventional Military Imbalance and Strategic Stability in South Asia," March 2005, accessed March 16, 2021, http://www.policyarchitects.org/pdf/Conventional_imbalance_RJones.pdf.

② Sureesh Mehta, "India's National Security Challenges," August 11, 2009, accessed March 16, 2021, https://www.outlookindia.com/website/story/indias-national-security-challenges/261738.

③ 《印度国防市场增长迅速，约70%武器装备依赖进口》，中国新闻网，2013年3月19日，http://www.chinanews.com/mil/2013/03-19/4656609.shtml，访问日期：2021年3月16日。

坦为假想敌的战争准备上，这些非传统威胁也会占用印度越来越多的军事资源与能力。此外，印度长期以来一直在国际维和领域发挥着重要作用。上述各种安全挑战都对应对能力具有独特要求，印度希望通过与美国的安全防务合作增强自身应对各种安全挑战的能力。困难在于印度并未确定打造自身安全能力的轻重缓急，而目前印度甚至还没有明确的国家安全战略。[①]

（三）了解美军战术、技术和程序

印军各军兵种均具有比较悠久的历史传统，一向对自身作战准则和战术颇具信心。尽管印军领导层对自身能力显得颇为自信，然而印军实际上存在不少短板和缺陷，譬如武器装备自主研发能力薄弱、后勤保障能力不足等。美军是当今全球最强大、最先进的武装力量之一，在军队建设的软硬件方面都多有可取之处，美印军事合作能为印度军方领导人提供深入了解美军运转情况的机会。

印度军方希望通过美印安全防务合作，获得更多关于美军战术、技术和程序的认识。印度军事人员在诸多美印防务合作活动中了解到的情况包括：美国同行如何思考和执行战场战术和战略；美国喷气式战斗机如何参与空战作战；美国海军舰艇如何进行途中补给、反潜战争和搜救；海军陆战队如何进行两栖作战；以及反恐部队如何规划和执行反恐行动。除了了解美军战术、技术和程序的运行机制，印度军方还得以近距离观察美军人员的整体素质、上下级关系以及单兵装备情况。当然，这些对美军战术、技术和程序或行为的观察了解并不一定会促进印度军方的变化，因为印度军队自视为一支专业强干的部队，可以在世界军队中保持自身特色。无论是通过军事合作、军事演习、交流还是专业军事课程，即便要采纳美方做法，也必须逐步融入印度军方的标准作业程序。

除了得以近距离观察了解美军人员之外，美印防务合作还使印军得以检查评估美国军事装备在印度战场环境下的性能。近年来，印度持续加强对外军事采购和合作，全面提升武器装备的水平，美国的武器装备是印度的重要选项。据说最初的美印空军"对抗印度"演习是为印度购买美国军

---

① Cohen and Dasgupta, *Arming Without Aiming: India's Military Modernization* (Washington, DC: Brookings Institution Press, 2010), p.43.

用运输机作铺垫，使印度空军官员能够详细了解它们的性能。[①] 在2009年的美印陆军"准备战争"演习中，美军部署了在阿富汗和伊拉克战场以外的最大一支"斯特赖克"战车特遣队，这一举动颇不寻常，要知道这些战车在当时的伊拉克战场需求量极大。大规模部署"斯特赖克"战车不仅有助于开展更复杂的军演项目，也可以解读为美方的一种间接营销方法，旨在向印度军方展示"斯特赖克"战车的良好性能，增强印方对这种装备的好感和购买意愿。[②] 虽然这种巧妙的营销手段可以帮助增加美国军售，但这种做法也有风险。有学者指出，在美国军火供应商获得出口许可和美国政府敏感设备清关之前激发印度对美国武器装备的强烈兴趣，可能会提升印方的期望值，认为美方必然会销售某种装备或转让某种技术。如果该项销售最终没有实现，那么它反而会强化印度由来已久的成见，即认为美国并未真正致力于转让其最敏感技术。

印度采购美武器装备也给印军各军兵种带来许多与美方进行合作的机会，譬如培训课程、维护人员交流和针对各种意外情况的人员演训等。以飞机销售为例，美方自2011年2月开始将C-130J军用运输机交付印度，美国空军同时帮助印度培训了一百多名配套的空军人员，包括飞行员、装卸长和维修人员。如果美印达成的C-17军用运输机合同完全履行的话，印度将组成世界上第二大C-17飞行编队。

（四）建设自身国防工业能力

在考察印度与美国开展安全防务合作的目标时，简要地梳理一下历史很有用处，可以更全面地了解印度国防政策制定过程的演变。印度对自主国防工业能力和防务技术的重视可以追溯到印度独立之初，当时执政的国大党认为先进技术以及欧洲国家建立和操纵的联盟体系导致了西方在殖民时代的统治地位。印度军队在独立后的数年里仍由英国将领统率，成为英印帝国的最后遗产，这使印度政府对军队的忠诚性一度产生怀疑。尽管存在边界争端，印度广袤的地理区域仍为其提供了隔离外部威胁的战略屏障。这些情况的结合催生了影响印度防务政策制定的三项原则：其一，文

---

① S. Amer Latif, *U.S.-India Military Engagement: Steady as They Go* (Washington, D.C.: CSIS, 2012), p.23.

② Crista Yazzie, "First Mechanized Exercise Yudh Abhyas 09 Concludes," October 27, 2009, accessed March 16, 2021, https://www.dvidshub.net/news/40718/first-mechanized-exercise-yudh-abhyas-09-concludes.

职官员主导军队，现役军人对国家安全决策的作用有限；其二，秉持"不结盟"外交政策，避免与外国形成联盟或伙伴关系，认为这可能把印度的国家安全置于附属位置；其三，重视获得最先进的国防技术，以发展自主生产能力来满足防务需要。[①] 尽管冷战结束后印度已迅速崛起为全球新兴大国，但这些核心原则迄今仍然大体上保持未变。

21 世纪以来，军力建设是印度世界大国梦想的重要支撑。为了推动军队现代化建设，印度积极拓展武器装备和先进防务技术的来源，美印安全防务合作（尤其是美国对印军售）为满足印度旺盛的国防需求提供了更多的选择。印度将获得美方先进技术转让视为美印防务合作最为重要的目标之一。印度不仅希望获得美方的武器装备成品，更希望以多种方式加强两国的技术合作，从而促进本国国防工业的发展。印度发展本国国防工业能力的意愿受到诸多因素驱动，譬如降低对外国武器装备的严重依赖、未来成为全球军售大国以及将武器装备国产视为成为大国的关键标志。

冷战时期的美印关系史强化了印度实现武器装备国产的信念。1962 年中印边境冲突爆发后，印度总理尼赫鲁致信美国总统肯尼迪，紧急呼吁美国提供军事援助来打击在冲突中占据上风的中国军队；尼赫鲁特别要求美国提供战斗机和配套的人员培训。尽管中方最终宣布单方面停火，这却是印度防务发展的一个分水岭事件，印度安全规划者从此认识到印度需要发展自己的防务能力。印度国内舆论谴责尼赫鲁的和平主义政策，把冲突的失败归咎于尼赫鲁低估了武力在国际政治中的作用。美国学者斯蒂芬·科恩（Stephen Cohen）认为，印度在中印边境冲突中遭受的"耻辱的失败"，"教训了整整一代印度人……从那时起，印度在心理上已经成了军事化的国家"。[②] 1965 年第二次印巴战争爆发，印度再次受到美国的制裁，美国中断向印巴两国的军售。最后，在 1998 年印度核试验后，美国对印度实行了"格兰修正案"制裁，随后美国根据《武器出口管制法》（Arms Export Control Act，AECA）[③] 禁止对印军售。由于上述历史记忆，印方的担忧迄

---

① S. Amer Latif, *U.S.-India Defense Trade: Opportunities for Deepening the Partnership* (Washington, D.C.: CSIS, 2012), pp.23-24.

② 孙士海主编《印度的发展及其对外战略》，中国科学技术出版社，2000，第 3—4 页。

③ 1968 年，美国通过《武器出口管制法》。该法案针对美国的武器装备、零件及技术的出口进行了明确规定，授权美国政府为了国内安全、自身防务等目的，对他们认为友好的国家开展军售合作，同时授权总统有权根据情势变化取消军售活动。

今仍未真正消除。美国在开展对印防务贸易时，不得不面对印度对美国可靠性的持续担忧。

除了对国际防务供应商可靠性的担忧，印度将自身国防工业的发展视为本国成为真正全球大国的关键标志。经过长期以来的努力，印度已经建立起结构较为完善、门类较为齐全、具有较高科研水平的国防科研体系，但距离达到武器装备完全自给的目标仍有相当大的差距。这一方面与印度国防工业的体制有关，印度绝大多数军工单位都是国营企业，官僚主义盛行，人员庞大，效率低下；另一方面，印度长期奉行的内向型经济政策也限制了军工企业获得世界尖端技术。伴随着印度其他国力要素，如经济实力、政治影响和软实力等在后冷战时期的迅速成长，印度认为防务上无法自给自足已成为制约自身在全球扮演可靠大国角色的主要短板。2013年印度"国防采购程序"将获得武器装备的路径明确分为"采购""采购和制造""采购和制造（印度）"等类别，许多原本需要全球采购的武器装备都被纳入了"采购和制造（印度）"的类别，显示出印度国防部通过加大国内采购需求来推动本国军工业发展的良苦用心。2014年莫迪政府执政以来，"印度制造"更是被视为印度各项改革计划中的重中之重，印度希望借此计划振兴制造业。印度产业联合会政策部主管指出，"印度计划将制造业在国民经济中的比重从现在的15%提升至25%，这是印度经济结构改革的重要目标，也是印度经济增速保持中高速增长的基础动力。这一目标的实现有赖于利用国际国内有利条件。印度需要抓住当前难得的机遇期"。[1] 2016年2月，印度总理莫迪在孟买制造业博览会上誓言重振其"印度制造"改革计划，将印度发展成为全球制造和出口大国。莫迪表示，希望让印度成为全球制造业中心；印度政府正在全方位改善营商环境，也在简化营业执照、安全和环境审批等流程，还在让税收体制透明、稳定和可预见；希望制造业在国内生产总值中的份额在不久的将来上升至25%。[2] 印度本国军工产业的发展是"印度制造"计划的重要组成部分，由于印度薄弱的技术基础，印方在开展美印防务合作时，倾向于采取美印联合研制的方式，并为此在军工领域采取了不少改革措施。为推动美印安全防务合作的发展，美

---

① 邹松：《印度经济呈多重利好（主要经济体经济扫描）》，人民网，2016年4月19日，http://world.people.com.cn/n1/2016/0419/c1002-28285477.html，访问日期：2021年3月16日。

② 《莫迪拟重振"印度制造"政策》，新华网，2016年2月15日，http://news.xinhuanet.com/world/2016-02/15/c_128719547.htm，访问日期：2021年3月16日。

方也着意迎合印方发展国防工业能力、实现"印度制造"的意愿，美国国防部长卡特在2015年6月与印度国防部长帕里卡尔会晤时曾表示，《美印国防技术和贸易倡议》对"实现我们伙伴关系潜力"是必要的，因为它"促进技术合作，致力于建立两国工业的关系，并为联合开发和共同生产防务系统找到机会"，"也将进一步推动莫迪总理的印度制造政策"。[①]

印度也试图在未来成为对外军售大国，但其前景受限于印度在国防需求上还无法自给自足，以及担忧对外军售会加剧其他地区的动荡。目前，印度防务界已出现关于印度成为全球防务公司供应链中关键环节的诸多讨论。这种可能性的案例之一是印度斯坦航空有限公司为美国波音F/A-18飞机生产炸弹门。[②] 印度不仅希望获得美国的武器装备，更希望通过联合研制和生产获得美国的先进技术，这有助于增强印度成为军售大国的能力。由于莫迪政府自2014年以来采取的宽松政策，印度的国防出口近年来大幅增加。莫迪政府执政后，四年内批准了13亿美元的武器出口额，而之前累计批准额仅为5.77亿美元。根据印度国会官方数据，印度出口授权从2016—2017财年的2.13亿美元增至2017—2018财年的6.6亿美元，再到2018—2019财年的15亿美元，在短短两年内增长了6倍。受此鼓励，印度政府设定新的目标，2018年"印度国防生产政策"草案设定了到2025年防务出口50亿美元的目标。[③] 2018年4月，莫迪在印度金奈举行的国际防务展上强调，"由印度向世界供应（武器）在战略性上不可或缺"。[④] 虽然印度成为军售大国的前景在近期还比较渺茫，但印度已将采购美国军火和获得防务技术视为提升自身对外军售前景的重要手段，期望在未来的全球防务

① Aziz Haniffa, "What We Have Achieved in 50 Years, We May Achieve in the Next 30, 40 Months," December 11, 2015, accessed March 16, 2021, http://www.rediff.com/news/report/defence-news-india-and-us-are-destined-for-a-common-future-parrikar-carter/20151211.htm.

② Boeing News Statement, "Boeing Delivers 1st Super Hornet Featuring HAL Gun Bay Door," July 26, 2010, accessed March 16, 2021, http://boeing.mediaroom.com/index.php?s=43&item=1350.

③ Om Krishna, "India's Defence Export Set to Double in Next Four Years to $4.86 Billion," February 27, 2020, accessed March 16, 2021, https://www.defencestar.in/defence-news/defence-industry-india-defence-exports-to-double-in-next-four-years/3040/.

④ Associated Chambers of Commerce and Industry of India, "Aerospace and Defence Exports Likely to Reach USD 2 Billion in 2011–12: ASSOCHAM," January 26, 2012, accessed March 19, 2021, https://timesofindia.indiatimes.com/business/india-business/Aerospace-and-defence-exports-likely-to-reach-USD-2-billion-in-2011-12-Assocham/articleshow/11641026.cms; Bharat Verma, "HAL: Transforming into a Competitive Player," February 10, 2011, accessed March 19, 2021, http://www.indiandefencereview.com/spotlights/hal-transforming-into-a-competitive-player/.

市场中占据一席之地。

小 结

由于后冷战时期的国际环境变化和美印两国交叉众多的共同利益，美印伙伴关系已经成为21世纪最重要的双边关系之一，其中安全防务合作是美印伙伴关系中最为重要的组成部分。

美印两国开展安全防务合作的主要背景和动因可以分为四个层面。其一，国际环境层面，主要包括冷战结束和苏联解体，美国的全球霸权地位及其相对衰落，全球权力东移和新兴大国崛起，以及美印经贸关系和人员往来的发展。其二，利益诉求层面，主要包括美印亚太战略实现对接，两国应对各种非传统安全问题的需求。其三，认知转变层面，在后冷战时期，印度从冷战时期的"不结盟"立场转变为积极扩展全球安全防务关系，美国成为印度安全防务合作的重要对象；美国对印度的认知也发生重大变化，印度由冷战时期的疏远角色转变为美国的重要合作伙伴。其四，力量基础层面，美印两国军力的较大差距为安全防务合作的开展提出了旺盛需求，而两国的经济实力则为安全防务合作的开展奠定了物质基础。

美印两国开展安全防务合作的主要目标并不完全相同。美国的主要目标包括：将印度纳入美国的战略轨道；利用印度来维持"印太"区域稳定和战略平衡；全面强化美印防务合作能力（互用性）；经济利益等。印度的主要目标包括：利用美国来实现世界大国梦想；应对外部国家安全挑战；了解美军战术、技术和程序；建设自身国防工业能力等。双方目标的共同之处是促进双方开展合作的动力，而双方目标的差异之处则容易成为两国分歧和纷争的根源和由来。

第三章　21世纪以来美印安全防务合作的主要成就与发展前景

　　进入21世纪以来，美印两国安全防务合作发展迅猛，成为美印双边伙伴关系的关键组成部分之一，尤其是2005年两国签署《美印防务关系新框架》协议以来，美印防务关系取得了长足的进步。目前，印度每年与美国举行的军事演习次数要超过其他任何国家，累计军备采购额从几乎为零增至约200亿美元，安全防务领域的高级别交流大幅增加。两国在反恐、国土安全、核能、网络、太空等其他安全维度的合作也不断迈向新的台阶，譬如建立了美印国土安全对话机制等。本部分拟考察美印安全防务合作的不同维度，包括两军交往与合作、防务贸易、反恐和国土安全、防核扩散和民用核能合作、"印太"海上安全合作、导弹防御和太空合作、信息网络安全合作、能源安全合作、国际维和合作以及"美印+"小多边安全防务合作等多个维度，分析21世纪以来美印两国安全防务合作的主要成就及其发展前景。

第一节　美印两军交往与合作

　　美印两军交往始于20世纪90年代，但在1998年印度核试验后一度中断，直至进入21世纪才有所恢复。2004年，美印两国携手应对海啸的努力是美印军事合作的重要转折点之一。海啸后的美印联合救援工作标志着两国在扩展行动沟通与合作方面的显著进展。次年，两国签署了《美印防务关系新框架》协议，概述了两国军事合作的若干领域。自那时以来，美印两军合作已经取得长足进展。"在过去十年里，美印防务关系发生了迅速的转变。曾经是互不熟悉的两国之间的新生关系，现在已经成长为亚洲两大超强安全力量之间的战略伙伴关系。如今，美印防务关系非常牢固且不断成长。两国的防务关系涉及高层对话、军事演习、防务贸易、人员往来和军备合作。"[1]

　　作为美印两国防务关系升温的最显著表现之一，2001年以来，美印两国高层军事交往的层次和频度有了显著提高。美印两国通过各军种间的

---

　　① U.S. Department of Defense, "Report to Congress on U.S.-India Security Cooperation," November 2011, accessed March 16, 2021, https://dod.defense.gov/Portals/1/Documents/pubs/20111101_NDAA_Report_on_US_India_Security_Cooperation.pdf.

一系列双边对话来筹划军事合作。美印防务关系的最高论坛是美印防务政策委员会，为各军种提供总体政策指导。这个小组下设三个执行指导小组（ESG），分别负责两国陆军、海军和空军的合作事宜。美印两国海军陆战队的合作事宜系由陆军和海军执行指导小组代管，两国特种部队的合作事宜根据具体情况交由海陆空各执行指导小组分别承担，以便美军特种部队与印度同行在各军种间开展合作。

美印两军交往还包括联合军演、防务磋商、教育训练等多个领域。在这些合作方式中，尤以联合军演最易引人瞩目。军事演习可以发出明确的战略信号，传达出安抚盟友、威慑对手或解决问题之意，当然这取决于军事演习的地点、参与方及其展示的能力，以及军事演习的持续时间、规模和范围等。这些涉及航母、潜艇或水陆两用运输船等大型武器平台的军事演习，最有可能安抚友伴和引起潜在敌人的关注。

美印联合军演始于20世纪90年代。进入21世纪后，由于印度认识到双边军事演习的价值要远远超过单纯的人员交往，美印双边军演在次数、规模和范围上都在增加。除定期的陆海军演习外，印度空军于2008年8月首次前往美国参加了高层级"红旗"演习。这些演习为印度军方观摩美军装备和能力提供了机会，随着印军武器装备的更新换代，印度军方对此很感兴趣。这些演习还向印度军方展示了应用新军事技术时必须采用的战略战术。根据官方记载，目前美国与印度开展的联合军事演习次数要多于除军事盟国外的任何其他国家。以年度"马拉巴尔"演习为代表的美印海军合作，已成为发展迅猛的美印防务关系的重要象征之一，两国海军机构也成为各军种中最有合作意愿的部门。美印两国空军从2002年开始开展联合演习，2004年后双方的合作进一步强化，它们通过"对抗印度"系列演习在两国空军飞行员之间建立起相互了解和熟悉的关系。美印两国陆军自2004年开始进行"准备战争"系列军演，美国海军陆战队和美军特种部队也分别与各自的印度同行开展合作。2010年，美国太平洋司令部（USPACOM）与印度联合国防参谋部（IDS）在美国阿拉斯加州举办了首届"联合印度演练"（JEI）桌面推演。"联合印度演练"是基于人道主义援助和灾难救援场景的联合演练，也是两国演练项目变革的重要一步，旨在促进美印多军种和双边合作。随着时间更迭，美印军演的参与人员和平台规模逐渐扩大，军演科目设置也变得复杂多样，终于突破了长期以来的单军种演习。2019年11月13—21日，美印双方举行首次三军联合演习"老虎凯旋"，约有1200名印军和500名美军参与，演习的主题是"人道主义援助与救灾"，但其中增加了搜索夺取、实弹训练、消防演习、海军演练和印军直升机在美国军舰上起降等科目。此次美印三军联合演习显示了两国防务关系的升级和深化。在"老虎凯旋"演习之前，与印度开展过三军联合军演的国家只有俄罗斯。作为美印首次三军联合演习，"老虎凯旋"有望成为常态化的年度演习，从而进一步提升美印军事合作关系。美国驻印度大使肯尼斯·贾斯特对此表示，"美印防务伙伴关系十分牢固并日益壮大"。[①] 总体上看，双方演习的主要特点是：日趋常态化、规范化、系列化；演习科目不断拓展，内容更加丰富，层次越来越高；演习区域逐渐东移，兼顾亚太区域的意图更加明显等。[②]

一、高层互访和防务磋商

进入21世纪以来，美印之间高阶军事交往的层次和频度有了显著提高，反映出两国防务关系的逐渐升温。美国国防部长、参谋长联席会议主席、海军部长、海军作战部长、陆军参谋长等军方高层先后访问印度。三星级或三星以下的访印军官也明显增加。尽管美国军方访印的频度让印方难以比肩，但印度军方也对美国进行了多次访问，人员包括印度国防部长和许多访问美国军事基地和国防工业的代表团。其中，美国国防部长阿什顿·卡特在推动美印安全防务合作方面的贡献尤为显著。阿什顿·卡特在美国国防部任职30余年，先后担任美国国防部分管国际安全政策的助理国防部长（1993—1996年），分管采购、技术和后勤事务的助理国防部长（2009—2011年），常务副部长（2011—2013年）及国防部长（2015—2017年）。他深得奥巴马总统信任，在任内曾多次访问印度和会晤印度政要，致力于推动美印安全防务合作。[③]《美印国防技术和贸易倡议》即是在其担任国防部常务副部长时期提出和实施的,《美印防务关系新框架》协议（2015年）和《后勤交换协议备忘录》（2016年）也均是在其担任国防部长任内签署的。2016年12月，阿什顿·卡特访印并第七次会晤印度国防部长

---

① 《具有历史意义的美印老虎凯旋军事演习》，2019年11月26日，https://share.america.gov/zh-hans/in-photos-historic-u-s-india-tiger-triumph-military-exercise/，访问日期：2021年3月17日。

② 时宏远：《美印防务合作述评》，《现代国际关系》2012年第11期，第28—29页。

③ "Ashton B. Carter: Former Secretary of Defense," accessed March 16, 2021, https://www.defense.gov/Our-Story/Biographies/Biography/Article/602689/ashton-b-carter/.

帕里卡尔，美国驻印使馆发文称："在国防部工作的许多年中，阿什顿·卡特带头深化和扩展美印两国国防部的合作。结果，如今的美国和印度增进了对各自国防机构的相互了解，我们在新领域交换观点并协调政策方针，重振我们的军事合作，开展突破性的合作技术项目并推动双边国防贸易达到前所未有的水平。"①

在美国特朗普政府任内，伴随美印"2+2"部长级对话会的建立，两国军政高层互访和防务磋商进一步机制化。2018年9月6日，美印首次"2+2"部长级对话会在印度新德里举行，美国国防部长马蒂斯与国务卿迈克尔·蓬佩奥（Michael R. Pompeo）以及印度国防部长西塔拉曼和外交部长斯瓦拉吉参加。双方签署具有突破性的《通讯兼容与安全协议》，为美国向印度出售敏感军事装备开辟了道路。同年12月，印度国防部长西塔拉曼在与美国国防部长马蒂斯举行会晤时表示，近期的高层会晤展现了美印双边伙伴关系的深度和质量以及双方在一系列双边和全球问题上密切合作的共同愿望。2019年5月，美国海军作战部长约翰·理查森（John Richardson）海军上将访问印度，与印度海军参谋长、部分军事将领、外交官以及国家安全事务官员会谈。理查森海军上将和印度海军参谋长讨论美印两国海军发展伙伴关系的重要性，信息分享和人员交流的必要性，以及如何以多边方式保障"印太"地区的安全、经济及环境。2019年12月，美印第二次"2+2"部长级对话会在美国华盛顿举行，美国国务卿与国防部长以及印度外交国务秘书和国防部长参加。双方在国防科技共享和联合军事演习等方面达成新的协议。由于印度并非美国的条约盟国，双方有关敏感技术的磋商此前已持续多年，此次会议双方达成的"工业安全协议附件"对推动两军合作具有重要意义。美方在会后的声明中表示，两国已就陆海空军事技术的移交成立多个联合工作小组。双方还强调加强军事交往与其他领域合作的重要性，讨论了在陆海空各军种以及特种部队之间建立更紧密关系和开展合作的方法，譬如促进在联合和军种层级的防务信息共享，最高层级的防务合作委员会加强对军事合作项目的年度审查，以及规划前瞻性的合作活动。2020年10月27日，美印第三次"2+2"部长级对话会在印度新德里举行，美国国防部长马克·埃斯珀（Mark T. Esper）与国

① U.S. Embassy & Consulates in India, "U.S. -India Defense Relations: Fact Sheet," December 8, 2016, accessed March 16, 2021, https://in.usembassy.gov/u-s-india-defense-relations-fact-sheet-december-8-2016/.

务卿蓬佩奥以及印度国防部长拉杰纳特·辛格（Rajnath Singh）和外交部长苏杰生参加。双方签署了共享地理空间情报的《地理空间情报基本交流与合作协定》（BECA），规划了继续深化军事领域合作的计划。

在拜登政府任期内，美印"2+2"合作机制将得以延续和发展。2021年9月1日，在美国华盛顿举行了美印"2+2"闭会期间会议。出席会议的有印度外交部美洲事务主管、国防部国际合作事务主管和美国负责南亚、中亚事务的副助理国务卿和负责"印太"事务的助理国防部长。双方回顾了自2020年10月第三次美印"2+2"部长级对话会以来取得的进展以及举行2021年对话会的准备工作。双方评估了美印战略伙伴关系双边议程的进展和发展，包括国防、全球公共卫生、经济和商业合作、科技、清洁能源、气候、金融和人员交往。双方在共同利益的基础上探索了加强这些领域持续合作的机会，并讨论了空间、网络安全和新兴技术等当代领域的合作。印度外交秘书哈什·施林格拉也于2021年9月初访问华盛顿，先后与美国国务卿安东尼·布林肯（Antony Blinken）和副国务卿温迪·舍曼（Wendy R. Sherman）举行会晤。施林格拉与布林肯讨论了双边关系以及阿富汗当前局势。施林格拉与舍曼就推进美印在国防、贸易与投资和气候变化等领域的战略伙伴关系进行了实质性讨论，双方回顾了阿富汗、"印太"地区、新冠肺炎疫情的发展，并讨论了在联合国的合作，在反恐、人道主义救援和海上安全领域加强合作的可能性以及其他共同关心的区域和多边问题。[①] 2022年4月，美印第四次"2+2"部长级对话会在美国华盛顿举行，这是拜登政府上任后的首次美印"2+2"对话会。与会的有美国国防部长奥斯汀与国务卿布林肯以及印度国防部长辛格和外交部长苏杰生，他们还参加了美国总统拜登和印度总理莫迪举行的线上会议。会后，双方就乌克兰人道主义危机发表联合声明，回顾了应对乌克兰人道主义危机的共同努力，并评估了其更广泛的影响。双方敦促立即停止敌对行动和明确谴责平民死亡，并强调当代全球秩序建立在《联合国宪章》、尊重国际法以及所有国家的主权和领土完整之上。拜登总统在线上会议中"欢迎印度对乌克兰的人道主义支持"，印度国防部长辛格在会后称美国是印度的"天然盟友"，并补充说新德里希望与所有国家保持"良好关系"。①

美军太平洋司令部（以及后来的印太司令部）和印度东部海军司令部②在美印安全防务合作中扮演着重要角色，两者人员承担了较多的美印军事高层互访。2009年5月，美军太平洋司令部司令蒂莫西·基廷（Timothy J. Keating）访印，并公开鼓吹"美印军事关系对于维持亚太地区的和平与稳定具有重要意义"。美国国防部长卡特在2015年6月访印时曾专门造访位于维萨卡帕特南的印度东部海军司令部，成为首位访问印度军事司令部的美国国防部长。印度国防部长马诺哈尔·帕里卡尔在2015年12月访美期间也曾专门前往夏威夷会晤美军高级将领，成为首位访问美军太平洋司令部的印度国防部长。2018年12月，印度国防部长西塔拉曼在访美期间专程访问美军印太司令部，成为该司令部2018年5月更名后首位到访的印度国防部长。美军印太司令部司令菲利普·戴维森（Philip Davidson）海军上将在接待西塔拉曼时表示，"美印是全球安全和防务伙伴，这体现于我们相互合作以确保自由和开放的印太"；这种伙伴关系反映了美印安全关系日益增长的战略重要性以及两国在推进防务合作方面的成就。③2021年8月底，美军印太司令部司令约翰·阿奎利诺（John C. Aquilino）访问印度，与印方高级官员会面，以进一步加强美印主要防务伙伴关系。此行是阿奎利诺上任后首次访问印度，他会见了印度国防部长阿贾伊·库马尔（Ajay Kumar）、印度外交部长苏杰生、印度国防参谋长拉特瓦特以及陆海空各军种参谋长。阿奎利诺表示，"我们的盟友和合作伙伴网络是我们在印太地区最强大的力量和重心"，"我们与印度的关系基于一致的价值观，是

---

① Vishnu V. V., "India-US 2+2 Dialogue: Ministers Issue Joint Statement; Condemn Deaths in Ukraine Amid War," April 12, 2022, accessed May 25, 2022, https://www.republicworld.com/world-news/us-news/india-us-2-2-dialogue-ministers-issue-joint-statement-condemn-deaths-in-ukraine-amid-war-articleshow.html.

② 印度东部海军司令部设在安德拉邦的维萨卡帕特南，辖区为印度东部沿海及孟加拉湾，下辖的东部舰队是印度海上力量较为强大的舰队，主要任务是在该海域反击入侵，保卫印度领土、港口、海湾、石油平台和其他海洋资产以及印度专属经济区的资源安全；印度第一艘航母即归属于东部海军司令部，该司令部还是印海军潜艇司令部的所在地。

③ PTI, "India, US Partners in Defence, Says Commander as Sitharaman Tours Hawaii Military Facilities," December 8, 2018, accessed March 16, 2021, https://economictimes.indiatimes.com/news/defence/india-us-partners-in-defence-says-commander-as-sitharaman-tours-hawaii-military-facilities/articleshow66999535.cms?utm_source=contentofinterest&utm_medium=text&utm_campaign=cppst.

建立持久伙伴关系的重要模式"。① 2022年4月，印度国防部长辛格到访美国夏威夷，与美军印太司令部司令约翰·阿奎利诺等高级官员进行互动。辛格访问了美军印太司令部总部以及下属各军种总部，并参观了美军攻击型直升机和导弹防御系统等新装备。②

除了军队高层官员频繁互动，美印双方还在军事安全领域建立起多层级的磋商和对话机制，其中副部长级的防务政策委员会是指导美印战略防务关系的主要机制，由印度国防部长和美国分管政策的国防部副部长担任联合主席。防务政策委员会不仅推动两国就共同关心的问题开展对话，还负责确定美印防务合作的优先事项、每年审查工作进展，并指导进行必要的调整。2011年，美印防务政策委员会将海上安全、人道主义援助/灾难救援和反恐合作列为工作重点。防务政策委员会下设七个附属小组来讨论和推进防务贸易、军兵种合作、技术合作和技术安全，分别是：防务采购和生产小组，负责审查两国政府间防务采购（包括合作项目）和其他防务贸易事项；高级技术安全小组，负责增进对出口许可和技术安全程序及实践的了解，并为切实保护先进防务技术而建立技术安全对话；联合技术小组，负责为两国就防务研发和生产事宜开展磋商和协作提供平台；军事合作小组，为两国武装部队合作提供具体指导；还有三个行政指导小组，分别负责两国陆军、海军和空军合作事宜，是发展两国军种相关合作的主要机制。这些附属小组定期召开会议，并向防务政策委员会进行汇报。

二、主要防务协议

（一）两项防务关系框架协议

2005年6月28日，美印两国国防部长签署《美印防务关系新框架》协议，规划在未来十年加强两国安全防务合作的各项举措，内容涉及联合军演、联合研制武器装备、人员培训与交流等方方面面。协议正式引入了美印"战略伙伴"概念，并列出了两国共同战略利益领域；协议重新确认防

① U.S. Mission India, "U.S. INDOPACOM Commander Visits India," August 26, 2021, accessed September 4, 2021, https://in.usembassy.gov/u-s-indopacom-commander-visits-india/.

② PTI, "Defence Minister Rajnath Singh Arrives in Hawaii to Visit US Indo-Pacific Command Headquarters," April 13, 2022, accessed April 26, 2022, https://www.newindianexpress.com/world/2022/apr/13/defence-minister-rajnath-singh-arrives-in-hawaii-to-visit-us-indo-pacific-command-headquarters-2441503.html.

务政策委员会为双边防务讨论及其下属团体的领导机构；尤为重要的是，协议还增加了防务采购和生产小组，旨在强化新兴的防务武器供应关系。根据该协议，"美方允诺将加强与印方的战略对话，推进双方的导弹防御、高技术合作、防务采购以及其他安全合作，并建立一个负责军事研发、测试和评估合作的防务政策小组"。[①] 在该框架协议下，美印两国的主要防务合作意向包括：1. 进行联合演习和交流；2. 当符合其共同利益时在跨国行动中开展协作；3. 加强两国军队促进安全和打击恐怖主义的能力；4. 促进区域及全球和平与稳定；5. 加强防控大规模杀伤性武器扩散的能力；6. 增加技术转让、协作、联合生产和研发的机会；7. 扩展导弹防御相关合作；8. 加强两国军队迅速应对灾害的联合行动能力；9. 在世界范围内协助建设成功开展维持和平行动的能力；10. 加强情报交流；11. 继续由两国国防部高级领导进行战略层级的会晤。[②]

2015年6月2日，美国国防部长卡特首访印度，两国正式签署《美印防务关系新框架》协议，为两国未来十年的安全防务合作的发展指明了方向和前景。协议明确了美印两国15个防务合作领域，具体包括：1. 定期开展各军种专门演习以及联合演习和交流；2. 当符合其共同利益时在跨国行动中开展协作；3. 加强在军事训练和教育方面的合作；4. 加强两国防务机构促进安全和打击恐怖主义的能力；5. 以促进区域及全球和平与稳定的方式来扩展与其他国家的互动；6. 加强防控大规模杀伤性武器扩散的能力；7. 增加情报交流；8. 扩大两国间双向防务贸易；9. 交流通用防务平台的操作经验和实践；10. 扩展导弹防御相关合作；11. 加强两国军队快速应对灾害的联合行动能力；12. 在世界范围内协助建设成功开展维持和平行动的能力；13. 进行常态化的国防战略和国防改革交流；14. 开展美印国防部高层战略对话；15. 加强海上安全合作。就合作领域而言，2015年较2005年版防务关系框架协议具有较强的延续性，但也有较大的拓展，尤其是增加了四项新内容，即加强在军事训练和教育方面的合作；交流通用防务平台的操作经验和实践；进行常态化的国防战略和国防改革交流；加强海上安全

---

① Defense Industry Daily, "US-India Sign 10 Year Defense Pact," June 30, 2005, accessed March 16, 2021, http://www.defenseindustrydaily.com/us-india-sign-10year-defense-pact-0783/.

② S. Amer Latif, *U.S.-India Defense Trade*, pp.56-57.

合作。①

在2005年《美印防务关系新框架》协议签署后，美印两国重新确立防务政策委员会作为两国安全防务合作的指导机构，由美国国防部副部长和印度国防部长担任联合主席，主要负责对双方防务合作进行政策指导和事项检查，以及解决防务合作中遇到的具体问题等。防务政策委员会下设防务联合工作组、防务采购和生产小组、联合技术小组、军事合作小组和高级技术安全小组等，负责推进各具体防务领域的合作。2015年《美印防务关系新框架》协议认可防务政策委员会对美印总体防务关系所作出的突出贡献，继续将之作为指导美印战略防务关系的主要机制，但要求在征得该委员会联合主席同意后，对该委员会及附属小组的结构和会议频次进行适当调整，以确保它仍然是推进美印防务合作的有效机制。同时，将成立不久的"美印国防技术和贸易倡议"（DTTI）小组也纳入防务政策委员会的管辖范围内，该小组旨在解决阻碍美印合作和系统对接的程序性问题，增加技术和投资流动，发展美印联合研发和生产能力及伙伴关系。

（二）三项基础性军事合作协议

在2004年美印达成"战略伙伴关系后续步骤"倡议后，美方一直试图与印方签署新的防务协议，进一步提升美印两军的合作水平。美方试图与印方签署三项防务协议包括：《通信互用性和安全协议备忘录》（CISMOA）、《地理空间情报基本交流与合作协定》（BECA）和《后勤保障协议》（LSA）。美方把这些协议视为加强美印两军合作的基础协议和重要机制，认为它们能使美印双方进行后勤交流而无须现金交易，② 使安全通信设备的转移得以进行，并为印度提供美国地理空间测绘数据。

根据美国法律要求，一些敏感防务技术只能转让给这些签署了相关防务协议的国家。印度先前已经签署了一些它最初抵制的协议，譬如《终端用户监控协议》（EUMA）和《高级终端用户监控协议》（EEUMA），这是美国《武器出口管制法》对所有海外军售的必备要求。印方之所以在2009年最终同意签署这两项协议，是因为美方明确提出除非印方签署该协议，

---

① U.S. Department of Defense, "U.S. Framework for the U.S.-India Defense Relationship," June 3, 2015, accessed March 16, 2021, https://archive.defense.gov/pubs/2015-Defense-Framework.pdf.

② 美印《后勤保障协议》允许双方以非现金交易的方式交换非致命物资设备。譬如：如果美国舰船访问印度港口并且获取4万加仑燃油，那么该数量将被记录下来，并以相同数量的燃油或具有相等价值的另一种物资在未来某个时机返还给印度军队。

否则不会交付武器装备。此外，美方也做了一定让步，双方达成的协议允许美国和印度提前预定检查的时间和地点，因而可以限制美方检查人员随意进入印方的前沿阵地，在一定程度上消除了印方的疑虑。自2009年以来，这两项协议已经开始实施，《终端用户监控协议》主要通过美国国务院的"蓝灯计划"实施并逐步走向规范化，《高级终端用户监控协议》检查主要通过美国国防部的"金哨兵计划"实施。在印方采购美国武器装备时，其余防务协议并非必要条件。"尽管美方宣称印度的军事能力因为无法获得美方的某些装备和技术而受到束缚，印度高级军官却表示本国政府不签署这些协议不会对印方的军事能力造成实质性影响。"[1] 在某些情况下，通过简单地删减安全组件或数据，就能够弥补美印两国没有签署《通信互用性和安全协议备忘录》或《地理空间情报基本交流与合作协定》的不便。[2]

美印关于三项基础性军事合作协议的谈判可谓旷日持久。印方出于维护战略自主权的考虑，最初选择抵制签署该三项基础性军事合作协议。其中，政治因素发挥了重要作用，因为印度政府官员必须考虑国内政治左派和民族主义者的意见，他们反对印度与美国过于接近。[3] 美方宣称，签署这些协议是惯例，不会对印方造成任何伤害。印方却对此心存疑虑，将这些协议视为美国的霸权工具，认为这些协议可能会导致与美方建立准联盟关系并损害印度的国家主权。[4] 印度媒体的相关报道聚焦于这些协议对印度战略自主权的束缚，使得推动这些协定的签署越发困难。印度军方的某些部门也担心诸如《通信互用性和安全协议备忘录》这样的协议可能会导致美国对印度的通信进行全面监控，所以印度努力谋求实现武器装备的国产化。虽然美方极力宣扬这些防务协议有利于增强美印安全防务合作，即便不签署也并不一定就会损害美印关系，至多不过是会导致印度无法从美方获得某些敏感设备。经过数次不成功的试探后，美方也不再强迫印度签

---

[1]　K. Alan Kronstadt etc., "India: Domestic Issues, Strategic Dynamics, and US Relations," Washington, D.C.: Congressional Research Service Report, September 1, 2011, accessed March 16, 2021, https://fas.org/sgp/crs/row/RL33529.pdf.

[2]　S. Amer Latif, *U.S.-India Military Engagement: Steady as They Go*, pp.37-38.

[3]　Brian Hedrick, "India's Strategic Defense Transformation: Expanding Global Relationships," November 2009, accessed March 16, 2021, https://www.globalsecurity.org/military/library/report/2009/ssi_hedrick.htm.

[4]　Rajat Pandit, "Even as Top US Chief Comes Visiting, India Reluctant About Military Pacts," July 22, 2010, accessed March 17, 2021, https://timesofindia.indiatimes.com/India/Even-as-top-US-chief-comes-visiting-India-reluctant-about-military-pacts/articleshow/6197364.cms.

署这些协议，因为它对印方的抗拒态度心知肚明。虽然美方期望能与印方签署更多的防务协议，以此深化防务合作和促进军售，但美方也已认识到美印防务伙伴关系的局限性，印方已经通过屡次拒绝与美方签署这些协议清楚地表明了自身的立场。

美方提出有意签署上述三项基础性军事合作协议后，在印度国内激发的批评和争论，使之难以在辛格领导的联合政府中获得多数支持。莫迪政府2014年执政后，在此问题上逐渐出现松动的迹象。2015年1月，印度国防部官员要求重新考虑冻结多年的美方建议，此举意味着这些协议的谈判在政治上已经"解冻"。2015年12月，印度国防部长帕里卡尔访问美国时表示，印度将重新考虑对基础性协议的立场。经过旷日持久的马拉松式谈判，美印《后勤交换协议备忘录》（LEMOA）最终于2016年8月签署，美印《通信兼容与安全协议》和《地理空间情报基本交流与合作协定》（BECA）于2018年和2020年相继签署。它们共同构成三大基础性军事合作协议，为美印两国共享军事基地、信息情报和防务系统建立制度化的框架，美印防务伙伴关系正在逐渐"名副其实"。这三项协议的最终签署让美方不少人士备受鼓舞。有美国学者指出："美印关系中有很多事例显示，好主意需要耐心和坚持不懈才能取得进展。这些有关后勤、通信和地理空间情报的协议最初是在10年前提出的，但一直毫无进展，因此从政府双边会议中撤消了。但是，美印双方作出了新的承诺，希望它们能顺利通过，并且两国政府在过去四年中签署了所有上述三个协议。"[1]

1.《后勤交换协议备忘录》。早在2004年6月的美印防务会议上，美国就提出了签署后勤保障协议的倡议。美方认为，在美印频繁举行的联合军演及军队快速响应能力建设中已经暴露出缺乏军事后勤体系支撑的缺陷，美印深化安全防务合作必然要求两国在后勤支援方面达成共识，而签署后勤保障协议是必然之举。然而，受制于印度国内的激烈争论和反对力量的掣肘，印度最初的反应比较消极。不过，伴随着美印联演联训及联合人道主义救援行动的持续开展，以及2005年《美印防务关系新框架》协议和《美印海上安全合作框架》协议的签署，需要两国维持一定程度的后勤合作。美印两国在2006年3月同意落实后勤保障协议中的早期阶段的后勤

---

[1]　Richard M. Rossow, "U.S.-India Insight: Revisiting Good Ideas," November 2020, accessed March 16, 2021, https://csis-website-prod.s3.amazonaws.com/s3fs-public/publication/201120_Rossow_Revisiting_Good_Ideas.pdf.

支持，以便于两国军队的共同行动。由于印度国内的批评声音，作为整体的后勤保障协议在印度辛格政府时期一直处于冻结状态，直到莫迪政府上台后方才开始解冻。2016年4月，美国国防部长卡特访问印度时，双方最终达成了关于共享军事后勤基地的意向。6月，印度总理莫迪第四次访问美国，在其与美国奥巴马总统的会谈中主要议题之一就是敲定后勤保障协议的细节及确定最后文本。2016年8月，两国国防部长正式签署了《后勤交换协议备忘录》。此前，美国已与80多个国家或国际组织签署了后勤保障协议（名称略有差异）；在该协议框架下，美国同意向缔约方提供后勤保障、补给及服务，而缔约方相应地为美国军队提供同样的后勤保障及服务，主要适用于联演联训、军事部署、维和与救灾行动、战时需求以及不可预见的突发事件和紧急情况，旨在弥补单个国家难以解决的后勤补给困难。该协议的主要内容包括：缔约双方海军和空军共享设施的使用，便利设施使用的后期程序事宜（如停泊、加油费用问题，只需定期进行账户结算）；双方军队在联合军事演习期间对军事装备的预置。该协议对两国都有广泛的影响。对于美国而言，这将意味着美国海军得以进入印度海军基地，以补充和补给其覆盖亚太地区的海军舰队。除海军以外，印度空军的设施还将允许美军飞机使用印度基地加油并执行其军事任务。这种关系也将使印度军方更好地扩大影响范围，并有能力执行超出其影响范围之外的任务。

2.《通信兼容与安全协议》。2018年6月，美印两国在新德里举行"2+2"部长级对话会，签署了有效期为10年的《通信兼容与安全协议》。该协议的核心内容是允许印度军方使用美国军方装备上的高端加密通信设备，保证美国提供的所有装备都具有"完全访问"权限，规定印方要中断或关闭通信系统需要提前6个月知会美方。印度从美国引进的C-130J运输机、C-17运输机、P-8I海上反潜巡逻机、"阿帕奇"和"支奴干"直升机等均可装备美国的高端加密通信设备。该协议将为在C-130J运输机、P-8I海上反潜巡逻机等印度采购的美制武器装备平台上安装特殊通信系统铺平道路，使其能够与美国军方进行有效的通讯互动，便于美印两国海军相互传递被监视对象的位置和运行方向等信息。根据该协议，印度从美国购买的武装无人机也具备使两国共享有针对性信息的能力，比如通过实时卫星传送来分享被监控对象的信息。如果两国在海战中相遇，美方也会暂时将特殊通信系统安装在印度战舰上，使美印双方战舰能够"交流互动"，从而避免误伤。该协议的签署将使印度从美国获得包括武装无人机在内的先进新兴防务装备，并使印度武装部队能够更有效地利用美国现有的武器装备平台。分管南亚和东南亚事务的美国国防部副助理部长约瑟夫·费尔特（Joseph Felter）表示，美国只与不到30个国家签署了类似的协议，印度的一些武器系统（包括C-130和C-17运输机）的能力会立即得到提升。此前，印度对国家安全相当敏感，而且担心此协议会损害其防务工业的独立性，故双方通讯合作谈判历经多年一直难以达成共识。而美印《通信兼容与安全协议》部分解决了印度的安全疑虑。协议中加入了"特定法律安排"，美方承诺未经印方同意不会与第三方分享从符合《通信兼容与安全协议》规定的印度平台获得的信息。①

3.《地理空间情报基本交流与合作协定》。该协议具有多种军事用途，有印度分析人士认为，印度通过签署该协议，可在以下领域获得收益：其一，借此与美国共享敏感卫星情报和地理空间数据，美国可直接向印度提供测绘信息、目标判读成果等，有助于印方提高导弹和无人机打击的精准度；其二，推动情报装备贸易，为印度引进美国侦察监视武器，乃至"察打一体"武器装备扫清障碍；其三，培训情报人员，印度可派员参加美国地理空间情报学方面的专业培训，为印度培养地理空间情报人才。

下一步，美印两国有望签署《海事信息共享技术协议》（MISTA），通过共享海上军事情报来应对海洋威胁。印度自认为是印度洋区域的主要霸主，希望能建立环印度洋的"整体状况监视系统"，以确保印度能监测、跟踪和解决常规与非常规的海洋威胁。其中，印度尤其关注中国海军在印度洋的存在。目前，印度已与21个国家（如美国、英国、法国、澳大利亚、巴西、越南、阿曼、以色列和毛里求斯等）签署了旨在交换公海商船（"白色舰船"）动态情报的白色航运条约，并建立印度洋地区信息融合中心，以强化"海上态势感知"和应对各种威胁。除了"白色舰船"，印度也竭力通过军舰、巡逻机、无人机和卫星等追踪在印度洋区域活动的"灰色"（外国军舰）和"黑色"（非法舰船）舰船活动，但由于能力有限，尚无法有效掌握。这为印度与美国签署《海事信息共享技术协议》提供了巨大动力，而印度与美国已经签署的三大基础性军事合作协议则奠定了良好

---

① 肖军：《从〈通信兼容与安全协议〉透视近期美印安全合作》，《南亚研究季刊》2019年第2期，第17—18页。

基础。[①]

三、海军（陆战队）合作

在美印两国军事合作各领域中，海军（陆战队）合作见证了近年来最大的进步，也是未来最具发展前景的领域。美印两国在印度洋及周边区域的海上战略利益拥有不少交集，包括确保关键能源和贸易航线的安全，打击恐怖势力，防止武器扩散，有效应对自然灾害等，这使得美印双方都有深化两国海军（陆战队）合作的愿望。

（一）合作现状和成就

在后冷战时期，印度海军建设步伐坚定而又迅速，且拥有控制印度洋的地缘优势与强烈意愿，很可能成为决定印度洋安全的最重要力量之一。印度历来反对区外大国对印度洋的控制图谋。印度认为，本国应建立强大的海军力量威慑和制止外来干涉，监视"外来势力"的一举一动，从而保证它们不会损害印度的国家利益。美国是印度所担忧的主要"外来势力"之一。但在现实中，印度海军与美国海军实力相距甚远，难以抗衡，这促使印度选择与美国进行合作，以营造于己有利的战略环境；同时，印度积极推行以航母、核武为基础的"威慑战略"，慑止区外大国。

冷战结束和苏联解体对国际形势和印度洋地区安全环境产生了重大影响，为美印两国启动海军合作提供了必要的国际和地区环境。1991年，美国太平洋舰队司令拉尔森表示，"让我们忘记过去犯下的错误，维沙卡帕特南从未成为苏联的海军基地"，两国海军率先感受到美印关系的升温。[②] 同年，美印组建海军联合指导委员会，负责两国的海军合作事宜。根据1991年签署的"基克莱特提议"，印度于1992年5月与美国海军在印度西部海域首次举行代号为"马拉巴尔"的海上联合演习。从1992年首次"马拉巴尔"军事演习开始以来，美印海军合作已经进行了较长时间。"马拉巴尔"军事演习在1998年印度核试之前举行过三次，此后因美国对印度制裁而一度中断，直至2001年"9·11"事件后重新恢复。美印海军合作在2005年

---

① Vicky Nanjappa, "BECA to MISTA: How India, US Are Enhancing Maritime Intel Sharing on the High Seas," December 8, 2020, accessed March 17, 2021, https://www.defenceaviationpost.com/2020/12/beca-to-mista-how-india-us-are-enhancing-maritime-intel-sharing-on-the-high-seas/.

② Sudesh Rani, "Indo-US Maritime Cooperation: Challenges and Prospects," *Maritime Affairs*, Vol.8, No.2, 2012, pp.123-143.

《美印防务关系新框架》协议签署后变得更为密集。目前，美印两国海军开展了一系列合作活动，包括每年四次的联合演习、海军参谋人员会晤、港口访问、高层互访以及通过多边海军和安全会议进行的人员往来和业务交流。美印双方还签署了《燃料交易协议》和《后勤交换协议备忘录》，以便更好地促进海军之间的联合行动。根据该协议，美印军舰在举行联合军演、打击海盗以及开展人道主义援助和救灾活动等时可互用军事基地进行物资补给。

美印两国海军每年进行四次演习："马拉巴尔"演习、"响尾蛇"演习（Habu Nag，侧重于两栖作战）、"喷毒眼镜蛇"演习（Spitting Cobra，侧重于爆炸性军火破坏）和"潜水和救援"演习（SALVEX）。"马拉巴尔"联合军演是美印规模最大的年度海上演习，旨在加强双方的海上战术、技术和程序（TTP）合作。经过美印两国的精心打造，"马拉巴尔"逐渐发展成一项多边海上联合演习，参与者包括日本、澳大利亚和新加坡（澳新两国选择性参加）。"响尾蛇"演习的规模和复杂性也在提升，内容突出两栖作战和人道主义援助/灾难救援行动。这些联合演习提升了美印两国海军的专业协作关系和熟悉程度，拓展了双方高端海上作战的范围，包括一体化空中/导弹防御、反水面舰艇作战、反潜作战和海军特种作战等。[①] 除了每年的美军太平洋舰队–印度海军执行指导小组会议，美印两国海军还举行双边参谋人员会谈，进行港口访问和各层级人员往来。印度已经加强了对美国太平洋司令部主办的每两年一次的"环太平洋"（RIMPAC）演习的参与。印度于2006年开始成为演习的观察员国，并从2014年开始派遣军舰参与演习。

通过上述合作交流，美印两国海军进一步加深了对彼此专业素养和职业精神的了解。美国海军官员认为，虽然印度舰队迫切需要现代化，但印度海军在基本水面作战行动中具有实力。印度海军也给予美国海军技术实力和专业素养以高度评价。迄今为止，美印两国海军至少有过三次联合行动的实战案例。其一，2001年"9·11"事件后不久，印度海军舰船曾护送美国舰船通过马六甲海峡；其二，美印两国海军在印度洋海啸救援行动中开展合作；其三，美印两国海军协调在印度洋西北部的反海盗行动，通

---

① U.S. Department of Defense, "Report to Congress on U.S.-India Security Cooperation," November 2011, accessed March 16, 2021, https://dod.defense.gov/Portals/1/Documents/pubs/20111101_NDAA_Report_on_US_India_Security_Cooperation.pdf.

过舰上直接通讯和"共享感知与消除冲突"（SHADE）月度会议进行。

美印海军合作已经逐渐被印度决策者和军方官员所接受，部分原因是海军合作不大引人瞩目，美印海军合作往往选择在远离印度海岸的地点进行，因此较少引起印度决策者的争议。不像陆军或空军演习，可能需要把美国部队和装备部署到印度本土，美印海军演习和合作可以在整个印度洋区域乃至亚太水域的任何地方开展，因而较少引发印度政治家和媒体的抵触情绪。除政治考虑外，印方决策者也认识到，伴随本国经济的蓬勃发展，印度越来越需要安全的海上航线来运输更多的能源资源，促进印度与中东、东南亚和东亚地区日益强化的贸易联系。中国海军在印度洋区域不断凸显的存在加剧了印度的焦虑。印方认为，中国正在与这些跨越印度洋关键能源和贸易航道的重要国家，如斯里兰卡、马尔代夫和孟加拉国等，建立更密切的双边伙伴关系；印度必须加快海军现代化进程和发展海上合作伙伴，以此更好地应对中国在该地区的深度介入。[①] 与印度更密切的海军合作伙伴关系对于推行"印太战略"的美国也很重要，后者正试图通过多边途径来加强亚太区域和印度洋海上航线的安全。印度洋–太平洋地区已被美方视为未来数年外交政策的关注重点，美国国内经济困境则要求它培育海上合作伙伴来分担责任，与美国一起提供国际海上公共安全。

当然，美印海军合作的成就并不意味着双方完全没有矛盾。曾经发生过美印双边或多边海军合作遭到印度左派政治家批评的事例，后者抨击印度政府与美国太过接近，会给人以联合对外的印象。2007年，中国曾就美国、印度、日本、澳大利亚和新加坡等五国举行的"马拉巴尔"联合海军演习表达安全关切，要求解释这一多国演习的意图。在此后的数年间，印度只有在"马拉巴尔"军演远离本国海岸时才会邀请第三国参加，如2009年在日本邻近海域的演习。由于反对举行多国联合军演，印度曾拒绝日本派舰参与"马拉巴尔2012"演习。一些分析人士认为，印度谨慎的行为可被视为是向中方传递信号，印度参与多边防务活动并不针对中国；同时，印度政府不愿与美国建立准同盟关系，不愿充当美国在"印太"地区的小伙伴，而更愿意在联合国授权下在印度洋地区举行反海盗等多边海上演习。

---

① Indian Defence Research Wing, "As China Expands Its Naval Arsenal, What Are India's Options at Sea," October 3, 2021, accessed October 7, 2021, https://idhttps://idrw.org/as-china-expands-its-naval-arsenal-what-are-indias-options-at-sea/.

除了海军合作，更广义的美印海上合作还包括美国海军陆战队与印军之间在两栖作战行动上的有限合作，以及美印两国海岸警卫队的海岸安全合作。美国海军陆战队与印军的合作尽管富有成效，却比较有限，主要是由于印军没有专门的海军陆战队。目前，美国海军陆战队与印度2009年成立的第91两栖旅开展合作。美印两军两栖力量之间的主要合作是年度"征服者"（Shatrujeet）联合演习，该演习是连级规模的互惠性场地训练演习，自2010年起聚焦于两栖作战准则和行动。美印两国海军的"响尾蛇"联合桌面推演同样聚焦于两栖作战。2010年的"响尾蛇"海军联合演习期间，印度军官观看了美国海军和海军陆战队在美军两栖攻击舰上的协调行动演示。有印度军官称，"从美国海军陆战队身上学到了很多东西，如他们与海军部队的协调方法"，并表示印军希望学习美国海军陆战队实施登陆作战的战术以及如何与海军和两栖作战部队相互协调的方法。[①]

美印两栖力量更深层次的合作受限于印军比较淡薄的联合作战意识。美国试图在各种美印双边军演中鼓励更多的联合行动，但联合作战的概念尚未被印军很好地接受。美方并不清楚印度期望获得何种两栖能力，似乎可行的情景包括灾难应对、人道主义救援、海外非战斗人员撤离以及有限规模的海外干预行动，类似于印度1988年在马尔代夫开展的"仙人掌"行动。此外，印度尽管欢迎与美国海军陆战队开展合作，却不允许美方使用印度领土进行训练，这主要是由于印度对外国军队进入本国境内持强烈排斥态度。作为美国"印太战略"部署的组成部分，美国海军陆战队曾积极谋求在"印太"地区寻找合适的训练地点，可供其进行周期性轮换部署，不只是进行自身的训练演练，还可与东道国开展军演合作并进行能力建设。在遭遇印方的明确拒绝后，美国海军陆战队将目标地点转而投向澳大利亚以及东北亚和东南亚的其他地点，认为在这些地区会找到更合适的训练场所。作为两国整体防务关系的组成部分，美印两栖力量深化合作的前景在近中期内将受到较大限制。

2008年11月的孟买恐怖袭击案凸显了印度维护海岸安全能力的重大缺陷。恐袭发生后不久，美印两国签署了《美印反恐合作倡议》（U.S.-India Counter Terrorism Cooperation Initiative，CCI），其中概述了双方开展合作

---

① K. Alan Kronstadt & Sonia Pinto, "India-U.S. Security Relations: Current Engagement," Washington, D.C.: Congressional Research Service Report, November 23, 2020, accessed March 16, 2021, https://fas.org/sgp/crs/row/IF10384.pdf.

以帮助印度反恐的一系列领域，包括两国海岸警卫队之间的合作。美国海岸警卫队在美国国防部和国土安全部的支持下，开始与印度海岸警卫队进行交流和联合培训。此后，印方高调宣称要加强维护海岸安全能力，包括承诺要增加巡逻艇和雷达设施的数量。然而，美印两国加强海岸安全合作的进展缓慢。双方合作进展甚微的原因包括多个方面，重要原因之一是印度把海岸安全视为内政问题，所以不愿意接受更多的外部支持。

在2019年美印"2+2"部长级对话会上，双方欢迎两国海军之间日益扩大和日趋复杂的合作，特别是在"马拉巴尔"海军演习中持续保持高水平的作战互动。双方还称赞首次举行的"老虎凯旋"三军联合两栖演习，认为这是双方防务合作范围不断扩大和复杂性不断提升的有力证明；并决定每年举行一次"老虎凯旋"演习，具体形式由双方共同决定。双方承诺加强印度海军与美国印太司令部、中央司令部和非洲司令部下属美国海军舰队之间的合作，并打算扩大两国其他军种间的类似合作。

（二）深化合作的可能领域

虽然美印海军（陆战队）合作已经取得显著成绩，但两国海军（陆战队）都没有明确双方合作的终极战略目标。印方对于当前的合作状态比较满意，不愿再进一步深入。鉴于"马拉巴尔"和其他美印联合海军演习的复杂性，印度海军部门的一些人认为美印两国海军已经存在事实上的兼容能力，并在各种军事演习中得到了验证和强化。一些印度官员甚至认为美印海军合作已经达到了一个高峰，更深入的合作可能会影响印方的战略自主性。美方则认为双方还有很大的合作空间有待发掘。在美方看来，如果印度国防部和外交部允许印度海军开展更广泛的对美合作业务，两国海军合作有望迈上新的台阶。

鉴于美印海军合作的现状和前景，美方提议将两国海军合作重点放在以下领域。其一，促进美印海军制度化的战略对话。与美印空军和陆军合作类似，美印海军合作欠缺制度化的机构负责规划美印海军关系的战略方向。美印两国目前尚未建立一个可供两国海军部门讨论诸如持续变化的海盗威胁、海岸安全的挑战以及中国海军的迅速发展等海上战略挑战议题的制度化对话平台。两国海军的对话议题还可扩展到人力资源管理、采购和预算管理等议题。其二，双方在一个或两个特定任务领域努力拓展和制度化双边战术、技术和程序的合作。如灾难救援、人道主义援助和海外非战斗人员撤离等。其三，双方共同（或互补）建设海上能力。美方设想将这种能力覆盖至整个印度洋区域，乃至东南亚和东亚；美印两国海军通过团队合作或能力共建，充分利用各自的海洋专业知识，提高整个区域的总体海上安全。其四，双方可共同研究美国如何帮助印度加强海军船舶建造能力和人力资源建设。印度海军需要发展海军船舶建造能力所需的基础设施和人力资源，从而使印度具备独立设计和维护本国船舶的能力，同时考虑为印度援建一所海军造船学院以保证其具备本土造船能力。美方还考虑向印方输出海事法，以助推印度成为南亚地区海事法的输出者。[①]　其五，美国帮助印度海军提升应对网络威胁的能力。

四、陆军合作

美印陆军合作在较短时间内取得了巨大进展，不过其范围和目的仍然比较有限。当前美印陆军合作包括以"准备战争"和"战胜敌人"为代表的联合军演、高层互访、培训课程、多边会议和研讨。

（一）合作现状和成就

自2001年就开始构想，但美印"准备战争"联合演习正式开始于2004年，这是两国陆军自1962年以来首次在一起演习。"准备战争"演习从一个连级规模的场地训练演习，逐渐发展到营级实弹演习和旅级指挥岗位演习。2009年举行的"准备战争"联合军演是迄今规模最大的一次美印陆军联合军演，所投入的装备包括坦克、战车、反坦克导弹和无人机。2010年的"准备战争"演习在美国阿拉斯加州举行，期间美国陆军还对印度士兵进行了"标枪"反坦克导弹系统的使用训练。

"准备战争"联合军演连年举行，2004年后从未中断。"准备战争-20"演习于2021年2月9—21日在印度西部拉贾斯坦邦的马哈詹训练场举行，这是美印双方第16次举办该演习。美方参加演习的是一个旅指挥部和一支营级战斗队，由来自"斯特赖克"战车旅的250名士兵组成；印方派出一个来自克什米尔地区的轻装步兵旅和一支营级战斗队参加演习。"准备战争-20"演习旨在增强双方在联合国授权下的反恐行动的互用性，涉及的装备主要包括直升机和步兵战车等。本次演习中亮相的先进装备有印度的"楼陀罗"轻型直升机、M-17轻型直升机，美国的"支奴干"重型运输机、

---

① S. Amer Latif, *U.S.-India Military Engagement: Steady as They Go*, pp.15-17.

"斯特赖克"战车和印度的BMP-II机械化步兵战车。[1]

美印陆军合作的主题比较广泛，既有山地和丛林作战，也有维和行动与反爆装置演练。除美印两国陆军每年召开的执行指导小组会议外，双方还就许多相互关切的议题开展专家交流。不过，美印陆军合作的深入开展受到了印军能力的制约。虽然有些印度评论家畅想把印度陆军打造成未来的远征部队，但现实却是，印度陆军既面临诸多外部安全挑战，也面临一系列内部体制挑战，包括战争准备和现代化滞后、腐败、军纪不整和招募短板等。印度的地理特征，加上其自1947年以来的历史，[2]导致了印度陆军将关注重点放在维持边境安全和内部稳定以及抵御来自巴基斯坦等国的陆上威胁方面。冷战后，在全球范围内的维和任务增加了印度陆军的负担，此外它还必须做好应对其他紧急情况的准备，譬如南亚地区的自然灾害或干预行动。上述各种挑战在一定程度上形成合力，使得印度陆军变得较为内向，参与国际合作的意愿并不强烈。[3]鉴于印度陆军担负的繁重任务，印度陆军与美方开展更深入的合作的能力也受到了质疑。此外，印度陆军部门在开展国际合作方面的官僚能力也是一个限制。直至2005年，印度陆军才设立国际合作办公室，负责处理多样化的全球军事交往合作。对于美方而言，负责与印度陆军开展合作事宜的美军太平洋司令部（以及后来的印度洋–太平洋司令部）陆军将主要精力用于支援伊拉克和阿富汗战争，这阻碍了它与印度及其他国家在"印太"地区增进军事合作的能力。

（二）深化合作的可能领域

虽然美印两国继续努力夯实开展陆军合作的基础，但是双方迄今尚未达成指引最终方向的共识或战略愿景。加强人员往来是当前美印两国陆军

---

[1]　Briti Roy Barman, "India-US Joint Exercise 'Yudh Abhyas' Begins in Rajasthan," February 8, 2021, accessed March 17, 2021, https://www.oneindia.com/india/india-us-joint-exercise-yudh-abhyas-begins-in-rajasthan-3213992.html.

[2]　自从英印帝国时代以来，印度在考虑本国安全时传统上有一种大陆心态。这种心态在印度独立后相当长的一段时期得以维持，因为印度陆军最初致力于平定国内东北诸邦的动乱。印军在1962年中印边界争端中落败后进一步强化了这种心态。克什米尔争端也一直牵扯了印度陆军的许多精力。Iskander Rehman, "An Ocean at the Intersection of Two Emerging Maritime Narratives," July 11, 2011, accessed March 17, 2021, https://idsa.in/system/files/IB_AnOceanatTheIntersection.Iskander.pdf.

[3]　Gurmeet Kanwal, "India's Military Modernization: Plans and Strategic Underpinnings," National Bureau of Asian Research, September 24, 2012, accessed March 17, 2021, http://www.nbr.org/research/activity.aspx?id=275.

合作的主要成效之一，两国陆军关系能否最终发展到在相互关切的战略领域开展合作的水平尚有待时间检验。美方已认识到发展美印陆军合作是一个缓慢的进程，它必须允许印方来设定步伐。由于美印陆军在全球范围内开展合作的前景还比较遥远，美方退而求其次，将美印两国陆军合作在近中期的战略目标设定为加强印方能力建设，使之成为南亚地区安全稳定的更有效的提供者。美方认为，如果双边合作可以帮助印度成为南亚安全稳定的更有效和更有能力的提供者，那么美印陆军合作就已经很好地实现了自身目的。"考虑到印军的能力短板，以及印方不愿与美方关系过于密切的态度，美印双方在近中期的双边合作中应该保持当前稳步推进的方法。两军合作活动应该继续强调建立人员关系、发展共识和相互尊重，逐步走向建设共同能力。"[1]

　　鉴于美印陆军合作的现状和前景，美方将两国陆军合作的重点放在以下五个领域。其一，促成美印双方就战略发展和"印太"地区新兴威胁问题开展对话。这在一定程度上已经实现，但它在当前的两国陆军合作中尚未制度化。此类对话的议题包括中国军力发展和阿富汗稳定等问题，也可交流有关反叛乱行动的经验教训，并讨论网络和空间能力等新技术对陆战的影响。其二，建立有效的自然灾害应对能力，来应对在未来数年持续困扰印度洋区域的自然灾害。美印两国陆军可以携手合作，协助印度洋区域国家发展有效的灾害管理和应对战略。其三，在其他国家建设安全能力的合作，主要涵盖警察培训及维和与维护社会稳定行动等相关领域。其四，两国共同促进"民主规范"在缅甸等国的发展。譬如，美印两国以团队或互助的方式，在军民关系和人权原则上向缅甸军方提供专业军事课程和指导。其五，美国帮助印度陆军实现装备现代化。美方认为，印度陆军有许多紧急需要，从升级战场指挥和控制系统，到加强火力和夜间战斗能力，再到提升机动性；虽然印度大力支持国产武器以满足诸多需求，但是美国公司仍有足够空间来协助印度陆军的现代化努力。美方尽管担忧巴基斯坦的反应，承认美国军售可能对区域稳定构成风险，却希望通过军售来更深入地介入该地区，从而更有力地管控和塑造南亚次大陆的印巴稳定。[2]

---

[1]　S. Amer Latif, *U.S.-India Military Engagement: Steady as They Go*, p.11.

[2]　*Ibid.*, pp.11-12.

五、空军合作

美印两国空军的双边合作始于2002年的"对抗印度"演习，并在2004年的"对抗印度"演习后开始加速发展，涵盖高层互访、培训课程、多边会议和研讨等内容。但在经历了初期的合作高潮后，印方在执行指导小组层面大幅减少了所批准的空军军事合作项目，美印空军合作逐渐滞后于其他军种。

（一）合作现状和成就

美印两国空军的双边合作始于2002年的"对抗印度"演习，演习内容主要是人道主义援助和灾害援救行动。据曾参与策划首次美印空军"对抗印度"演习的印度官员披露，该演习的初始目标相当有限。当时，印度空军领导层只是希望更好地了解美国同行，并与之建立友好关系；深入了解美国空军的战术、技术和程序（TTP）；观察美国空军装备的使用情况；并评估它对美国空军飞行员的影响。[①] 最初的"对抗印度"演习实现了这些目标，并为此后的同类演习奠定了基础。在"对抗印度–04"联合演习期间，除了常规科目练习，来自美国空军第三航空队的4架F–15C战斗机和印度空军10余架米格–21、苏–30MKI[②]、幻影2000、米格–29组成的混合编队进行攻防对抗。在"对抗印度–09"联合演习期间，美军太平洋司令部空军部队和印度空军进行了昼间和夜间伞降、轻型车辆空投、攻击着陆和医疗后送等演练；110多名美国和印度伞兵举行了跳伞训练，这也是印度空军士兵首次从美国的C-17和C-130J运输机上实施跳伞。印方对美方的这两款运输机印象良好，最终决定从美国采购这两款机型。此后，美国空军人员便开始培训印度空军人员如何使用这些美制运输机和P-8I海上反潜巡逻机，从而进一步加深了两国空军间的交往。目前，每两年举行一次的"对抗印度"演习是美印空军之间的主要军演项目。2018年12月，印度和美国空军在印度西孟加拉邦的加来昆达和帕纳加尔空军基地进行了为期12天的"对抗印度–19"联合军演，旨在进一步加强两国空军的行动协调。

2008年，印度空军首次参加了美方的"红旗"军事演习。"红旗"演习是美国与其盟友的联合高级空战训练，每次通常为期两周，是非常接近

---

① S. Amer Latif, *U.S.-India Military Engagement: Steady as They Go*, p.6.

② 苏–30MKI是印度空军装备的主力战斗机，由俄罗斯制造出口。该机发展自俄罗斯苏–30M战斗轰炸机，编号中M代表"多功能"，K为"出口型"，I是代表India的第一个字母。

实战的空中战斗演习，旨在提供和平时期的"战场"来训练互用性，涵盖拦截、夺取空中优势、防空压制、空运、空中加油等各种空军任务以及指挥、控制、情报、监视、侦察等诸多领域。该演习可追溯至冷战时期，其规模也从最初仅有美国战术空军参与的情景扩展至目前20余个美国盟国空军共同参与的程度，有着全球规模最大的空军演习之名。2008年在美军内利斯空军基地举行的"红旗"年度军演中，印度首次使用新装备的苏–30MKI战斗机来与美国的F-22"猛禽"战斗机对抗。当时，印度空军派出了250名空军人员、8架苏–30MKI战斗机、1架伊尔–76运输机和2架伊尔–78加油机飞至内利斯。这些初步交往不仅促成了美印空军在专业领域的相互了解，也为印度首次采购美国C-130J运输机铺平了道路。在多次缺席"红旗"军演后，印度在2016年重返在美国阿拉斯加举行的年度"红旗"演习。印度空军派出了202名空军人员、4架苏–30MKI战斗机、4架"美洲虎"、1架C-17运输机和2架伊尔–78加油机。参演的印度空军与美国空军第18"入侵者"中队对阵，以网络为中心的演习让印度飞行员有机会与美方同行切磋战斗技能，并锻炼印度空军的海外部署能力。[1] 此外，印度原计划参加拟于2020年4月30日至5月15日在美国阿拉斯加州举行的"红旗–20"演习，但该年度演习由于新冠肺炎疫情而被迫取消。

自2008年以来，美印两国空军继续在两国轮流举行例行的年度执行指导小组会议。2010年，美国空军和印度空军举行了联合接触（Unified Engagement）研讨会，主要聚焦于未来制空权概念的探讨，包括情报、监控、侦察计划、空中打击、搜查及救援行动等。此次研讨的议程是根据两国空军年度行政指导小组会议制定的。美印两国业务专家每年都要开展主题交流，专家交流涉及机场工程、情报、武器、战略以及飞行安全等科目。在其他方面，美军太平洋司令部（以及后来的印度洋–太平洋司令部）空军部队和印度空军已经开展飞行教官、安全专家和安全人员的交流与交换。印度和美国也会偶尔在亚洲的其他多国联演联训中相遇，例如泰国的"金色眼镜蛇"（Cobra Gold）军事演习。

但在经历了初期的合作高潮后，印方在执行指导小组层面大幅削减了所批准的空军军事合作项目。这种情况出现的原因还有待于进一步评估，

---

[1] Howard Browning, "Indian Air Force Flying in the Elite Red Flag Exercise: Analysis," May 5, 2016, accessed March 17, 2021, https://defensionem.com/indian-air-force-flying-to-the-elite-red-flag-exercise-analysis/.

但无论是在层次上还是在数量上，美印两国空军合作都相对滞后于其他军种。尽管印方对两国空军合作的目标设定得比较低，美方却设定了较高的目标，美国太平洋司令部（以及后来的印度洋–太平洋司令部）寻求在整个战区内发展美印空军间良好的联盟伙伴关系，并通过高层次交往和例行人员往来保持沟通。当然，美方在其雄心屡屡受挫后也开始努力适应印方的节奏，美军太平洋司令部负责筹划美印空军交往的道格拉斯·伍达德（Douglas Woodard）中校曾表示："与印度空军建立常态化的可靠关系是美国太平洋司令部空军的优先事项，但是我们认识到我们必须要有耐心，要以一种让印方觉得舒服的步伐向前迈进。"[①]

对于美印两国空军部门而言，由于印度空军的战略目标和发展前景并不清晰，所以美印空军合作的未来方向尚不明朗。传统上，印度空军一直将巴基斯坦和中国视为可能的对手。一些印度评论人士认为，印度需要加强空中远征能力建设，以便能在从红海至马六甲海峡的任何地方投送兵力。美方认为，如果印度空军有意成为一支经常在南亚区域外行动的远征空军，美国空军将有意向印方提供较多帮助。

当然，印度空军已经在一些场合展示了其域外和境外作战能力。譬如，1960年印度空军的"堪培拉"轰炸机曾从印度飞往刚果，以支援这些参与联合国维和行动的印度士兵。从印度西部港口贾姆讷格尔首先飞往亚丁，然后在内罗毕中转，最后抵达布拉柴维尔，6架"堪培拉"轰炸机通过空中支援和轰炸敌方机场，为联合国维和特派团提供了关键支持。[②] 1987年，印度空军的安–32型运输机在幻影2000战斗机的护送下，在斯里兰卡贾夫纳向被围困的泰米尔平民空投救济物资。1988年，印度空军再次帮助投送兵力，当时伊尔–76运输机空运印军第50独立伞兵团前往马尔代夫，以挫败泰米尔分离主义分子对马尔代夫政府发动的政变。[③] 除上述行动外，印度空军还参与了多项联合国维和行动，在多个维和任务区

---

① Richard Halloran, "Friends or Allies," *Air Force Magazine*, December 2013, accessed March 16, 2021, https://www.airforcemag.com/PDF/MagazineArchive/Documents/2013/December%202013/1213allies.pdf.

② A. Walter Dorn, "The UN's First 'Air Force': Peacekeepers in Combat, Congo 1960–64," *Journal of Military History*, Vol. 77, No. 4, October 2013, pp.1399-1425.

③ Zee News, "Operation Cactus: How India Helped the Maldives in November 1988," February 11, 2020, accessed March 19, 2021, https://www.msn.com/en-in/news/other/operation-cactus-how-india-helped-the-maldives-in-november-1988/ar-BB1aCYGS.

部署直升机和空运分队。这些事件显示，印度空军通常在两类情况下会被部署到区域外：其一，印度认为它在南亚的"海外近邻"出现了紧急事态，攸关自身重要利益，所以做出反应；其二，经过联合国批准的维和部署，印度根据《联合国宪章》第七章采取行动。[①]

虽然印度空军的确有在域外和境外部署或作战的记录，但是这些境外飞行的标准和场合迄今相当有限，并且受限于印度空军的现有能力。印度空军在试图完成各种传统和新兴任务时，被迫面对空军武器装备比较老化的现实，印度空军的老旧机型正在更新换代。伴随印度空军逐步淘汰过时的米格–21、米格–23和米格–27等老旧机型，印度空军将减少至约30个中队（每个中队配备16～18架战斗机）；而据测算，印度空军需要约42个中队来应对巴基斯坦等国的威胁，所以印度空军正面临较严重的战斗机短缺问题。[②] 由于可用的资源比较匮乏，加上美印空军交往合作耗资不菲，这些都可能会制约美印空军合作关系的发展。

（二）深化合作的可能领域

虽然印度空军目前的关注点有限，但伴随印度国家利益在未来的持续拓展，空军的作用和地位也会不断上升。目前美印双边空军合作主要植根于军事交流和联合演习，但双方也可能会采取进一步举措来为更深入的合作创造条件。

首先，美方积极呼吁与印方就"印太"地区的空中力量发展问题开展战略对话。美方所设想的双边对话议题主要针对"印太"区域内的潜在大国冲突，以及共享空军军事情报。除战略讨论外，美方还希望与印方共同制定应对自然灾害的战术、技术和程序，并在未来的海外非战斗人员撤离行动中进行密切协调。[③]

其次，导弹防御是美印两国空军的又一潜在合作领域。在导弹防御领域，为了抵御来自巴基斯坦和中国的弹道导弹"威胁"，印度已经独自努力摸索较长时间。对于印度导弹防御系统有效性的评估意见不一，有些印

---

① Asoke Kumar Mukerji, "UN Peacekeeping: India's Contributions," November 08, 2019, accessed March 19, 2021, https://www.mea.gov.in/articles-in-indian-media.htm?dtl/32014/UN_Peacekeeping_Indias_Contributions.

② "Indian Air Force Bets Big on Russian Jets; Set to Acquire More MiG-29, Su-30 MKI Fighters-Reports," January 18, 2021, accessed March 19, 2021, https://www.procurenews.com/2021/01/18/indian-air-force-bets-big-on-russian-jets-set-to-acquire-more-mig-29-su-30-mki-fighters-reports/.

③ S. Amer Latif, *U.S.-India Military Engagement: Steady as They Go*, p.8.

度分析师认为印度的导弹防御能力非常有限，只不过是"成功的技术示范者"。[①]美方认为，印度对导弹防御能力的寻求提供了美印在该战略领域合作的机会。美国国防部副部长阿什顿·卡特指出："这是我们未来合作的重要潜在领域之一……弹道导弹防御具有重大的战略意义，因此，应该首先在战略层面磋商，然后才在技术层面磋商。"[②]然而，美印关于导弹防御的任何磋商都不免要顾及巴基斯坦的反应。美印导弹防御对话可能会使巴方对美方产生更深的怀疑，而目前的美巴关系已经充满了不信任。

六、特种部队合作

美军特种部队与印度各军种的特种部队开展合作，包括印度陆军的伞兵突击队、印度海军的海上突击队和印度空军的"神鹰"突击队。在印军总部设有特种作战司，负责统管协调三军的特种部队。这些合作通过各军兵种执行指导小组开展，涵盖了比较广泛的军事行动，比如精准射击训练、应对大规模毁灭性武器演练和战场医疗等。美印特种部队的合作一般在两国"联合交流培训"（JCET）项目下开展，作为各军兵种演习的一部分纳入两国海军的"马拉巴尔"演习、陆军的"准备战争"演习和空军的"对抗印度"演习。这些演习旨在协助印度特种部队提升总体能力，特别是在未来处置应急情况的能力，包括打击海盗、保护关键设施、协助维持和平以及灾害救援行动。

美印两国特种部队也有专门的演习，如代号"霹雳"（Varja Praha）的联合演习，演习科目主要包括高级步枪射击、战斗射击、近距离格斗、直升机插入、医疗后送、联合任务规划和基于情境的临时任务等。演习通过美印两军之间相互交换作战计划、共享最佳军事作战方案、制订联合行动计划和在反恐反叛乱环境中开展联合行动，以增强美印两军特种部队之间的协作性。美印"霹雳"演习始于2010年，首次演习在印度举行，次年在美国举行了第二届演习。但在2012—2015年，该演习暂时中止。直至2016年，该演习重新恢复，每年在美印两国交替举行。2019年10月13—28日，第十届"霹雳"演习在美国西雅图的刘易斯·麦克乔德联合基地举行，上

---

① Rahul Bedi, "Experts Question India's Missile Defense Capabilities," May 14, 2012, accessed March 16, 2021, http://www.nti.org/gsn/article/experts-question-indian-missile-defense-capabilities/.

② Jay Menon, "U.S. Eyes Missile Defense Work with India," August 13, 2012, accessed May 16, 2019, http://www.aviationweek.com/Article.aspx?id=/article-xml/AW_08_13_2012_p49-479772.xml.

一次演习在印度拉贾斯坦邦的焦特布尔举行。印军南方司令部派出了来自陆军伞兵突击队的45名特战队员参加此次演习。2021年3月，美印两国特种部队在印度特种部队训练学校举行第11届"霹雳"联合演习。两国特种部队在演习中共同训练、规划和执行了一系列作战行动，其共同目标是通过共同训练和联合行动来应对国际恐怖主义威胁。

在2008年11月孟买恐怖袭击案之后，美国太平洋司令部试图帮助印度安全部门提升反恐能力。然而，美印两国特种部队的反恐合作成效较为有限。这主要受制于印方的固有观念，即认为反恐是国内执法问题，因而是印度内政部（MHA）的权限。印度内政部不愿意就反恐问题与美国国防部直接交流，而是把美国国土安全部和联邦调查局视为合适的对话者。因此，美国国防部必须通过美国联邦调查局才能与印度国家安全卫队（NSG）沟通。[①] 2015年，美国特种部队与印度内政部所属的头号反恐部队——印度国家安全卫队举行了首次"塔克什"（Tarkash）联合反恐演习，并于2017年3月与印度国家安全卫队举行了第二次"塔克什"演习。

七、其他

共享基地和情报。目前，美军在东印度洋仅有迪戈加西亚军事基地，为此美国一直在谋求使用印度的基地、港口及军事训练场所，强化在印度洋区域的战略部署。在美方的积极推动下，美印两国于2016年9月签署了《后勤交换协议备忘录》，允许两军互用陆海空基地，进行后勤补给、维修和休整，以"记账"方式获取对方除进攻性武器以外的军事支持。2020年9月，美国P-8A反潜巡逻机在安达曼–尼科巴群岛接受加油及后勤补给，这是双方首次履行《后勤交换协议备忘录》的有关内容。美国提议在美印情报部门间建立制度化合作，两国分享涉及阿富汗、巴基斯坦和中国的机密情报。近年来，美印两军的情报合作正在不断扩展。据美军太平洋司令部司令哈里斯在2017年"瑞辛纳对话"（Raisina Dialogue）中透露，"美国将与印度密切合作，提升印度对华侦察能力。'马拉巴尔'演习帮助美印两国磨炼监测中方在印度洋活动的能力"，"尤其是在该地区活动的中国潜

---

① S. Amer Latif, "U.S.-India Counterterrorism Partnership: Deepening the Partnership," September 14, 2011, accessed March 16, 2021, https://www.csis.org/analysis/us-india-counterterrorism-cooperation-deepening-partnership.

艇"。①美国还先后向印度出售"海神"海上巡逻机和"捕食者-卫士"无人机等先进装备,努力提升印度侦察和监控中国海军活动的能力。印度智库2019年底发布政策简报,呼吁美日澳等国的舰机进驻安达曼-尼科巴群岛,帮助印度海军监视通过马六甲海峡进入印度洋的第三方潜艇。在2020年中印两军边境对峙期间,印度从美国获得许多情报,包括高清卫星图像,中国军队在实控线附近的武器装备、人员部署和其他数据。②2020年10月,美印签署《地理空间情报基本交流与合作协定》,美印情报合作向前迈出重要一步。

培训和教育也是美印防务合作的重要领域之一。近年来,印度赴美接受军事培训和教育的人员数量显著增长。美国通过"国际军事教育和培训"(IMET)项目向印度军事人员提供赴美军事院校学习的机会。该项目专门服务于美国的盟国和友好国家。在2019年12月,有来自153个国家的5,181名外国学生享受该项目的资助,其中印度参与该项目的人员规模居于前列。在该项目下,美国向印度提供的资助在2001年为50万美元,自2003年以来每年都在100万美元以上;印度军事人员可从美国150所军事院校的2,000门课程中选修自己感兴趣的课程。③美方认为:"IMET为军事学员提供专业的军事教育和培训,对于与参训各国的未来领导人建立持久关系至关重要。IMET课程可提高军事专业化水平,增强与美军的互用性,提供有关武装冲突法和人权法的指导,提供技术和作战培训并建立对美国更深层次的了解。印度IMET毕业生往往会继续在印度军队中取得较高衔级,为增进美印两军间的互用性创造了共识和机遇。"④印方充分利用美国军校提供的IMET课程,后者涵盖从初级军官课程到美国各高级军兵种学院的高级战略研究课程。印方甚至自费购买了超过拨款资金的部分IMET

---

① Ankit Panda, "US, India Sharing Information on Chinese Submarines," January 23, 2017, accessed March 17, 2021, https://thediplomat.com/2017/01/us-india-sharing-information-on-chinese-submarines-heres-why-that-matters/.

② Dave DeCamp, "US Is Helping India Spy on China's Military Near Disputed Border," December 26, 2020, accessed March 17, 2021, https://libertarianhub.com/2020/12/26/us-is-helping-india-spy-on-chinas-military-near-disputed-border/.

③ Saroj Bishoyi, "Defense Diplomacy in US-India Strategic Relationship," *Journal of Defense Studies*, Vol.5, No.1, 2001, p.74.

④ U.S. Department of Defense, "Report to Congress on U.S.-India Security Cooperation," November 2011, accessed March 16, 2021, https://dod.defense.gov/Portals/1/Documents/pubs/20111101_NDAA_Report_on_US_India_Security_Cooperation.pdf.

课程。此外，印方还将高级军官和官员派往檀香山亚太战略中心和华盛顿东南亚战略研究中心学习高级管理类课程。2011年2月，美国海军研究所和印度国防研究与发展组织签署了一项教育交流计划和联合研究项目计划，目前正在实施之中。印度也为美国军官提供在印度国防参谋学院受训的机会。

通过上述各种培训和教育机会，美印两军建立起从初级军官到高级将领的各层次人员交流。美方认为这种人员往来今后可能会大有用处，并将2004年印度洋海啸救援行动中的美国海军上将多兰和印度海军上将普拉卡什间的亲密合作视为典范。[①] 美方认为，这些培训和教育机会不仅有助于加强美印双边关系，还在印度官员和"印太"地区其他国家防务官员间建立起了交叉连接的关系。"伴随印太区域从辐辏式的防务关系模式逐步转变为分布式的安全合作模式，这种关系将越来越重要，因为它需要美印两国建立更广泛的交往和联系。"[②]

除传统军事合作领域外，美印两国还在人道主义事项上开展合作，譬如定位、识别、找回和返还在第二次世界大战中失踪于印度东北部的美国军人的遗骸。这种关系的起源始于1978年，当时印度政府向美方交还了三具美国军人遗骸。收回二战美国军人遗骸的美印联合行动始于2008年底，但在2009年暂停下来，因为印方要求制定内部程序以协助未来的收回努力。在2012年6月美国国防部长莱昂·帕内塔访印之际，美印双方同意恢复遗骸收回工作。2016年9月，莫迪政府允许美国军人进入印度东北部地区搜寻二战期间美军战斗失踪人员遗骸。据不完全统计，在二战期间的"驼峰"航线上，有大约400名美国军人在90起飞机坠毁事故中丧生，几乎均位于印度东北部。美国拥有18个已知坠机现场的信息，但仍在寻找更多的信息。[③] 遗骸收回是一项人道主义任务，并不构成正式的军事合作，但这项行动使得美印两国军人能够致力于共同的人道主义目标，也为两军

---

① 2004年12月，大规模海啸袭击了印度洋沿岸部分地区，造成14个国家的约23万人丧生和其他大规模破坏。为了应对海啸的破坏，美国和印度海军派出许多海空军舰船和飞机协助救援工作。在这个关键时刻，时任美军太平洋舰队司令沃尔特·多兰将军和时任印度海军参谋长阿伦·普拉卡什开始协调彼此的救援工作。值得一提的是，多兰和普拉卡什早在1979年就已结识，那时两人是印度国防参谋学院（位于印度泰米尔邦惠灵顿）的同学。

② S. Amer Latif, *U.S.-India Military Engagement: Steady as They Go*, p.19.

③ U.S. Department of Defense, "Statement on Remains Recovery Activities in India," June 5, 2012, accessed March 20, 2017, http://www.defense.gov/releases/release.aspx?releaseid=15346.

人员往来提供了另一个机会。

第二节　美印防务贸易和技术合作

在第二次世界大战后的国际政治中，军售是国际事务中的重要方面之一，也是最为敏感的方面，"它远不只是经济现象、军事关系，或对军控的一个挑战——军售是外交政策本身的最大体现"。[①] 防务贸易的重要性在美印安全防务合作中有着明显体现。印度由于本国国防工业基础比较薄弱，难以对防务装备需求提供有力支持，过去数年一直居于国际武器买家排行榜的前列。根据瑞典斯德哥尔摩国际和平研究所2015年的报告，印度至少从2010年开始就已经是全球最大的军备采购国，并持续保持数年。2013—2017年印度的武器进口占全球武器进口量的12%。[②] 基于小布什政府开创的美印友好关系，美国的武器制造商得以大举进入印度市场，并获得不少订单。美印防务贸易自2005年以来取得了显著进展，目前防务贸易已成为美印整体防务关系的重要组成部分。美国在将美制军事装备引入印军方面已经取得了重大进展，向印度销售的装备包括军用运输机、海上侦察机、特种部队设备、陆基雷达、水陆两用运输船和导弹。到2011财年，印度已成为美国武器的第三大购买者，双方军火合同价值高达45亿美元。对印军售被美国视为建立美印未来合作能力的关键组成部分。截至2020年，美印防务贸易额已经超过200亿美元，两国有望建立一种能够长期持续的防务贸易关系。

虽然美印双边防务贸易取得了重大进展，但也遭遇了不少挫折。譬如，2011年4月，印方没有选择参加中型多用途战斗机（MMRCA）竞标的任何一家美国公司。这起事件凸显美印防务贸易原本存在的许多棘手挑战，包括美印两国军售/采购系统对接不畅、技术转让纠纷、印度单方面执行采购抵消政策以及与印度国有军工企业沟通困难等问题。此后，两国相关方面开始探讨应该如何应对这些挑战以便使美印能够建立起更深层次的合作伙伴关系。当然，美印防务贸易肯定会继续发展，在未来有望达成

---

① Andrew J. Pierre, *The Global Politics of Arms Sales* (Princeton, NI: Princeton University Press, 1982), p. 1.

② SIPRI, "Trends in International Arms Transfers 2017," March 1, 2018, accessed March 25, 2021, https://www.sipri.org/sites/default/files/2018-03/fssipri_at2017_0.pdf.

更多的防务交易。但美印双方均感到，为了让美印防务贸易迈向更深层次，两国需要有效克服彼此在战略目标、防务采购系统、商业哲学、政策问题和官僚沟通方面的分歧。

一、美印两国的防务贸易

美国在较早以前就开始在有限范围内向印度出售武器装备，但交易规模很小且时常中断，美国也因此被印方视为"不可靠的武器供应者"。在美国于1998年对印度实施制裁以阻止其获得"海王"直升机的零部件后，"不可靠的武器供应者"问题再一次在印度政府内部被提出。直至2001年美国取消对印制裁后，对印军售额才显著增加。2002年，印度成功从美国购得Q-37"火力发现者"雷达，印度在20世纪90年代就寻求购置这款雷达，但由于遭受美方制裁而一直难以如愿。这是印度40多年来首次对美重大军事采购。此后，美国对印军售逐步解禁。

2005年6月签署的《美印防务关系新框架》协议进一步扩大了美印两国的双向防务贸易。2006年以来，美国向印度出售了超过200亿美元的武器装备，重大军售项目包括C-130J运输机、P-8I海上反潜巡逻机、H-3"海王"直升机、奥斯汀级两栖运输舰（印度将其更名为"加拉希瓦"号，目前是印度海军的第二大舰船）等。其中，C-130J运输机的交易，标志着印度首次向美国购买军用飞机，也是美国对印军售的重大突破。印度还花费重金采购美国的C-17"全球霸王"运输机来替换现有的伊尔–76运输机，并邀请美国参与印方防务招标，包括中型多用途战斗机、攻击型直升机、重型运输直升机以及一些新型战舰设计咨询等诸多其他防务装备和服务。相对于整机，美国的发动机产品尤其受到印度的欢迎，印度先后从通用电气公司采购了F404和F414发动机（用于其"光辉"轻型攻击战斗机项目），以及从霍尼韦尔公司订购了F-125涡扇发动机用于其"美洲虎"攻击机的升级改造，订购了TPE-331发动机用来升级其DO-228海上巡逻机编队。

2009年1月，美国政府批准波音公司向印度出售8架P-8I海上反潜巡逻机的计划，采购合同总价高达21亿美元。印度也是从美国获得该型飞机的第一个国家，此前连一直对其充满兴趣的美国盟友澳大利亚和英国都未能与美国签署此类购买合同。① 2009年，美国政府批准了E-2型预警机最新机型E-2D型预警机（"先进鹰眼"）的出口许可，印度随即向美国提出了6架E-2D型机的采购需求。此外，美国还有意向印度出口F-35型战斗机。2010年10月，印度再度向美国订购4架P-8I海上反潜巡逻机。

2010年11月，奥巴马访印，美印双方签署了大规模的军售合同。根据合同，印度军方向美国采购先进的战斗机和10架C-17军用运输机。印度还与美国签署了购买24枚"鱼叉"II型导弹协议。2011年2月，印度从美国采购的6架C-130J运输机运抵印度。同年10月，印度向美国提出追加采购6架C-130J运输机的需求，合同金额约为10亿美元。在整个2011财年，美印军火交易的合同价值达49亿美元，占美国军售总值283亿美元的17.3%，印度成为美国第三大军火购买者，超过了美国的一些长期盟友，如澳大利亚、沙特、以色列和日本。② 2013年，印度从美国进口了价值19亿美元的武器装备，成为美国武器的最大海外客户，印度134亿美元国防开支中有几乎半数用于海外军购。③

2012年6月，美国国防部长帕内塔访印期间，两国又签署了价值6.47亿美元的军售合同。帕内塔表示，美方愿与印方共同努力打破各自国内的官僚程序以提升军火贸易，并委任国防部副部长阿什顿·卡特专门负责此事。美国还通过以色列加强对印军售，希望以色列取代俄罗斯成为印度武器的主要供应者之一。2012年7月，美国国防部副部长阿什顿·卡特在访印时称，印度作为一个力促亚太地区和平与稳定的国家，理应获得最先进的军事装备，印度是美国出口武器的最优先考虑对象之一，美国希望成为印度最高质量和最可信的长期供应商。卡特还表示，美印军备合作将会超出单纯的国防贸易或买卖关系，进入联合研发与合作生产阶段。④ 同年8月，印度宣布将订购美国公司22架AH-64"阿帕奇"直升机和15架CH-47F"支奴干"重型运输直升机，总价值约30亿美元。

在防务贸易政策领域，美国一直对印度"采购抵消"和"外国直接投

---

① Tim Sullivan and Michael Mazza, *Shaping the Future of U.S.-India Defense Cooperation* (Washington, D.C.: CSIS, September 2010), p.2.

② 时宏远：《美印防务合作述评》，《现代国际关系》2012年第11期，第28—29页。

③ 《印度已成为美国最大海外军事武器装备进口国》，人民网，2014年2月25日，http://world.people.com.cn/n/2014/0225/c1002-24456783.html，访问日期：2021年3月16日。

④ 《美印将进入武器联合研产阶段，强化反导合作》，中国新闻网，2012年7月25日，https://www.chinanews.com/mil/2012/07-25/4057041.shtml，访问日期：2021年3月16日。

资"等政策不满。印度则抱怨美国复杂的多层次军售监管和审查制度等问题。针对美印防务贸易中所涌现的种种问题和障碍，2012年美国启动了为印度量身打造的《技术和贸易倡议》，由美方提供更多的高级监督和合作来克服这些障碍。这项倡议被称为《美印国防技术和贸易倡议》（DTTI）。该倡议并非条约或法律，而是一项灵活的机制，旨在确保美印两国的高级领导人会持续关注加强双方防务合作伙伴关系的机遇和挑战。美国国防部还于2015年1月成立了"印度快速反应小组"（IRRC），专门负责推进《美印国防技术和贸易倡议》。[①] 印度总理莫迪也于2014年提出"印度制造"计划，以扩大对外开放、吸引外资为重点，力图改变印度制造业不振的境况，并决心清除国防工业等重要行业领域的贸易壁垒。2016年9月，印度国防部决定向美国再追加采购1架C-130J运输机，合同金额约为1.34亿美元。

2016年11月，印度为其在中印边境地区组建"山地军"而购买美制超轻型榴弹炮的传闻终于落实。据英国《简式防务周刊》报道，美印正式签署合同，印度以7.37亿美元的价格向美国采购了145门M777超轻型155毫米榴弹炮。具体执行由BAE系统公司美国分公司与印度私营国防公司马恒达防务系统公司承担，在印度组装120门超轻型榴弹炮，其余25门将在未来三年内由美国交付。M777是世界上首个重量不超过1万磅（约4,218千克）的155毫米榴弹炮，射程可达25公里；其部分零件由钛金属制造，重量减轻不少，可以被空投至高海拔地区进行山地作战。1999年的印巴卡吉尔冲突凸显了炮兵在山地作战中的重要作用，随后印军开始了谋求获得大量先进榴弹炮的努力，向美国采购是印度实现这项目标的重要手段之一。美印两国早在2008年就开始这项军售谈判，却一再延宕乃至停滞，直至莫迪政府2015年重启这项谈判。印度购买的这种超轻型榴弹炮，据称将部署在中印边境高原地区。印度军方计划将这款榴弹炮部署到组建中的以中国

---

① U.S. Department of Defense, "U.S.-India Defense Technology and Trade Initiative (DTTI)," 2012, accessed March 16, 2021, https://forumias.com/portal/daily-editorial-us-india-defense-technology-and-trade-initiative-dtti/.

为假想敌的第17山地打击军①。印度现有的山地步兵师武器以轻武器、火炮及轻型装甲车辆为主；受地形限制，印度山地步兵师仅装备105毫米和130毫米两种口径重炮。其中印度国产105毫米榴弹炮最大射程为11公里，战斗射速5发/分钟，是山地师现有炮兵的骨干装备。由于炮兵可能成为影响中印地面军力对比的重要因素，因此印方近年来积极推动这项对美采购，希望新组建的第17山地打击军能用直升机吊运或转移M777榴弹炮，获得高海拔地区炮兵优势，以增强印军山地作战能力。

美国特朗普政府上台后，美印两国防务贸易领域的合作维持了继续强化之势。2017年6月，美国国务院批准向印度出售22架通用原子公司生产的"捕食者–卫士"无人机，合同价值约为20亿～30亿美元。"捕食者–卫士"是"捕食者–B"无人机的变型机种，可在较大作战范围内长航时执行海上的情报搜集、监视和侦察任务，是目前全球最先进的海上侦察无人机。该机型空中最长停留时间为27小时，最大飞行高度为15,240米。②这款无人机之前从未出售给北约以外的国家。2017年9月，美国国防部长马蒂斯作为首位特朗普政府阁员访问印度，其重要议题之一就是延续与印度先前达成的购买美国无人机的计划。10月，美国国务卿蒂勒森在访印前发表公开演讲表示："印度海军是P-8海上侦察机的首个海外用户，它与美国海军同行进行有效合作，这一事实说明了我们共同的海洋利益以及我们对提高互用性的需求。美国提出的包括'海上卫士'无人机、航母技术、'未来垂直起降'项目、F-18和F-16战斗机在内的提议都是我们商业和防务合作的潜在转折点。美军在速度、技术和透明度方面的记录足以说明问题——我们对印度主权和安全的承诺也是如此。与印度有关的安全议题就是美国的关切。"③2017年10月，美方通知印方特朗普政府已经同意向印度出售航母弹射器系统——美军最新型的电磁弹射器。这是一项新型弹射

---

① 早在2011年，印度内阁安全委员会批准的《2012—2017年印度陆军综合远景规划》就明确提出，要在2020年前将一个完全成熟的"山地打击军"部署到印中边境。参与该规划制定的前印度陆军参谋长V.K.辛格（Vijay Kumar Singh）曾公开表示，为对抗中国不断增强的军力，印度国防部很有必要改变自身防务重点，改变以往重点针对巴基斯坦的军力部署与作战准备。2013年7月，印度内阁安全委员会批准了印军方在中印边境地区新设山地打击军的方案。2014年1月，这支被命名为"第17山地打击军"的部队正式开始组建。该部队计划在2020年前组建完成，旨在应对中国日益增长的军力；其最初计划员额为9万人，后因为财政预算无法到位而缩减至3.5万人。

② 王睿：《美国批准向印度出售22架"捕食者–卫士"无人机》，中国航空新闻网，2017年7月4日，http://www.cannews.com.cn/2017/0704/165177.shtml，访问日期：2021年3月16日。

③ Rex W. Tillerson, "Defining Our Relationship with India for the Next Century."

技术，具有容积小、对舰上辅助系统要求低、效率高、重量轻、运行和维护费用低廉等优点，并率先装备在2017年入役美国海军的"福特"号航母上。印方深知弹射技术对提升航母舰载机作战能力的巨大意义，希望能将该装备用于其第二艘国产航母之上。航母电磁弹射器技术是航母的核心技术之一，特朗普政府愿意将该系统出售，无疑有利于印度近距离了解其核心技术，进一步密切美印防务合作。2019年4月，美方批准向印度出售24架MH-6R"海鹰"特种反潜直升机，该机型被视为当今世界上最先进的海军舰载直升机，可执行攻击舰船、反潜、海上搜救等多种任务。美国国务院发表声明表示，这一出售协议将通过加强美印战略关系和改善主要防御伙伴的安全，支持美国的外交政策和国家安全。

2020年2月7日，美方批准以18.7亿美元的价格向印度出售"综合防空武器系统"（IADWS），其中包括5枚MPQ-64F1"前哨"防空雷达、134枚短程FIM-92L热导式"毒刺"导弹、118枚AIM-120C-7/8中程雷达制导导弹以及高机动性车辆、静态发射系统、光电传感器、通信设备和控制终端。2月25日，美国总统特朗普在访印期间和印度总理莫迪宣布，美国将向印度出售24架MH-60R"海鹰"多用途直升飞机（供印度海军使用）和6架AH-64E"阿帕奇"直升机（供印度陆军使用）。该交易已于2018年8月获得印度政府批准，又于2019年4月获得美国国务院批准，将通过美国"对外军售系统"进行。[1] 2020年9月，由于印度北部和西部边境局势趋于紧张，印度国防部批准约3亿美元经费为边境部队升级装备，主要用于采购适合高原山地作战的美制SIG-716突击步枪。[2] 2020年7月，美国国务院发表声明指出："美印国防贸易在过去20年里显著增长。除美国以外，印度拥有最大的C-17和P-8飞机机群。截至2020年，美国已授权向印度出售逾200亿美元的国防产品。美国和印度享受着强有力的国防工业合作。通过《美印国防技术和贸易倡议》，美国和印度在共同生产和共同开发国防

① Sebastien Roblin Contributor, "More U.S.-India Arms Sales Could Follow $3.5 Billion Helicopter Deal," February 26, 2020, accessed March 19, 2021, https://www.forbes.com/sites/sebastienroblin/2020/02/26/modi-and-trump-sign-35-billion-helicopter-deal-more-could-follow/?sh=2d93ebf623aa.

② Rishikesh Kumar, "India's Frontline Troops to Get Additional 72,000 Assault Rifles from US Arms Maker Sig Sauer," September 28, 2020, accessed March 19, 2021, https://sputniknews.com/world/202009281080597446-indias-frontline-troops-to-get-additional-72000-assault-rifles-from-us-arms-maker-sig-sauer/.

设备方面进行合作。"①

  表3.1概述了1983—2020年美国对印军售的主要情况，所出售产品包括军用运输机、监视平台、陆基雷达、舰载直升机、武器系统、发动机技术和两栖运输船等。高达数百亿美元的防务贸易并不必然是美印双边关系最重要的一部分，却为两国双边防务关系的发展起到了重要的推动作用。由于许多美国防务技术还被印方应用于反恐等事务中，因此这些军售使美印两国防务机构之间的合作扩展到执法和边境监控领域。

表3.1 1983—2020年美国对印军售主要情况

订单年份	设备类型（数量）	交易价值
1983	TPE-331（112）	无资料
1999	LM-2500（6）	无资料
2002	AN／TPQ-37"火力发现者"雷达（8）	1.42~1.90亿美元交易的一部分
2003	AN／TPQ-37"火力发现者"雷达（4）	1.42~1.90亿美元交易的一部分
	LM-2500（4）	无资料
2004	F404飞机发动机（17）	1.05亿美元
2006	奥斯汀级两栖运输舰（1）	4,800万美元
	S-61／H-3A"海王"直升机（6）	3,900万美元
2007	F404飞机发动机（24）	1亿美元
2008	C-130J-30运输机（6）	约10亿美元
2008	P-8I海上反潜巡逻机（8）	20亿美元
2010	CBU-97 SFW（512）	2.58亿美元
	RGM-84L"鱼叉"II（20）	1.7亿美元
2012	C-130J-30运输机（6）	约10亿美元
2011	C-17A"全球霸王"运输机（10）	58亿美元
	Mk-54反潜鱼雷（32）	约8,600万美元
	F414飞机发动机（99）	8亿美元
2015	AH-64"阿帕奇"直升机（22）	约30亿美元
	CH-47F"支奴干"重型运输直升机（15）	
2016	M777超轻型155毫米榴弹炮（145）	7.37亿美元
2016	C-130J-30运输机（1）	1.34亿美元
2017	MQ-9B"捕食者–卫士"无人机（22）	超过25亿美元

① U.S. Department of State, "U.S. Security Cooperation with India: FACT SHEET," July 21, 2020, accessed March 19, 2021, https://www.state.gov/u-s-security-cooperation-with-india/.

续表

订单年份	设备类型（数量）	交易价值
2019	MH-6R"海鹰"特种反潜直升机	约26亿美元
2020	"综合防空武器系统"	18.7亿美元
合计		超过200亿美元

资料来源：本图表仅列出美印两国公开的主要常规武器装备贸易，而没有纳入较小的军售，譬如特种部队设备。此外，本表也没有收录TPE-331或LM-2500。Stockholm International Peace Research Institute, "SIPRI Arms Transfer Database," accessed March 19, 2021, http://www.sipri.org/ databases/armstransfers.

　　虽然21世纪以来美印双边防务贸易取得了显著进展，但也遭遇了一些挫折。其中最为显著的一次是美国公司在印度中型多用途战斗机（MMRCA）竞标中落选事件。21世纪以来，印度空军的空战主力是苏–30MKI战斗机；双座重型的苏–30MKI战斗机适合长时间、高强度的制空作战，但采购和使用成本高，不适于大规模部署，需要低成本战斗机补充数量上的不足。印度空军原本意在使用国产"光辉"战斗机作为低成本战斗机，但该战斗机在技术和战术性能上均不够成熟，因而急需填补苏–30MKI和"光辉"之间的空隙，并从其他国家获得更成熟的战斗机技术以便加强自主研制能力。根据计划，印度准备采购126架一线作战飞机，总合同价格预计高达110亿美元。这引起了不少国际军火公司的极大兴趣，参与竞标的有F-16或F/A-18E（美国）、米格–29（俄罗斯）、JAS·39"鹰狮"（瑞典）、"阵风"（法国）和"台风"（欧洲）等机型。2011年4月，经过长达四年的竞争，印度政府最终没有选择参加此次竞标的任何一款美国机型（F-16或F/A-18E），只有法国"阵风"和欧洲"台风"[①]获得了参加最后竞标的资格，这被美国政府和军工企业视为"悲伤时刻"。[②]

　　在美国一些政府官员看来，印方的决定令人震惊。美方自认为曾为签

---

① 即欧洲宇航防务集团（EADS）旗下Cassidian部门的"台风"战斗机（Eurofighter Typhoon），及法国达索公司（Dassault）的"阵风"战斗机（Rafale）。在这起防务招标中，印方最终选择了法国的"阵风"战斗机。2016年9月，印度宣布签署向法国购买36架"阵风"战斗机的合同，虽然较之于最初的126架战斗机采购计划大大减少，但合同金额仍高达78.7亿欧元。

② Richard Clements, "India's MMRCA Fighter Jet Deal: Illusion and Disillusion on the Losers' Side Aviation," February 2, 2012, accessed March 17, 2021, https://theaviationist.com/2012/02/02/india-mmrca-losers/.

署《美印民用核能合作协议》付出了大量努力，该协议具有里程碑意义，不仅消除了深化美印合作的最大阻碍，也是美国在全球核不扩散机制中前所未有的破例之举。美方还公开支持印度争取联合国安理会常任理事国席位，并修订本国的技术管控"实体清单"①，将一些印度国防和太空研发机构从管控对象中剔除，以促进更多的对印技术转让。② 所有这些举措被美方一些人士视为巨大的外交和政治资本，应该有助于美方在印度战斗机竞标中获胜。如果美方拿下这个订单，不仅是印方发出关于自身新战略方向的明确信号，也能削弱俄罗斯和欧洲军工企业此前在印度军工市场的优势地位。

从美国军工行业的角度来看，此次中型多用途战斗机竞标失利引起了美方对印度防务市场透明度和低效率的担忧。美方自认为参与竞标的两款机型（F/A-18E 和 F-16）在技术上都相当出色，其中，美方对 F/A-18E 战斗机尤为自信，因为它不仅在技术上足够先进，而且使用的 F414 发动机和印度自主研制的"光辉"战斗机有一定的通用性。为了帮助美国洛克希德-马丁公司和波音公司拿到 126 架战斗机的订单，美国政府还提出提供最先进的雷达技术作为部分筹码，以帮助两家公司扫清投标道路。虽然美国公司的两个机型在某些方面也存在缺陷，③ 但让美方感到困惑的是，欧洲"台风"和法国"阵风"两款战斗机在没有装备主动电子扫描阵列雷达的情况下竟然入围，而这项技术曾被许多知情观察者视为印方的关键评判标准之一。对于美方来说，令人不安的不仅有战斗机竞标落败及其相关的经济损失，还有印方表现出的前后不一的态度，美国军工行业内部广泛讨论印度军购程序究竟是参考总体价格还是严格的技术标准。美国洛克希德·马丁公司南亚最高执行长理查德·柯克兰（Richard Kirkland）曾指出，印度需要考虑是选择更能直接节约成本的俄罗斯装备，还是选择质量更好、能力

---

① 美国商务部工业和安全局于 1997 年 2 月首次发布"实体清单"，旨在向公众通报那些涉嫌从事特定活动的实体，这些特定活动被认为会增加出口、再出口和将（国内）项目转变为大规模杀伤性武器项目的风险。自初次发布以来，实体清单的涵盖范围已扩大到美国国务院实施制裁的活动以及违反美国国家安全和外交政策利益的活动。

② S. Amer Latif and Karl F. Inderfurth, "The Long View of Indo-U.S. Ties," *Wall Street Journal*, May 12, 2011.

③ 譬如，F/A-18 虽然是舰载战斗机，但印度航母缺乏必要的蒸汽弹射系统，飞行甲板也不具有足够的强度来承载 F/A-18 的起降，所以对印度海军没有太大意义。Ashley Tellis, "Decoding India's MMRCA Decision," *Force*, June 2011, p.10.

更强和性能更优的美国制造系统，"这是一个选择数量还是选择精度的问题"。① 而美国知名南亚问题学者阿什利·泰利斯认为，竞标的最终结果表明，印度选择了"投资在飞机上，而不是投资在关系上"。②

从印度的视角来看，关于中型多用途战机的决策代表着印度防务采购的自豪时刻，因为该决定是根据印度新修订的"国防采购程序"做出的。根据该程序，印度的防务采购分为两个阶段，第一阶段完全聚焦于技术标准，以印度空军的建议为指导，而不考虑价格或战略因素。对于印度而言，中型多用途战机招标从未打算基于"战略考虑"，而只是寻求一款具有一流性能与最新技术的战斗机平台，并获得所需的技术转让，具有联合研发和生产的前景。当然，印方在内心深处仍担忧美国在对印军售上表现出摇摆态度。譬如，1998年印度核试验后，美国对印实施全面禁运，印度的"光辉"战斗机计划一度因为洛克希德·马丁公司撤出飞控软件研制和通用电气公司撤回对F404发动机（后来改为F414发动机）的供应而陷入困境数年，直至"9·11"事件后美印关系好转才解禁。美方的制裁给印方留下了刻骨铭心的痛楚体验。此后，美方先后向印度出售C-130J运输机、P-8I海上反潜巡逻机等机型，但这些飞机的敏感性不及战斗机，易损件、消耗件的数量和更换周期也不及战斗机。所以从根本上说，"F/A-18E的落选不是一个技术问题，而是一个政治问题"。③

在关于中型多用途战机的决策做出后不久，2011年6月，印方批准向美国采购10架波音C-17运输机，该笔交易价值58亿美元。这被印度媒体描述为是对美国在中型多用途战机竞标中落败的补偿，但是这笔交易无法化解美印两国深化防务合作所面临的诸多挑战。2016年，印度再次启动多用途战斗机采购计划。2017年6月法国巴黎航展期间，美国军工企业洛克希德·马丁公司宣布，该公司与印度塔塔集团在巴黎航展上签署了在印度国内生产第70批次F-16"战隼"喷气式战斗机的意向书。美印签署总价值超百亿美元的协议成为航展期间的重磅新闻，引发热烈讨论。2018年，美国国防承包商波音公司与印度斯坦航空公司、马恒达防务系统公司，签署联合生产F/A-18战斗机的协议。但由于技术转让、资金等问题，美印联合

① 苏米特·甘古利:《印度外交政策分析：回顾与展望》，第229页。
② Shashi Taroor, "Obama Dismayed as India Rejects Arms Deal," May 11, 2011, accessed March 17, 2021, https://www.aljazeera.com/opinions/2011/5/11/obama-dismayed-as-india-rejects-arms-deal/.
③ 晨枫:《风从哪里来》,《航空知识》2011年第7期，第48页。

生产F-16改进型和F/A-18战斗机的计划至今未落地。

尽管最近取得一些成功，但美印双方都想知道该如何将两国防务贸易关系提升到更高水平。美方认为，更深层次防务贸易关系的特点是美印两国对彼此销售和采购程序了如指掌，对彼此政府官僚程序非常熟悉，两军具有互用性，能够共同研发通用武器装备，美国将印度作为军工生产供应链的关键一环，印度在未来某个时刻甚至有望成为防务研发和技术的领先者。美印更深层次防务贸易的战略影响是有助于亚太地区稳定，美印两国可以在共同关切领域毫无间隙地开展持续合作，合作领域包括救灾、人道主义援助、反海盗和维持和平行动等。随着美国寻求更多地参与印度防务市场，它也日益关注这些促进或阻碍对印军售的诸多因素。其中比较突出的是美印两国军售/采购体系的对接问题。对于美方来说，印度防务采购进程缓慢，透明度不高，加上参与印度防务招标竞争前期成本高昂，可能会阻碍这些试图进入印度防务市场的美国公司。对于印方来说，美国的参与迫使印度官员需要应对采购美国军火的诸多附带要求，包括销售许可、技术转让程序、最终用途监测、安全通信协议和地图数据等，他们还需要比对采购美国军工产品与其他国家类似系统的成本。印度官员需要从头学习如何通过"美国对外军售"（FMS）系统采购其武器设备，相比之下，他们早已习惯于俄罗斯和法国的军售程序，俄罗斯（苏联）在整个冷战期间一直对印军售，法国也早从1982年就开始对印军售。迄今为止，俄罗斯仍然占据印度防务市场的主流。对于这些阻碍因素，美国可以掌控或克服其中一些，但还有许多因素超出了其能力范围。

伴随美印防务贸易的持续进行，双方都感到自身目标没有得到完全满足。美方一些人士迫切想要了解在印度防务市场的竞争策略以及印度是否想要一种超越军售的关系。印度一些人士则怀疑美国是否会帮助他们实现防务自主的根本目标。美印防务贸易常态化仍面临各种突出挑战，两国要想实现各自的战略目标就需要加强相互协调。

二、美印两国的防务技术合作

在冷战时期，印度在很长时期内是美国及其主导的国际制度实施技术管制的重要对象。在1974年印度核试验后，美国从限制印度获得核技术和设备开始，在随后的若干年中，逐步将限制范围扩展至多个高科技领域，其原因是许多先进技术具有双重用途。譬如，在20世纪80年代，印度曾向美国寻求可用于天气预报的Cray超级计算机却遭拒绝，因为它也可用于核计划。到20世纪90年代，美国开始探索放开对印技术转让。正当美印两国的一些提议开始成形时，印度于1998年进行了核试验，美国防务企业与印度的技术合作也被迫中止。

后冷战时期的美印防务技术合作在一定意义上是两国防务贸易的衍生物。在2001年美国解除对印军售禁令后不久，美印于2002年11月成立高科技合作小组，该小组有两个目标：其一，促进包括防务技术在内的美印两国各领域的高技术贸易；其二，建立针对附加战略贸易的信任措施。[①]与此同时，美国国防部于2002年成立了高技术安全小组（STSG），以增进对彼此国家出口管制和技术安全流程的相互了解，并在美印两国国防部同行之间建立持续的技术安全对话。2005年6月签署的《美印防务关系新框架》协议，增加了两国技术转让、联合生产和加强导弹防御相关合作的机会。协议指出，"在两国战略关系的背景下，美国和印度将努力完成防务交易，并非仅将其作为目的，而是作为手段来强化两国国家安全，增进两国战略伙伴关系，扩展两国武装部队交流，以及在两国防务部门间建立更多的了解"；"在防务贸易的背景下和技术安全保障的框架下，增加技术转让、协作、联合生产和研发的机会"。[②]该协议揭示了提升美印长期防务产业关系和将研制工作外包给印度的机制。在发达国家防务产业日趋全球化的潮流下，该协议为印度防务产业更好地自我定位提供了机会。这不仅有助于印度的国防现代化建设，而且使得印度防务采购、技术转让和合作的来源多元化。

在美国小布什政府时期，美印核协议的签署是美国放松乃至取消对印技术管制的重要转折点，这对印度意义重大。"在取消这些管控并使我们的工商业获得双重用途技术时，核协议将真正成为打开这种锁的关键。尽管在某些情况下这种技术管制确实是在鼓励本地创新并促使印度科学家取得了杰出成就，但日益全球化和竞争的世界要求采取不同的对策。随着印度经济的成熟，并朝着知识和技术驱动的社会发展，消除这些对印技术管控的重要性不可估量。这也将为印度科学家和技术人员提供机会，使其可

---

① V. P. Malik, "Indo-US Defense and Military Relations," in Sumit Ganguly, Brian Shoup, and Andrew Scobell ed., *US-Indian Strategic Cooperation into the 21st Century* (New York: Routledge, 2006), p.90.

② S. Amer Latif, *U.S.-India Defense Trade* (Washington, D.C.: CSIS, June 2012), pp.56-57.

以从与世界各地的同行定期互动中受益，并将他们自己在若干领域中取得的显著成就公诸于众。"[1] 2005年7月，印度总理辛格访问美国，双方不仅达成《美印核合作审批与防扩散强化法案》协议，还在美印高科技合作小组的基础上签署《美印科学技术协议》（U.S.-India Science and Technology Cooperation Agreement），以促进联合研究和培训以及建立公私伙伴关系。

2008年5月，美国众议院通过了《美印防务技术与合作法案》，要求美国总统"正式确立印度作为美国主要合作伙伴的地位"。[2] 2010年11月，奥巴马总统访印，美方在与印度签署军贸大单的同时，宣布对技术转让程序进行改革，几乎将所有印度机构从美国商务部的"管控清单"上移除，并把印度置于美国"最亲近的盟国和合作伙伴"的技术转让类别。[3] 2012年，为进一步促进美印防务贸易，美国启动了为印度量身打造的《美印国防技术和贸易倡议》。根据规划，其主要目标包括：将美印防务关系转变为仅受制于两国的独立战略决策，而非官僚障碍或低效程序；加强印度的国防工业基础，美印双方从传统的"买方–卖方"模式转向更加协作的模式；通过共同研发和联合生产，探索美印科技合作的新领域；扩展美印商务关系。在该倡议之下，美印建立七个联合工作组以探讨一系列双方具有共同兴趣的项目，其中包括：航空母舰，喷气式发动机，情报、监视和侦察，化学–生物保护，海军系统和空中系统。美国国防部继续开展一系列旨在将合作扩展到新领域的项目。该倡议使得美国向印度转让雷达、燃气涡轮发动机、夜视仪和其他技术成为可能，并促进了双方在航空母舰设计等主题上的重要合作。2015年8月，美国和印度的航母技术联合工作组召开首次会议，双方海军官员针对航母的研发、集成、检测等多个方面展开讨论，印度代表团甚至参观了美国第一艘采用电磁弹射的、保密程度极高

---

[1] Shyam Saran, "The India-US Joint Statement of July 18, 2005 — A Year Later," July 14, 2006, accessed March 22, 2021, https://www.mea.gov.in/Speeches-Statements.htm?dtl/2304/The+IndiaUS+Joint+Statement+of+July+18+2005++A+Year+Later+Address+by+Foreign+Secretary+Mr+Shyam+Saran+at+India+Habitat+Centre+New+Delhi.

[2] Ajai Shukla, "US Defence Cooperation Bill Steered Past Anti-India Lobbies in Washington," May 23, 2016, accessed March 16, 2021, https://www.ajaishukla.com/2016/05/us-defence-cooperation-bill-steered.html.

[3] U.S. Commerce Department, "Department of Commerce Takes Steps to Implement Export Control Initiatives to Facilitate High Tech Trade with India," January 24, 2011, accessed March 16, 2021, https://2010-2014.commerce.gov/blog/2011/01/24/department-commerce-takes-steps-implement-export-control-initiatives-facilitate-high.html.

的"福特"号航母。

从2014年中期开始,《美印国防技术和贸易倡议》由美国国防部分管采购、技术和后勤事务的副部长负责落实。美方建立了一个"《美印国防技术和贸易倡议》跨部门联合工作组"(DIATF),由美国国防部国际合作主任、国防部副部长(分管采购、技术和后勤事务)办公室主任共同主持。该小组负责解决阻碍美印合作和系统对接的程序性问题,增加技术和投资流动,发展美印联合研发和生产能力及伙伴关系,加强两国的研发合作。[①] 根据美国《2017财年国防授权法案》要求,美国国防部将分管采购、技术和后勤事务的国防部副部长职位改组为两个新的副部长职位,一个分管研究与工程,另一个分管采购与维护。此项更改于2018年2月前生效。DTTI的组织职责也随之有所调整,但是,此项决定不会影响DTTI正在进行的工作。美方非常重视DTTI框架下美印防务技术合作的安全性问题。作为美印高级技术安全小组的美方联合主席,美国国防技术安全局长曾表示,保障技术安全将是《美印国防技术和贸易倡议》和其他防务合作努力长期成功和生存的关键要素,他们正在积极寻求美印加强技术安全合作的方式。

2014年以来,印度总理莫迪上台后致力推行"印度制造"计划,通过对外技术合作提升自主国防工业能力,获得了美方的积极响应。2015年1月,美印两国领导人在两国联合声明中共同表态支持《美印国防技术和贸易倡议》,并要求该倡议聚焦于追求6个美印共同研发/联合生产路径。2015年6月,美印两国国防部长签署《美印防务关系新框架》协议,进一步提出"将彼此置于最密切伙伴的同一水准——确定这同样适用于防务产品和服务的技术转让、许可、贸易、研究、联合研发和生产,包括先进和复杂技术"。[②] 美国国防部长卡特与印度国防部长帕里卡尔讨论了在喷气发动机和航空母舰研制方面的合作进展情况,以及在更多关切项目方面进行合作的机会。帕里卡尔表示,"自2014年6月至2015年以来,我们在过去

---

① U.S. Department of Defense, "U.S.-India Defense Technology and Trade Initiative (DTTI)," 2012, accessed March 16, 2021, https://forumias.com/portal/daily-editorial-us-india-defense-technology-and-trade-initiative-dtti/.

② "Text of Indo-US Defense Framework Agreement 2015," June 2015, accessed March 16, 2021, http://www.indiastrategic.in/topstories3823_Text_of_Indo_US_Defense_Framework_Agreement_2015.htm.

15个月或更长时间内取得的成就非常显著"，并期待美印防务合作的进展将大大加速。[①]2016年6月莫迪访美，奥巴马表示将支持"印度制造"计划，在《美印国防技术和贸易倡议》下扩大合作制造和技术的共同研发。

2016年6月，美印两国在联合声明中确认印度是美国的"主要防务伙伴"。美国工业安全局根据印度已经是"瓦森纳协定"的成员而对美方《出口管制条例》（Export Administration Regulations，EAR）进行了两项重大修改。首先，《出口管制条例》建立了对印出口许可批准的规定，这可以提升许可决策的效率和可靠性。其次，《出口管制条例》授权印度成为商业和军事出口的"已验证终端用户"（VEU），而经批准的"已验证终端用户"无须进行单独验证许可。这两项修改使印度能够更好地与美国合作制造大型项目，并能为应急出口提供及时的供应链。[②]

2018年，美国授予印度"一级战略贸易许可"（STA-1）地位，将印度置于美国防务出口和技术转让的第一层级国家地位，印度成为继日本和韩国之后第三个获得该待遇的亚洲国家。这使印度能够获得美国商务部规定的多种军事和两用技术的免许可证使用权，为美国对印出口转让武器装备与技术提供了更大的许可例外。美国的举动是对过往政策的重大突破，美国此前只为已加入四个多边出口管制机制（核供应国集团、"导弹及其技术控制制度"、澳大利亚集团以及"瓦森纳协定"[③]）的盟国或友好国家提供此种许可。在美国的有效支持下，印度在2016—2018年相继加入"导弹及其技术控制制度""瓦森纳协定"以及澳大利亚集团。而截至2018年底，印度尚非核供应国集团的成员，美国却赋予印度"一级战略贸易许可"地位，具有较浓厚的"印度例外"色彩。

2019年12月，美印"2+2"部长级对话会签署《工业安全附件》（Industrial Security Annex，ISA），为美国对印转让军事技术以及两国合作

---

① Aziz Haniffa, "What We Have Achieved in 50 Years, We May Achieve in the Next 30, 40 Months," December 11, 2015, accessed March 16, 2021, http://www.rediff.com/news/report/defence-news-india-and-us-are-destined-for-a-common-future-parrikar-carter/20151211.htm.

② U.S. Department of Defense and Department of State, "Enhancing Defense and Security Cooperation with India: Joint Report to Congress," July 06, 2017, accessed March 16, 2021, https://dod.defense.gov/Portals/1/Documents/pubs/NDAA-India-Joint-Report-FY-July-2017.pdf.

③ "导弹及其技术控制制度"旨在管制导弹和无人驾驶航空飞行器及相关技术的出口；"瓦森纳协定"旨在管制常规武器和两用物品及技术的出口；澳大利亚集团旨在管制生化武器及相关物品和技术的出口。

研制武器装备进一步清除障碍。该协议不仅将允许美国公司与印度国有企业合作，而且允许它们与印度私营公司分享敏感防务技术，这标志着美印两国在深化防务技术合作方面的重要突破。此外，双方还签署《〈美印国防技术和贸易倡议〉产业合作论坛协定》《〈美印国防技术和贸易倡议〉标准运作进程》《〈美印国防技术和贸易倡议〉意向声明》等数份文件，以便进一步具体落实《美印国防技术和贸易倡议》。为争夺印度市场，洛克希德·马丁、波音等美国制造商也积极配合"印度制造"政策，加强与印度军工企业的合作。

三、未来合作前景

21世纪以来，美国重新加入印度防务市场的角逐，美印防务贸易和技术合作在较短的时间内取得了显著成就。2011—2015年印度武器进口额占全球的14%，是世界上最大的武器进口国，其庞大的军贸市场成为美印防务合作的助推器。迄今为止，美印防务贸易额已经超过200亿美元，在防务技术领域的合作也日益深入。近年来，美印两国逐渐实现战略对接和利益交汇，双方有望建立一种能够长期持续的防务贸易和技术合作关系。根据2019年的计划，印度预计在2025年前将花费1,300亿美元用于军事力量现代化。[①] 由于印度国内军事工业基础比较薄弱，莫迪政府推行的"印度制造"计划在国防工业领域总体进展有限，同时经济的迅速发展为军事现代化提供较强的财力支撑，印度在未来较长时间内仍将居于国际武器买家排行榜的前列。展望未来，美印两国有机会在现有基础上将防务贸易和技术合作关系推向更高层次，并获得更大的战略收益。

美印防务贸易合作在相对较短的时间内取得了较大的成效，两国有可能在现有基础上将防务贸易关系推向更深的层次，并获得更大的战略收益。值得注意的是，印方对美方的要求标准要高于其他国家，这是因为印方对美国防务产品的期望值更高。印度前驻美大使罗南·森（Ronen Sen）在2011年7月的一篇专栏文章中指出："印度有一个明显倾向，即对美国的期望值要高于任何其他战略合作伙伴。我们期望美国在所有问题上遵循我

---

① PTI, "Indian Army: India to Spend a Whopping USD 130 Billion for Military Modernisation in Next 5-7 Years," September 9, 2019, accessed March 17, 2021, https://www.newindianexpress.com/nation/2019/sep/09/india-to-spend-a-whopping-usd-130-billion-for-military-modernisation-in-next-five-to-seven-years-2031321.html.

们的脚本，却经常把美方相应的期望视为对印度主权的侵犯。即使美印在密切合作时，我们仍然倾向于避开任何公开的美国拥抱。我们无法保持美印两国在2005年和2008年之间前所未有的合作步伐。然而，自2009年以来，美印关系不仅得到巩固，而且范围和内容也大大扩展，无论是在双边还是在全球层面……伴随美印关系的成熟，它将变得较少戏剧化，更为平稳和可预测。美印关系要达到这一阶段尚有待时日。我们两国将必须坚持不懈地努力引领美印关系向这一目标迈进。"[①]

尽管美印两国在战略目标和防务贸易协议上存在明显分歧，美国却不遗余力地推进两国防务贸易合作，甚至在一定程度上努力迎合印方的"印度制造"诉求。早在2011年，美国西科斯基公司就与印度塔塔先进系统有限公司（TASL）成立了合资企业，共同生产S-92直升机机舱。2012年，美国军工巨头洛克希德·马丁公司和TASL成立了合资企业，生产C-130J运输机机身组件。2016年6月，美国波音公司和TASL宣布在海得拉巴成立合资公司，为美制"阿帕奇"直升机生产零部件，并在印度合作开发集成系统。[②] 美国洛克希德·马丁公司在2017年6月宣布，只要印度政府同意签署购买150架F-16战斗机的订单，公司将批准在印度联合生产该类战斗机。为了争夺印度军火市场，美国今后还可能将对印军售范围扩大至提升航母投送力的F-21（F-16改进版）和F/A-18战斗机、宙斯盾系统的M45型127毫米口径舰炮，以及为2023年入列的印度国产航母配置电磁弹射器系统等。[③]

美方之所以对推进美印防务贸易具有极大动力和热情，主要出于以下几点考量。其一，即使印方不希望与美方加强防务兼容能力，印军使用美国武器装备也能促进双方的年度联合军演和人员往来等其他目标。其二，印度是目前全球少数对外军购合同仍在迅速增长的市场之一。这些美国军工巨头有望从印度市场上获得丰厚的商业利润。其三，随着印度国力在未

---

① Ronen Sen, "From Drama to Routine: More Progress Can Be Expected in India-U.S. Relations," July 28, 2011, accessed March 16, 2021, http://www.telegraphindia.com/1110728/jsp/opinion/story_14285784.jsp.

② U.S. Embassy & Consulates in India, "U.S.-India Defense Relations Fact Sheet," December 8, 2016, accessed March 17, 2021, https://in.usembassy.gov/u-s-india-defense-relations-fact-sheet-december-8-2016/.

③ 刘鸣：《美国"印太战略"最新进展与前景评估》，《太平洋学报》2020年第10期，第40—57页。

来数年的增长，它将面临如何使用自身军力的抉择，并且不可避免地需要考虑对现有军事战略、战役和战术原则进行调整。美国对印军售有助于促进美印官员就如何调整这些军事原则进行更密切的讨论，从而为美国影响印度军事战略留下空间。其四，防务贸易可以作为美印两国友好关系的显著象征，从而安抚其他亚洲盟国和合作伙伴。"随着美国在未来数年推进'亚太再平衡'战略的努力，拥有巨大经济前景却面临多种安全挑战的印太地区将越来越多地将美印两国视为净安全提供者。美印两国目前处于防务贸易关系的定型时期，两国有机会建立互惠互利的伙伴关系，这不仅能满足美印两国的各自利益，也有助于亚洲整体的稳定。"① 由此可见，与俄罗斯、法国等传统对印军售大国不同，美国不仅想要对印军售，还想借此与印度建立更牢固的战略伙伴关系，这是美国"印太战略"布局的重要组成部分，防务贸易和技术合作被视为美印两国战略关系的显著象征，美国希望以此将印度纳入美国的战略轨道。

当然，美印防务贸易和技术合作的发展也会受制于若干制约因素，包括印方的战略自主诉求、双方军售/采购程序差异以及技术转让执行困难等。以引人瞩目的印度战斗机采购为例。近年来，印度空军计划在"印度制造"政策下采购114架新型战斗机，预算费用为170亿美元，该交易将遵循"战略伙伴"政策。美、俄、法等国军工企业在获悉消息后，都动用各种资源，极力争抢印度空军的军购大单，美国F-21、俄罗斯米格-35、法国"阵风"、瑞典"鹰狮"等战斗机都参与了竞标。尽管印度曾多次表示期望采购美国的F-35战斗机，美方却建议印度空军采购美F-21、F-15EX或F/A-18战斗机；同时美方表示，如果印度有意引进美制战斗机，那么很有可能变成"印度制造"的一部分，美国将助力印度在本土生产这些美制战斗机。尽管美方极力推荐，印度仍有意选择俄罗斯的战斗机。据印度媒体报道，2020年7月，印度国防采购委员会在国防部长辛格的主持下，已批准购买21架米格-29、12架苏-30 MKI以及对59架现有的米格-29战斗机进行升级。② 在2021年2月举行的印度班加罗尔航展上，美俄双方都派出

---

① S. Amer Latif, *U.S.-India Defense Trade: Opportunities for Deepening the Partnership*, pp.49-55.

② "Indian Air Force Bets Big on Russian Jets; Set to Acquire More MiG-29, Su-30 MKI Fighters – Reports," January 18, 2021, accessed March 17, 2021, https://www.procurenews.com/2021/01/18/indian-air-force-bets-big-on-russian-jets-set-to-acquire-more-mig-29-su-30-mki-fighters-reports/.

了庞大的参展团。在此次航展上，俄罗斯飞机制造商和印度斯坦航空有限公司就签订米格–35战斗机供应合同达成了框架协议，如果最终能够落实，合同价格将超过50亿美元。俄罗斯军事技术合作部副主管弗拉基米尔·德罗日佐夫（Vladimir Drozhzhov）表示："莫斯科和新德里已就米格–35的联合生产达成协议，以便俄罗斯中标110架战斗机。"根据协议，前20架米格–35战斗机将在俄罗斯境内量产，而其他90架米格–35战斗机则在印度本土生产。俄罗斯专家认为，米格–35战斗机受到印方青睐的重要原因之一是，米格–35战斗机能与印度目前保有的80余架米格–29战斗机实现最大程度的后勤维护系统共享，它是印度现有米格战斗机中队的理想补充；更重要的是，米格–35战斗机性价比较高，单价仅5000余万美元，可能还包括了部分机载武器、飞行员甚至地勤人员的培养等。[①]

从长远来看，印方的最终目标是摆脱对进口武器的依赖，实现军事装备国产化，这可能是对美印深化防务贸易和技术合作的根本阻碍。2020年新冠肺炎疫情大流行对印度经济造成重创，进一步加快了印度发展自主国防工业的步伐。2020年5月，印度总理莫迪在宣布应对新冠肺炎疫情的一揽子特别经济计划时提出"印度自力更生"方案。印度高层曾屡次解释，该方案并非"排斥进口"，只是为了提振经济。印度国防部此后的做法显示了其与政府政策导向的高度一致。5月20日，印度国防部发布了一份定向采购本国供应商产品的26种"禁购物品清单"。至此，印度国防部已发布127种优先向本国供应商采购的"禁购物品清单"，这26种物品也在其列。印度国防部发表声明指出："此后，采购实体将只从本国供应商采购这些产品，而无论其购买价值如何，只要本国供应商符合各产品所规定的最低国产化率。"为这26种物品规定的国产化率均在40%至60%的范围内。[②]2020年8月9日，印度国防部长辛格宣布，印度军方在本财年制定了70亿美元的国防预算，专门采购国产武器装备，以振兴印度国内军工业；与此同时，将"从即日起到未来四年间"停止进口包括火炮、突击步枪、护卫舰、声纳系统、运输机、轻型直升机、雷达、越冬被服、山地装备在

---

① "Russia Mig 35 Big Win in India with 5 Billion USD Contract?" February 7, 2021, accessed March 17, 2021, https://defenceview.in/mig-35-big-win-in-india-with-5-billion-usd-contract/.

② NDTV, "26 Military Equipment to Be Purchased from Domestic Firms Under 'Make in India': Government," May 21, 2020, accessed March 17, 2021, https://www.ndtv.com/india-news/26-military-equipment-to-be-purchased-from-domestic-firms-under-make-in-india-government-2232530.

内的101项军购项目，并逐渐实施装备的国产化。印度国防部表示，此举是在总理莫迪宣布要实现自力更生之后推出的，是"印度自力更生"计划的组成部分，"将为印度国防工业提供一个很好的机会，使其可以利用自己的研发能力或采用由国防研究与发展组织研发的技术来满足武装部队在未来数年的需求"。"101项禁购物品清单上也包括高科技武器系统，为此与各利益攸关方（包括印度陆军、空军、海军、国防研究与发展组织、公营军工企业、兵工厂和私营企业）就评估印度本国军工产业制造各种弹药、武器、平台、设备的当前和未来能力进行数轮磋商。"在上述禁令落实之后，未来5～7年之内将有约合533.5亿美元的军购合同授予本国军工产业。[①]

2020年9月发布的印度"2020年国防采购程序"带有鲜明的"自力更生"印记。文件开宗明义地指出："其精神和动力源于'自力更生'和'印度制造'的伟大号召，该号召定义了印度的增长故事以及到2024年成为5万亿美元经济体的梦想。国防将是助力这些目标实现的关键部门。"[②] 2020年国防采购程序专注于自力更生，强调通过制造、研发和战略伙伴关系来实现本土化和创新。2020年国防采购程序新增"全球采购–印度制造"类别，规定国际采购的合同总价值至少要有50%的本土化，旨在随后通过技术转让实现印度制造。2021年1月，莫迪主持的印度内阁安全委员会批准为印度空军采购83架本国开发的"光辉"轻型战斗机，耗资约65.6亿美元。印度国防部长辛格宣扬此项交易将会成为印度防务工业自力更生的"游戏规则改变者"，"'光辉'轻型战斗机将成为未来数年印度空军战斗机群的脊梁，它采用了许多印度此前从未使用的新技术，国产化率有望达到60%"。[③] 故而，美印防务贸易和技术合作仍会继续发展，但要让这种合作迈向更深层次，美印两国需要有效克服彼此在战略目标、工作程序和政策

① Mayank Singh, "In Big Push for 'Atmanirbhar Bharat', Defence Ministry to Embargo Import of 101 Items in Phases," August 9, 2020, accessed March 17, 2021, https://www.newindianexpress.com/nation/2020/aug/09/in-big-push-for-atmanirbhar-bharat-defence-ministry-to-embargo-import-of-101-items-in-phases-2181134.html.

② India Ministry of Defense, "Defense Acquisition Procedure 2020," September 30, 2020, accessed March 25, 2021, https://www.mod.gov.in/dod/defence-procurement-procedure.

③ PTI, "India Approves Deal to Buy 83 Tejas Aircraft for Rs 48,000 Crore," January 13, 2021, accessed March 17, 2021, https://www.bloombergquint.com/politics/ccs-approves-tejas-deal-worth-rs-48-000-crore.

制度等方面的分歧。

第三节　美印反恐和国土安全合作

进入21世纪以来，美印两国安全防务合作发展迅猛，反恐和国土安全合作是其重要组成部分。伴随2000年美印反恐联合工作组的建立、2005年《美印防务关系框架》协议的签署、2010年《美印反恐合作倡议》的出台、2011年美印国土安全对话的启动以及2015年《美印防务关系新框架》协议的发布，美印反恐和国土安全合作呈现迅速发展之势，机制建设和合作成果均达到前所未有的水平。展望未来，美印反恐和国土安全合作有望保持良好的发展态势，但也将受制于印度对美巴关系的强烈不信任感、美印两国官僚能力的不足、两国对恐怖威胁的不同认知和国家利益的深刻分歧。

一、美印两国的反恐合作

美印反恐合作始于20世纪80年代，并在90年代进一步发展，但在"9·11"事件以前一直发展缓慢。2001年"9·11"事件和2008年孟买恐怖袭击案极大推动了美印两国的反恐合作。伴随2010年《美印反恐合作倡议》的出台及后续推进，美印反恐合作逐渐深入，并取得显著成果。

（一）"9·11"事件以前的美印反恐合作

美印两国的反恐合作最早可追溯到20世纪80年代，印度在应对国内锡克族恐怖主义方面获得了美方的协助。当时印度一些锡克族组织为建立独立的"哈里斯坦国"而在旁遮普邦开展劫机等恐怖活动，并在美国、加拿大和欧洲建有秘密分支。印度政府认为这些组织得到巴基斯坦的幕后支持；美国担心如果放任不管，可能会加剧印巴之间的紧张局势。因此，美印反恐合作的初步形式是美方对印度情报官员进行有关反劫机和人质谈判技巧的培训。此后，美印反恐合作扩展到共享关于这些印度锡克族组织海外分支的情报。

美印两国应对印度锡克族恐怖主义的合作一直持续到20世纪90年代初。此时，印度锡克族恐怖主义活动逐渐平息，在美国活动的印度锡克族"哈里斯坦委员会"逐渐演变为合法的院外游说团体。而"赫尔卡特圣战士"（HuM）、"伊斯兰圣战运动"（HuJI）、"虔诚军"（LeT）、"穆罕默德军"

（JeM）等激进组织开始在克什米尔及其他印巴边境地区对印度发动袭击。[①]
美印两国的合作重点转移到应对克什米尔不断加剧的暴力活动问题。1995
年克什米尔地区发生了绑架和杀害6名西方游客的事件，受害者中包括两
名美国人，这迫使美国重新评估其对克什米尔地区武装冲突的观点。美方
的立场较之前有所松动，将"赫尔卡特圣战士"列入"外国恐怖主义组织"
名单，并开始与印度有关部门合作监控上述激进组织的活动。1997年，美
印两国签署引渡条约，使印度得以将本国通缉的锡克族武装分子从美国引
渡回国。

　　正当美印反恐合作有望进一步深入时，1998年印度核试验和美方的
制裁中断了两国反恐机构的接触，并减少了美国对印度出售反恐装备的数
量。实际上早在1997年，当美国克林顿政府提出"聚焦印度的南亚政策"
时，美印双方就有建立反恐联合工作组的提议。但是1998年印度核试验使
得双方反恐合作进程停顿下来。直至2000年，美印两国达成了重启反恐合
作的共识，并成立联合工作组，主要进行情报交换、反恐手段培训以及边
境管理与监控合作等，这"标志着美印两国由过去的疏远关系转变为逐步
扩展的关系"。[②] 有学者认为，美印两国之所以希望此时加强反恐合作，主
要有三点原因：其一，两国在特定恐怖主义议题上的合作增进了彼此的良
好意愿；其二，恐怖主义议题对于美印两国政府都很重要；其三，反恐议
题与美国在南亚的核不扩散政策牵连较少。[③]

　　在"9·11"事件前，美印两国在具体反恐事务中进行了一定的合作，
但反恐情报合作总体比较有限。这一时期美印反恐合作主要限于联合反恐
训练。在美印两国开展反恐合作时，印度对于美巴关系的发展颇为介怀，
美国则关注印度与伊朗、伊拉克及缅甸等国的关系。一方面，美国对"巴
基斯坦参与印度境内恐怖主义问题"的立场让印度感到沮丧；另一方面，
美国对印度的反恐立场同样持有疑义。在20世纪90年代，尽管美国已宣
布伊朗和伊拉克是"国家恐怖主义的支持者"，印度却与两国保持友好关

---

　　① 刘向阳、康红梅：《克什米尔地区恐怖主义问题综述》，《国际资料信息》2010年第4期，
第19—21页。

　　② Polly Nayak, "Prospects for US-India Counterterrorism Cooperation: An American View," in
Sumit Ganguly, Brian Shoup, and Andrew Scobell ed., US-Indian Strategic Cooperation nto the 21st
Century (London and New York: Routledge, 2006), p.132.

　　③ Polly Nayak, "Prospects for US-India Counterterrorism Cooperation: An American View," p.133.

系。印度与两伊颇具历史和文化渊源，它与两伊关系的不断扩展则主要归因于印度的能源和贸易诉求。美国一直反对建设伊朗–巴基斯坦–印度天然气管道，印度却认为它对本国日益增长的能源需求至关重要。美印两国对伊拉克萨达姆政权的威胁认知也不尽相同。尽管美国认为伊拉克是威胁中东稳定的不稳定因素，印度却不认同关于伊拉克与恐怖主义有关联的指控。"在20世纪90年代初的孟买爆炸案后，萨达姆政府曾提出要帮助印度追查肇事的恐怖分子"，[①] 印度对此记忆深刻。

（二）"9·11"事件以来的美印反恐合作

"9·11"事件极大地推动了美印两国的反恐合作。"9·11"事件发生后，印度立即表态全力支持美国将此次恐怖袭击的元凶绳之以法。2001年10月，美印两国签署《美印刑事司法互助条约》，该条约可提供与调查恐怖主义相关的法律支持。印度提供的无条件支持是"前所未有的，让许多印度和美国观察家大吃一惊"。[②] 一些观察家认为印度的支持不仅仅是象征性的，而且用实际行动支持美国建立反恐联盟。印度尽管不能为打击阿富汗境内的恐怖分子发挥直接作用，却提供了后勤服务和情报支持。在美国发动阿富汗反恐战争前后，印度为其提供阿富汗的卫星图片和情报，为美军飞机提供加油和维修服务，在孟买和科钦为美国海军舰船提供港口设施和担负搜救任务，甚至允许美国使用印度的军事基地。两国的反恐合作还扩大到了港口和集装箱货轮安全以及预防使用大规模杀伤性武器的恐怖主义上，印度海军还为美国船舶运送重要物资，通过马六甲海峡和安达曼海提供海军护航。印度鲜明的反恐立场也对巴基斯坦产生了影响。美国兰德公司的研究报告称，"印度的支持是影响伊斯兰堡决策谋划的巨大因素"。[③] 当然，由于巴基斯坦特殊的地理位置及其与阿富汗政权的密切关系，巴基斯坦成为美国反恐战争的最重要盟友之一，但印度的积极姿态赢得美国的赞赏，美国称其为全球反恐战争中"重要的非正式盟友"。[④]

作为对印度支持美国反恐的回报，美国对在克什米尔活动的激进组织

---

① Polly Nayak, "Prospects for US-India Counterterrorism Cooperation: An American View," p.138.

② C. Christine Fair, "The Counterterrorism Coalitions: Cooperation with Pakistan and India," 2004, accessed March 15, 2021, http://www.rand.org/pubs/monographs/2004/RAND_MG141.pdf, pp.76-77.

③ C. Christine Fair, "The Counterterrorism Coalitions: Cooperation with Pakistan and India," p.77.

④ SM D'Souza, "Indo-US Counter-Terrorism Cooperation: Rhetoric Versus Substance," *Strategic Analysis*, Vol. 32, No.6, 2008, p.1075.

"穆罕默德军"实施制裁。更重要的是,"由于'9·11'事件,华盛顿最终倾向于接受印度的观点,即把克什米尔的武装分子视为国际恐怖分子,这是印度外交的胜利"。[①] 2004年中期,美国陆军高级代表团曾访问印控克什米尔地区的第15军战斗学校,向印军学习某些新的反武装分子和非传统作战训练技巧以便用于美国部署在伊拉克的部队。美印两国还开展不同形式的反恐军演,如"马拉巴尔"系列军演的最初目的就是加强联合反恐,虽然在历经十余年后演习内容大大拓展,但联合反恐始终是演练的主要科目之一,2007年的美印"准备战争"陆军年度军演也设置了反恐/反叛乱的科目。2005年7月,印度总理辛格访问美国,双方在联合声明中对两国间积极的反恐合作表示赞赏,并支持朝这一方向作出更多的国际努力。

2008年11月底,印度孟买发生特大恐怖袭击事件,包括6名美国人在内的近200人遇难。[②] 孟买恐怖袭击案表明,印度在应对国内安全威胁上存在人员能力和装备技术的不足,这为美印两国加强反恐合作提供了机遇。孟买袭击案发生后,美国白宫国家安全委员会召集反恐部门、情报部门以及国防部和国务院的官员讨论孟买恐怖袭击事件。白宫方面发表声明称:"美国总统布什对印度孟买连环恐怖袭击中受伤和丧生的印度人以及他们的家属表示深切的哀悼";"美国政府会继续观察形势,保护在印美国公民的人身和财产安全,同时美国已经准备好为印度政府提供援助"。[③] 美国中央情报局和联邦调查局参与了在印度的调查,被允许接触相关证据和情报,并为印度调查此案提供技术援助。譬如,为进行调查取证,印度国家情报局与美方合作,收集恐怖分子的对话录音,以便最终进行判决;印度情报官员向美方学习了保留和分析司法鉴定证据的技术知识;美国联邦调查局刑侦专家在审判恐怖袭击嫌犯的法庭上提供证人证词。2008年12月

---

① Polly Nayak, "Prospects for US-India Counterterrorism Cooperation: An American View," p.141.

② 2008年11月26—29日,在印度孟买发生了系列恐怖袭击。这些袭击由10名持枪者实施,恐怖分子手持自动武器和手榴弹,在孟买的贾特拉帕蒂·希瓦吉火车站、泰姬玛哈酒店、奥贝罗伊酒店、拉马达饭店和利奥波德餐厅等9个地点将平民作为袭击目标。尽管主要袭击在2009年11月26日夜晚进行,但恐怖分子劫持部分人质在两家酒店负隅顽抗,直至11月29日晨在印度安全部队的强力清剿下恐怖袭击才最终结束。袭击造成174人遇难,包括20名安全部队人员和26名外国人,300余人受伤。10名恐怖分子中有9人被击毙,1人被捕。Shanthie Mariet D'Souza, "Mumbai Terrorist Attacks of 2008," accessed March 16, 2021, https://www.britannica.com/event/Mumbai-terrorist-attacks-of-2008.

③ 《布什发表声明全力支持印度调查孟买恐怖袭击事件》,中安在线,http://news.anhuinews.com/system/2008/11/30/002164525.shtml,访问日期:2021年3月16日。

初，美国国务卿赖斯访问印度，呼吁国际社会就调查孟买连环恐怖袭击案进行合作，并敦促对袭击嫌犯采取行动。孟买恐怖袭击案也推动印度政府建立健全反恐机制。2008年12月17日，印度议会同意成立国家调查局，这是一个联邦反恐组织，其职能类似于美国联邦调查局的许多职能。印度议会还批准了《非法活动（预防）法》的修正案，其中纳入了严厉的遏制和调查恐怖主义的机制。

在美印两国安全机构积极有效的合作之下，案情取得重要突破。2009年10月，美国在芝加哥逮捕了涉嫌参与孟买恐怖袭击案的两名嫌犯拉赫与赫德利。2010年1月，两名嫌犯在美国被指控为帮助策划孟买恐怖袭击案。2010年6月，在经历调查工作停滞不前的挫折后，美方允许印方对嫌犯赫德利开展讯问，后者承认参与谋划2008年11月的孟买恐怖袭击案。时任美国驻印大使将其称为"安全合作的历史性进展"，并对美印在该领域开展更多合作表示乐观。

2010年7月，美印两国签署《美印反恐合作倡议》。奥巴马表示，"不论何种形式的恐怖主义都应受到谴责"，"两国必须加强反恐合作"；美国将与印度共同打击印巴边境地区的恐怖主义组织，并积极寻求印度对美国反恐战争的支持。《美印反恐合作倡议》覆盖的范畴十分广泛，包括提高侦查技能，开展法庭科学实验室的合作；建立相互提供调查协助的程序；提高反洗钱、反伪钞、反恐怖主义资助的能力；加强特别反恐法庭之间的联系和训练等。[①] 同年11月，奥巴马访印，承诺两国将进一步强化反恐合作。

此后，美印各城市间的航空、海港和执法交流访问活动根据《美印反恐合作倡议》开始实施，其目的是交流应对恐怖主义威胁的经验、战术、技术和程序，以及开展人员培训。根据美国国务院的反恐援助计划，印度警察及文职安全官员在美国州和联邦两级获得了反恐和执法有关技术领域的12个能力建设培训课程，涉及爆炸案调查、重大事件管理和网络调查、司法取证以及战术指挥官培训等多方面内容。据一份美国国会研究报告显示："美国联邦调查局的宽提科（Quantico）实验室已定期接待印度高级法医专家和机构的访问，与印方高级执法官员交流最佳执法实践。美国国务

---

① 刘红良：《论美印安全合作的机制化建设》，《南亚研究》2014年第3期，第33页。

院的反恐援助项目为1,600多名印度执法官员提供了数十个培训课程。"①
美国还协助印度建立一个以美方为模板的国家反恐中心。美国国务院对印
反恐援助计划的合作重点集中在重要事件应急处置、事后调查、人权、边
境安全、国际金融威胁、引渡和起诉以及包括港口、铁路和机场等在内的
战略目标关键设施的保护等合作科目。印方的合作目标主要是增强处理重
大案件的能力，以及提高印度在地区反恐合作中的执法参与能力。②

　　2011年3月，美印两国在新德里举行了反恐联合工作组第九次会议。
美国表态支持印度争取担任联合国安理会反恐委员会主席候选人的努力，
并确认支持印度为新成立的全球反恐论坛的核心成员。同年7月，美印两
国举行第二轮年度战略对话，此前在孟买发生的连环爆炸袭击使反恐议题
和区域安全成为此次对话的重点。双方在联合声明中指出，"两国重申对于
进一步加强反恐合作的承诺，包括情报共享、信息交流、联合行动和获得
先进的反恐技术和设备"；"双方同意，要切实维护阿富汗及周边区域和全
球安全，消除阿富汗和巴基斯坦两国境内的恐怖主义、极端主义的安全庇
护所及基础设施。双方谴责所有形式的恐怖主义，声明要击败所有恐怖主
义网络，并呼吁巴基斯坦迅速采取行动起诉2008年11月孟买恐怖袭击案
的参与者"；"双方再次重申全面共享2008年11月孟买恐怖袭击案相关调查
和审判资料"。③ 2012年6月，在美国情报的帮助下，印度逮捕了孟买恐怖
袭击案的主要嫌疑犯。

　　2014年9月，印度总理莫迪上任后首次访美，双方在联合声明中重申
了对反恐合作的重视，强调要"摧毁恐怖分子的避难所和犯罪网络，取缔
对恐怖网络的所有金融和战术支持"。联合声明提及"伊斯兰国"、"基地"
组织、"虔诚军"等恐怖组织，并概述了深化美印双边反恐合作的若干领
域，包括刑事执法、军事信息交换和司法合作等，其中尤其强调对网络恐
怖主义的共同打击。2015年1月，美印双方发表联合声明，承诺使美印伙
伴关系成为21世纪稳定的反恐关系；美印两国财政部将签署谅解备忘录，

---

　　① K. Alan Kronstadt etc., "India: Domestic Issues, Strategic Dynamics, and US Relations," Washington, D.C.: Congressional Research Service Report, September 1, 2011, accessed March 16, 2021, https://fas.org/sgp/crs/row/RL33529.pdf.

　　② Saroj Bishoyi, "Defense Diplomacy in US-India Strategic Relationship," *Journal of Defense Studies*, Vol. 5, No.1, 2011, p.74.

　　③ U.S. Department of State, "U.S.-India Strategic Dialogue Joint Statement," July 19, 2011, accessed March 17, 2021, https://2009-2017.state.gov/r/pa/prs/ps/2011/07/168745.htm.

以加强两国在打击洗钱和打击恐怖主义犯罪筹资等事项上的合作。2015年2月，印方出席了打击极端主义的白宫峰会。

2015年9月22日，美印首届战略经济对话在华盛顿举行，印度外交部长苏诗玛·斯瓦拉吉（Sushma Swaraj）和美国国务卿约翰·克里就两国反恐合作达成重要共识，首次签署《美印打击恐怖主义联合宣言》。具体内容包括：双方再次承诺打击一切形式的恐怖主义和维护民主、正义和法治的共同价值观；再次重申奥巴马总统和莫迪总理将美印关系转变为21世纪反恐合作伙伴关系的愿景；再次强调关注"基地"组织及其分支机构、"虔诚军"、"穆罕默德军"、"达乌德团伙"和哈卡尼网络以及其他区域恐怖主义和极端势力组织所构成的威胁；确认"伊斯兰国"组织对全球安全构成严重威胁，双方决定将按照联合国安理会相关决议的规定，努力减少和击败这一威胁；双方重申支持《联合国打击国际恐怖主义全面公约》，努力推进和加强全球合作机制，强调没有任何理由或不满能为恐怖主义辩护。此外，美印双方还就加强情报分享及共享恐怖组织和恐怖分子名单信息，加强恐怖分子甄别能力建设等达成合作意向。

2015年12月，印度国防部长帕里卡尔访美，反恐合作是双方会谈的重要议题之一。帕里卡尔表示，反恐是美印安全防务合作的关键内容之一，因为"恐怖主义已经成为全球现象，需要得到综合性应对，必须无区别地打击各种背景和来源的恐怖分子"。不过，在被问及印度是否考虑加入美国领导的打击"伊斯兰国"联盟时，帕里卡尔给予了否定的答复，称"印度的反恐政策是一贯的，我们认为要让印度在任何国际反恐行动中都能发挥作用，这个行动应该得到联合国的支持或授权，但我们会与美方分享情报，甚至会考虑进一步增进情报共享"。[①]

2016年4月，美国阿富汗和巴基斯坦事务特使访问印度；同年5月，美国在巴基斯坦边界炸死了塔利班最高头目曼苏尔；6月，美印在"反恐情报与恐怖分子监控信息共享"方面达成协议，为美印区域反恐合作奠定了新的基础，但在印度情报界引起了一定的争议。

2017年6月印度总理莫迪访美期间，美印两国同意进一步强化反恐合作，重申共同打击"基地"组织及其分支，以及"伊斯兰国""穆罕默德

---

① Aziz Haniffa, "What We Have Achieved in 50 Years, We May Achieve in the Next 30, 40 Months," December 11, 2015, accessed March 16, 2021, http://www.rediff.com/news/report/defence-news-india-and-us-are-destined-for-a-common-future-parrikar-carter/20151211.htm.

军""虔诚军"和"达乌德团伙"等恐怖组织。双方同意建立新磋商机制以甄别两国国内和国际的恐怖组织。美印两国宣布加强合作以防范恐怖分子的跨境流动和摧毁恐怖组织的全球招募网络。两国还要求巴基斯坦尽快将孟买恐怖袭击、帕坦科克恐怖袭击等跨境恐怖袭击事件的罪犯绳之以法，并确保不得让恐怖主义组织利用其领土发动针对他国的恐怖袭击。根据美印情报协议，印度情报局（IB）下属的跨部门中心将获得的情报传播给相关的中央和各邦安全机构。但是，印度情报局与美国恐怖分子筛查中心（TSC）的直接机构联系仍然薄弱。美国国务院发布的《2018年度恐怖主义国别报告》指出，印度"情报和信息共享方面的持续薄弱环节"，"对各邦和中央执法机构产生了负面影响"。①

2018年10月，美国发布新版国家反恐战略报告，既延续了"9·11"事件后历届美国政府对反恐问题的重视，也呈现出特朗普政府自身的鲜明特色，如将恐怖主义与伊斯兰教挂钩、全方位加强对"伊斯兰国"及其他恐怖和极端组织的打击、力促他国承担更大的反恐责任等。② 根据该报告，活跃在南亚地区的"虔诚军"和"巴基斯坦塔利班运动"均被视为针对美方的潜在威胁，这让印方感到满意；同时，特朗普政府决定扩大驻阿美军的任务，并在此前表示欢迎印度在阿富汗问题上发挥更大作用。2019年2月，印控克什米尔地区发生针对印度的恐怖袭击事件，美方官员直接向印度示意：美国在反恐问题上支持印度，包括将"穆罕默德军"领导人穆罕默德·马苏德·阿兹哈尔·阿尔维（Mohammed Masood Azhar Alvi）列入联合国恐怖分子名单③，但相应地要求印度在伊朗问题上支持美国以作为回报。

在2019年美印"2+2"部长级对话会上，双方一如既往地谴责一切形式的恐怖主义，呼吁对"基地"组织等各种恐怖主义网络采取一致行动，

① "India US Cooperation on Homeland Security," November 28, 2019, accessed March 16, 2021, https://www.jatinverma.org/india-us-cooperation-on-homeland-security.

② 贾春阳：《特朗普政府反恐政策初探》，《现代国际关系》2018年第4期，第13—20页。

③ 穆罕默德·马苏德·阿兹哈尔·阿尔维于2019年5月1日被联合国安理会依照第236（2017）号决议第2、4段列入国际恐怖分子名单。列入名单的原因是他与"基地"组织有关联，"参与资助、筹划、协助、筹备或实施'穆罕默德军'所从事、伙同他们实施、以其名义实施、代为实施或支持其从事的行动或活动"，"为其供应、销售或转让军火和有关物资"，"为其招募人员"，"以其他方式支持其行动或活动"以及"表明与其有关联的其他行动或活动"。UN Security Council, "Mohammed Masood Azhar Alvi," 2019, accessed March 16, 2021, https://www.un.org/securitycouncil/content/mohammed-masood-azhar-alvi.

并对巴基斯坦提出相关呼吁。印度赞赏美国支持将"穆罕默德军"领导人等列入联合国恐怖分子名单，美国也欢迎印度对本国法律的修订，以促进在增强甄别恐怖主义分子能力上的合作。双方还有意加强印度博帕尔国家司法学院与美国联邦司法中心在审理恐怖主义案件方面的司法合作，拟通过引入新的第三国合作伙伴，促进二者在新领域的进一步合作。[①]

2020年2月，特朗普总统访印期间发表美印联合声明表示，两国领导人一致谴责以任何形式使用恐怖主义代理人的行为，并强烈谴责一切形式的跨境恐怖主义；呼吁巴基斯坦确保不让其控制下的领土成为"恐怖袭击的策源地"，并尽快缉捕"11·26"孟买恐怖袭击案和帕坦科特恐怖袭击案嫌犯。双方还呼吁对所有恐怖组织采取一致行动。当然，这些内容也是美印两国在关于反恐的诸多声明中所反复提及的，并无多少新意，更多的是表明双方在反恐问题上的共同关切和合作姿态。[②]

尽管美印反恐合作已经取得了不少成果，但双方深化合作的努力也面临五大挑战：一是两国间政府部门合作不理想，缺乏明晰的权限，致使跨部门合作不畅、结盟不紧密；二是印度政府能力有限、高度集权且决策程序不透明；三是美国与印度中央政府的合作受到联邦政府优先执法权的制约；四是美印对恐怖分子威胁的界定不一致，导致对巴基斯坦的角色定位出现差异；五是印度认为美国政府行事不透明，对美国与印度反恐合作的诚意有所疑虑。[③]

二、美印两国的国土安全合作

在反恐合作的带动下，美印两国承认彼此的国土安全存在相互关联，并开始为更全面的合作和更密切的协调奠定基础。美印两国均将维护国土安全置于非常重要的地位，美国国土安全部长珍妮特·纳波利塔诺（Janet Napolitano）曾表示，两国在维护国土安全方面有许多"相互可供借鉴之

---

① India Ministry of External Affairs, "Joint Statement on the Second India-U.S. '2+2' Ministerial Dialogue," December 19, 2019, accessed March 16, 2021, https://www.mea.gov.in/bilateral-documents. htm?dtl/32227/Joint+Statement+on+the+Second+IndiaUS+2432+Ministerial+Dialogue.

② U.S. White House, "Joint Statement: Vision and Principles for the United States-India Comprehensive Global Strategic Partnership," February 25, 2020, accessed March 17, 2021, https:// trumpwhitehouse.archives.gov/briefings-statements/joint-statement-vision-principles-united-states-india-comprehensive-global-strategic-partnership/.

③ 马勇:《南亚恐怖主义与反恐合作研究》，时事出版社，2018，第169页。

处，并可从互惠关系中获益"。[1] 美国总统奥巴马2010年访印时开启了美国国土安全部与印度内政部之间新的"国土安全对话"，为美印两国国土安全合作机制建设创造了良好开端。

美印两国签署的多项谅解备忘录特别强调了加强双边国土安全合作。2010年《美印反恐合作倡议》为美国在多领域促进印度的国土安全能力建设提供了便利，包括但不限于：建立提供相互调查援助的方案；交流公共交通和铁路安全实践经验；加强两国海岸警卫队和海军在海洋安全方面的相互交流；交流港口和边境安全的经验和专业知识；加强两国国土安全专业机构之间的联络和培训，譬如印度国家安全卫队与其美国同行之间的交流。[2] 此后的美印国土安全合作进一步提升，合作项目还包括高级官员互访和联合处理相关国际事务等。

2011年5月，美印两国在印度举行了首次国土安全对话，美国国土安全部长珍妮特·纳波利塔诺和印度内政部长帕拉尼亚潘·奇丹巴拉姆（Palaniappan Chidambaram）与会，双方决定加强在情报共享、保障全球供应链、打击非法金融活动、提高网络安全、保护关键安全设施等国土安全方面的多项合作。[3] 美国为进一步表现出对印度反恐的支持，正式将"印度圣战者"组织定性为"国际恐怖组织"。同年7月，美国国土安全部与印度通信和信息技术部签署了一份关于网络安全合作的谅解备忘录。[4] 2012年6月，在华盛顿举行的美印第三次战略对话上，两国高层决定在一系列国土安全问题上进行合作，诸如反恐、反网络犯罪、反走私、人道救援和警察事务等。

2015年9月22日，美印双方在首届美印战略经济对话会上就国土安全合作达成以下意向，具体内容包括：在推动印度参与美国国土安全部"全

① Janet Napolitano, "Building Strong International Security Partnerships: The U.S.-India Homeland Security Dialogue," June 2, 2011, accessed March 17, 2021, http://csis.org/files/attachments/110602_DHS_transcript.pdf.

② IRNA, "India-US Sign Counter Terrorism Cooperation Initiative," July 23, 2010, accessed March 17, 2021, https://www.globalsecurity.org/security/library/news/2010/07/sec-100723-irna02.htm.

③ U.S. Department of Homeland Security, "Readout of Secretary Napolitano's Trip to New Delhi," May 27, 2011, accessed March 17, 2021, http://www.dhs.gov/news/2011/05/27/readout-secretary-napolitanos-trip-new-delhi.

④ U.S. Department of Homeland Security, "United States and India Sign Cybersecurity Agreement," July 19, 2011, accessed March 17, 2021, http://www.dhs.gov/ynews/releases/20110719-us-india-cybersecurity-agreement.shtm.

球入境计划"方面取得进展；将孟买列入"强大城市网络"，这是建立反暴力极端主义的次国家适应力的论坛；继续商讨引渡和相互法律协助；美印"超大城市警务交流"，这是一项旨在通过社区警务方面的培训合作来加强地方和国家执法合作的举措；在印度国家警察学院（海得拉巴）与纽约警察局达成谅解备忘录方面取得进展；美印国土安全对话机制的常态化运行等。2016年6月，美印签署关于《美国国土安全总统指令》（HSPD-6）和美国"全球入境计划"的协议。根据协议，美国恐怖分子筛查中心（TSC）与印度情报局（IB）之间交换恐怖分子筛查信息；印度借此可以与已参与该协议的36个国家的安全机构建立联系；为消除印方关于自身信息安全的疑虑，美方也在维护印度互联网数据安全方面给予一定的承诺。[①] "全球入境计划"是美国海关与边境保护局的一项计划，允许预先批准的低风险抵美旅客快速通关；会员通过指定的美国机场快速通道进入美国。根据协议，印度公民有资格参与"全球入境计划"，但必须通过海关与边境保护局的"旅行者计划"网站预先提交申请。

目前，印度已多次派官员参加美国举办的执法和安全培训，以提高印度在重大事件管理、基础设施安全、社区警务、犯罪现场调查、爆炸物检测和应对、法医学、网络安全、大型城市警务和其他领域的能力。此外，美国国土安全部通过移民和海关执法部门以及美国联邦调查局为印度执法人员提供培训项目和交流。美国和印度也开展反毒品合作。通过美国药品执法局和联邦调查局，美军太平洋司令部（以及后来的印度洋–太平洋司令部）的多部门联合工作组已与印度内政部合作，努力阻止毒品原材料和制成品的流通，其中印度是关键来源地之一。主要合作项目包括事件应对培训、讯问课程以及为印度海岸警卫队开设的现场执法课程。

尽管美印两国在国土安全领域的合作已经取得不凡进展，但双方仍然存在着进一步提升合作的空间。美国尤为看中两国在交通领域的合作潜力，认为"交通对印度可持续发展的重要性日益凸显，这是能给美印国土安全合作带来额外机会的关键部门"。[②] 目前，交通基础设施不足以成为阻碍印度维护国内安全和实现未来增长的主要障碍之一。印度的中长期发

---

① "India US Cooperation on Homeland Security," November 28, 2019, accessed March 17, 2021, https://www.jatinverma.org/india-us-cooperation-on-homeland-security.

② Brianna Fitch etc., *U.S.-India Homeland Security Cooperation: Building a Lasting Partnership via Transportation Sector Security* (Washington, DC: CSIS, 2013), p.4.

展规划需要大大拓展铁路、航空和海运基础设施的能力。印度的铁路系统已经过时，难以满足日益增长的人员运输和货运需求，导致严重的延误和高昂的成本。[①]印度的空运需求远远超过其航空基础设施容量，导致航空拥塞和经济损失。印度港口体系同样严重不足，而中长期海运需求将会出现较大幅度增长，这将进一步增加印度交通基础设施的压力。印度已经开始努力改变交通运输基础设施建设滞后的局面，计划投入巨资进行升级和扩展，然而多重国土安全威胁对其交通基础设施及能力建设构成了严重挑战。

三、未来合作前景

展望未来，美印两国的反恐和国土安全合作有望保持比较平稳的发展态势，这种合作将获得两国趋于紧密的战略关系和安全防务合作的持续推动。美印两国都认为"对全球安全的新威胁更加模糊，更难定义和来源更为多元"，恐怖主义是其中最显著的威胁之一；两国在确保阿富汗、亚太、中东、中亚和南亚的政治稳定方面拥有共同利益。[②]2001年"9·11"事件和2008年孟买恐怖袭击案促进了美印两国的相关合作，为两国进一步深化合作奠定了良好基础。冷战结束以来，美国面临日益严重的宗教极端主义和暴力武装活动的威胁，其高峰就是2001年"9·11"事件。此后，南亚成为美国领导的全球反恐战争的重点地区之一。而印度作为南亚面积最大、人口最多和经济发展最迅猛的国家，长期以来一直是恐怖主义的受害国，其脆弱性在2008年孟买恐怖袭击案中更是暴露无遗，因此也积极支持美国打击恐怖主义威胁，尤其是来自南亚周边邻国的威胁。对于美国而言，在南亚地区的最大安全关切之一就是发生另一起类似于2008年孟买恐怖袭击案的重大恐怖袭击。这种大规模恐怖袭击极有可能给印度政府造成巨大的应对压力，从而加剧南亚次大陆的核战争风险。南亚地区的紧张局势升级也会分散巴基斯坦在国内尤其是巴阿边境地区开展反恐行动的投入，这将影响阿富汗乃至中东地区的反恐形势。2020年2月特朗普总统访印期间发表的美印联合声明指出，两国领导人决心通过合作加强国土安

---

① Vikas Bajaj, "Clogged Rail Lines Slow India's Development," June 15, 2010, accessed March 17, 2021, http://www.nytimes.com/2010/06/16/business/global/16indiarail.html?pagewanted=1&_r=1.

② C. Christine Fair, "The Counterterrorism Coalitions: Cooperation with Pakistan and India," 2004, accessed March 15, 2021, http://www.rand.org/pubs/monographs/2004/RAND_MG141.pdf.

全，并共同打击贩卖人口、恐怖主义和暴力极端主义、贩毒和网络空间犯罪等国际罪行；欢迎美国国土安全部和印度内政部关于恢复国土安全对话的决定；为了表明他们共同致力于打击非法毒品对本国公民的威胁，两国领导人宣布有意在其执法机构之间建立新的禁毒工作组。[①]

虽然美印反恐和国土安全合作前景良好，但两国深化合作的努力也面临不少阻碍因素。

首先，阻碍美印两国深化合作的最大障碍仍是印度对美巴之间建立紧密的军事和情报关系的强烈不信任感。印巴两国存在深刻的历史和现实积怨，印方认为巴基斯坦暗中支持克什米尔地区的跨境恐怖主义，对印度安全构成了巨大威胁。巴基斯坦是美国最重要的反恐盟友之一，美国在"9·11"事件后大幅加强对巴方的军事和经济援助，并说服后者积极缉拿这些破坏巴基斯坦领土完整和威胁美国驻阿富汗部队的恐怖分子。美方认为，让巴基斯坦军方花费较多精力来解除克什米尔武装分子的武装，可能会过度消耗巴方的军事能力，从而损害美国摧毁"基地"组织和塔利班的主要目标。[②] 美国对巴基斯坦的态度让印方感到沮丧并屡屡抱怨，有印度外交部官员表示："即使我们对巴基斯坦的长期期望是相似的（例如，重建社会制度，恢复民主，对社会、政治和经济进行改革等），但我们在短期内的举措大相径庭。对于美国而言，在阿富汗的军事成功要与美巴关系画上等号。美国接受了巴基斯坦区别对待塔利班和查谟–克什米尔圣战分子的意愿。"[③] 美国传统基金会高级研究员丽莎·科蒂斯指出，"美方的行为强化了印方的观念，即只要巴基斯坦继续在打击'基地'组织方面与美国合作，美国就会对巴基斯坦涉嫌支持对印恐怖袭击的问题网开一面"；丽莎·科蒂斯甚至认为，"美印关系中充斥着信任赤字"，印度对美国涉巴问

① U.S. White House, "Joint Statement: Vision and Principles for the United States-India Comprehensive Global Strategic Partnership," February 25, 2020, accessed March 17, 2021, https://trumpwhitehouse.archives.gov/briefings-statements/joint-statement-vision-principles-united-states-india-comprehensive-global-strategic-partnership/.

② S. Amer Latif, "US-India Counterterrorism Cooperation: Deepening the Partnership," September 14, 2011, accessed March 17, 2021, https://csis-website-prod.s3.amazonaws.com/s3fs-public/legacy_files/files/ts110914_Latif.pdf.

③ Virender Singh Salaria, "India-United States Security Cooperation: Past, Present, and Future," Thesis for the Master's Degree, U.S. Army Command and General Staff College, 2011-12, pp.81-82.

题公开表态的前后不一和立场倒退感到沮丧。[①] 对印度有利的是，美巴关系自2011年以来一直呈恶化之势，美方对通过安抚政策促进巴基斯坦变化的期望逐渐下降。在印方看来，美国对巴态度近年来终于"出现曙光"（特别是在乌萨马·本·拉登被击毙后），但是尚不能确定美方的态度转变是否意味着会对巴施加更大压力，迫使该国停止支持这些威胁印度安全的恐怖主义团体。[②] 伴随美国从阿富汗的撤军进程，印方尤其担心巴基斯坦会以反恐的名义低价购买更多的美国军事装备。由于巴基斯坦仍被美国视为重要反恐盟友，除非印度看到美方态度变化的实际表现，否则仍会对美方相关承诺存在一定怀疑。

其次，美印深化反恐和国土安全合作还受限于两国行政能力的不足。一是美印两国在反恐和国土安全领域均有多部门参与，权责不清、沟通不畅的情况比较明显。就美方而言，美国参与反恐和国土安全任务的部门包括国防部、国务院、国土安全部、财政部等，这些部门相关职能出现重叠，相互沟通协调也存在障碍；就印方而言，本来在反恐和国土安全领域的行政能力比较有限，比较分散的决策机制更是加剧了部门间沟通协调的困难。二是美方的战区体系划分与印方的战略视野难以匹配。地理上的南亚地区被美军划入不同战区司令部的辖区，印度位于太平洋司令部（以及后来的印度洋–太平洋司令部）的辖区内，巴基斯坦则位于中央司令部的辖区内；美印防务合作主要由美军太平洋司令部（以及后来的印度洋–太平洋司令部）牵头，但它很难顾及印度的全部战略利益和关切。尤其是印度的许多反恐和国土安全关切都位于美国太平洋司令部（以及后来的印度洋–太平洋司令部）辖区之外，譬如印巴边境地区的跨境恐怖主义、动荡不安的阿富汗以及来自波斯湾的能源运输等。印方认为，"太平洋司令部既无权威也无办法与印度开展全方位的军事合作"。[③] 三是印方不愿意在纯粹军事框架下处理美印反恐与国土安全合作问题。在2008年11月孟买恐怖袭击案发生后，美军太平洋司令部曾试图帮助印度安全部门提升反恐能力，但美印两国特种部队的反恐合作成效比较有限。这主要受制于印方的

---

① Narayan Lakshman, "Trust Deficit Hinders India-US Counterterrorism Cooperation," September 15, 2011, accessed March 17, 2021, https://www.thehindu.com/news/international/trust-deficit-hinders-indiaus-counterterrorism-cooperation/article2456301.ece.

② S. Amer Latif, *U.S.-India Military Engagement: Steady as They Go*, p.37.

③ *Ibid.*, p.35.

固有观念，即认为反恐属于国内执法问题，因而是印度内政部的权限。印度内政部不愿意就反恐问题与美国国防部直接交流，而是把美国国土安全部和联邦调查局视为合适的对话者。因此，美国国防部必须通过联邦调查局才能与印度国家安全卫队沟通反恐事项。①

再次，虽然美印双方都认识到全球安全（尤其是在"9·11"事件后）面临的威胁，双方也在积极协调立场，寻求合作，但双方对恐怖威胁的不同认知依旧存在。美印双方对国内/国际恐怖主义的认识一直存在分歧，在国家恐怖主义、跨境恐怖主义和非国家行为体的定义上无法达成完全共识。印度认为恐怖主义在很大程度上是国土安全问题，即该国面临与种族、意识形态和宗教叛乱有关的暴力活动，有些被认为受到巴基斯坦的幕后支持。② 美方则将恐怖主义更多视为国际安全问题，呼吁各国结成全球伙伴联盟，以打击暴力极端主义；近年来美方还强调反恐不是与伊斯兰教为敌，国际社会不应因种族和宗教问题发生分裂③。

最后，美印两国在国家利益上的深刻分歧更是难以真正消除。美印两国在反恐和国家安全领域上的国家利益并不完全一致。美国志在维护全球霸权，其反恐对象主要是"基地"组织、"伊斯兰国"等危及美国全球利益的跨境恐怖组织；印度志在维护南亚霸权，将盘踞克什米尔地区及其他印巴边境地区的武装分子视为最迫切的威胁。早在21世纪初美国在阿富汗和伊拉克开展的反恐战争正在如火如荼地进行之时，由于美印双方在反恐对象上的分歧，印方就对美国领导的全球反恐战争产生了怀疑，认为"美国最初宣布'全球反恐战争'，但后来改变了所宣布的打击全球范围内的恐怖主义的立场。这种战略改变反映了美国对自身安全利益的狭隘追求"④。虽然近年来美印战略关系趋于密切，美国积极推进美印合作以增加自身的区域和全球影响力，但是由于南亚次区域体系的结构特征以及印巴两国根本性的利益分歧，区域稳定性考量对于美国仍然非常重要，美方在推动美印合作时仍然希望保持地区的基本力量平衡，难以放手支持印度打击印巴

---

① S. Amer Latif, "U.S.-India Counterterrorism Partnership: Deepening the Partnership."

② Polly Nayak, "Prospects for US-India Counterterrorism Cooperation: An American View," p.134.

③ U.S. Department of State, "Remarks by the President at the Summit on Countering Violent Extremism," February 19, 2015, accessed March 17, 2021, https://obamawhitehouse.archives.gov/the-press-office/2015/02/19/remarks-president-summit-countering-violent-extremism-february-19-2015.

④ C. Christine Fair, "The Counterterrorism Coalitions: Cooperation with Pakistan and India."

边境地区武装分子的行动，以免引发地区冲突。

第四节 美印防核扩散和民用核能合作

防核扩散问题是美印关系的最重要议题之一，两者在该问题上的分歧和交锋曾数次导致美印关系陷入困境甚至停滞、倒退。进入21世纪后，伴随《美印民用核能合作协议》的签署，美国在防核扩散问题上对印度进行了较大程度的妥协，双方的民用核能合作也得以逐步展开。

一、美印两国在防核扩散问题上的分歧与妥协

美印两国在核不扩散问题上的分歧由来已久。印度将"美国施加国际控制的努力视为侵犯主权，这一立场最早可追溯到1947年联合国关于原子能国际控制的巴鲁克计划的讨论"。[①] 1948年，印度设立原子能委员会，负责制定核能研究政策；印度总理尼赫鲁正式授权由霍米·巴巴（Homi Bhabha）牵头负责核武器试验计划。1954年，印度成立原子能部，负责执行核能发展计划，由霍米·巴巴出任部长，巴巴原子能中心也于同年在孟买开建。原子能部建立初期（1954—1959年），印度的核计划得到迅速发展，到1958年印度已经有三分之一的国防预算用于原子能部的核武器研究。但在20世纪50年代，印度总理尼赫鲁在口头上仍宣扬禁止核试验并实现核裁军。为此他在1957年11月致信美苏领导人，呼吁美苏"停止一切核爆炸试验，以此向世界表明他们决心结束这个威胁，并进而实现有效的裁军"。美国并不满意印度貌似不偏不倚的立场，认为印度应该谴责苏联的核试验，赞成美国的核试验。美国科学家杰罗姆·韦泽（Jerome Weiser）博士曾在1965年初访问印度，当时他就判断"印度人可以在两至三年内生产出一枚核武器"。[②]

美国从20世纪60年代开始着手建立防核扩散机制，在一定程度上视印度为主要对象。为了维护自身核垄断地位并限制其他国家发展核技术，美苏两国积极推动核禁试谈判，并于1963年8月签署了旨在防止核扩散的《部分核禁试条约》。印度尽管承受着来自美苏两国的巨大压力，最终却拒

[①] Dennis Kux, *India and United States: Estranged Democracies*, p.262.
[②] *Ibid.*, p.263.

绝签署该条约。印度认为，"核禁试条约未能为非核国家在遭遇核攻击威胁时提供安全保证"。[①] 印度以上述托辞拒不接受该条约，坚持要将是否开发的选择权保留在自己手中。印度的抉择与国际社会既定的规则构成严重冲突，防核扩散问题成为美印关系的重要变量之一。1968年，联合国大会通过《不扩散核武器条约》，并于1970年生效。条约主要内容包括：其一，确认1967年1月1日前制造并爆炸核武器或其他核爆炸装置的国家为核国家；其二，有核武器缔约国不得向任何国家转让核武器或其他核爆炸装置及其控制权，也不以任何方式协助、鼓励或引导无核武器国家制造或以其他方式取得上述武器或装置亦或其控制权；其三，无核武器缔约国不得从任何让与国接受核武器或其他核爆炸装置及其控制权，不制造也不要求任何人提供这种帮助；其四，条约不影响各缔约国为和平用途而研究、生产及使用核能的权利，但进行一切和平核活动，均应遵守国际原子能机构的规约和安全保障制度，以防止将核能自和平用途转用于核武器或其他核爆炸装置；其五，条约生效25年后应举行会议，以决定条约应否无限期有效或将其有效期延长。该条约成为国际防核扩散机制的最重要基石，美国政府此后开始敦促印度加入该条约。印度却认为该条约对无核国家具有歧视性，并未禁止纵向扩散。

在20世纪60年代，印度核武器研发计划的速度相对缓慢，处于低优先级的地位。直到1971年印巴战争的爆发，让印度总理英迪拉·甘地深刻感受到核威慑的作用以及核武器的重要性，开始加速印度制造核武器的步伐，并在1974年5月18日进行了印度首次核试验。这次核试验引起了美国的强烈反应，担心其他国家会效仿印度。在印度1974年核试验后，美方虽然仍在同年6月完成了运往塔拉普尔核电厂的浓缩铀运输，但开始把南亚视为确保核不扩散的核心地区。虽然印度坚称此次核试验是为了和平用途，并非为了开发核武器，它却严重削弱了印度在联合国的地位。印度核试验对美印安全合作造成了较大的负面影响。1974年10月，美国国务卿基辛格对印度进行了为期三天的访问，试图通过外交措施修复两国关系的裂痕。在基辛格访印期间，两国签署了建立美印联合委员会的协议。面对日趋良好的印苏关系，为防止印度过于靠近苏联和推动美印关系发展，美国总统吉米·卡特于1978年访问印度，和印度总理莫拉尔吉·德赛联合发布

---

① Dennis Kux, *India and United States: Estranged Democracies*, p.263.

了《德里宣言》。然而，美印两国的分歧再次出现在美国国会的《核不扩散法案》上。该法案规定："美国今后只向这些将所有核设施置于国际原子能机构监管下的国家出口敏感核材料，例如浓缩铀燃料。"这意味着，"除非印度接受国际原子能机构对其所有核设施（不仅是塔拉普尔的核设施）的监管，否则美国将不得不停止向其提供浓缩铀燃料"。[①]虽然印方同意对这些外国援建的印度核设施（如塔拉普尔核电厂）进行监管，却拒绝接受对由印方独力建造的核设施进行监管。印度认为，国际原子能机构的全面监管将是对印度主权的不公正侵犯；印度也担心巴基斯坦秘密发展核武器的努力。当然，在1974年核试验后，印度在很长时间里没有进一步进行核试验，此后数届印度政府奉行"保留核选择"的政策，即将核能力保持在"模糊状态"下，坚持不放弃核选择，外交上不承担义务，以非公开的方式发展核武器而又不宣称自己是核国家。[②]

冷战的结束为解决南亚的核扩散问题带来了新动力。1991年6月，巴基斯坦总理提议就防止南亚核扩散问题举行美、苏、中、印、巴五国磋商。对此，美方积极支持，印方则表示反对，认为核不扩散是全球性而非地区性问题，与美、苏、中讨论南亚核不扩散问题毫无意义，因为印度得不到免受核攻击的可靠保障。1992年，美方提出在美召开五国副外交部长级会谈讨论南亚安全问题。印方表示原则上仍不能接受美方建议，但愿意就召开会议的可能性与美方进行双边磋商。第一轮磋商于1992年6月在新德里举行。印方重申《不扩散核武器条约》是歧视性的，认为召开多边会议毫无意义，提出对中亚国家核扩散的关切；美方表示无意于强迫印度加入《不扩散核武器条约》，但美不会放弃召开五国磋商的主张，希望印方做出"赞同的考虑"。第二轮磋商于1992年6月在华盛顿举行，主要讨论加强出口控制和核扩散问题。关于核不扩散，印方仍强调非核国不应受到歧视，同时表示愿意参加关于限制核武器和地区安全的多边磋商，先决条件是将英、法、中东和中亚国家包括进来；美方表示，美国不能在印度的先决条件下与会，围绕南亚核不扩散问题的五国磋商不应附加条件。1993年9月，美印举行第三轮磋商。印度原则上接受就核不扩散问题举行包括更多国家在内的多边磋商。1994年4月，美国副国务卿塔尔博特分别访问

---

① Dennis Kux, *India and United States: Estranged Democracies*, p.357.

② 谢超：《印度核试验动机探析》，《国际政治科学》2014年第2期，第11页。

印巴，提议由联合国安理会五个常任理事国加上德国、日本以及印巴进行九国磋商。印度表示原则上同意考虑美方的上述建议，但重申反对地区性核不扩散安排的一贯立场，反对把印度的安全仅同巴基斯坦相联系，表示不能接受冻结印度的核计划。同月，美印在伦敦举行第四轮磋商。印度坚持讨论的议题不能局限于南亚地区的核不扩散安排，应该是全球核不扩散问题，要求扩大参加磋商国的范围。经过四轮双边磋商后，美印之间没有达成实质性共识，就南亚防核扩散问题举行多边磋商的提议也无果而终。[1]

冷战后，以美国为主导的国际体系加紧打造国际防核扩散机制，于1995年成功说服国际社会绝大部分成员同意无限期延长《不扩散核武器条约》，以及与之配套的《全面禁止核试验条约》（CTBT）。这使得印度需要做出最终的选择：选项一，永久放弃核武器，成为现行机制的一员；选项二，开发核武器，与现行机制决裂。以选项一而论，印度认为最大的代价是印度无法成为与其他核大国平起平坐的世界级大国，而这是印度自独立以来就一直追求的国家目标，放弃这个目标与印度的根本国家利益相背离。就选项二而论，印度的代价是被迫处于现行的国际体系之外，成为一个自我认可的核大国，有可能永远得不到国际社会的认可。印度认为，与选项一理论上不可能再成为核大国的前景相比，选项二至少从理论上说仍然存在被国际体系重新接纳的可能，是一个略优的选择。《不扩散核武器条约》无限期延长后，印度改变了以往对全面禁止核试验问题的支持，要求在《全面禁止核试验条约》中写入有核国家承诺在一定期限内销毁所有核武器的内容，并拒绝以印度作为条约是否生效的先决条款。1996年9月，在第50届联合国大会对《全面禁止核试验条约》进行表决时，印度投了反对票。印度执意开发核武器的动因并非一定要和美国作对，而是企图突破国际防核扩散机制，企图强化其在国际体系中的地位，造成所谓"事实上的核武器国家"，以彰显印度的大国地位和战略自主能力。

1998年3月，印度人民党联合政府上台伊始，即宣称将在必要时实施核选择。1998年5月11日、13日，印度在时隔24年之后在拉贾斯坦邦的博克兰沙漠地区进行了5次核试验。由于1974年的印度首次核试验代号是"博克兰–I"，所以此次核试验被命名为"博克兰–II"。据印度原子能委员

---

[1]　钱其琛主编《世界外交大辞典》，世界知识出版社，2005，第2289页。

会主席奇丹巴拉姆称，这5枚核装置包括1枚4.5万吨级的氢弹（热核装置）、1枚1.5万吨级的裂变装置、3枚分别为200万吨、300万吨和500万吨级的低当量装置。印度总理瓦杰帕伊宣布印度已经取得了计算机模拟所需的数据，但据专家分析，这5次核试验还不足以建立有效和可靠的计算机模拟数据。因此印度核试验的主要意义更多是政治上的突破，而非军事或技术上的跃升。此次核试验是在瓦杰帕伊政府上台伊始进行的。瓦杰帕伊作为人民党联合政府的新任总理，置堆积如山的国内问题于不顾，改变了此前印度历届政府所奉行的"核模糊政策"，迫不及待地进行核试验以兑现其竞选诺言，一方面显示其"言而有信"，另一方面也是想借此扩大其政治基础，以便稳定政局和巩固执政地位。印度外交部在核试验后的新闻发布会上指出：这些核试验表明印度已具备实施核计划的能力；印度历届政府一贯"高度关注印度周边的核环境"；印度人民可以放心，"他们的国家安全利益高于一切"，印度在独立后50年掌握了当代核技术。[①] 5月28日、30日，巴基斯坦针锋相对地在俾路支省贾盖丘陵地区进行了6次地下核试验，使其成为最新宣布的核国家。印巴核试验严重影响了国际军控和核裁军进程，遭到国际社会的强烈谴责。联合国安理会随后通过1172号决议，要求印巴立即停止核试验，加入《不扩散核武器条约》，以及与之配套的《全面禁止核试验条约》。美国、日本、德国以及世界银行、亚洲开发银行等国际机构推迟或冻结对印巴的经济援助和贷款。

1998年印度核试验及随之而来的制裁使美印关系再次陷入低谷，安全防务合作也随之停滞，直至2000年3月克林顿成功实现对印访问后才逐步恢复。美国在南亚的核不扩散政策及相应制裁措施被印度外交部长贾斯万特·辛格称作"核隔离"。印方对此充满怨恨，甚至抨击整个核不扩散制度存在深层缺陷："如果五个常任理事国继续把核武器作为军事权力的国际现货，那么为什么印度要自愿降低自己的国家力量和国家安全？为什么告诫印度有核国可以继续拥有，而无核国却需拥有的更少才行？"[②]

在印度核试验后，美国政府从最初的强烈反对逐渐转变为容忍乃至有条件地支持，这与其对印度角色定位的认知变化密切相关。1998年6月18日，克林顿总统宣布美国对印度（和巴基斯坦）实施制裁，限制对印出口

---

① 钱其琛主编《世界外交大辞典》，第2288页。

② Jaswant Singh, "Against Nuclear Apartheid," *Foreign Affairs*, Vol.77, No.5, 1998, pp.41-52.

核燃料与核技术。起初，美国力图说服印度接受"五项基准要求"，以防止核不扩散机制的崩溃，印度则以强硬和灵活相结合的方式应对。瓦杰帕伊的积极示好获得了美国国内部分人士的响应。对印制裁在印方的示好、美国国会及院外游说集团的压力下，越来越难以维持。由于美印两国战略理念中的共同点日益增多，美印关系出现了较大的变化。美国国会众议院超越党派限制，以396票对4票的压倒性优势，通过了要求美国与印度建立伙伴关系的"印度问题决议"。美印两国高级官员围绕核问题进行了9轮会谈，尽管仍存在一些矛盾，但在很大程度上缩小了战略和政治分歧。美国从联合国1172号决议的立场撤退，不再要求印度放弃核武器和弹道导弹能力，而是要求后者承诺防止动用和转让核武器。而在印度看来，印度的外交手段最终成功化解了美国的压力，因为在印度全无明确承诺"五项基准要求"的情况下，克林顿总统最终还是于2000年3月实现了对新德里的"历史性访问"，成为继卡特总统之后第二位访印的美国总统。

进入21世纪后，小布什政府为推动美印关系的发展，不惜在核问题上对印度"网开一面"。此前，由于印度拒绝签署《不扩散核武器条约》，而美国1978年《核不扩散法案》又阻止印度获得任何敏感的高技术援助，美印之间一直处于某种核僵局之中，印度甚至因核问题遭受了美方近30年的制裁。"在华盛顿，印度不被视为解决重大国际问题的必不可少的合作部分。相反，印度就是问题之一——其反叛式核政策威胁到整个防扩散制度，必须让其恢复理智，以使其核武器计划重新归零。由于印度对这种持续的美国关怀的反抗甚或更糟的反应，双方断断续续地进行了'聋人'对话，却几乎没有缩小双方在这些核问题上似乎不可逾越的鸿沟。"[1] 小布什政府决定让美印关系摆脱这种核僵局。小布什政府上任后，美国对印度政策进行了大幅度调整。美国政府不再紧盯着印度的核武器和导弹计划，也不再将印度视为必须持续加以认真管理和不断教训的急迫和持久性国际核扩散风险，而是将印度视为能够为美国带来战略机遇的合作伙伴。该协议最初是在小布什总统和印度总理曼莫汉·辛格2005年发表的联合声明中提出的。双方在声明中承诺，两国将在防止核武器、化学武器、生物武器和放射性武器等大规模杀伤性武器扩散的国际努力中发挥领导作用。辛格总

---

[1] Robert D. Blackwill, "The Future of US-India Relations," July 17, 2003, accessed March 16, 2021, https://2001-2009.state.gov/p/sca/rls/rm/22615.htm.

理表示，印度愿意与美国等其他拥有先进核技术的领先国家一道承担相同的责任和做法，并获得相同的利益和优势。这些责任和做法包括分阶段确定和分离民用或军事核设施的计划，并向国际原子能机构提交有关其民用设施的声明；决定自愿将其民用核设施置于国际原子能机构的保障之下；签署并遵守关于民用核设施的《附加议定书》；继续单方面暂停核试验；与美国合作，缔结一项多边裂变材料禁产条约；避免将浓缩和后处理技术转让给没有浓缩和后处理技术的国家，并支持限制其扩散的国际努力；确保已采取必要的步骤，通过全面的出口管制法律法规以及通过协调和遵守导弹技术控制制度和核供应国集团准则来确保核材料和核技术的安全。小布什总统对辛格总理坚定承诺防止大规模杀伤性武器扩散表示赞赏，并表示："印度作为一个拥有先进核技术的负责任国家，理应获得与其他此类国家相同的利益和优势。"[①] 2006年3月小布什访印期间，签署了《美印民用核能合作协议》。根据该协议，美国公司将被允许在印度建造核反应堆并为印度民用能源计划提供核燃料；美国将通过外交手段帮助印度获得核供应国集团的豁免权，以便印度能够从美国获得核燃料和技术用于民用核能工业，而无须加入《不扩散核武器条约》。作为回报，印度同意其民用核设施接受国际原子能机构的监督，承诺建立国家后处理设施，继续自愿暂停核武器试验，并承诺对军民核计划进行隔离和加强核武库安全。为此，双方签订了《美印民用核能合作协议》。由于该协议系美国根据1954年《原子能法》第123条的要求达成，故协议也被称为《123协议》。[②]

协议虽在一定程度上削弱了印度开发核武器的独立性，但印度因此获得的利益则远远超过了它的让步：其一，印度因核试验而长期遭受国际孤立的局面被打破，陆续与俄、法、加、日、韩、澳大利亚等国签署核能合作协议；其二，印度进一步巩固了在南亚的优势地位；其三，《美印民用核能合作协议》可帮助印度大幅度提升核武器能力；其四，协议为印度成为"合法核武器国家"铺平了道路，进而为印度成为世界大国奠定了重要基

---

① Ministry of External Affairs, Government of India, "India-US Joint Statement," July 18, 2005, accessed March 17, 2021, https://www.mea.gov.in/bilateral-documents.htm?dtl/6772/Joint_Statement_IndiaUS.

② 根据1954年《美国原子能法》第123条的规定，将合作确立为美国与任何其他国家之间进行核交易的先决条件的协议称为《123协议》。Daryl Kimball & Kelsey Davenport, "The Nuclear Suppliers Group (NSG) at a Glance, August 2017," accessed March 17, 2021, https://www.armscontrol.org/factsheets/NSG.

础。这一历史性协议事实上奠定了美印关系的重要基础，印度摆脱了昔日的"核隔离状态"。但是，对于国际防核扩散机制而言，《美印民用核能合作协议》的签署开启了一个危险的先例：印度决定开发核武器，这对国际防核扩散机制本身就是一次相当大的冲击；美国决定对印度开禁无疑也是对防核扩散机制的另一次冲击。[①] 事实上，如果没有核协议，美印总体安全防务合作很难真正开展。如果没有克服核障碍，美印两国防务产业的关系也可能会一直停滞不前，因为美国法律和不扩散政策均不允许本国公司与未签署《不扩散核武器条约》的拥核国开展合作。根据美国1978年《核不扩散法案》，美国禁止向印度出售或转让敏感和军民两用技术，并对两国的核能与防务合作施加限制。但美方现在却在国际核不扩散机制和美国国内核立法两方面为印度打开缺口，小布什政府希望以此将印度融入国际核不扩散机制，并通过核能合作协议帮助印度解决迫在眉睫的能源危机。在更广泛的背景下，小布什政府非常看重印度崛起所带来的全球经济和军事意义，也确有帮助印度成长为大国的意愿。这标志着美印两国对彼此战略意义的重新发现，这导致亚太均势范式的逐渐转变，在未来也将对全球层面的地缘政治产生深远影响。

在《美印民用核能合作协议》正式生效前，印度与美国及国际原子能机构签署了一系列阶段性的协议，包括《印度核隔离计划》（2006年3月）、《海德法案》（2006年12月）、《123协议》（2007年8月）、《核安全保障协议》（2008年8月）以及最终由核供应国提供的豁免（2008年9月）。直到2008年《美印民用核能合作协议》正式生效，核供应国集团解除了对印度的贸易限制。在美方的积极外交运作下，尽管一些成员国仍持有不同意见，但核供应国集团最终同意对印度豁免相关要求，即接受国必须同意国际原子能机构对其所有核活动进行全面保障监督，以允许与印度进行核贸易。这项豁免还要求核供应国集团所有成员国定期向该机制通报已批准的对印核原料出口，并邀请各国分享与印度的双边核合作协议的信息。[②]

美国还承诺以分阶段的方式支持印度加入四个主要国际多边出口管制机制（核供应国集团、"导弹及其技术控制制度"、澳大利亚集团以及《瓦森纳协定》），同时不再坚决要求印度签订《不扩散核武器条约》。在这些

---

① 赵干城：《印度：大国地位与大国外交》，上海人民出版社，2009，第210—211页。

② Mitesh Agrawal, "U.S.-India Civil Nuclear 123 Agreement," February 20, 2015, accessed March 17, 2021, http://large.stanford.edu/courses/2015/ph241/agrawal1/.

出口管制机制中，尤以加入核供应国集团对印度最为紧要，因为印度自身核燃料供应能力非常有限，需要进口核燃料以支持核电发展。核供应国集团成立于1974年11月，紧随印度1974年首次核试验而生。该机制旨在通过加强核出口管制，防止敏感物项出口到未加入《不扩散核武器条约》的国家。在1992年，核供应国集团决定接受国必须同意对其所有核设施实施全面保障监督，才能向其转让"触发清单"（可能触发国际原子能机构的保障监督的物项清单）所列物项，从而有效排除核原料出口至印度。在2005年前，核供应国集团拒绝为印度塔拉普尔核电厂提供燃料。核供应国集团的组成基础是《不扩散核武器条约》，该条约规定，世界上只有美俄英法中五大国可以拥有核武器，其他国家一律不得拥有。如果获得核供应国集团成员国身份，印度将与国际认可的五个拥核国家享受同等地位，印度可借此从国际防核扩散机制的众矢之的转变为真正的合作伙伴。[①]2014年9月，印度总理莫迪访美，美方承诺在2005年提出的签署《美印民用核能合作协议》后帮助印度加入全球四大核技术和军事技术出口管制机制。2016年初，美印签署核能协议，美国表态支持印度加入核供应国集团。2016年6月，在印度总理莫迪访美期间，美方重申了欢迎印度加入核供应国集团的立场，奥巴马总统在"重申美印两国的牢固友好关系后，突出强调美国强力支持印度获得核供应国集团成员国的资格"。[②]

　　在美国屡屡表态支持下，印度于2016年5月递交了加入核供应国集团的申请，并随即在国内外开展了高调宣传和动员。当然，仅凭美国的支持并不足以让印度毫无困难地成为核供应国集团的成员国，还需要得到中国等其他集团成员的认可。事实上，在2016年6月举行的核供应国集团大会上，印度申请加入的努力就遭到挫败。这主要因为印度是尚未加入《不扩散核武器条约》的"非NPT缔约国"，而核供应国集团的成员国目前尚未就这类国家中任何具体国家的加入问题达成共识。印方在2016年未能得偿所愿后，仍然继续申请加入核供应国集团。美方也继续在多个场合表态支持印方加入核供应国集团。2017年6月，美印两国领导人举行会晤后发

---

① Daryl Kimball & Kelsey Davenport, "The Nuclear Suppliers Group (NSG) at a Glance," August 2017, accessed March 17, 2021, https://www.armscontrol.org/factsheets/NSG.

② PTI, "US Strongly Supports India's NSG Bid: Obama Tells Modi," September 8, 2016, accessed March 17, 2021, http://www.dnaindia.com/india/report-us-strongly-supports-india-s-nsg-bid-obama-tells-modi-2253248.

表联合声明称："美国强烈支持印度早日成为核供应国集团以及澳大利亚集团等多边机构的成员。"2018年9月，在首届美印"2+2"部长级对话会上，美印两国同意共同努力确保印度早日成为核供应国集团的成员国。而从2018年的尤尔马拉会议到2019年的努尔苏丹会议，核供应国集团成员数次讨论非NPT缔约国加入集团的技术、法律和政治问题，并商定，在达成非歧视性、适用所有非NPT缔约国的解决方案前，集团全会不讨论具体非NPT缔约国的加入问题。

二、美印两国的民用核能合作

自从1947年独立以来，印度一直致力于发展本国的军用和民用核能项目。1954年，印度原子能部正式建立，重点是在1948年《原子能法》（Atomic Energy Act，AEA）下和平发展核能。美国对于印度民用核能项目的参与也始于这一时期。1954年，印度与美国达成关于和平利用核能的口头谅解，美国也同意向位于特朗贝的印度原子能研究中心提供并建立钚反应堆，但该反应堆计划只用于和平目的。1956年，印度与加拿大达成建立原子反应堆的协定，计划用于有关原子能问题的基本研究以及生产供医疗、农业和工业使用的放射性同位素。该反应堆于1958年初在特朗贝建成。1958年7月，印度总理尼赫鲁正式授权"凤凰计划"，以建立一个能每年处理20吨核燃料、生产能力与钚反应堆匹配的加工厂。而该工厂使用的钚铀萃取法（PUREX）是由美国维乔国际公司设计的。其后印度的核计划日益成熟，到1960年，尼赫鲁下达将计划投入生产的关键决定。同一时间，尼赫鲁与美国西屋公司讨论了关于在印度孟买附近的塔拉普尔建造首个核电厂的计划，该计划很快得到落实。作为印度首个民用核能项目，印度政府决定为该核电厂使用沸水反应堆。1964年5月8日，印度和美国政府签订了建造塔拉普尔核电厂的合同。120名美国人参与了该项目，沸水反应堆由美国通用电气公司提供。塔拉普尔核电厂于1964年10月开始建造，1号机组和2号机组于1969年10月28日开始商业运营。印度政府不久又上马拉贾斯坦核电厂。拉贾斯坦核电厂位于拉贾斯坦邦的拉瓦特巴塔，是印度第一座运行加压重水反应堆的设施，由加拿大协助建造，1号机组于1973年12月16日开始商业运营。根据援建的协议，印度的这些核电厂在法律上均限于和平用途，纳入国际原子能机构建立的国际监管体系。而后来的事实表明，印度没有完全遵守与美、加等核电厂援建方签署的协议。[①]

在印度1974年首次核试验后，印度成为全球第一个通过民用核能项目制造出原子弹的国家，美印民用核能合作也因此中断。印度首枚原子弹所用的钚来自加拿大援建的拉贾斯坦核电厂反应堆，其使用的重水又部分来自美国。[②] 印度此前曾承诺该反应堆及其重水只限于和平用途，而在核试验后，印度辩解称其核弹是"和平的核装置"。印度1974年核试验在美国引起强烈反应，激怒美国相关方面，以致美国国会通过法案，要求"除非印度所有核设施接受国际监管，否则美国将不再向其提供浓缩铀燃料"。美方虽然仍在1974年6月完成了运往塔拉普尔的浓缩铀运输，但开始把南亚视为确保核不扩散的核心地区。加拿大在1974年印度核试验后撤出对拉贾斯坦核电厂的援助。由于美国和印度的核燃料供应合同有效期到1993年才结束，在印方拒绝其所有核设施接受国际监管后，美国要求法国接手向印度提供核燃料。此后直至21世纪初美国对印核解禁前，美国没有再向印度提供核燃料或核反应堆。[③]

在美国总统小布什任内，美印两国的民用核能合作取得突破性进展。2002年2月，美军参谋长联席会议主席理查德·迈尔斯率团访印，两国签署了首个民用核技术交换协议，恢复了核反应堆安全操作的对话。2003年2月，美国原子能监管委员会主席理查德·梅瑟（Richard Meserve）参观了印度塔拉普尔核电厂和巴巴原子研究中心，这是美国高官自1998年以来首次与印度讨论民用核能合作。2005年7月，印度总理辛格访美，美印两国发表关于民用核能合作的联合声明。两国领导人认识到民用核能对于以更清洁、高效的方式满足日益增长的全球能源需求的重要性，并讨论了印度制订的民用核能计划。小布什告诉辛格，他将努力与印度实现充分的民用核能合作，因为它实现了促进核能使用和实现能源安全的目标；小布什还将寻求美国国会的同意，以调整美国的法律和政策，美国将与伙伴和

---

① NTI, "Tarapur Atomic Power Station (TAPS)," September 1, 2003, accessed March 17, 2021, https://www.nti.org/learn/facilities/77/; NTI, "Rajasthan Atomic Power Station (RAPS)," September 1, 2003, accessed March 17, 2021, https://www.nti.org/learn/facilities/76/.

② 按照国际原子能机构的规定，核弹原料铀235或钚239的纯度达到92%—93%称为"武器级"，它们达到一定量即能引起核爆炸。"武器级"通常在轻水反应堆燃料中生产，但通过相应的技术也可以从重水反应堆中分离出"武器级"钚。

③ Gary Milhollin, "Tarapur: A Brief for the United States," June 21, 1984, accessed March 17, 2021, https://www.wisconsinproject.org/tarapur-a-brief-for-the-united-states/.

盟友一起调整国际制度，以实现与印度的充分民用核能合作与贸易，包括但不限于迅速考虑为塔拉普尔核电厂提供燃料供应。同时，美国将鼓励其伙伴也迅速考虑这一要求。鉴于印度对"国际热核试验反应堆组织"计划（ITER）的浓厚兴趣，美国将考虑就印度的参与问题与其伙伴进行磋商，美国还将与第四代国际论坛的其他参与者进行磋商，以期将印度纳入其中。[①] 美印两国决定翻开双边关系新的一页，小布什政府宣布要与印度展开全面的核能合作，印方也有加强与美国进行民用核能合作的强烈意愿。

2005年7月18日，美印两国签署了名为《美印核合作审批与防扩散强化法案》的核协议，旨在应对以下关切：能源安全、核安全合作、印度融入全球核机制以便获得受到保护的核燃料和技术先进的核反应堆。这份协议是美印两国一系列更广泛协议的组成部分，后者还涉及空间、军民两用高技术、先进军事装备和导弹防御等内容。这项协议并未经过美国政府各部门间的详细会商，而是小布什总统本人及其亲信国务卿赖斯、副国务卿伯恩斯等人制定，然后经由最小限度的跨部门和国会审议后，在印度总理辛格访美时由美印两国领导人突然宣布。可以说，小布什本人对于该协议的达成起到了关键作用。对于美印关系而言，该协议是具有里程碑意义的步骤。美国学者阿什利·泰利斯认为，该协议"首先象征着美国支持印度实现其庞大发展目标的全新承诺，并且把印度作为真正的大国纳入了国际社会"。[②] 前印度外交秘书萨仁山则表示，"2005年7月18日不是一夜之间发生的事情。它也不是在真空中构思的。实际上，它代表了跨越多个政府的步骤的顶点，并由于美印两国之间逐渐建立的信任和信心而得以实现。它提供的广泛合作反映了我们两个社会多年来的更广泛互动……7月18日标志着我们决心把防御性外交时代抛在身后。如果印度要成为安全理事会常任理事国的可靠候选人，那么我们必须调整我们的传统立场。我们的外交政策必须反映我们的国家愿望，并表达我们作为新兴全球参与者的信心。我们不能回避当下的难题，并不愿面对风险。从某种意义上说，7月

---

① Ministry of External Affairs, Government of India, "India-US Joint Statement," July 18, 2005, accessed March 17, 2021, https://www.mea.gov.in/bilateral-documents.htm?dtl/6772/Joint_Statement_IndiaUS.

② 苏米特·甘古利：《印度外交政策分析：回顾与展望》，第261页。

18日是努力改变观念的努力"。①

2006年3月小布什访印期间,《美印民用核能合作协议》签署。这项协议在美国国内遭到了很多人的反对,他们认为该协议严重削弱了国际核不扩散机制,会对其他试图发展核武器的国家发出错误信号:发展核武器能成为获得大国地位认可的一个跳板而不受任何制裁。此外,该协议允许印度通过国际现货供应渠道获得民用核燃料,使印度可以将本国稀有的铀资源用于扩大核武库,这会引起巴基斯坦和中国的制衡行动,从而加剧该地区的军备竞赛。也有该协议的支持者认为,通过把印度引入国际核不扩散机制有助于巩固核不扩散的目标;通过增加印度获得清洁能源的渠道,可以帮助印度削减对化石能源的依赖。正当美国国内的辩论如火如荼地进行时,小布什政府采取了一些重要步骤,进一步巩固美印民用核能合作关系。其一,美方表态强烈支持印度加入"国际热核试验反应堆组织"计划,这是一项世界科技界致力于建设聚变核能反应堆以解决人类未来能源问题的重大国际合作计划;其二,美方将印度受监控的反应堆从美国商务部的限制实体清单中删除;其三,在核供应国集团会议上,小布什政府极力为印度辩护,以使两国间的核能合作得到国际社会认可。与此同时,美驻印主要公司联盟美印商务委员会聘请了经验丰富的游说公司确保这项协议在美国国会的通过,印度政府也参与了游说努力。2008年8月,《美印核合作及促进防扩散法案》正式签署,此举意味着2006年3月达成的《美印民用核能合作协议》正式生效,也标志着美印民用核能合作进入实质性阶段。2008年10月,美国国务卿赖斯访印,双方表示美印双边关系已成为真正的战略伙伴关系。

美国奥巴马政府上台后,继续不遗余力地推动美印民用核能合作。随着印度大力推动非化石能源的发展,获得最新的民用核能技术对印度的能源安全至关重要。2009年11月印度总理辛格访美,与奥巴马总统举行会晤并签署了谅解备忘录和系列合作文件。奥巴马重申美国政府对全面落实《美印民用核能合作协议》所做的承诺,将向印度提供民用核能技术和核燃料。2010年11月,奥巴马访问印度,重申美印核合作,并允诺向印度出

---

① Shyam Saran, "The India-US Joint Statement of July 18, 2005 — A Year Later," July 14, 2006, accessed March 22, 2021, https://www.mea.gov.in/Speeches-Statements.htm?dtl/2304/The+IndiaUS+Joint+Statement+of+July+18+2005++A+Year+Later+Address+by+Foreign+Secretary+Mr+Shyam+Saran+at+India+Habitat+Centre+New+Delhi.

售包括民用核装置在内的高新设备，价值高达1,600亿美元。在奥巴马访印期间，美国政府宣布将印度一些科研院所及企业从美国限制敏感物项及高技术输出的实体清单中删除。美印双方在2008年民用核能合作协议正式生效后，在核能合作的具体落实上存在一些法律和程序上的障碍。其中最关键的是核事故责任赔偿问题和核燃料、废料等物质的监督问题。在核事故责任赔偿方面，印度的《核责任法》规定，针对可能发生的核事故采取多方承担责任的赔偿机制，即核电站的供货商、设计方和运营方均承担赔付责任，运营方可根据追偿条款要求供货商承担连带赔偿责任；美国的核电企业虽然觊觎印度巨大的核电市场，但可能出现的责任追偿风险又使其望而却步。在核物质监督方面，美国坚持国际原子能机构与美国政府管制委员会的多层监管，对美国提供的核反应堆履行直接监管责任；印度则坚持应仅由国际原子能机构监管。印度莫迪政府上台后，美印双方围绕上述问题进行多轮会谈，最终达成共识。印度通过建立保险公司和政府承担责任的共保机制，处理发生核事故的理赔问题，使得供货商可以通过保险方式规避风险。而美国不再坚持对核物质最终去向的跟踪监管，而主要由国际原子能机构负责监管。① 2015年初奥巴马总统访印期间，美印两国就民用核能合作达成协议，美印分歧的消除为两国民用核能合作的落实扫除了障碍，在政治、法律、运行机制等多个层面为美国核能公司进入庞大的印度市场创造了条件。2016年，美印两国领导人举行会晤，就美国西屋电气公司在印度建造六座核反应堆达成基本协议。2016年2月，印度向国际原子能机构交存《核损害补充赔偿公约》批准书，正式成为该条约的缔约国，美方关注的核事故赔偿责任问题得到最终解决。该公约不仅明确了核设施运营者在核损害赔偿中的绝对赔偿责任，保证缔约国政府对核损害国的补充赔偿机制，还建立了由缔约国政府共同出资的公共资金，用以保障核事故受害者能够及时、足额受偿，使损害发生后民用核能得以继续发展。② 美方还积极支持印度加入核供应国集团，虽然印度加入核供应国集团的努力迟迟未获进展，但美印民用核能合作却继续保持较好态势。

美国特朗普政府上台后，一直寻求向印度出口包括核电在内的更多能源产品。早在2013年9月，印度核电公司就曾和美国西屋公司签署了印度

---

① 刘红良：《从后勤保障协议看莫迪执政以来的印美安全合作》，《南亚研究季刊》2017年第1期，第98—99页。

② 刘久：《核损害责任国际制度的产生和发展》，《人民法院报》2018年12月21日。

古吉拉特邦核电项目的初步合同。2018年4月，美国西屋电气公司在印度核电项目上获得美国能源部长里克·佩里（Rick Perry）的强力支持，计划在印度安德拉邦建造六座AP1000反应堆。2018年9月，美印"2+2"部长级对话会承诺全面实施民用核能伙伴关系以及西屋电气公司与印度核电公司在印度建造六座核电厂的合作。2019年3月，在华盛顿举行的第九轮美印战略对话上，印度外交秘书和美国副国务卿发表联合声明表示，"两国承诺加强双边安全与民用核能合作，包括在印度兴建六座核电厂"。2020年2月特朗普访问印度期间，重申美国支持印度毫不拖延地加入核供应国集团，以及鼓励西屋电气公司和印度核电公司最终敲定在印度建造六座核反应堆的技术商业提议。

三、未来合作前景

在核不扩散问题上，21世纪以来美国对印度采取了比较宽容乃至纵容的态度，助力印度向合法的核国家迈进。在小布什政府时期，美印签署《民用核能合作协议》；根据该协议，印度可以从美国获得核燃料和技术用于民用核能工业，而无须加入《不扩散核武器条约》，这在国际社会尚属首例。该协议打破了印度因核试验而遭受国际孤立的局面，为印度成为合法的核武器国家铺平了道路，也是对既有国际核不扩散机制的严重冲击。虽然美印目前核能合作主要限于民用领域，但美国的合作态度本身意味着它已容忍印度在核问题上对全球秩序的挑战。

作为能源供应严重短缺的国家，大力发展民用核能是未来印度解决自身能源问题的重要路径之一。在2012年，核能仅占印度能源需求的3%，约为3,700兆瓦；根据印度提出的能源发展2020年愿景，计划通过核能生产约20,000兆瓦。[①] 迄今为止，该计划未能顺利完成，但印度并未放弃大力发展核能的努力。根据《巴黎协定》下的印度国家自主贡献计划，印度承诺减少对化石燃料的依赖，并确保其40%的能源来自可再生和清洁能源。为了实现这一目标，印度需要扩大核电生产。自身核燃料比较匮乏、核电技术比较落后的印度自然希望尽快加入核供应国集团，以便能更畅通无阻地从外部获得核燃料和先进技术。在印度看来，获得核技术并被允许

---

① P. Garg, "Energy Scenario and Vision 2020 in India," *Journal of Sustainable Energy and Environment*, Vol.7, No.3, 2012.

生产核设备将促进"印度制造"计划的发展，进而促进印度的经济增长。所以，在可预见的未来，印度将继续加强与美国在民用核能领域的合作，并利用后者在相关领域的影响力，实现加入核供应国集团的愿望。而试图在印度核电市场掘金的美国无疑会迎合印度的相关需求，借机赢得丰厚的利润与印方的感激。

第五节　美印其他双边安全防务合作

美印安全防务合作还包括"印太"海上安全合作、导弹防御与太空合作、信息网络安全合作、能源安全合作和国际维持和平合作等领域。在不同领域的合作进展不尽相同，其中在"印太"海上安全领域的合作进展最为显著。

一、"印太"海上安全合作

冷战时期，由于美印关系发展不畅，加之美国在印度洋的利益微小，故两国海上合作没有明确提上日程。印度洋曾长期是"大不列颠的内湖"，直至20世纪60年代中后期，国力衰落的英国从印度洋地区收缩，美苏两国迅速填补其留下的权力真空。1963年，美国海军第七舰队首次进入印度洋，参加中央条约组织的海上军演。由于印度当时的国防重心明显以"陆疆"为中心，对海洋的重要性认识不足，故而没有对美国舰队进入印度洋做出明确反应。但到20世纪70年代，印度开始明确表示反对超级大国在印度洋的战略存在。1970年，英美官方公布，美国将在印度洋中部迪戈加西亚岛上建立海军设施，印度强烈反对，其驻英高级专员和驻美大使奉命提出正式抗议。1979年苏联入侵阿富汗后，美印关系进一步恶化，美印海上合作处于停滞状态。[①]

在后冷战时期，控制印度洋是美国西控中东、东制东南亚战略图谋的关键环节，已成为美国护持全球霸权体系的重要组成部分。冷战结束后，美国在印度洋、红海和波斯湾部署了大规模的远洋舰队，并依托迪戈加西亚基地等强化对印度洋的军事控制。冷战结束之初，失去准军事盟友苏联

---

① 孙现朴：《印美海洋合作的进程及限制性因素》，《南亚研究季刊》2018年第1期，第27—33页。

支持的印度有着改善美印关系的强烈意愿。伴随1992年美印举行首次"马拉巴尔"联合军演，美印海上安全合作掀开了序幕。与美印海上联合军演同步的是，美印两国尝试性地达成多项海洋协议。1995年1月，美国国防部长佩里应邀访问印度，两国国防部门签署多项防务协议，决定进一步推动包括海上安全合作在内的安全防务合作。但两国海上安全合作尚待根据协议逐步展开之时，印度瓦杰帕伊政府却在1998年进行了核试验。面对印度悍然违反国际核不扩散机制的举动，美国政府宣布对印进行制裁，美印海上安全合作也暂时中断。

进入21世纪以来，"美国独霸"的印度洋海权结构开始发生改变，逐渐向"美印相争"的方向发展。虽然美国在战略和军事上仍掌握着印度洋地区的主导权，但在其经历"9·11"事件、两场反恐战争、次贷危机等冲击后，综合国力有所下降，对印度洋的主导权也呈现削弱之势。相比之下，印度的迅速崛起，很可能对印度洋地区的权力结构变迁产生决定性的作用。印度快速增长的综合国力，加上其战略思维中固有的"主导印度洋的使命感"，势必寻求对印度洋的主导权，甚至冀望于独占性主导。[①] 对于印度洋海权的既有主导国美国来说，其实力衰退是一个缓慢、渐进的过程。为了维系在印度洋的主导地位，美国目前的策略以承认印度大国地位为诱饵，努力将印度拉拢入自己的阵营之中。与印度开展"印太"海上安全合作是美国拉拢印度的重要手段之一。

美印两国在应对2004年底印度洋大海啸中的合作是美印安全防务合作的重要转折点之一，在海上安全合作领域更是如此。此前波澜不惊的美印海上合作重新获得前进的强劲动力。在认识到美印合作显著增强了针对此次海啸灾难的国际应对能力后，美印两国于2005年7月推出《美印灾难救援倡议》（DRI），以期为灾害防备和未来的救援行动作出贡献。该倡议建立在美印两国在灾难救援方面的现有牢固民事关系之上。通过该倡议，两国寻求提升应对灾害的综合能力，与美国、印度和联合国机构，以及国际非政府组织和可能的其他国家政府并肩工作。美国和印度将继续与地区共同体合作以开发和实施预警系统方案。根据2005年《美印防务关系新框架》协议的授权，美国和印度将通过开展联合军事演习来加强有效应对未来灾害的军事能力；美国太平洋司令部和印度联合国防参谋部将作为两国

---

① 楼春豪:《印度洋新变局与中美印博弈》,《现代国际关系》2011年第5期,第10—11页。

各自的军事牵头机构来开展对话和确定额外的军事训练需求，以及迅速有效地应对各类灾害性挑战。

2006年，美印两国签署了《美印海上安全合作框架》协议，重申关于支持现有加强海上安全的多边努力之承诺，概述了两国合作应对的各类海洋威胁，包括：海盗和海上武装抢劫；对船舶、船员和财产安全以及航行安全的威胁；各种跨国有组织犯罪；对大规模杀伤性武器及其运载系统和相关材料的走私；环境退化和自然灾害。为此，美印两国将在防务政策委员会、海军行政指导小组和军事合作小组层面定期举行关于海上安全政策和实施的磋商，并在预防和应对海上跨国犯罪（海盗、海上武装抢劫、走私和贩运武器与毒品）、海上搜索和救援行动、交流信息和促进关于治理海洋污染的技术援助、签定技术合作和防务贸易协议等广泛领域开展合作，以增强两国在海洋领域的合作能力。[①]2011年7月，美印年度战略对话在印度新德里召开，双方重申海洋合作是应重点关注的领域。美国表态欢迎印度担任2012年索马里沿海海盗问题联络小组全体会议主席。其后，美印战略对话多次磋商海洋合作具体事务。随着2011—2012年美印进一步深化战略对话，"区域事务磋商"在两国"印太"区域安全战略互动中日益占据重要地位。2013年，两国在"战略对话联合声明"中正式使用"区域事务战略磋商"的概念来突出强调其实质地位，并将磋商内容限定在支持东亚峰会及东盟国防部长扩大会议、美印日三边对话、维护海洋安全、加强美国与印度洋地区的对话等具体的"印太"区域安全事务。2014年以来，美印"区域事务战略磋商"框架下的"印太"区域安全战略互动被分为"美印东亚事务磋商"和"美印印度洋区域对话"，磋商和对话内容涉及海上安全等区域安全问题。[②]

莫迪政府上台后，印度与美国在"印太"海上安全领域的合作得到了进一步发展。2015年1月，美印发布《美印亚太和印度洋地区联合战略愿景》文件，双方申明保护海洋安全的重要性，并确保"印太"地区，特别是南中国海地区的航行和飞越自由；呼吁各方通过和平手段解决一切领土和海洋争端。2015年6月，两国签署的《美印防务关系新框架》协议明确宣布，两国共同致力于促进航行自由以及促进两国在海上安全方面的合

---

① S. Amer Latif, *U.S.-India Military Engagement: Steady as They Go*, p.53.

② 罗藏才让：《美国与印度印太区域安全互动探析》，《国际研究参考》2017年第4期，第1—2页。

作。2016年5月，美印召开首届由外交及防务官员参加的海洋安全对话，讨论亚太海洋挑战和海军合作，协调双方与海上有关的安全和防务合作。

在特朗普政府任期内，海洋安全是美国"印太战略"最重要的组成部分。从地缘政治博弈的侧重点来看，当前的"印太战略"更多聚焦于海权而不是陆权，海洋权益与海上安全成为各大国（中等强国）的角力关键。[①] 2017年6月印度总理莫迪访美，两国领导人发表联合声明指出，双方决心扩大海上安全合作；特朗普总统对莫迪总理大力支持美国以观察员身份加入印度洋海军论坛表示感谢；两国领导人注意到即将举行的"马拉巴尔"海上演习的重要性，决心扩大双方在共同海上目标方面的交流，并探索新的演习。2017年7月，美国国防部和国务院联合向国会提交的《加强与印度的国防与安全合作》报告指出："尽管美国和印度在各个领域都拥有密切的防务合作，但海上安全已成为双方合作的重要聚焦点，这与《美印亚太和印度洋地区联合战略愿景》以及《美印防务关系新框架》协议相符。两国共同致力于建立基于规则的国际秩序，维护全球贸易的自由流通和航行自由。此外，两国都对共同应对海上威胁以及自然灾害和人道主义危机表示关切。"[②] 2020年6月美国总统特朗普访印，两国领导人发表联合声明指出，美国和印度之间的密切伙伴关系对于"自由、开放、包容、和平与繁荣的印太地区"至关重要；美国赞赏印度在印度洋地区作为"净安全提供者"以及人道主义援助的提供者所发挥的作用；双方重申维护航行、飞越以及其他合法利用海洋的自由，并倡导依据国际法和平解决海上争端。

近年来，印度对于美国主导的"印太战略"和"四边机制"的参与热情不断提升，与美国"印太"盟友日本和澳大利亚的海上双边安全合作也在不断强化。海洋安全是日印安全合作的最重要驱动力之一。印度的商业贸易需要保持西太平洋海上交通线的畅通，日本的能源需求同样要依赖畅通的印度洋海上交通线。东南亚地区作为连接印度洋和西太平洋的交通要道，成为印度和日本海上战略利益高度重合的地区之一，两国都需要保持该地区的海上交通线的畅通。于是，日印两国着手帮助东南亚国家建设海上安全能力，并加强与东南亚相关国家的海上安全合作，以应对一系列新

---

① 胡波：《美国"印太战略"趋势与前景》，《太平洋学报》2019年第10期，第24—25页。

② U.S. Department of Defense & Department of State, "Enhancing Defense and Security Cooperation with India: Joint Report to Congress," July 6, 2017, accessed March 16, 2021, https://dod. defense.gov/Portals/1/Documents/pubs/NDAA-India-Joint-Report-FY-July-2017.pdf.

的挑战。海洋安全也是印澳最重要的合作领域之一。印度总理莫迪和澳大利亚总理莫里森在2020年6月视频峰会后发表的联合声明中指出："双方都致力于支持基于规则的海洋秩序。这是基于对主权和国际法,特别是《联合国海洋法公约》的遵守。"为此,两国海军将加深合作,并努力在"印太"地区进一步加强海域意识。印度海军退役准将兼防务专家阿尼尔·贾伊·辛格(Anil Jai Singh)指出:"印澳关系的未来潜力巨大,尤其是在海洋领域。两国相对于彼此的地理位置为在广阔印太地区的有效海域意识提供了可能性;关于相互后勤支持的协议将使两国能优化利用其资源,不仅可以有效监护该地区海事安全免受传统安全威胁,而且还可以应对该地区的非传统威胁。"[1] 2020年9月23—24日,印度与澳大利亚海军在印度洋地区举行大型演习,旨在增强两国海军的互用性,演习科目包括武器发射、船舶驾驶、海军演习和跨甲板飞行操作等。这也是印澳两军签署《后勤相互保障协定》(Mutual Logistics Support Agreement,MLSA)后的首次重大军事演习,具有重要的象征意义。印度海军发言人维韦克·马达瓦尔表示:"此次演习反映了印度和澳大利亚的全面战略伙伴关系得到了日益增强,特别是在海洋防务领域的合作。"[2]

在加强美印两国海上能力建设方面,美方尤其希望加强海上态势感知(MDA)能力。美方之所以同意将先进的P-8I海上反潜巡逻机和"捕食者-卫士"无人机出售给印度,其重要考量之一就是希望通过共同武器平台来增进美印海上态势感知的行动协调。美方还向印方提议,双方应该使用现有体系"监测整个印太区域的商船航运,后者可能会威胁印度的海上安全"。[3] 美国海上安保信息系统及印度的同类系统可以大大提升美印两国在印度洋区域内的海上态势感知能力,使得两国在发现非法船舶时能够更好地进行协调。空中侦察也可以提升这种意识,随着印军装备了从美国采购的P-8I海上反潜巡逻机,印军的空中侦察能力亦有望得到加强,两国旨在加强海上态势感知的行动协调也可能变得更容易。对于美方在上述领域的

---

① Huma Siddiqui, "India-Australia: Indo-Pacific Maritime Powers Ink MLSA for Access to Military Bases," June 4, 2020, accessed March 17, 2021, https://www.financialexpress.com/defence/india-australia-indo-pacific-maritime-powers-ink-mlsa-for-access-to-military-bases/1981619/.

② "India, Australia Conduct Naval Exercise in Indian Ocean," September 23, 2020, accessed March 17, 2021, https://www.ndtv.com/india-news/india-australia-conduct-naval-exercise-in-indian-ocean-2300114.

③ S. Amer Latif, *U.S.-India Military Engagement: Steady as They Go*, p.16.

合作诉求，印方虽然在原则上持欢迎态度，但在具体实践中仍坚持议题导向的合作方式和严格的审核批准程序。

美方仍在寻求与印度开展更多的海上安全合作，不过由于印方的谨慎态度和战略自主诉求，美方也支持印度在印度洋区域行使一定的海事领导权。譬如，2008年，印度发起了印度洋海军研讨会，邀请印度洋沿岸各国的海军将领参加，共同讨论和交流关于各自关切的海洋议题的信息。该研讨会得以持续举办，已形成惯例。自1995年以来，印度还每两年牵头组织一次"米兰"（Milan）海事演习。该演习最初有四国参与，到2012年时已经增加至14个国家。[1] 2018年，印度海军的17艘舰艇和包括澳大利亚、孟加拉国、印尼、马来西亚、缅甸、新加坡、斯里兰卡和泰国等国的11艘舰艇共同参加了"米兰-18"海事演习，该演习的目的被宣称是加深参与国的合作以打击该海域的非法行为。在2020年，印度原计划邀请40余国参加"米兰-18"演习，这将使其成为全球规模最大的同类演习，后来该演习由于新冠肺炎疫情而被迫延期。印度还继续开始一系列其他海事活动，譬如港口访问以及与南亚和东南亚地区国家开展海军的联合巡逻。美方表示："这些没有美国参与的印度倡议也应该得到鼓励和支持，毕竟，印度在整个印太地区开展的诸多双边和多边海军活动，并不总是需要有美国参与才能有效。""虽然印度单独或与第三国海军巡逻的战略影响可能不及与美国开展联合巡逻影响那么大，但印度海军在没有美军的监控下出现可以让该区域的其他国家感到更为自在……美国在该地区过于突出的存在可能会适得其反，这就是为什么应该鼓励印度在地区海上安全中发挥更为积极的领导作用。"[2] 为扩大双方在印度洋安全领域的共同利益，2019年美印举行第四次海上安全对话后不久，印度在美国海军中央司令部巴林总部派驻了一名专职联络官员，同时美方在印度主导的印度洋地区信息融合中心（IFC-IOR）也对应派驻了一名美国联络官员。双方还计划进一步强化两国的军事联络关系，以促进在印度洋地区的海上安全合作。

海上安全合作将促进美印两国进行海洋安全捆绑。一方面，美国通过海上安全防务合作，热忱而有限度地帮助印度强化自身海上力量，逐步强

---

[1] "Navy to Host 14-Nation 'MILAN' Exercise from Feb. 1," *Times of India*, January 31, 2012, accessed March 17, 2021, https://timesofindia.indiatimes.com/india/Navy-to-host-14-nation-Milan-exercise-from-Feb-1/articleshow/11693159.cms.

[2] S. Amer Latif, *U.S.-India Military Engagement: Steady as They Go*, p.17.

化印度对美的信任乃至安全依赖。在海上安全领域，印度从"需要"美国逐渐沦为"依赖"美国，最终使美国牢牢掌握两国在"印太"海上合作中的绝对主导权。另一方面，印度发挥作为"印太"地区沿海国家的地缘优势，为美国争夺和维护"印太"地区海洋事务主导权提供助力，极端情况下为美国承担潜在的军事安全风险。2019年11月美印举行人道主义援助与救灾联合演习后，美国驻印度大使肯尼斯·贾斯特评论称："美印海上伙伴关系对于保障印太地区的海上通道和促进海上安全具有关键意义。"①

尽管一些国外舆论频频炒作中国崛起及其对印度洋安全的影响，但必须要看到，在当前的印度洋大国博弈中，印度崛起对美国在印度洋的主导权构成强力挑战，所以美印矛盾是主导性矛盾，这也是阻碍美印在印度洋地区合作的最大障碍。进入21世纪以来，美军一直在不断强化对印度洋的控制。2008年，美国投资将迪戈加西亚基地升级为综合性海军基地和后勤补给中心；2010年的美军《四年防务评估报告》和《新联合司令部计划》等均将印度洋区域摆放于战略优先位置。虽然近年来美印两国在印度洋开展了不少合作，但是其合作前景却并不明朗。印度对美国将印度洋纳入其两洋战略，通过加强迪戈加西亚及中东军事基地，扩大其在印度洋的影响力的做法并不满意。另外，印度对美国提出的在印度洋联合打击海盗计划、"千舰海军计划"，以及推动北约进入印度洋并加强其在印度洋的军事存在等保持警惕。近期印度倡导建立印度洋集体安全机制，明确表示不赞同由美国协调印度洋地区的安全事务。故而，虽然美印两国已在印度洋开展了不少合作，但是其合作前景却并不明朗。

二、导弹防御和太空合作

美印太空领域的合作始于20世纪60年代。印度此时的太空事业尚处于起步阶段，以促进国内经济发展为要旨，对此有益的民用通信和遥感卫星成为印度发展太空能力的主要内容。由于美印两国太空技术水平的巨大差距，美国在太空领域向印度提供了不少技术援助，譬如帮助印度设计火箭和培养印度太空专业人才。印度火箭、卫星等一些太空项目在起始阶段曾得到美国国家航空航天局的指导。到了20世纪70年代，美国在推行太

---

① 《具有历史意义的美印老虎凯旋军事演习》，2019年11月26日，https://share.america.gov/zh-hans/in-photos-historic-u-s-india-tiger-triumph-military-exercise/，访问日期：2021年3月17日。

空技术共享方面的政策立场出现倒退，开始减少对外太空合作，1974年印度核试验引发美国对军民两用装备和技术进行更严格的出口管制。

进入20世纪80年代，伴随印度的太空事业向卫星发射系统等前沿领域拓展，印度民用太空技术与军事需求呈日益紧密结合之势。在20世纪80年代，印度先是使用苏联的发射装置满足自己的空间应用和探索需求，后来又与苏联合作建立自身的发射能力。1980年7月，印度成功发射了首枚卫星运载火箭（SLV-3）。1983年起，印度空间研究组织和国防研究与发展组织以及军工企业巴拉特动力有限公司开始合作，启动"综合制导导弹研究计划"，将印度空间研究组织的太空设施用于导弹开发项目，以及联合设立制造基地以便向导弹开发项目输送技术创新成果等。印度SLV-3项目的总监阿卜杜勒·卡拉姆（A. P. J. Abdul Kalam）博士在1983年调任国防研究与发展组织，具体领导印度综合制导导弹的设计研发工作。这一时期，由于印度、巴西等国积极发展导弹工业，另有十余个国家也制订了导弹发展计划。美国等西方国家认为，如不及时阻止导弹技术的扩散，势必危及美国自身及其盟友的安全利益。1982年5月，美国开始与英国磋商建立相关出口管制制度事宜。同年7月，美国、加拿大、法国、联邦德国、意大利、日本和英国等西方七国举行了第一次会议。1985年7月，上述西方七国召开会议，就制定导弹及其相关技术出口管制制度达成一致意见。1987年，西方七国正式签署"导弹及其技术控制制度"（MTCR）多边协议，旨在限制导弹和导弹技术、零部件的出口及扩散。

在20世纪80年代，印度政府关于太空事宜的官方立场仍以提倡和平利用太空资源、反对太空军事化为基调。印方曾公开抨击美国在拓展太空领域时表现出来的太空军备化倾向。印度常驻联合国代表在1985年联合国大会上直接批评美国里根政府的"战略防御倡议"（Strategic Defense Initiative, 俗称"星球大战"计划），呼吁举行多边谈判以禁止太空军备竞赛。不过，美国出于和苏联开展太空军备竞赛的需要，仍有意通过技术援助拉拢印度，里根政府在20世纪80年代中期和印度签署高科技转让协议，为美印两国在太空等领域技术合作的延续提供保障，但该协议严格防范技术经由印度向苏联及东欧国家扩散。尽管遭到MTCR的技术封锁，印度仍然寻求独立研发弹道导弹，并在1988年和1989年分别进行了弹道导弹"大地"和"烈火"的首次试射。①

伴随冷战结束和苏联解体，美国与苏联争夺对印太空技术援助的动力消失，美国曾婉拒印度求助的卫星运载火箭低温启动技术。印度遂转而与俄罗斯国际太空股份有限公司开展技术合作。感到不满的美国根据"导弹及其技术控制制度"协议，于1992年开始对印度空间研究组织和俄罗斯国际太空股份有限公司实施为期两年的制裁。迫于美方压力，俄罗斯于1993年决定缩减与印度技术合作的范围，导致俄印在此技术上的合作事实上终止。此后，美印太空合作出现重启迹象，两国于1997年签署共享卫星数据的备忘录。然而，1998年印度核试验让美印太空合作再度陷入停滞状态。印度核试验后，美国将包括印度空间研究组织在内的多家印度太空研究机构列入商务部的"实体清单"，禁止向这些机构转让太空、导弹等相关技术与设备。在克林顿政府时期，美国宣布结束"星球大战"计划，将重点转向弹道导弹防御计划②的实施。对此，印度持强烈批评的态度。2000年9月，印度外长贾斯万特·辛格本人曾发表声明称："美国部署国家导弹防御系统将导致太空军事化，印度对此一向持反对态度。"③

在小布什政府时期，印度对美国弹道导弹防御计划的态度经历了由批评到合作的急剧转变。小布什上任后，加快了研制和部署国家导弹防御系统的步伐；并谋求建立一体化的导弹防御系统，将战区导弹防御系统（TMD）和国家导弹防御系统（NMD）合二为一，统称导弹防御系统（MD）。小布什政府宣称，发展导弹防御系统是为了增强美国国家安全，是美国面对恐怖主义威胁和大规模杀伤性武器技术扩散而采取的反制措施之一。2001年5月，在小布什发表关于导弹防御计划的演讲之前，美国总统国家安全事务助理赖斯向印度进行通报。面对美方的"好意"，受宠若惊的印度马上"突破"了原有立场，做出了"不同寻常的表态"。印度外交部发表声明，称赞小布什的讲话"意义重大""影响深远"，能使世界彻底告别"冷战遗产"，同时宣称，"发展导弹防御系统是不可避免的战略

① 江天骄、王蕾：《美国与印度的太空互动：从分歧到合作与竞争》，《南亚研究》2017年第3期，第117—133页。

② 弹道导弹防御计划是后冷战时代美国新战略防御思想和新军事技术革命的产物，虽然以防御的形式出现，但实际上极具进攻性，能直接改变全球战略力量对比，并影响大国间的政治关系。该计划由美国克林顿政府于1993年提出，在克林顿任期内主要进行筹划和准备工作。

③ 马加力：《浅析美、印、巴三角关系的变化》，《现代国际关系》2001年第11期，第34页。

和技术政策"。随后，印度外长在与专程赴印游说的美国副国务卿阿米蒂奇会谈后表示，印度"欢迎布什关于建立新的全球安全体制的方案，并将同美国一道为设计这种新体制而共同努力"。至此，人们可以看出，美国拉拢印度的举动和印度靠拢美国的行为已经变成了二者之间的互动。值得指出的是，印度这种高调声明是在美国的盟友尚对国家导弹防御系统心存疑虑、不愿匆忙表态的情况下做出的。在美国的盟友尚持保留态度的情况下，印度立场突变，令世人瞩目。此后，美印两国开始了导弹防御的合作谈判，建立了定期召开的美印联合防御会议机制，论证印度建立导弹防御机制的可行性。

随着2001年开始的美印关系缓和与合作重启，此前美国对印度施加的太空、导弹等技术出口限制逐渐解禁。2003年8月，印度向美国提出购买"爱国者"PAC-3防空导弹，但美国鉴于巴基斯坦的强烈反对而建议印度购买以色列的"箭"型反导系统。不过，由于美国也是"箭"型反导系统的共同研发者之一，这项交易在美国政府内部引起了新一轮争论。美国白宫和五角大楼试图促成这项交易，国务院及负责防止导弹技术扩散事务的相关部门则持反对态度。此后，印度开始推进本国导弹防御系统的研制计划，但仍十分关注美国相对成熟的反导系统。经过坚持不懈的努力，印度陆续开发出射程分别为700–1,250公里、2,000–3,000公里、3,500–5,000公里、3,000–4,000公里和5,000–8,000公里的"烈火"系列导弹，射程覆盖印度周边地区乃至亚洲大部分；同时，射程为8,000–10,000公里的"烈火–6"导弹正在研制当中。

印度虽然希望获得美国的技术支持，却坚持发展独立的导弹防御能力，主要原因是希望维持其政治上的独立性。印度拒绝美国操作其导弹防御系统正是强调了这一点，这使得美印双方的弹道导弹防御合作更加复杂。如果双方正式开始南亚导弹防御系统的合作，美国首先需要确定反导系统的联合指挥形式。另外，由于导弹防御与核武器的必然联系，美国还必须考虑延伸威慑问题。2005年3月，美印日三国在导弹防御合作会议上同意成立一个联合工作组，就导弹防御问题展开密切合作。2005年6月签署的《美印防务关系新框架》协议提出两国进一步扩大反导合作。印度是全球少数几个能自行研发导弹防御系统的国家之一，不过在一些核心技术上还比较滞后。美国屡次表示愿意讨论向印度出售反导系统的可能性。虽然印方在2005年和2006年提出过、也收到过一些关于将"箭"型或"爱国者"反导系统用于一定领域的机密信息，但印度真正的兴趣并非采购美方的反导系统，而是从美方获得关键性技术。然而美方的首要目的是与印度达成关于导弹防御的战略共识，否则不可能向印度进行关键性的技术转让。2008年2月，美国国防部长盖茨访印时曾表示，美国理解印度构建导弹防御系统的迫切心理，双方可以就此展开共同研究；但两国关于联合反导的研究还处于初级阶段，希望两国"不要急于大踏步前进，而是稳步扩大关系，让各方都适应"。

当然，美国也没有彻底让印方断绝念想，仍时常向印方表达反导合作的意愿。2012年1月，美国副助理国防部长在接受印度媒体采访时明确表达了与印度共建反导系统的合作愿望。2012年7月，美国国防部副部长阿什顿·卡特在访印时再次表达了与印方进行反导合作的意向；但卡特表示双方应该先在"战略"水平上进行讨论，之后再开展技术讨论。印度一些评论人士则建议政府不要购买美方的反导系统，认为这些系统没有效果，难以抵挡中国和巴基斯坦不断增强的导弹力量，只会增加地区的不安全因素。在美国奥巴马政府的积极推动下，印度于2016年6月加入《导弹及其技术控制制度》多边协议，尽管在很长时间内印度一直对其持批评态度。加入该协议后，"印度可以自由获得最新的导弹技术，也可以选择将其出口到友好国家。凭借该协议的成员国资格还将使印度获得美国在阿富汗、伊拉克和其他冲突地区成功部署备受追捧的'捕食者'无人机"。[①]

近年来，印度自主研发弹道导弹防御系统的努力取得了重大成功，但印度仍然考虑从国外购买先进反导系统以弥补国产系统的不足，而拥有先进反导技术的美国是印度谋求合作的重要对象。2018年8月，印度首次使用其"先进区域拦截系统"（ADD）/"阿什温"拦截弹对模拟目标进行拦截。目前，印度正在推进从美国采购"第二代国家先进地对空导弹系统"（NASAMS-2）的计划。该系统拟用于德里上空的导弹防御。按照拟议中的德里整体防空计划，美国的NASAMS-2系统将与印度国产以及俄罗斯、以色列制造的多套系统协同作战，最里面一层保护将通过NASAMS-2来实现，后者由"毒刺"防空导弹、火炮系统和AIM-120C-7先进中程空对空导弹（AMRAAM）等不同武器组成，并且得到3D"哨兵"雷达、火力分

---

① Debu C., "The Modi-Obama Meet," June 8, 2016, accessed March 16, 2021, https://www.mapsofindia.com/my-india/politics/the-modi-obama-meet.

配中心和指挥控制单元的支持。2020年2月，美国政府通知国会愿意授权批准向印度出售价值18.67亿美元的"综合防空武器系统"（IADWS），该武器系统拟由美国雷神公司和挪威康斯伯格国防航空公司建造。

除防空反导技术合作外，民用太空技术合作目前也是美印两国的重要合作领域之一。印度空间技术发展迅速，现为世界第七大空间大国。虽然财力有限，但印度仍执意投入大笔资金用于发展空间技术。印度空间计划负责人曾表示："印度的空间计划是国家获得全面进步的一个重要手段。建造卫星和掌握宇宙飞船技术，将有助于印度赶上世界的科学技术水平，否则，印度将注定要永远处于落后的状态。"[1] 美国是当今世界太空技术最为发达的国家，其拥有的诸多先进技术和科技装备对印度很有吸引力。伴随小布什政府时期美国太空技术对印出口限制的逐渐解禁，美印两国以2004年签署的"战略伙伴关系后续步骤"为基础，开启了在卫星、遥感数据共享、月球和火星探测等诸多方面的太空合作。2005年7月，美印两国领导人发表联合声明表示，将通过诸如美印民用空间合作工作组之类的机制，在太空探索、卫星导航和发射以及商业太空领域建立更紧密的联系。2006年3月小布什总统访印期间，美方同意向印度出口两套精密设备，用于印度"月球–I号"探月计划。2011年，奥巴马政府将印度空间研究组织及下属各机构从美国商务部的"实体清单"上移除。两国建立机制化的民用太空合作双边联合工作组，提供一个讨论空间联合活动的论坛，其主要议题包括：交换科学家、海洋和气象专用卫星合作、火星任务合作、纳米卫星、碳/生态系统监测和建模、无线电掩星合作的可行性、地球科学合作、国际空间站、全球导航卫星系统、L&S波段合成孔径雷达、太空探索合作，以及太空碎片的调解。联合工作组的上次会议于2015年9月在班加罗尔举行。2016年6月，印度空间研究组织在极轨卫星运载火箭（PSLV）上成功发射了创纪录的20颗卫星，其中包括来自美国的13颗卫星。[2] 目前，美国国家航空航天局与印度空间研究组织正在为印度的火星轨道飞行器计划和双频合成孔径雷达开展合作。2020年2月特朗普总统访印期间发表的美印联合声明指出，两国领导人欢迎印度空间研究组织与美国国家航空航天局联合研发并拟于2022年发射世界上第一枚双频合成孔径雷达卫星，对关于

---

[1]　孙士海主编《印度的发展及其对外战略》，中国科学技术出版社，2000，第167页。

[2]　Embassy of India in Washington, D.C., USA, "Brief on India-U.S. Relations," June 2017, accessed March 16, 2021, https://mea.gov.in/Portal/ForeignRelation/India_US_brief.pdf.

促进两国在地球观测、火星与行星探索、太阳物理学、载人太空飞行以及商业太空方面的讨论表示赞赏。美方认为，美印太空合作的可能合作区域之一是在太空态势感知方面进行更好的协调。太空碎片的扩散已对美印两国愈加依赖的卫星构成了潜在危害，双方拥有共同利益来讨论如何在改善空间态势感知方面开展合作。[①]

美国国内仍然存在一定的反对美印两国推进在太空领域合作的力量，其部分顾虑在于印度民用太空事业难免会助力该国军工产业的发展；印度政府虽然宣称其民用太空项目与军事弹道导弹项目的研发互不相干，但印度很可能将美国提供的太空技术援助用于发展弹道导弹等军事能力。印度将民用太空技术用于发展军事能力的倾向早已有之。在冷战时期，印度军方及一些鹰派学者就曾强烈批评政府将民用太空项目与军事用途相分离的政策，认为印度的国家安全面临严峻挑战，不允许以理想主义的态度阻碍军事能力的发展。在后冷战时期，印度在坚持和平利用太空的传统论调的同时，也一直坚持通过发展民用太空技术来提升军事能力。尤其是在2007年，印度国防部在联合国防参谋部的支持下建立了一个综合空间机构，负责印度陆海空三军之间以及与印度太空部、空间研究组织的协调工作。该机构致力于提升印度自主研发太空科技的能力，尤其是包括导弹防御、传感器、卫星、定向等武器在内的关键技术，从而缩小了印度与其他太空大国之间的技术差距。印度政府内部对于和美国开展太空合作也存在分歧，印度对美国在太空的军事霸权追求具有比较清晰的认知，过往曲折的合作经历使印度认为美国并非完全理想的合作或追随对象。美印两国内部的官僚分歧使得美印未来太空合作的可能性趋于复杂化。[②]

三、信息网络安全合作

美印两国在信息网络领域的合作由来已久。20世纪90年代以来，信息网络产业的迅猛发展是印度经济中最耀眼的亮点。在政府的大力引导下，

---

① Ministry of External Affairs, Government of India, "Joint Statement: Vision and Principles for India-U.S. Comprehensive Global Strategic Partnership," February 25, 2020, accessed March 17, 2021, https://mea.gov.in/bilateral-documents.htm?dtl/32421/Joint_Statement_Vision_and_Principles_for_IndiaUS_Comprehensive_Global_Strategic_Partnership.

② 江天骄、王蕾：《美国与印度的太空互动：从分歧到合作与竞争》，《南亚研究》2017年第3期，第117—133页。

印度软件从业者人数众多，且工资只有美国的十分之一到五分之一，软件技术具有高性价比、高质量、高可靠性、快速供给等优势。美国微软公司总裁比尔·盖茨1997年访印时指出："21世纪的软件超级大国不是美国，不是欧洲国家，而可能是印度。"进入21世纪后，越来越多的美国公司把可外包的服务搬到印度，以便在降低人工成本与提高用户满意度之间找到一种平衡。AT&T、MCI、AOL等美国大型通讯公司都把电话交换中心设在印度；美国微软、苹果、摩托罗拉、戴尔、得克萨斯仪器等信息产业巨头也都在印度建立了研发中心。微软公司在印度海得拉巴建立了它的第一个海外软件开发中心。

美印两国在信息网络产业领域的合作也逐渐扩展至安全防务领域，在初期阶段的主要平台之一是美印网络安全论坛。美印网络安全论坛始建于2001年，它源于两国之间当时正在开展的反恐对话，并着重于确保关键基础设施系统免受攻击的需要。随着印度逐渐成为美国公司主要的服务外包地，解决有关网络系统安全的共同关切对两国具有互惠互利性。所以，两国的私营公司从一开始就一直密切参与这些网络对话和磋商。在2004年11月举行的美印网络安全论坛第二次会议上，双方设立了五个联合工作组，分别讨论下列具体议题：法律合作和执法问题、研究与开发、关键信息基础设施监视和预警、应急响应、防务合作以及标准和软件保证。在2006年的网络安全论坛上，讨论了另外两个重要合作领域——交通运输和金融部门系统，并将之纳入论坛范围。印度工业联合会与美国同行合作建立了印度信息共享和分析中心，以提高人们对威胁的认识。此外，印度计算机应急响应小组（CERT-In）和美国国家网络安全部门同意在组件分析、网络流量分析和信息交换方面共享专业知识。两国国防部门同意加强在组织、技术和程序方面的经验交流来增进彼此互动。在2008年的美印战略对话中，鉴于世界各地日益依赖互联网和通信技术的关键基础设施以及恐怖袭击风险居高不下，两国代表围绕防务伙伴关系进行了圆桌讨论，包括各种网络安全方法。[1]

伴随2010年奥巴马成功访印，美印网络安全合作得以加速推进。2011年7月，由两国国家安全委员会牵头，美印两国举行网络议题专项会谈。

---

[1]　Nayantara Ranganathan, "Cybersecurity and Bilateral Ties of India and the United States: A Very Brief History," September 30, 2015, accessed March 17, 2021, https://internetdemocracy.in/reports/cybersecurity-and-india-us-bilateral-ties-a-very-brief-history/.

双方在会上就广泛的网络议题交换了意见，并协调关于网络议题的双边合作。此后，美印两国建立了每年一次的网络对话，由美国总统特别助理兼网络安全协调员和印度政府副国家安全顾问共同领导，由美国国家安全委员会网络政策高级主任和印度外交部政策规划与全球网络问题联合秘书共同主持。美印两国于同年7月19日签署了一份《计算机应急响应小组谅解备忘录》，交流关于网络攻击和网络安全事件相互响应的信息，开展网络安全技术合作，交流关于网络安全政策、最佳做法和能力建设的信息，并进行专家交流，以增进双方在网络安全问题上的理解和共识，保护关键的国家基础设施免受网络攻击。根据2013年第二次美印国土安全对话的成果，美方着手为印度官员提供国土安全培训，网络安全是其重要内容。接受培训的印度官员主要来自执法机构和政府部门，包括国家安全委员会秘书处、国家调查局、情报局、国家技术研究组织、准军事部队和州警察部队，以及电信和信息技术部。培训模块包括网络安全和网络取证的最佳实践、技术监视对策高级课程、端到端网络的控制系统安全计划，以及针对服务器、路由器和数据、交换、传输等所有与信息和通信技术相关的系统安全枢纽和设施。奥巴马2015年1月访印期间，双方发表的联合声明指出，双方在解决网络安全和网络犯罪问题方面的合作不断加强，并抓住各种机会以增加在网络安全能力建设、网络安全研发、打击网络犯罪、国际安全和互联网治理方面的合作。[①]

2015年8月，美印两国第四次网络对话在美国华盛顿举行，两国官员就全球信息安全问题进行磋商，内容包括共同打击网络犯罪、强化网络安全威胁预警共享机制及加强网络安全事件协同应急响应能力。两国发布的联合公告称，美印双方确定了诸多相互合作的机会，欲加强两国在网络安全能力建设、网络安全技术研发、打击网络犯罪、维护国际网络安全及互联网治理等方面的合作，并寻求一系列后续活动，以加强双方在网络安全方面的合作伙伴关系，确保取得卓有成效的成果。[②] 在同年9月举行的美

① U.S. White House, "U.S.-India Joint Statement — Shared Effort; Progress for All," January 25, 2015, accessed March 17, 2021, https://www.whitehouse.gov/the-press-office/2015/01/25/us-india-joint-statement-shared-effort-progress-all.

② U.S. White House, "Joint Statement: 2015 United States-India Cyber Dialogue," August 14, 2015, accessed March 17, 2021, https://obamawhitehouse.archives.gov/the-press-office/2015/08/14/joint-statement-2015-united-states-india-cyber-dialogue.

印战略与经济对话中，两国代表均表示，支持"开放、包容、透明和多方利益攸关的互联网治理体系，并计划共同努力促进网络安全，打击网络犯罪，推进网络空间中负责任的国家行为规范"。双方欢迎开展"1.5轨"计划的决定，两国政府官员将与该行业一起努力推动在互联网和网络问题上的合作，并为"数字印度"计划的目标作出贡献。双方发布的《美印反恐联合宣言》进一步肯定两国开展网络合作的必要性，表示网络安全和信息共享是反恐联合战线的必要条件之一。①

2016年6月，印度总理莫迪访问美国，美印两国领导人发表联合声明强调，网络空间可以促进经济增长和发展，重申将共同维护互联网的开放、兼容、安全、可靠以及多利益攸关方治理模式。双方致力于深化网络安全合作，并期待就"美印网络关系框架"协议达成最终共识。双方承诺加强国家和非国家行为体在保护关键基础设施、应对网络犯罪和恶意网络活动、能力建设和网络安全研发方面的协作，继续参与互联网治理论坛对话，并支持两国所有利益攸关方的积极参与。两国共同承诺将依据《联合国宪章》等国际法准则，促进各国以平等自愿的原则共同承担应尽责任，以及制定和采取切实的国家间增信释疑措施，以增进网络空间的稳定。②

莫迪总理此次访美之行的最重要成果之一，就是美印两国签署了有效期为五年的《美印网络关系框架》协议。该框架协议明确了美印网络关系的共同原则，即营造开放、兼容、安全、可靠的网络空间环境；促进互联网成为创新、经济增长以及贸易和商业的引擎；促进信息的自由流动；促进政府和私营部门之间在打击网络犯罪和维护网络安全方面的合作；承认国际和双边合作对防范网络威胁和促进网络安全的重要性；承诺尊重文化和语言的多样性；促进网络空间的国际安全与稳定；致力于多利益攸关方的互联网治理模式；承认政府在与国家安全有关的网络安全问题上的领导作用；承认共同致力于开展网络安全和网络安全研发能力建设合作的重要性；促进执法机构间的合作，共同打击网络犯罪；促进、保护和尊重网上人权和基本自由；通过合作来加强关键信息基础设施的安全性和灵活性。

---

① Nayantara Ranganathan, "Cybersecurity and Bilateral Ties of India and the United States: A Very Brief History."

② U.S. White House, "The United States and India: Enduring Global Partners in the 21st Century," June 7, 2016, accessed March 23, 2021, https://obamawhitehouse.archives.gov/the-press-office/2016/06/07/joint-statement-united-states-and-india-enduring-global-partners-21st.

基于上述原则，美印双方确立了较为广泛的网络合作领域，主要包括：识别、协调、共享和实施网络安全的最佳实践；实时或接近实时地共享有关恶意网络安全威胁、攻击和活动的信息，并建立适当机制以改进此类信息共享；建立两国合作联合机制，以减轻信息通信技术基础设施及其所载信息面临的网络安全威胁；促进网络安全研发、网络安全标准和网络安全测试领域的合作；制定和实施在自愿和互惠基础上有助于信息通信技术（ICT）基础设施安全的实际措施；继续促进执法机构之间打击网络犯罪的合作，并根据需要设立协商机制；通过联合培训项目提升执法机构的能力；促进国际法对于网络空间国家行为的适用；促进和平时期国家负责任行为的自愿准则，包括联合国信息和电信领域政府专家组在国际安全范围内所确定的规范；在电信安全相关问题上进行合作，譬如包括实体认证在内的电信设备安全标准和测试；加深对于国际网络稳定性和破坏性网络活动的共同理解；讨论和分享促进供应链完整性的战略，以增强用户对ICT产品和服务安全的信心；促进涵盖重要网络安全情景的联合桌面推演，以促进具体合作；继续两国在互联网治理论坛上的对话和合作；举行磋商并采取措施提升打击跨国网络犯罪合作的有效性；加强印度的互联网关键基础设施建设；努力确保两国对技术获取政策的共同理解；等等。在合作形式和机制方面，双方继续维持既有的高级别网络对话机制，负责审查有关网络政策问题的合作，包括该框架的实施情况；其他合作机制包括由美国国务院和印度电子与信息技术部牵头的ICT工作组，以及美国国土安全部与印度内政部之间的国土安全对话；双方可以通过在此框架规定的特定合作领域中指定联络点来进行实际互动；通过既有机制继续促进两国计算机应急响应小组的合作；双方通过既有机制，特别是《美印刑事司法互助条约》，继续促进和改善网络犯罪合作事项；双方酌情成立小组开展其他事项的合作。[1]

2016年9月，美印两国第五次网络对话在印度新德里举行，旨在落实两国签署的《美印网络关系框架》协议，交流和讨论国际网络政策，比较各国网络战略，共商打击网络犯罪、促进能力建设以及促进网络安全和数字经济等事宜。美国政府的跨部门代表团包括来自国务院、国土安全部和

---

[1] U.S. White House, "FACT SHEET: Framework for the U.S.-India Cyber Relationship," June 7, 2016, accessed March 17, 2021, https://obamawhitehouse.archives.gov/the-press-office/2016/06/07/fact-sheet-framework-us-india-cyber-relationship.

商务部以及联邦调查局的代表。印度政府则派出了来自印度外交部、电子与信息技术部、通信部、内政部、计算机应急小组、国家关键信息基础设施保护中心、中央调查局与国防研究与发展组织的代表。双方决定通过以下方式深化网络合作：就网络威胁及其他共同关心的问题开展信息交流，并讨论相应的合作措施；在执法和打击网络犯罪领域加强合作；创建合作机制，建立相应的工作组；确立国际网络论坛的共同目标，尤其是网络空间国家行为的国际法应用，明确负责任的国家行为规范以及制定切实可行的增信措施；共同维护互联网的开放性和互用性，以及多利益攸关方的互联网治理模式；协调网络安全测试和标准等网络能力建设工作。①

在2019年美印"2+2"部长级对话会上，双方回顾美印两国近年来成功举行的信息网络相关会议，强调应对恶意网络行为体构成的严重威胁。双方重申美印网络对话和ICT工作组的重要性，重申了网络安全合作，促进国家在网络空间中的负责任行为，以及支持开放和透明的平台和技术的重要性；这些平台和技术，尤其是包括5G网络在内的新兴ICT技术，将根据国内法律框架保护隐私和主权。2020年2月特朗普总统访印期间发表的美印联合声明指出，美国和印度致力于建立开放、可靠和安全的互联网，以促进贸易和通信。美国和印度认识到需要创新的数字生态系统，该系统必须安全可靠，并能促进信息和数据的流动。两国领导人承诺携手促进实业界和学术界之间的合作，为互联网提供开放、安全和灵活的战略材料供应和关键基础设施服务，支持对新兴技术的应用风险进行独立客观的评估。

在与美国的网络安全互动中，印度在互联网治理问题上的立场从早前支持多边模式转变为拥护多利益攸关方模式，这有助于它与美国建立更紧密的网络安全关系。不过，究竟何为"多利益攸关方"其实并无标准答案。互联网名称与数字地址分配机构前总裁于2015年7月在美国国会作证时表示，"多利益攸关方"的特点是基于自愿的合作，参与群体多元化，并且过程对所有人开放。美国商务部国家电信和信息管理局负责人拉里·施特里克林（Larry Strickling）指出，"多利益攸关方"的过程包括了各利益相关方的完全参与，在共识基础上的决策，以及通过开放、透明和问责的方式

---

① U.S. White House, "Joint Statement: 2016 United States-India Cyber Dialogue," September 29, 2016, accessed March 17, 2021, https://obamawhitehouse.archives.gov/the-press-office/2016/09/29/joint-statement-2016-united-states-india-cyber-dialogue.

来运作。① 美国总统特别助理兼网络安全协调员迈克尔·丹尼尔（Michael Daniel）曾明确指出，在美印两国建立双边关系的背景下，印度在互联网治理问题上与多利益攸关方模式（美国认可的模式）保持一致令人鼓舞。②

当然，美印两国在网络安全问题上并非没有矛盾。尽管美印两国在信息网络安全领域进行了大量沟通交流，也开展了不少相关合作，但双方在数据本地化等若干议题上存在较大分歧。新的争论是关于由美国科技巨头在印度采集数据的存储。印方认为，印度国民生成的数据应被视为一种自然资源，必须由国家通过本地化加以保护。2018年7月，印度政府数据隐私委员会提出一个草案，建议限制数据流动，提出所有重要个人数据必须在印度国境内存储和处理，并且印度政府有权决定这些数据包含哪些内容。美方抨击印度为数字贸易设置障碍。亚马逊、运通、PayPal、万事达、微软、Facebook等美国互联网科技界巨头加大游说力度，联合反对印度政府严格的数据本地化要求，声称这样的要求会挫伤它们在印度发展的长远目标。美国还对任何进行数据本地化的国家/地区的H1B签证设置了15%的上限。③

四、能源安全合作

伴随印度经济的快速增长，印度成为全球，特别是中东能源的主要消费者之一。美国能源信息署（EIA）在《2016年国际能源展望》中称，在2012—2040年，以中印两国为代表的新兴亚洲国家将占到全球新增能源消费的一半以上，是全球能源需求增长的最重要动力。④ 其中，印度在2008—2035年是全球能源需求增长的第二大动力，届时该国能源需求将翻一番，会占全球能源需求的18%。相比之下，经合组织国家能源需求增长缓慢，但到2035年，美国仍将是全球第二大能源消费国，排名在印度之

---

① 郎平：《从全球治理视角解读互联网治理"多利益相关方"框架》，《现代国际关系》2017年第4期，第47—53页。

② "U.S.-India Business Council Welcome Resumption of Cybersecurity Dialogue," August 15, 2015, accessed March 17, 2021, http://www.mouseworldnow.com/news/breaking-news/u-s-india-business-council-welcomes-resumption-of-cybersecurity-dialogue.html.

③ "India US Cooperation on Homeland Security," November 28, 2019, accessed March 17, 2021, https://www.jatinverma.org/india-us-cooperation-on-homeland-security.

④ U.S. EIA, "International Energy Outlook 2016," May 2016, accessed March 17, 2021, http://www.eia.gov/forecasts/ieo/pdf/0484(2016).pdf.

前。从现实来看，在2018年，全球能源需求增长2.9%，其中美国和印度对一次能源消费增长的贡献分别为20%和15%。[①]

进入21世纪以来，由于全球主要石油产地中东地区的动荡局势，美国石油供应呈现出向本土及周边地区收缩的态势，正在逐步摆脱对中东地区的石油依赖。美国还积极推动能源革命，"页岩气革命"走在了全球前列，为美国经济复苏提供了大量廉价能源。目前，美国已稳居全球最大天然气生产国的地位，能源结构得到优化，能源自给率也逐年提高。根据美国能源信息署《2020年度能源展望》，在现行法律和法规下，美国的能源产量显著增长，但消费增长适度；到2020年，美国成为能源净出口国，但在2050年前，美国仍将继续大量进口能源。[②]相比之下，近年来，印度的原油产量一直在下降。伴随着能源需求的迅速增长，印度的石油进口依存度从2016年的80.6%上升至2019年的83.7%，其中印度原油的主要来源国为伊拉克、沙特阿拉伯、伊朗和委内瑞拉等。[③]

在能源方面，美国和印度既有加强合作的意愿，也存在一些阻碍合作的现实问题。美印能源安全合作的正式启动始于美国小布什政府时期。2005年7月，印度总理辛格访问美国，双方在联合声明中同意加强能源合作，促进印度稳定高效的能源市场的发展，以确保充足平价的能源供应，并意识到可持续发展的必要性，这些问题将通过美印能源对话解决；双方同意促进发展和保护环境，共同承诺致力于开发和部署更清洁、高效、平价和多样化的能源技术。[④]在美印双方的共同努力下，2006年7月，美印两国达成民用核能合作协议。该协议签署后，印度走出了昔日的"核隔离状态"，并陆续与俄、法、加、日、韩、澳大利亚等国签署了核能合作协议。2009年，美印两国签署《美印清洁能源、能源效率、能源安全和气候变化谅解备忘录》（Memorandum of Understanding Between the Government of

① 戴思攀：《2018年的能源市场》，2019年6月11日，https://www.bp.com/content/dam/bp/country-sites/zh_cn/china/home/reports/statistical-review-of-world-energy/2019/2019srspeech.pdf，访问日期：2020年2月22日。

② U.S. EIA, "Annual Energy Outlook 2020: With Projections to 2050," January 29, 2020, accessed March 17, 2021, https://www.eia.gov/outlooks/aeo/pdf/aeo2020.pdf.

③ Arun Singh, "The Impact of Iran Oil Sanctions on India," June 24, 2019, accessed March 17, 2021, https://www.forbesindia.com/blog/economy-policy/the-impact-of-iran-oil-sanctions-on-india/.

④ U.S. White House, "Joint Statement Between President George W. Bush and Prime Minister Manmohan," July 18, 2005, accessed March 22, 2021, https://georgewbush-whitehouse.archives.gov/news/releases/2005/07/20050718-6.html.

United States of America and the Government of India to Enhance Cooperation on Energy Security，Energy Efficiency，Clean Energy and Climate Change），启动了美印"促进清洁能源伙伴关系"（PACE），该伙伴关系通过支持清洁能源技术的研究和部署，致力于加速包容性低碳增长。2013年，美国国务卿约翰·克里在该年度美印战略对话会议上表示，美国将与印度在能源安全领域开展合作，支持低碳经济发展，并升级原有的"美印全球气候变化对话"，努力发现双边合作的机遇。印度总理莫迪和美国总统奥巴马在2014年9月举行首次双边峰会，宣布了通过一系列优先举措加强和扩大"促进清洁能源伙伴关系"的承诺。2015年初，美印两国就民事核能合作达成协议，为美国核能公司进入庞大的印度市场扫除了障碍，并默许印度无须遵守减少碳排放的标准，双方还宣布了美印"促进清洁能源伙伴关系"下的数项新活动，旨在支持印度雄心勃勃的清洁能源目标。为了跟踪两国各个层面的能源参与进展情况，美印每年召开一次能源对话，美国还与印度在多边清洁能源部长论坛上进行交流。2016年印度总理莫迪访美期间，美印两国同意加强在应对气候变化和清洁能源领域的合作。奥巴马表示，为促使尽早落实巴黎气候变化协定，美国将为印度应对气候变化给予必要的资金支持，帮助印度实施发展太阳能和清洁能源的远大战略。双方同意建立"美印清洁能源融资"和"美印催化太阳能融资"计划。前者是一项耗资2,000万美元的倡议，双方均应同等投入，其目标是筹集4亿美元用于促进清洁和可再生能源的使用；后者是一项耗资4,000万美元以协助建立屋顶太阳能项目的计划，目的是筹集超过10亿美元的资金，以帮助建立小型太阳能发电装置，并鼓励发电和向电网供电。[1] 美国能源部表示，"美国和印度在能源领域有着长期成功的战略伙伴关系。两国之间的技术、经济和双边能源合作逐年加强"。[2]

在美国特朗普政府任内，印度被视为有待美国开发的具有巨大潜力的能源市场。2017年，美国向印度出口了第一批原油；2018年，美国又向印度出口了第一批天然气；2019年，美印双边货物和服务贸易总额达到1,490亿美元。其中，美国对印能源出口是美印贸易关系中重要的增长领

---

① Debu C., "The Modi-Obama Meet," June 8, 2016, accessed March 16, 2021, https://www.mapsofindia.com/my-india/politics/the-modi-obama-meet.

② U.S. Energy Department, "U.S.-India Energy Cooperation," 2016, accessed March 17, 2021, https://www.energy.gov/ia/initiatives/us-india-energy-cooperation.

域。2018年，印度购买了4,820万桶美国原油，比2017年的960万桶大幅增加。[①] 2018年4月，美国和印度签署了《美印战略能源伙伴关系》协议（SEP），双方通过政府和行业两个渠道扩大和提升长期能源合作，在加强能源安全、扩大能源和创新之间的联系、促进工业界和利益攸关方的更多参与等方面共同努力。"战略能源伙伴关系"通过石油和天然气、电力和能源效率、可再生能源、可持续增长四大技术支柱组织开展合作。此外，双方还将继续在智能电网和储能、先进煤炭技术、民用核能合作等方面进行研发，并在氢技术方面寻求新的合作。2020年2月特朗普总统访印期间发表的美印联合声明指出，美印通过其"战略能源伙伴关系"，寻求加强能源安全，在各能源部门之间扩展能源和创新联系，加强战略协调，并促进行业与其他利益攸关者之间的互动；两国领导人注意到，美国有潜力帮助印度实现其焦化/冶金煤和天然气进口基地多样化的目标，并欢迎最近旨在加速印度市场液化天然气供应的商业协定。[②] 美国能源部长和印度石油和天然气部长共同主持召开了美印战略能源伙伴关系部长级视频会议。"战略能源伙伴关系"有助于美国能源公司开辟印度天然气主要市场，与印度能源公司建立紧密的合作关系，更深入地参与印度的能源建设和转型。据国际货币基金组织称，对印度能源基础设施的国际投资可能推动该国经济发展成为世界第五大经济体。美国战略和国际研究中心能源与国家安全计划高级研究员卡迪肯雅·辛格（Kartikeya Singh）认为："这是美国政府加倍支持印度能源转型的机会。我们过去16年与印度在能源方面的合作为今日的扩大合作奠定了坚实的基础……现在是时候为新印度提供动力了。"[③]

不过，美印两国在能源合作方面也存在一些棘手的问题。其中尤为突出的是，美国对伊朗、委内瑞拉等国实施的单边制裁，迫使印度大幅削减乃至停止从这两个欧佩克成员国购买石油，而印度曾是这两国石油出口

---

① U.S. State Department, "U.S. Relations with India: Bilateral Relations Fact Sheet," January 20, 2021, accessed March 16, 2021, https://www.state.gov/u-s-relations-with-india/.

② U.S. White House, "Joint Statement: Vision and Principles for the United States-India Comprehensive Global Strategic Partnership," February 25, 2020, accessed March 16, 2021, https://www.whitehouse.gov/briefings-statements/joint-statement-vision-principles-united-states-india-comprehensive-global-strategic-partnership/.

③ Dipka Bhambhani, "U.S.-India Energy Partnership, with $1 Trillion at Stake, Expected to Grow After Modi Win," June 17, 2019, accessed March 17, 2021, https://www.forbes.com/sites/dipkabhambhani/2019/06/17/u-s-india-energy-partnership-with-1-trillion-at-stake-expected-to-grow-after-modi-win/?sh=7.

的主要买家之一。在2019财年，印度原油消费总量的84%依赖进口，其中10.6%的石油进口量来自伊朗，7.6%来自委内瑞拉。印度在伊朗的基础设施、能源工业领域也有大量投资。美国政府在伊朗问题上长期采取极限施压的政策，对盟友和伙伴国家提出终止和伊朗之间一切能源交易的要求。在对印度具有重要意义的伊朗-巴基斯坦-印度能源管道建设上，美国对印度施压，阻止印度加入该管道建设。2018年5月，美国退出《伊朗核协议》（《联合全面行动计划》）。同年6月，美国宣布，自2018年11月起，美国对伊朗的能源部门（包括石油）进行制裁。同月，美国常驻联合国代表黑利访印并会晤莫迪，游说印度"修正"与伊朗的关系。但印方表示，印度对伊朗的看法非常明确，将与各利益攸关方保持接触，采取一切必要措施确保自身能源安全。2018年7月，美国与印度举行自重启对伊制裁以来的首次直接对话，美国旨在施压印度彻底断绝与伊朗的能源与贸易关系。美方在对话中表示，对仍与伊朗保持贸易往来的国家（和外国企业）不会区别对待。2018年11月，美国同意给予印度等八个国家和地区从伊朗进口石油六个月宽限期，以便它们有时间逐渐转向其他石油进口来源。在美国官方正式发布将制裁与伊朗进行能源贸易的国家后，印度虽相应地减少了从伊朗进口石油的总量，但并未完全终止与伊朗之间的能源贸易及相关经济活动。随后，印方表示期望美国在豁免权到期后，仍可允许印度与伊朗进行双边能源交易。但2019年4月底，美国官方宣布将不再延长豁免期限，实际上明确回绝了印度的有关诉求。2019年起，美国不断对委内瑞拉施压，禁止其他国家、个人或实体进口委石油。到2019年5月，印度被迫停止从伊朗购买石油，此后也大幅减少了自委内瑞拉进口石油。[①]

如何既能保住来自伊朗和委内瑞拉的石油供应，又不损害美印战略合作关系，这考验着印度决策层的外交决断和智慧。非常看重能源进口多元化的印度在石油进口问题上难以完全按照美国的要求行事。对印度而言，一方面，伊朗和委内瑞拉是印度能源进口的重要来源国，印度作为世界第三大石油进口国和消费国，希望使其石油进口来源多样化，以削减购买石油的成本并节省外汇；另一方面，保障本国能源政策的独立性，也符合印度维持对外战略自主和大国身份的诉求。特朗普政府重启对伊朗和委内瑞

---

① 张力：《从地区安全热点看印美战略关系的制约因素》，《南亚研究季刊》2019年第3期，第1—3页。

拉的制裁使印度的能源安全与经贸利益受到严峻挑战。因此，即便美国表示将制裁与伊朗继续开展能源贸易的国家，印度政府仍称其将主要遵循联合国而非个别国家单方面制裁伊朗的诉求。2020年12月初，印度石油部长达尔门德拉·普拉丹（Dharmendra Pradhan）在接受彭博社采访时表示，印度希望实现石油进口的多元化，包括在美国当选总统拜登宣誓就职后，印度恢复了来自伊朗和委内瑞拉的石油供应。此前，普拉丹曾批评欧佩克及其主要成员沙特阿拉伯试图收紧市场，减少出口量并推动石油价格上涨，这给石油消费高度依赖进口的印度带来更多困难。[①]

五、国际维持和平合作

早在联合国于1948年首次在中东实施维和行动时，美国即开始参加国际维和行动。在整个冷战时期，受两极格局影响，国际维和行动本身难有大的作为，主要发挥协助解决冲突的作用。美印两国在国际维和方面的合作也非常有限。

冷战结束之初，美国一度表现出积极参与甚至主导国际维和行动的强烈意愿，却很快遭遇索马里维和行动的惨败。面对国内外的广泛批评，美国进行了认真的分析总结，并制定第25号"总统决策指令"，这是美国首次全面评估维和问题，尤其是美国如何参与、领导甚至评估和决定维和行动发展方向的纲领性文件。为避免再次出现索马里维和行动"黑鹰坠落"[②]式的惨败，美国对联合国维和行动的积极参与逐渐向有选择地参与转变，将自我利益而非"普世价值"作为决定是否参与维和的因素。从自私的美式"国际主义"出发，美国时常选择绕开联合国，以符合一己之利的方式开展维和行动。尤其是"9·11"事件之后，美国以维护自己的国家安全利益为借口，逐渐把维和行动与反对恐怖主义联系起来。"美国人参与维和

---

① IAC, "India Hopes to Import More Iranian, Venezuelan Crude Under Biden: Minister Pradhan," January 23, 2021, accessed March 17, 2021, https://www.indoasiancommodities.com/2021/01/23/indiahopes-to-import-more-iranian-venezuelan-crude-under-biden-minister-pradhan/.

② 1993年10月3日，联合国索马里维和特派团的美军在摩加迪沙执行军事行动时出现意外。由于情报有误，两架"黑鹰"直升机被当地武装分子的火箭筒击落，并引发了当地民众对美军的围攻。160名美军人员激战数小时后，在援军的支援下，大部分人成功返回基地。这次行动使两架"黑鹰"直升机被击落，造成18名美军人员丧生，73人受伤。参与行动的巴基斯坦和马来西亚军人也有伤亡。Gina Dimuro, "The Battle of Mogadishu: The Harrowing True Story Behind Black Hawk Down," October 31, 2018, accessed March 17, 2021, https://allthatsinteresting.com/battle-of-mogadishu-black-hawk-down-true-story.

行动，是其全球性反恐战争的重要组成部分，也是广泛搜集世界各地恐怖活动信息的重要手段。"[①] 对于美国无视联合国行动授权的倾向和做法，印度难以完全认同。在2003年，印度曾婉拒美国要求印度向伊拉克派兵的提议，决定不向伊拉克派遣维和部队。印方表示，只有在获得联合国明确授权的情况下，印度政府才会考虑在伊拉克部署军队。

印度作为联合国维和行动的重要参与者，在支持世界各地的维持和平行动方面发挥着重要作用。印度自认为是一个"世界性的维和者"，这体现于其长期以来对联合国维和行动人员的贡献规模。印度将参与国际维和行动视作印度武装力量的四项主要任务之一。[②] 据统计，自印度独立以来，印度先后派出超过25万人次参与了联合国的49项维和任务，是向联合国维和行动累计派出人员数量最多的国家，有十余人次担任维和特派团部队总司令等高级职务，有175名印度维和人员在维和行动中牺牲，在所有出兵国中伤亡人数最多。印度维和部队担负了多样化的任务，在医疗、工程等领域表现突出。[③] 截至2021年12月，印度是联合国现役维和人员的第三大派遣国，在联合国现役12项维和任务的9项中有印度维和人员5,579名，包括5253名维和分队人员、139名建制警队人员、111名参谋军官、32名独立警察和44名专家，在全球7.5万维和人员中占比7.4%。具体而言，在刚果（金）稳定特派团（MONUSCO）中，印度部署有1,883名军人、139名警察和17名专家；在南苏丹共和国特派团（UNMISS）中，印度部署有2,383名军人、30名警察和18名专家；在驻黎巴嫩临时部队（UNIFIL）中，印度部署有895名军人；在驻戈兰高地观察员部队（UNDOF）中，印度部署有199名军人。此外，在阿卜耶伊、塞浦路斯、西撒哈拉、中东和索马

---

① 徐祗朋：《美国在非洲维和的经验教训及其启示》，《武警学院学报》2014年第1期，第42页。

② Tariq M. Asharaf, "Doctrinal Reawakening of the Indian Armed Forces," November-December 2004, accessed March 17, 2021, https://tamilnation.org/intframe/indian_ocean/ashraf_on_indian_maritime_doctrine.pdf.

③ UN, "India: A Long and Deep Tradition of Contributing to UN Peacekeeping," July 2018, accessed March 17, 2021, https://news.un.org/en/gallery/541602; DNA, "Proud of Contribution at UN Peacekeeping, Says India at UNSC," May 24, 2021, accessed March 17, 2021, https://www.dnaindia.com/india/report-proud-of-contribution-at-un-peacekeeping-says-india-at-unsc-highlights-role-in-aftermath-of-congo-volcanic-eruption-2891770.

里等地的联合国维和任务中，印度也部署有少量维和人员。[①] 印度部署在联合国驻南苏丹和刚果（金）两个维和特派团的维和分队规模最大。在联合国南苏丹特派团，印度目前部署有两个步兵营、一个工兵连、一个信号连和一个二级医院；在联合国刚果任务区，印度目前部署有一个加强步兵旅（含四个步兵营）、一个陆航分队、两个警察分队和一个三级医院。

虽然美国为联合国维和行动贡献的人力资源有限，但美国目前是联合国维和行动经费的最大出资国，不过美方一直试图削减其维和摊款份额，并存在严重拖欠的情况。近年来，美国积极倡导由其主导的"和平行动"，并将其目标与自身安全利益和对外政策相结合，使之成为维护自身利益，塑造21世纪美国所主导的国际政治、经济和安全秩序的重要工具。美国于2005年启动"全球和平行动倡议"（Global Peace Operation Initiative, GPOI），其愿景是与美国及国际利益相关者合作，以实现与维持和平行动的有效性并促进国际和平与安全。为了支持这一愿景，GPOI的使命是通过增强伙伴国家自给自足的可持续和平行动能力，以及联合国和区域组织开展此类行动的能力，来增强执行联合国和区域和平行动的国际能力。从2005财年到2020财年，GPOI获得了近13亿美元的总预算，致力于实现六个方面的目标。其一，在伙伴国家中建立自给自足的和平行动训练能力。GPOI协助伙伴国家为军事人员执行和平行动提供所需的训练与培训，包括培训本国教员、翻新训练设施、完善培训材料和提供培训设备。截至2020年，有60%的积极伙伴国家在核心和平行动培训中实现了自给自足。其二，支持合作伙伴国家开发和使用关键赋能能力。GPOI提供培训、设备和咨询服务，以帮助35个合作伙伴国发展和使用国际维和行动所需的67种关键能力和配套设施建设，如工程、航空、医疗、物流、通信和处置简易爆炸物等。其三，增强合作伙伴国家/地区的运行准备和维持能力。GPOI提供专门的或基于特定任务的部署前培训、技术/咨询援助、战略层级培训、任期补充培训以及设备部署，以改善和维持伙伴国家在和平行动中部署并维持部队的能力。据统计，GPOI合作伙伴部署到联合国和非盟和平行动中的军事人员数量增加了130%，而非GPOI国家在这方面仅增加了27%。其四，加强合作伙伴国家的快速部署能力。GPOI协助为选定的合作

---

① UN, "Contribution of Uniformed Personnel to UN by Country, Mission, and Personnel Type," December 31, 2021, accessed March 27, 2021, https://peacekeeping.un.org/sites/default/files/03_country_and_mission_45_dec_2021.pdf.

伙伴国家加强能力和流程并使之制度化，以实现60天内的快速部署来应对新出现的危机。其五，扩大女性的作用并加强性别融合。鼓励女性参与和平行动，并在其中发挥主导作用；培训女性维和人员；将与性别相关议题（如预防性暴力和性剥削等）纳入所有的维和培训中。据统计，约有1万名女性维和人员参加了GPOI促成的培训；2010年9月—2020年9月，GPOI合作伙伴国部署的女性军事维和人员增加了109%，而非GPOI国家在这方面仅增加了38%。其六，提供援助以建立联合国和区域组织加强和平行动的能力。GPOI已资助了23个项目，以帮助联合国研发和印制指导性文件、军事单位手册和培训材料，以及执行联合国培训活动并提供咨询和技术援助。这项致力于建设国际维和能力的倡议由美国国务院主管，但在实施中与美国国防部紧密合作。①

近年来，为支持和实现美国的国家利益，美国国务院和国防部加大了对非洲维和行动的参与，开展了一系列广泛的行动。在后冷战时期，非洲是国际维和行动最重要的区域。目前，约75%的联合国维和军警人员部署在非洲；联合国2019—2020年度维和预算总计65.1亿美元，其中48.2亿（约74%）用于非洲的维和行动。②美国于2015财年启动"非洲维持和平快速反应伙伴关系"计划（APRRP），为期三到五年，预算为2.675亿美元，旨在帮助六个伙伴国家（埃塞俄比亚、加纳、卢旺达、塞内加尔、坦桑尼亚和乌干达）培训和快速部署维和人员，建立和加强快速应对非洲大陆危机的制度化能力。APRRP专注于发展联合国和地区维和长期短缺的高需求赋能能力（如空运、指挥、控制、通信和信息系统、保护部队等），来补充GPOI更广泛的和平行动能力建设。

美国加强对国际维和事务，尤其是非洲维和事务的参与和投入，为美印开展维和合作开辟了空间。2011年3月，美印两国恢复了联合国维和联合工作组的工作，以帮助实现该目标。双方原则上同意在11个维和相关领域进行合作。2011年7月，美国国务院发布的"21世纪的安全伙伴关系"声明指出，美国和印度都希望联合国维和工作取得成功，双方的首要目标是确保维和人员的任务授权基于现实且能够实现，同时也要确保维和行动

① U.S. Department of State, "Peace Operations Capacity Building Division," 2020, accessed March 17, 2021, https://www.state.gov/key-topics-office-of-global-programs-and-initiatives/#pocb.

② U.S. Congressional Research Service, "U.N. Peacekeeping Operations in Africa," September 23, 2019, accessed March 17, 2021, https://fas.org/sgp/crs/row/R45930.pdf.

能够获得足够的资源以及所需的其他相关支持。[①] 在2016年6月的美印领导人联合声明中，双方对联合国维和峰会的成功召开表示欢迎，并承诺通过共同举办联合国非洲伙伴维和课程，以加深第三国对联合国维和能力建设工作的参与，培训对象主要来自非洲的十个国家。两国领导人还重申支持现有的改革努力，以加强联合国维和行动。基于各自与非洲的交往（如美非领导人峰会和印非论坛峰会），两国领导人认为美印两国在与非洲伙伴合作以促进整个非洲大陆的繁荣与安全方面具有共同利益。两国领导人欢迎与非洲伙伴进行三边合作，包括根据《促进全球发展的三边合作指导原则声明》在农业、卫生、能源、妇女赋权和卫生等领域进行三边合作；双方期待着有机会加深美国-印度在非洲以及其他地区的全球发展合作。[②]

印度具有十分丰富的非洲维和实践经验，在非洲国家具有较大的影响力。印度的维和培训体系比较完善，对于同为发展中国家的不少非洲国家具有吸引力。这为美印两国在扩展非洲维和合作伙伴和对非维和培训合作方面提供了便利。从2016年到2019年，美印两国共同主办了"联合国非洲伙伴维和课程"项目，这是印度、美国和非洲国家间的三边维和合作。这个项目在新德里的印度陆军部联合国维和中心举办，培训对象是来自20余个非洲维和军警派出国的官员，由美国"全球和平行动倡议"资助，并由美国、印度和非洲国家的教官授课。2016年，印度和美国首次举办了为期三周的"联合国非洲伙伴维和课程"，培训了来自10个非洲国家的38名维和伙伴。2017年7月，印度和美国举办了第二期"联合国非洲伙伴维和课程"，来自14个非洲国家和非盟的高级军事官员参加了为期两周的课程。美国邀请了2名印度教官参加2017年底由美国赞助的非洲机动培训小组。2019年3月，印度与17个非洲国家举行了首次野外军事演习"非洲-印度联合训练演习-2019"（AFINDEX-19），旨在促进非洲国家的维和能力建设。作为美国政府与印度建立维和合作的牵头机构，美国国务院政治军事事务局表示："这种在维和方面的持久合作充分说明了美印安全伙伴关系的

① U.S. Department of State, "Security Partnership for the 21st Century," July 19, 2011, accessed March 17, 2021, https://2009-2017.state.gov/r/pa/prs/ps/2011/07/168744.htm.

② U.S. White House, "The United States and India: Enduring Global Partners in the 21st Century," June 7, 2016, accessed March 23, 2021, https://obamawhitehouse.archives.gov/the-press-office/2016/06/07/joint-statement-united-states-and-india-enduring-global-partners-21st.

力量，以及我们对维护联合国理念的共同承诺。"[1]

　　美国和印度正在继续扩展维持和平方面的合作。一方面，美国和印度寻求扩大与"印太"地区合作伙伴在维持和平行动方面的合作。譬如，越南是美印两国竞相拉拢的重要国家。越南对参与国际维和行动表现出了强烈意愿，在此领域得到了印度和美国的大力支持。2016年，越印两国就联合国维持和平行动合作签署谅解备忘录。此后，印度为大批越南军官和部队提供维和培训，与越方分享在联合国维和特派团部署活动的经验。2020年，越南与印度签署了关于加强联合国维和合作的双边协议。美国也利用"维和"的名义，培养越军参与海外行动的能力，并在2016年5月宣布全面解除对越南的武器禁运，支持越南参与联合国维和行动。另一方面，美印两国大力推广扩大女性维和作用等理念，促进联合国维和行动的改革。让更多女性参与维和行动并加强性别融合是美国"全球和平行动倡议"的主要目标之一，印度对此表示高度赞同，并积极呼应。2007年，印度向联合国利比里亚特派团派出了全球首支女子维和警队；2017年，印度达成军事观察员女性占比15%的目标。2020年8月，印度与印度尼西亚共同发起一项联合国安理会提案，呼吁妇女"全面、有效和有意义地"参与维和行动。同年12月，印度外交秘书维卡斯·斯瓦鲁普（Vikas Swarup）出席了联合国和越南共同举办的"女性在和平中的未来"国际会议。他表示，印度坚信更多女性参与维和意味着更为有效的维和，印度将为联合国提供更多的女性维和人员，并在规定的时限内达成目标。[2]

　　在地区维和领域，关于印度未来是否参与可能的阿富汗国际维和行动一度引起遐想。美国拜登政府上任后的首场美印联合军演"准备战争"联合演习于2021年2月在印度边境地区举行，演习旨在加强两国反恐和联合国维和合作。有媒体报道，2021年3月，美国国务卿安东尼·布林肯致信时任阿富汗总统阿什拉夫·加尼（Ashraf Ghani），希望在接下来的90天内减少暴力，要求联合国召集俄罗斯、中国、巴基斯坦、伊朗、印度和美

---

[1]　U.S. Department of State, "U.S. Security Cooperation with India: FACT SHEET," July 21, 2020, accessed March 17, 2021, https://www.state.gov/u-s-security-cooperation-with-india/.

[2]　ANI, "India Believes More Women in Peacekeeping Means More Effective Peacekeeping: MEA Secretary Vikas Swarup," December 25, 2020, accessed March 6, 2021, https://www.aninews.in/news/world/asia/india-believes-more-women-in-peacekeeping-means-more-effective-peacekeeping-mea-secretary-vikas-swarup20201209024205/.

国等举行专题会议讨论阿富汗和平问题，并呼吁联合国主导此后的维和事宜，而美国驻阿富汗部队计划在2021年5月1日后撤离。[1] 不过，也有分析认为，即便联合国在阿富汗的维和行动成为现实，由于历史、宗教和地缘政治因素，印度也不是理想的维和部队派遣国。[2] 虽然印度也有意在阿富汗事务中发挥更大的影响力，但在派出武装部队问题上态度一直比较谨慎。事实上，特朗普政府时期就曾呼吁印度在阿富汗发挥更大的作用，而印度国防部长尼尔马拉·西塔拉曼在2017年9月会见美国国防部长詹姆斯·马蒂斯时曾明确表示，不会派遣地面部队进入阿富汗以维护当地的和平稳定，但会在安全、经济和发展援助方面进一步加强对这个战乱国家的支持。[3] 进入2021年5月后，面对塔利班的凌厉攻势，印度仍全力支持加尼政府，甚至向其紧急提供大量军火，试图挽回局面却徒劳无功。2021年8月，美军结束在阿富汗近20年的军事行动，仓皇撤离，印方也被迫撤离全部外交人员。

第六节 "美印+"小多边安全防务合作

区域合作是美印战略伙伴关系的重要支柱，而美印区域合作的重要方面就是与日本、澳大利亚等地区盟友开展多边活动。2020年2月特朗普总统访印期间发表的美印联合声明指出，双方决定通过美印日三边首脑会议、美印"2+2"部长级对话会议机制以及美印日澳四边磋商等加强磋商，期待在美国、印度及其他合作伙伴之间加强对海域意识的共享。

一、美日印三边安全防务合作

印度与日本、澳大利亚等美国亚太盟友积极开展安全防务合作。其

---

① Abigail Williams etc., "Blinken Reportedly Offers Sweeping Plan to Bolster Afghan Peace," March 9, 2021, accessed March 1, 2022, https://news.yahoo.com/blinken-reportedly-offers-sweeping-plan-183948587.html.

② Maj Ryan C. Van Wie, "A Peacekeeping Mission in Afghanistan: Pipedream or Path to Stability?" November 24, 2020, accessed April 17, 2021, https://www.airuniversity.af.edu/JIPA/Display/Article/2425694/a-peacekeeping-mission-in-afghanistan-pipedream-or-path-to-stability/.

③ ANI, "India Tells Mattis It Won't Send Troops to Afghanistan," September 26, 2017, accessed May 17, 2021, https://tolonews.com/afghanistan/india-tells-mattis-it-won%E2%80%99t-send-troops-afghanistan.

中，印日安全防务合作发展势头最为强劲。早从2000年起，日本和印度就开始在印度洋海域以及日本海域开展以打击海上恐怖主义和反海盗为目标的联合行动，以日本海上保安厅和印度海岸警卫队为主体。2006年5月印度国防部长慕克吉访日和2008年10月印度总理辛格访日后，印日双方发表的联合声明均提出要加强双边防务合作。2009年11月，印度国防部长A.K.安东尼访日，与日本防卫大臣北泽俊美举行会谈。双方谴责并承诺共同打击恐怖主义这一全球公害；两国还同意根据2008年防务行动规划进一步提升防务交流与合作。印日两国国防部长呼吁加强在海上安全领域的合作，并启动日印海上安全对话。双方还强调了加强军兵种交流和举行双边联合军演的必要性。[①] 2012年10月，日印"2+2"部长级对话会在东京举行，双方不仅交流了关于地区和国际安全局势的意见，还就提升海洋、网络和外太空安全等关键领域的合作举行了专门会谈。

安倍晋三在2012年底再次当选日本首相后，力推"印太"战略构想，印度"被预设"为抗衡中国的"天然盟友"；为了推进对印关系，日本几乎不计经济成本、不讲外交原则、不求军事对等。从2012年6月日本海上自卫队和印度海军在日本神奈川县附近海域举行日印首次海上联合军事演习到2020年9月的日印"JIMEX-20"海上双边演习，日印海上交流机制不断健全，日印安全防务合作完成了从防务对话到联合军演的广泛覆盖。2020年举行的印日"JIMEX-20"是双方第四次举行"JIMEX"海上演习，演习科目包括防空和反潜作战演习、武器射击、跟踪和战术演习、航海技术演练和高阶演习等。印度媒体称："JIMEX-20期间双方联合举行的高阶行动和演练标志着印日防务关系的持续增长，以及两国政府为建立基于国际规则的，安全、开放和包容的全球共同体的持续努力。JIMEX-20将进一步加强印日海上合作和相互信任，并增进两国间的长期友谊。"[②]

除了联合军演，印日两国在武器装备、高新技术和后勤支援等方面的合作显示两国安全防务合作在向纵深发展。日本具有较强的军工制造能力，潜艇制造的水平更是居于世界前列，因此印度对于日本出口的高新

---

① Pranmita Baruah, "Changing Contours of the Japan-India Defence Relations," April 3, 2010, accessed November 6, 2021, http://www.globalpolitician.com/default.asp?26267-japan-india.

② Zee Media Bureau, "JIMEX 2020: India, Japan Three-day Naval Exercise in Arabian Sea Concludes Today," September 29, 2020, accessed March 17, 2021, https://zeenews.india.com/india/jimex-2020-india-japan-three-day-naval-exercise-in-arabian-sea-concludes-today-2313252.html.

技术装备十分渴望。2015年3月，印度国防部长帕里卡尔访日时表示，防务技术合作是双边防务关系的关键支柱，日本是实现印度装备"印度制造"的优先伙伴，印度对与日本联合开发和生产防务装备具有浓厚的兴趣。2015年12月安倍访印，印日双方达成了《日印防卫装备品及技术转让协定》(Agreement Between the Government of Japan and the Government of the Republic of India Concerning the Transfer of Defense Equipment and Technology)，使得日本向印度的出口更加顺利通畅。[①] 2019年9月在东京举行印日国防部长级会议，两国发布联合声明表示，印日两国合作将聚焦于防务设备和技术，日本在印度的防务市场有巨大潜力，希望深化关于促进日本军工企业进入印度防务市场之措施的讨论。2019年11月底，印日"2+2"部长级对话会在印度首都新德里举行，双方讨论了推动两军间军备互通、联合训练、联合装备研发等议题。印日两国在联合声明中确认建设一个"自由、开放、包容的基于国际规则"的印度洋—太平洋的重要性，提出早日签订《军需相互支援协定》，以及积极筹备在日本实施的首次印日战斗机联合演习。2020年9月，印度与日本签署《相互提供物资与劳务协定》(Acquisition and Cross-Servicing Agreement，ACSA)，为两国相互使用彼此在印度洋的基地打开了方便之门。根据印度国防部的声明，该协定为印度武装部队和日本自卫队在双边培训、联合国维和行动、人道主义援助和其他共同商定的活动中相互提供物资和服务提供了框架。这一协定将加强印度武装部队和日本自卫队之间的协同能力，并加强双边防务联系。[②]

伴随印日双边防务关系的发展，美日印三边安全防务对话不断深入。2010—2011年，美国就"印太"区域安全公开呼吁美日印共同推动三边战略互动，并在华盛顿正式启动首届副外交部长级三边对话。此后，三国先后在新德里、东京和华盛顿举行了五次涉及"印太"海洋安全和反恐等问题的三边对话。2011年12月，美日印首次三边对话在美国华盛顿举行。2012年10月，第三次美日印三边对话在印度新德里举行；在会上，美国敦促日本加强安全能力，也期望印度担负更多的安全责任。2014年，美印在

① 宋海洋：《论印日特殊的战略全球伙伴关系及其对中国的影响》，《东北亚论坛》2017年第3期，第41页。

② 《印日签署〈相互提供物资与劳务协定〉》，新华网，2020年9月10日，http://www.xinhuanet.com/world/2020-09/10/c_1126479529.htm，访问日期：2021年3月16日。

两国"区域事务战略磋商"框架下对美印日三边对话进行总结，肯定了其在区域安全合作领域所取得的进展。2015年，美印日三边对话升级为外长级安全对话。2015年9月，美日印三国在纽约召开首次外交部长会议，称三方决定在维护国际及区域秩序方面支持东盟和东亚峰会，并共同对中国的海洋活动表示严重关切。美印日三国的安全防务合作开始从太平洋和印度洋两个方向共同发力；"马拉巴尔"年度海上军演自2014年以来采取在西太平洋和印度洋交替举行的方式，在"印太"地区制造紧张的意图明显。

为了提升美日印三边防务合作水平，日本于2014年起开始常态化参加美印"马拉巴尔"海上联合演习，2015年成为"马拉巴尔"军演的正式成员，美日印三边联合军事演习规模和复杂程度不断提升。"马拉巴尔"军演的地点从北印度洋逐渐扩展，开始在北印度洋和西太平洋海域交替举行。譬如，2014年和2016年的演习在日本冲绳海域举行，距离钓鱼岛及其毗邻海域很近，2015年和2017年的演习则在临近南海海域的孟加拉湾举行。演习科目也从单纯的海上搜救、反恐扩展为接近实战化的反潜、防空等；参演武器数量、类型不断增加，航母、潜艇、直升机航母等先进装备频频亮相。2014年7月，美印日三国在位于日本四国南部到冲绳东部的西太平洋海域举行"马拉巴尔2014"演习，此次演习被视为美国重返亚太的重要一步。2015年10月，美印日三国在孟加拉湾举行"马拉巴尔2015"联合海军演习。印度海军参加演习的有"什瓦里克"和"贝特瓦"号护卫舰、"兰维杰"导弹驱逐舰、"沙克蒂"号补给船、"辛都拉耶"号潜水艇、P-8I海上反潜巡逻机和直升机；美国海军参加演习的有"罗斯福"号航空母舰、"诺曼底"号巡洋舰、"沃斯堡"号海岸警卫舰、"科珀斯·克里斯蒂"号核潜艇和飞机；日本海上自卫队参加演习的有"冬月"号驱逐舰以及SH-60K直升机。这是时隔八年之后美印日三国首次在该海域举行的类似军演。演习持续一周，旨在提升反潜能力和进行反海盗、人道主义援助和灾难救援等演练。在2017年的美日印"马拉巴尔2017"演习中，美日印三国的航母战斗群首次同时参加，美国"尼米兹"号核动力航母、日本"出云"号直升机航母以及印度"超日王"号航母联袂亮相孟加拉湾，这在25年的"马拉巴尔"军演历史上还是第一次。2018年，美印日在靠近关岛海域的菲律宾海域举行"马拉巴尔2018"演习。这是演习首次在西太平洋美国领土关岛附近海域举行，演习分为港口水域和海上行动两个阶段，其中海上行动阶段以反潜作战为核心。2019年，美印日三国打破交替原则，将演习地点选在日本九州岛的佐世保至关东南部海域，日本"加贺"号直升机航母、"五月雨"号通用驱逐舰和"鸟海"号宙斯盾驱逐舰高调参加。

二、美日印澳四方安全防务合作

美日印澳四方安全对话（QUAD，简称"四边机制"）是美国、日本、印度和澳大利亚四国间非正式的战略磋商机制。"四边机制"以"印太"为合作地域，以推进海上安全合作和加强基础设施建设为主要合作内容，旨在通过四国间的协调行动，应对地区形势的显著变化，构建与维护符合自身利益的地区秩序。

2004年印度洋海啸发生后，在美国的倡议和推动下，美国、日本、印度和澳大利亚四国迅速组成了"海啸核心小组"来协调初步的救灾工作。这个应急式的四国合作成为"美日印澳"四边机制的滥觞。美国官员多次表示，希望将这个救灾联盟改造为共享民主价值观的持久地区联盟。对构建"美日印澳"四国同盟最具热情的却是日本首相安倍晋三。2006年12月，印度总理辛格访日时，双方宣布建立全球战略伙伴关系，并表示两国要与亚太地区其他志同道合的国家建立对话机制。美国副总统迪克·切尼（Richard Bruce Cheney）随后公开表态支持四方安全对话的倡议，并于2007年2月访问澳大利亚时与澳总理约翰·温斯顿·霍华德（John Winston Howard）讨论了该构想。2007年，安倍晋三访印时提出构建"自由繁荣"的太平洋和印度洋，并称一个突破地域限制的大亚洲正在形成之中；同期，安倍晋三还提出一项关于"亚太自由之弧"的战略设想，呼吁民主国家携手形成"自由繁荣之弧"，该设想包括在美日印澳四国间建立多边对话机制。

经过一系列外交磋商和互动，美日印澳四国最终在2007年5月的东盟地区论坛期间举行了首次四方安全对话。此次对话层级较低，仅为司局级非正式磋商，却由于具有里程碑性质的信号意义，在国际社会激起了强烈反应。2007年9月，美日印澳四国联合新加坡在孟加拉湾开展联合海上军事演习。但是，此后随着美日印澳四国国内政局的变化，合作缺乏持续推进的动力。日本首相安倍晋三和澳大利亚总理霍华德在2007年9月和11月相继下台。2008年2月，澳大利亚总理陆克文（Kevin Michael Rudd）在访华后宣布退出"四边机制"。四方安全对话机制在未形成基础机制框架之前即告搁浅。此外，由于澳大利亚一度决定不向印度出口铀原料（直至

2014年9月，澳大利亚才恢复对印出口铀原料），澳印两国的安全防务关系也进入一段寒冬期。

2012年安倍晋三第二次当选日本首相后，重新开始积极推动美日印澳四国安全对话。安倍第二次当选次日就在世界报业辛迪加刊发《亚洲的民主安全菱形》一文，提出"由澳大利亚、印度、日本与美国的夏威夷组成一个菱形，以保卫从印度洋地区到西太平洋地区的公海"，并"准备向这个安全菱形最大限度地贡献日本的力量"。

2017年以来，"四边机制"的发展进入快车道。2017年10月8日，日本外相河野太郎、美国国务卿蒂勒森、澳大利亚外长毕晓普（Julie Bishop）举行三边会谈，就四国战略对话交换意见，美日印澳四方对话在中断长达十年之后得以重启。2017年11月12日，美国、印度、日本和澳大利亚四国外交部的司局级官员在越南亚太经合组织领导人非正式会议期间举行了四方会议，就"印太地区的共同利益议题"展开讨论。这次会议是美日印澳四方安全对话时隔十年之后的重启，其核心议题包括建立基于规则的亚洲秩序、公海航行与飞越自由、尊重国际法、加强连通性以及海上安全等七个方面。十年后重启的四方安全对话被称为"四边机制2.0版"，这是美日印澳四国为统一认知、协调行动、加强合作而重启的对话平台，反映出亚洲地缘政治正在以"印太"区域构建为特征所发生的内在变化。①

自2017年以来，美日印澳就四方安全合作多次举行高级别工作会议、部长级会晤乃至首脑会晤。2019年9月，美日印澳四国在纽约举行四方安全对话，将对话升级为部长级会谈，规定每年举办一次四方外长安全会谈。受新冠肺炎疫情影响，美日印澳四国在2020年3月举行了一次视频会议，并首次邀请越南、韩国和新西兰参加，就防控新冠肺炎疫情相关事务展开会晤，"QUAD-Plus"逐渐得到多个国家学界及媒体讨论。2020年10月6日，在东京召开了美日印澳四方外长会谈，会议一致同意与"印太"地区更多国家开展合作，会谈约定每年举办一次"马拉巴尔"四国联合军演。2021年2月18日，四方外长召开视频会议，主要讨论应对疫情和气候变化问题上的四方合作，以及讨论打击虚假信息、海上安全、缅甸局势等议题。同年3月12日，"四边机制"举行首次领导人在线峰会，就相关议题

---

① H.D.P.Envall, "The Quadrilateral Security Dialogue: Towards an Indo-pacific Order?" September 2019, accessed September 06, 2021, https://www.rsis.edu.sg/wp-content/uploads/2019/09/PR190909_The-Quadrilateral-Security-Dialogue.pdf.

进行磋商和协调立场。峰会发表的声明主要内容包括：建立四国疫苗合作伙伴关系，在2021年扩大安全有效的新冠肺炎疫苗生产，并将与包括世界卫生组织在内的现有相关多边机制密切协调，共同加强和协助"印太"国家进行疫苗接种；成立新的四边气候工作组，加强《巴黎气候协定》的执行，致力于支持减排和应对气候变化；建立四边关键和新兴技术工作组，促进技术标准制定方面的协调，以及开展关键和新兴技术的合作对话；等等。[①]2021年9月24日，美日印澳四国在美国首都华盛顿举行了首次线下领导人峰会，就"印太"地区安全、新冠肺炎疫苗、基础设施、新兴技术、清洁能源等问题进行了讨论。四国承诺将致力于实现伙伴关系，以及作为共同安全与繁荣基石的区域——"一个自由开放的印太地区"。峰会发表的联合声明强调了"四方安全对话"峰会的抗疫成就、四国共同应对气候变化的决心、四国开展新兴技术合作和区域安全合作的意愿，以及四国在阿富汗问题、朝核问题和缅甸问题上的共同立场。2022年2月11日，在澳大利亚举行了第四次"四边机制"外长会议，就乌克兰局势、缅甸问题、跨境恐怖主义、新冠肺炎疫情、区域合作等议题展开讨论。会议联合声明称，四国将共同致力于推进"自由开放的印太"，维护基于规则、不受胁迫的国际秩序。印度外交部长苏杰生在媒体吹风会上表示，在恐怖主义、网络安全、海上安全等全球问题上，四国拥有足够的合作空间；印度作为四边机制成员之一，将继续在"印太"地区奉行灵活的多维战略，专注于和"印太"伙伴的密切合作，共同应对挑战，并提供更切实际的支持。[②]

美印两国的战略协作对于推动"四边机制"的发展作用尤为重要。2020年2月末，美国总统特朗普在访问印度期间高调宣称，他正与印度总理莫迪致力于重振"四边倡议"。这是四国领导人首次在公开发言中提及"四边机制"，并重点突出美印协作的影响与意义。归根结底，美国若欲推动四国安全防务合作朝纵深发展，印度的支持与配合不可或缺，因为印度并非美国盟国，且长期高举"不结盟"旗帜。没有印度的默许，"四边机

---

① U.S. White House, "Fact Sheet: Quad Summit-Statements and Releases," March 12, 2021, accessed March 17, 2021, https://www.whitehouse.gov/briefing-room/statements-releases/2021/03/12/fact-sheet-quad-summit/.

② PTI, "Quad Foreign Ministers Resolve to Work Towards Free, Open Indo-Pacific," February 11, 2021, accessed January 18, 2022, https://www.rediff.com/news/report/quad-foreign-ministers-meet-voices-concern-over-chinas-coercion-in-indo-pacific/20220211.htm.

制"不可能顺利实现从司局级向部长级的跃升。^① 因此，高度重视培育美印亲善是美国从政策层面引领四国安全防务合作的关键环节。正因如此，美国海军高级将领从2016年起持续参加印度主办的地区安全论坛"瑞辛纳对话"并作重要发言，借炒作编造中国海军建设与活动的"威胁性"来拉近美印立场，营造美印命运休戚相关的舆论氛围。^② 同时，美国还支持"四边机制"首次联合安全行动（桌面反恐演习CT-TTX，2019年11月21—22日）由印度主办，借此极力托举印度在四国中的特殊地位。

"四边机制"的重启和发展也有赖于近年来印度与澳大利亚关系的升温。早在2012年，印度就与澳大利亚签署了关于加强太空合作的谅解备忘录，涵盖民用太空科学研究、太空技术和能力发展以及教育活动等。^③ 但由于印澳两国在核能等若干问题上的分歧，印澳关系一度陷入某种停滞状态。2017年以来，印度与澳大利亚的关系逐渐改善；进入2020年后，印澳双边防务关系急剧升温。双方于2020年6月4日举行了两国有史以来的首次双边视频峰会，将两国关系提升为全面战略伙伴关系，并计划进行"2+2"部长级会谈。《后勤相互保障协定》（MLSA）是双方会谈结束时签署的七项协议之一，具有重要的里程碑意义。该协议允许印澳两国军队利用彼此的基地提供后勤支持，有助于促进两国在军事领域的互用性，从而促进两国总体防务合作的扩展。

在2017年重启的"四边机制2.0版"中，其核心就是"印太"四国海上力量在太平洋和印度洋的军事合作。印度之所以积极投身"印太"四国阵营，目的之一是希望加强与美日澳等"印太"海洋国家的战略协调和防务合作，借助后者来实现对中国的战略制衡。尤其是伴随中印关系因洞朗事件和加勒万河谷事件等边界摩擦而呈现持续紧张状态，印度更有意借助四国合作来强化对华的战略施压和海上围堵，从而减轻印度在陆地边界承

① Jeff M. Smith, "Democracy's Squad: India's Change of Heart and the Future of the Quad," August 13, 2020, accessed March 17, 2021, https://www.heritage.org/asia/commentary/democracys-squad-indias-change-heart-and-the-future-the-quad.

② David Scott, "The Raisina Dialogues: Naval Convergence in the Indo-Pacific," Center for International Martime Security, February 10, 2020, accessed March 17, 2021, http://cimsec.org/the-raisina-dialogues-naval-convergence-in-the-indo-pacific/43010.

③ "India, Australia Ink Pact to Enhance Space Cooperation," October 17, 2012, accessed March 17, 2021, http://articles.economictimes.indiatimes.com/2012-1017/news/34525762_1_space-cooperation-australian-high-commissioner-spacescience-research.

受的战略压力。

以"马拉巴尔"军事演习为代表的联合海上军演是美日印澳四国海上防务合作的最重要平台之一。2020年11月，美日印澳举行"马拉巴尔–2020"联合海上军演，旨在"展示友好海军之间的高层次协同作用和协调，这是基于它们的共同价值观以及对开放、包容的印度太平洋和基于规则的国际秩序的承诺"。[①] 这是澳大利亚在2007年退出该演习后的再次重返，与当前地区安全形势的发展有着非常密切的联系，特别是与印澳关系的不断升温有关。澳大利亚曾在2007年参与该演习，但随后由于种种因素退出了演习；澳大利亚此后多次表达希望回归"马拉巴尔"演习，却仅在2017年4月获得观察员资格。此前，印度是澳大利亚参加"马拉巴尔"演习的重要障碍；印度一直担心，作为美国盟友的澳大利亚加入演习，会使印度失去对该演习的主导权。但是，印度在2020年一改此前的消极立场，原本以美日印三国军队为基础的"马拉巴尔"海上军演重新接纳澳大利亚，"印太"四国海上防务合作实质程度得到进一步加深，其对华示强的战略意味越发明显。"马拉巴尔–2020"演习分为两个阶段，第一阶段于11月3—6日在孟加拉湾进行，第二阶段于11月17—20日在阿拉伯海进行。由于新冠肺炎疫情的影响，演习以"非接触、仅限海上"的形式进行，但演习的规模相当庞大，演习科目包括水面/反潜/防空作战行动、跨甲板飞行、武器发射以及航海技术演练等。在第二阶段演习，美印两国均派出了航母编队，印军方面有"超日王"号航母、"加尔各答"和"金奈"号驱逐舰、"塔尔瓦尔"号护卫舰、"迪帕克"号补给舰和"坎德里"号潜艇；美军方面有"尼米兹"号航母及"普林斯顿"和"斯特雷特"号驱逐舰。[②]

2021年8月底和10月中旬，美印日澳四国举行第25届"马拉巴尔"海上联合军演，旨在"增强四国高阶战略的规划、训练和运用，展现志同道合的国家间维护印太地区基于规则之海上秩序的承诺"。"马拉巴尔–2021"

① "MALABAR-20," 2020, accessed March 17, 2021, https://www.globalsecurity.org/wmd/library/news/india/2020/india-201102-india-pib02.htm.

② Shivani Sharma, "Quad 'All Set' as First Phase of 'Malabar Naval Exercise 2020' Commences," November 2, 2020, accessed March 17, 2021, https://www.republicworld.com/india-news/law-and-order/quad-all-set-as-first-phase-of-malabar-naval-exercise-2020-commences.html; Janvi Manchanda, "Malabar Naval Exercise 2020: Phase 2 Commences in Arabian Sea From November 17," November 17, 2020, accessed March 17, 2021, https://www.republicworld.com/india-news/general-news/malabar-naval-exercise-2020-phase-2-commences-in-arabian-sea-from-november-17.html.

演习分两个阶段进行。第一阶段于8月26—29日在菲律宾海举行，四国海军演练了海上联合作战、反潜作战、空战、实弹射击、海上补给、跨甲板飞行和海上拦截等技能；第二阶段于10月12—15日在孟加拉湾举行，聚焦于高阶的水面和反潜作战以及武器射击演练。[①] 有印度媒体称，此演习最重要的意义在于"努力向诸如中国这样的国家发出集体主义'战略信号'，即印度并不孤单，演习可以对抗中国在该地区的军事和政治影响力。将印度军舰部署到南海，也将挑战中国在南海的主导地位"。[②]

相对于引人瞩目的"印太"四国"马拉巴尔"海上联合演习，"海龙"（Sea Dragon）反潜演习曝光度较低，但实际影响与作用却不容低估。该演习直接针对水下作战力量，试图实现某种程度上的"抵消"。"海龙"系列演习由总部位于日本的美国第7舰队警戒侦察部队（第72特遣队）牵头，已经发展成为机制化的年度反潜演习。据第72特遣队发布的新闻稿称，"海龙"演习显示美国及其合作伙伴已准备好在国际法允许范围内保护航行和贸易自由；演习旨在"加强西太平洋海域的海上巡逻关系，并聚焦于提高反潜作战能力"；"作为多国演习，我们的目标是与我们的太平洋盟友紧密合作，并继续增进在该地区的关系"，"我们将通过（反潜作战）相关事宜并学会更有效地合作来做到这一点"。[③] 2021年1月，美日印澳加五国在美军关岛安德森空军基地举行"海龙2021"演习，演习持续两周时间，参演人员总计约190人。美、澳、印三国均派出了美制P-8I海上反潜巡逻机参加演习，日本参演的装备是"川崎"P-1反潜机，加拿大则派出了CP-140反潜巡逻机。演习聚焦于反潜作战训练，内容包括250个小时的课堂和理论培训以及125个小时的实战训练，科目包括地面准备、战术协调、跟踪模拟目标以及发现和跟踪"洛杉矶"级核潜艇。课堂培训课程帮助空勤人员制订计划，并讨论如何将参演各国的战术、能力和设备融入演习中。

---

① U.S. Mission India, "Australia, India, Japan, and U.S. Kick-Off Exercise MALABAR 2021," August 26, 2021, accessed January 26, 2022, https://in.usembassy.gov/australia-india-japan-and-u-s-kick-off-exercise-malabar-2021/.

② Huma Siddiqui, "Ex-Malabar 2021: Interoperability of Naval Powers of the Quad Will Be on Display in Indo-Pacific," August 10, 2021, accessed January 26, 2022, https://www.financialexpress.com/defence/ex-malabar-2021-interoperability-of-naval-powers-of-the-quad-will-be-on-display-in-indo-pacific/2307868/.

③ Pacific Daily News, "Exercise Sea Dragon Continues at Andersen Air Force Base," January 21, 2019, accessed March 17, 2021, https://www.guampdn.com/story/news/2019/01/21/exercise-sea-dragon-2019-continues-andersen-air-force-base/2634370002/.

在实战训练中，美海军"洛杉矶"级核潜艇"普罗维登斯"号扮演假想敌，参演各国反潜机组轮流寻找和跟踪这艘安静型潜艇，以积累经验与提升操作技能。参与演习的美军VP-5"疯狐"中队负责人表示："新冠肺炎疫情环境将对我们所有参与者构成挑战，但我们将团结一致共同适应并克服困难，实现反潜作战互用性的目标。"[①]

关于"四边机制"的定性问题，目前学界还存在一定的争议。有分析认为，"四边机制"已经构建了一个初具轮廓的"准同盟联合体"框架，更有观点认为，"四边机制"不但是同盟关系，而且还是亚洲版的"小北约"。但是，也有不同意见认为，目前"四边机制"是战略伙伴关系，而非正式的联盟。在宽泛的"印太"概念下，美日印澳四国事实上是各取所需。四国虽然都在推行或策应"印太战略"，但各自对"印太"地区的概念界定却并不完全一致。其中，美澳两国主张的是"印度+太平洋"的概念界定；日印两国则倾向于"印度洋+（西）太平洋"的概念界定。对于美国而言，中东地区是全球战略布局的关键环节，如果在地缘政治上与"印太"发生联动，可能引发不确定性风险；对于澳大利亚而言，作为中等强国，客观上无力将"印度洋西部到中东及非洲东海岸"纳入其战略视野；对于日印两国而言，"印度洋西部到中东及非洲东海岸"在国家战略中占据重要地位，不仅是油气等战略物资的主要来源地，而且是拓展海外市场的关键目的地。[②] 由于美日印澳四国在"印太"战略上的利益重合与差异，四国在安全防务合作问题上也拥有各自的战略考量，进而影响其推进或参与合作的实际举措。

三、未来合作前景

澳大利亚和日本自冷战时期就是美国的亲密盟国，而印度从21世纪初起与美国的双边合作也不断提速。从21世纪前十年的中叶起，美日印澳早已形成多个三边（如美日澳、美日印等）合作机制，超越了亚太传统上以

---

① Edward Lundquist, "Sea Dragon Exercise Tests ASW Skills for Maritime Patrol Aircraft Crews," January 28, 2021, accessed January 26, 2022, https://seapowermagazine.org/sea-dragon-exercise-tests-asw-skills-for-maritime-patrol-aircraft-crews/.

② 周方冶：《泰国对印太战略的认知与反应》，《南洋问题研究》2020年第2期，第72页。

美国为中心的"轴辐"同盟体系。① 随着其战略重心的东移，美国希望通过建立一个包括印度与澳大利亚在内的地区多边联盟来更有效地制衡中国的崛起。美国大力推广"印太"新概念，正是要加强美国与印澳等地区盟国在地区事务上的联系，甚至希望印澳两国也能在南海问题上插一脚。在莫迪政府第二任期，为扭转其面临的国内国际不利局面，印度对于美国主导的"印太战略"及"四边机制"的参与热情不断提升。但较之于美国，印度理想中的"印太"地区架构的决定性因素是该国国内经济重组的需要以及继续遵守战略自主的原则。

展望未来，伴随"美印+"小多边安全防务合作的发展，印度与美日澳三国防务装备和系统平台的互用性可能会不断提升。印度对美日印澳"四边机制"的参与在2020年出现了突破性进展，印度不仅进一步强化与美日的安全防务合作，与澳大利亚的关系更是急剧升温，"马拉巴尔"海上联合军演与"四边机制"真正实现了机制化的耦合。印度还突破"不结盟"红线，在军事后勤支持方面与美日澳三国先后缔结相关协议。当然，由于美日澳三国是军事同盟关系，其相互间军事装备和系统平台的互用性仍要远高于印度。譬如美日澳三国均签署了双边的《互惠准入协定》(the Reciprocal Access Agreement，RAA原名为"军队互访协议")，便于访问彼此的港口和机场。印度对印太四国安全防务合作的参与会在提升防务系统互用性上有较多的体现，这也是美国推动印度签署三大基础性军事合作协议的最重要目标之一。由于美日澳等国的推动，印度可能也会与其他三国签署双边的《互惠准入协定》，在适当时机甚至可能允许美国在其主战平台安装部署"协同作战能力"系统，从而实现作战单元和平台一级的一体化联合作战。

不过，印度对于"四边机制"的参与具有较强的投机性色彩，仍将坚持所谓战略自主权。拜登政府上台后，印度希望它不要完全抛弃在特朗普政府时期被证明有用的机制，并努力适应新的现实。然而，美国在2021年撇开印度，与英澳三国建立"美英澳三边安全伙伴关系"（AUKUS）的做法让印度颇为担忧，认为这淡化了"四边机制"的意义。故而印度在加强对"四边机制"的参与时，仍努力维系在主要大国间的相对平衡。印度将

---

① 美日澳三边对话从2005年启动。美日印三边对话在2011年启动并于2015年9月正式升格为外长级。2015年6月，日澳印启动副外长级三边对话。张洁：《美日印澳"四边对话"与亚太地区秩序的重构》，《国际问题研究》2018年第5期，第62页。

继续有兴趣与美国和其他国家（包括亚洲和欧洲）建立基于议题的联盟。此种议题式联盟对印度政府来说比正式联盟更可取，它允许印方根据其利益和手段的一致性进行选择（例如加入专注于区域安全或关键技术的领域，而避免加入贸易联盟）。这符合印度的传统外交政策偏好，即维持多元化合作伙伴组合以保持其行动自由，并规避任一合作伙伴的不确定性和不可靠性。

小　结

美印强化安全防务合作，突出表现在：高层互动频繁、联合军演增多、防务贸易和技术合作加深、共享基地与情报，并且朝着"全方位、多领域"的方向发展。

其中，美印联合军演规模不断扩大，逐渐走向常态化和机制化。联合军演是高层次军事合作关系的重要体现，能够显示两国或多国军事关系的密切程度，也是提高军事合作水平的关键平台之一。目前，印度是与美国举行联合军演次数最多的非盟国之一。近年来两国联合军演规模不断扩大，科目逐步增多，朝着机制化、实质化、常态化方向发展。两国军兵种联合演习包括美印海军"马拉巴尔"年度联合军演、美印陆军"准备战争"年度联合军演、美印空军"对抗印度"和"红旗"（Red Flag）年度联合军演、美印特种部队定期举行的"霹雳"（Varja Praha）联合演习等。其中，"马拉巴尔"年度联合军演已发展成为全球瞩目的多边联合军演。2019年11月，美印还举行首次三军联合演习"老虎凯旋"（Tiger Triumph），显示出两国防务关系的升级和深化。

对美印安全防务合作而言，军事交往比防务贸易等取得了更大的进展，主要是出于以下原因：军事交往（只要保持在较低层级）相对而言不具有威胁性；军事交往未被认为特别重要（或成为双方关系的标尺）；军事交往不需要有一旦毁约会产生副作用的长期承诺。[①] 当然，美印两国的防务贸易在21世纪以来也取得了较大成就，双方的军售合同价值达到200亿美元的总体规模，并且仍然保持迅速增长之势。此外，美印两国在反恐

---

① Brian Hedrick, "India's Strategic Defense Transformation: Expanding Global Relationships," November 2009, accessed March 16, 2021, https://www.globalsecurity.org/military/library/report/2009/ssi_hedrick.htm.

和国土安全合作、防扩散和民用核能合作、"印太"海上安全合作、导弹防御和太空合作、信息网络安全合作、能源安全合作、国际维和合作等领域都获得了不同程度的推进，虽然取得的成效参差不齐，但总体而言呈现出不断深化和扩展之势。

21世纪以来，美印两国安全防务合作呈现出蓬勃发展之势，机制建设和各项具体合作成果丰硕。虽然美印两国相关机制的建设还有待进一步完善，两国也存在一些深刻分歧，但双方均认为此种合作应该持续进行和继续发展。这种共识既源于双方对相关议题的共同关注和类似体验，更源于美印两国在安全防务领域的相互利用、彼此借力的强烈意愿。伴随全球和南亚区域安全形势的发展以及美印相关机制的不断健全，美印安全防务合作呈现出一定的合作潜力和继续深入发展的势头，美印安全防务合作仍将进一步强化。

第四章　美印两国深化安全防务合作的主要制约

虽然21世纪以来美印安全防务关系取得了长足进展，但也存在不少制约因素，并在诸多方面均有所体现。归纳起来，美印安全防务合作至少面临着五个类别的制约因素，即战略制约、政治和外交制约、官僚制约、程序—技术制约和能力制约。每个类别的制约因素都带来了在短期内难以克服的独特障碍。

第一节　战略制约

美印安全防务合作的进展令人印象深刻，但两国的战略目标存在明显差异。美印关系自21世纪初开始升温，美国和印度都强调了两国战略利益的融合。然而从21世纪以来美印安全防务合作的实践来看，美印两国的战略利益存在诸多分歧，美印防务关系缺乏共同的战略愿景，印度始终坚持所谓的战略自主诉求，双方对安全防务合作的期望值也明显不同。

一、缺乏共同愿景

虽然美印安全防务合作在过去数年里取得了重大进展，但是两国的诸多政策分析家、观察家和执行者都毫不讳言美印防务关系缺乏共同战略愿景。2005年《美印防务关系新框架》的重要意义在于，它取代了1995年签署的《美印防务关系会议纪要》，并概述了一系列双边合作领域，譬如保护商业的自由流通、防止大规模杀伤性武器（WMD）扩散、打击恐怖主义以及维护地区安全和稳定等。此后不久，该框架协议又得到了《美印灾难救援倡议》和《美印海上安全合作框架》的补充。综合起来，这些文件和协定为美印两国谋划安全防务合作提供了实质内容。问题在于这些文件本身内容宽泛模糊，允许双方作出广泛解释。

目前美印安全防务关系仍然缺乏明确定义的共同愿景，即美印安全防务关系的终极战略目标何在。虽然美印双边安全防务合作活动十分丰富，但所有这些合作活动并不必然导向一个双方共同认可的战略最终状态。美方极力呼吁让印度成为"净安全提供者"，现实情况是，当前的美印安全防务关系距离这个目标还非常遥远。甚至美方所说的"净安全提供者"，其实际含义也有待廓清。正如一位美国国防官员所说："理论上，我们似乎知道我们想要什么，但实际上我们不知道。"① 倒是有一种主张，反对美国官员就印度作为"净安全提供者"的作用进行清晰阐释，认为这种做法可能被印度视为美国正在把印度纳入自己领导的亚洲安全体系。

美国固然希望看到印度成为一个更强大的"净安全提供者"，印度却尚未制定出关于如何使用军队作为重要国力工具的明确概念。印度军力正在通过大规模采购武器不断成长，但印度尚未就何种情况下（除了应对印巴突发事件）可以使用武力或有意使用武力形成成熟的观念。平心而论，对许多国家（包括美国）来说，明确可能使用武力的场景或情形都具有挑战性，而印度在这方面表现尤甚，它甚至在很长时间内都缺乏正式的国家安全战略或国防白皮书。印度直至2019年才首次以国民议会报告的形式发布《印度国家安全战略》。该文件指出："国家安全是一个包罗万象的术语，包括保护一个国家及其公民免受一系列多维威胁和胁迫。在快速发展的国家和国际环境中应对这些威胁的战略范围之广，有时会阻碍'国家安全战略'的正式制定。然而，定义明确的国家安全战略也是一个国家为实现其国家目标应采取的路径的清晰愿景。它还为国家所有机关应遵循的政策方向提供了指导。印度缺乏正式的国家安全战略一直是战略界批评的主题。"② 即便如此，文件虽然从全球、区域和国内等不同层面分析印度的安全环境和安全威胁，并提出强化印度安全能力的一些领域，却没有清晰划定需要不惜使用武力予以维护的核心利益范畴。

除了对抗巴基斯坦，外界对于印度如何应对其周边地区或南亚之外的可能威胁也知之甚少。譬如，在2004年印度洋海啸发生三年之际，2007年11月，孟加拉国遭受了一场毁灭性的飓风袭击，造成3,447人丧生，对该国的房屋、农作物和民众生计都造成了巨大破坏。美国海军"塔拉瓦"号两栖攻击舰以及后来的"奇沙治"号两栖攻击舰很快抵达现场，印度军舰则未能在第一时间抵达并提供援助。一些印度评论人士认为，印度与当时的孟加拉国政府的关系不甚理想，阻碍了印方更及时的反应。但是，印度未能做出快速反应以帮助近邻，使得外界对于印度能否发挥"净安全提供者"和区域领导者的作用难以定论。

制定美印战略愿景的另一个障碍是美印两国对战略伙伴关系的不同定

① S. Amer Latif, *U.S.-India Military Engagement: Steady as They Go*, p.29.

② Indian National Congress, "India's National Security Strategy," March 2019, accessed January 18, 2022, https://manifesto.inc.in/pdf/national_security_strategy_gen_hooda.pdf.

义。美方一般将这些在经济、贸易和安全合作等广泛领域与美国具有共同利益的国家视作"战略伙伴";如果两国具有共同目标,或承诺在共同战略关注领域开展合作,或者一国因地理位置而具有地缘战略重要性,两国的战略伙伴关系会进一步强化。与美国不同,印度的定义更加宽泛,它所建立的大量"战略"关系已经显示了这一点。印度具有坚持战略自主政策的强烈愿望,该政策主张避免与任一国家建立过于密切的关系,鼓励全方位的合作,这会限制美印双方在短期内将美印军事关系提升到更高的水平。

此外,尽管美印双方签署了《美印亚太和印度洋地区联合战略愿景》,但在地缘战略布局上也不尽一致。印度的"印太"地理概念主要侧重于印度洋,包括从南非到澳大利亚的整个印度洋区域,其中包括波斯湾在内的西印度洋具有重要战略意义。印度对美国将印度洋纳入其两洋战略,通过加强迪戈加西亚及中东军事基地,扩大在印度洋的影响力的做法并不满意。由于美国寻求在"印太"地区提供国际公益的新伙伴,因此它希望印度能在西太平洋地区承担更多的安全责任。印度的战略重点仍然在印度洋及其周围,而不是西太平洋。在2012年,时任印度海军司令维杰·维尔玛(Vijay Varma)海军上将曾拒绝将任何军舰部署到太平洋:"在此时刻,太平洋和南中国海引起国际社会的关切,但就我方的任何积极部署而言,它们都不在此列。"[1] 同时,维尔玛期待印度海军能在印度洋地区发挥更大的作用。据印度海军统计,在2007—2012年,有36艘作战舰艇曾参与维护印度洋地区的海上安全(年均约六七艘舰船);鉴于印度的对外贸易额及其海洋利益的广阔地理范围,这显然并不足够。印度战略重点投射的印度洋地区包括非洲东海岸、红海、亚丁湾、波斯湾、阿拉伯海、孟加拉湾、安达曼海诸海域及马达加斯加、塞舌尔、马尔代夫等重要岛国。另外,印度对美国提出的印度洋联合打击海盗计划,推动北约进入印度洋和加强军事存在等保持警惕。近年来,印度积极倡导建立印度洋集体安全机制,并明确表示不赞同由美国协调印度洋地区的安全事务。

从根本上说,虽然美印两国均有意愿推动安全防务合作,但两国对未来国际秩序的愿景存在深刻的分歧。美国的战略目标是保持自身的全球唯

---

[1] IANS, "No Active Deployment of Warships in the Pacific: India," August 2012, accessed March 17, 2021, https://www.indiastrategic.in/topstories1699_no_active_deployment_of_warships.htm.

一超级大国地位；保持美国在世界政治、经济和军事领域的领导作用；按照美国的政治模式和价值取向建立新秩序。而印度从本民族的利益出发，则主张建立多极世界。在这方面，印度与中俄等国反而拥有更多的共同语言。面对美方的积极拉拢和迅速推进美印安全防务合作的热情，"印度完全清楚自己的战略价值，但是这种战略价值将被自己利用，而不是被他国利用。印度需要的是这样一种战略环境：既要受到大国重视，又要不被大国强制。在大国的竞争中使自己拥有更大的外交活动空间和回旋余地，从而能够最大限度地利用有利于自身发展和崛起的机遇"。[①]

二、印度的战略自主诉求

印度具有很强的民族自主性，自摆脱殖民统治迄今一直是极具独立性的国家。遭受殖民的痛苦历史和争取独立的艰难斗争让印度人对西方（包括美国）保持警惕态度，并在冷战时期坚持了不结盟的自主外交。虽然印度在冷战时期曾与苏联建立某种准盟友关系，但它作为"不结盟运动"的创始国之一，长期坚持自身独立的外交政策和战略判断。伴随着后冷战时期印度国力的迅速增长，其战略自主诉求也在不断强化，且较之于冷战时期的不结盟自主外交有了较大调整。印度不断扩展安全防务合作的范围，与更多国家建立"战略伙伴关系"，以此实现在国际社会"左右逢源"的有利地位。所以，在后冷战时期，印度更是难以完全追随某个主要大国的外交战略，而是从本国的国家利益出发，灵活主动地与各国发展友好关系。

印度对美国的认知虽然趋于积极，但在外交政策上的追随是有限度的，是以维护自身独立和自主选择为前提的，一旦超过这一限度，就有可能引起印度国内不同政党的巨大异议。这在冷战后美印安全防务关系的启动阶段就已体现出来。譬如，印度政府于1991年1月9日开始允许参加海湾战争的美国军机在印度空军基地起降加油，频率大约为1天2架次。此事在印度国内引起轩然大波，印度国大党和左翼政党都批评钱德拉·谢卡尔（Chandra Shekhar）政府（1990年11月—1991年6月）迎合"美帝国主义"，无视伊拉克是不结盟运动成员的事实，背离了印度传统的不结盟立场。谢卡尔政府是人民党（社会主义派）与国大党共组联合政府的少数席

---

① 孙士海主编《印度的发展及其对外战略》，中国科学技术出版社，2000，第17页。

位政府，严重依赖国大党的支持，面对国大党的巨大压力，谢卡尔政府只好退让，于2月19日宣布不再接受美国军机起降加油。①

近年来，"不结盟2.0"和"多向结盟"等新型战略自主主张得到了许多印度精英人士和普通民众的支持。2012年，印度一些知名学者发表了《不结盟2.0：印度21世纪外交和战略政策》报告，并在印度战略界和舆论界引起广泛反响。这份报告虽不是政府文件，却具有深厚的官方背景，是印度数位权威战略人士经过深思熟虑的集体之作，其中有前外交秘书、国家安全委员会的军事秘书等。印度现职和前任三位国家安全顾问全部出席报告的发布仪式并同台发表讲话，也反映出印度官方对该报告的高度认可。根据该报告，不结盟2.0概念"是对印度独立以来国际交往基本原则的与时俱进的改造"，其"核心目标是让印度在其与外部世界的关系上拥有最大的选择权——也就是增强印度保持独立的战略空间和能力"。② 除此之外，还有一种看法日益成为印度国内主流，即当前印度外交是一种"多向结盟"（multi-alignment）。曾在辛格政府任国家安全顾问的纳拉亚南（M. K. Narayanan）2016年就撰文指出，印度同时加强了同美国、俄罗斯、日本的战略合作特别是军事合作，表明印度开始由不结盟走向"多向结盟"。莫迪政府国家安全顾问委员会召集人拉加万（P. S. Raghavan）也于2017年公开表示，印度外交政策已从不结盟走向"多向结盟"，印度与发达国家和发展中国家在互惠基础上建立起广泛的关系，为追求特定的共同目标会与志同道合者结成联盟。中国学界的主流解读与此类似，但较常使用"左右逢源"来描绘"后不结盟时代"印度的外交政策。③

"不结盟2.0"和"多向结盟"等印度新型战略自主主张也对美印安全防务合作的发展产生了影响。在美印关系上，《不结盟2.0：印度21世纪外交和战略政策》报告明确提出"美国是朋友而非盟国"的主张，并提出以下主要论点。首先，这是由印度国家特征及其利益多样性决定的，世界上并无"天然的"国家或国家集团，无论是政治的、经济的或地缘政治的，

---

① 李莉：《印度偏离不结盟及其动因分析》，《国际政治科学》2017年第1期，第17—18页。

② Richard Halloran, "Friends or Allies," *Air Force Magazine*, December 2013, accessed March 16, 2021, https://www.airforcemag.com/PDF/MagazineArchive/Documents/2013/December%202013/1213allies.pdf.

③ 李莉：《从不结盟到"多向结盟"——印度对外战略的对冲性研究》，《世界经济与政治》2020年第12期，第17—18页，第77—95页。

这一点完全适合于印度。其次，在全球层面，美国的国际联盟体系已开始明显走下坡路。如果说经济实力、军事实力、国际联盟体系、在金融和能源领域的支配地位曾是美国主导全球体系的四大支柱，那么，这些支柱现在已经不再稳定可靠。再次，由于印度是仅次于中国的全球新兴大国，与中国关系又很复杂，因此印度对美国具有特别吸引力。对于小布什和奥巴马政府来说，印度所拥有的衍生价值往往超出其自身价值。最后，历史证明，凡与美国正式结盟的国家往往都发现自己的战略自主权受到损害。印度和美国作为朋友而非盟国，将更符合两国的各自利益。

从实践看来，尽管美印安全防务合作自2004年以来发展迅速，然而这种进展也导致美方赋予印度的某些角色尚未被印方接受。据官方记载，印度现在与美国进行的联合军演次数要多于世界上任何其他国家。毫无疑问，美印安全防务合作在短期内取得了快速的进展。对于一向奉行战略自主政策的印度而言，现有美印安全防务合作水平是惊人的，因为追求战略自主的印度并不愿意过于接近任何单一强国。譬如，"重要非北约盟友"（Major Non-NATO Ally）① 是美国政府给予北约以外的亲密盟友的地位认定，这并不意味着它们自动与美国缔结共同防御协议，但美国会为"重要非北约盟友"提供一系列其他非北约国家难以获得的防务和经济利益。然而，印度并未积极争取成为美国的"重要非北约盟友"，而是表现出犹豫态度。曾有媒体报道美军太平洋司令部空军提议让美军飞机到印度空军基地进行轮换，但印度国防部和美国太平洋司令部都对此提议保持缄默。此后，美国空军在关岛、冲绳和韩国进行军机轮换，甚至还计划到澳大利亚乃至菲律宾进行轮换，但是没有计划在印度进行此类安排。而且，美国陆军和海军在可预见的未来也没有这种打算。2011年的一份美国国会研究报告指出："对于美方试图赋予印度的某些新安全态势和活动，印度领导人持续表现出嫌恶之情。"② 美国学者詹姆斯·福尔摩斯（James Holmes）等也指出："印度绝不是美国的'天然联盟'或'天然战略伙伴'，甚至在防扩

① "重要非北约盟友"是美国全球战略的重要一环，军事援助和防务贸易是美国与这类盟友进行军事互动的重要方式。目前，美国的"重要非北约盟友"包括：澳大利亚、埃及、以色列、日本、韩国、约旦、新西兰、阿根廷、巴林、菲律宾、泰国、科威特、摩洛哥、巴基斯坦、突尼斯等。

② Richard Halloran, "Friends or Allies," *Air Force Magazine*, December 2013, accessed March 16, 2021, https://www.airforcemag.com/PDF/MagazineArchive/Documents/2013/December%20 2013/1213allies.pdf.

散安全倡议等（美国人看来）不言自明的有益事务上，印度也没有采取合作态度。"①印度防务官员希望美印关系能够充分体现平等，并将技术转让视为推动两国防务关系发展的动力。对于印度而言，美印安全防务合作现状并未完全实现印度的目标，以至于政府部门的某些人士会感到不快。

在讨论美印军事合作时，诸如"互用性"（interoperability）、"净安全提供者"（net security provider）、"战略投注"（strategical gambling）等术语经常被使用，却缺乏对这些术语的精确定义。当美国决策者使用这些术语时，很容易引起对美印双边关系期望值的误解。根据印度媒体和战略界对这些术语的解读，美国试图将印度拉入某种类似联盟的关系或共同反华阵营。以术语"互用性"②为例，它曾遭到印方的强力抵制，认为它隐含着某种美印准联盟关系。对于印方来说，只有把"互用性"概念转换为替代术语或实践定义，才能为印度政策制定者留下足够空间来证明印度在深化美印军事合作时并未损害自身主权。鉴于印度对美印过度密切合作的敏感性，美方提议两军加强合作能力的努力应始于在政治上较少争议的一两个特定任务领域，譬如人道主义救援和灾害应对领域。这两个领域均是人道主义性质，并持续对区域和全球安全构成关键挑战；它们在政治上也能得到印度政府的认可，后者经常担忧国内某些政治势力对美印关系过于走近的抨击。美国也寻求制定出双方共同接受的"互用性"的替代定义，譬如"相互兼容性"或"合作能力"等术语。

因而，印度在开展美印安全防务合作时，还是会坚持自身的独立战略判断和利益诉求，根据本国需要来决定合作的时机、方式和程度，并不会一味地迎合美方的意见。伴随美印2015年先后签署《美印防务关系新框架》协议、《共享加密军事情报协议》以及三项基础性军事合作协议，双方

---

①　詹姆斯·福尔摩斯等：《印度二十一世纪海军战略》，鞠海龙译，人民出版社，2016，第179页。

②　在美军联合出版物JP-1-02《美国国防部军事和相关术语词典》中可以找到对"互用性"的标准美国军事定义，"互用性"的释义是：1. 在执行分配的任务中协同行动的能力；2. 当信息和服务可以令人满意地在它们和/或它们的用户之间直接交换时，通信—电子系统或通信—电子设备所能实现的状态。第一个定义比较宽泛，是针对两个军兵种或两支部队协同行动的能力。该定义参考的出版物JP 3-0是美国国防部名为《联合操作》的出版物，概述了在一系列军事任务中协调联合行动的方式。第二个定义比较狭窄，主要针对通信和电子系统，并允许一定程度的灵活性。U.S. The Joint Staf, "Joint Publication 1-02: Department of Defense Dictionary of Military and Associated Terms," November 8, 2010 (as amended through July 15, 2012), accessed March 17, 2021, https://code7700.com/pdfs/jp1_02.pdf.

确定在情报交流、反恐、防扩散、导弹防御、海上安全、信息安全、军事贸易和技术合作等领域加强合作。但出于被美国操纵的担忧,印度在一些协议中均加入维护自身权益的补充条款。譬如,在美印《后勤交换协议备忘录》签署后,虽然美国原则上拥有在印度洋军事行动时获取印度基地后勤保障的权利,但在实际操作中,印度军方仍坚持共享基地使用权将遵循"逐案审批"的程序,对美方单方面采取印方不认可的行动时,印方将不受制于该协定的束缚。印度战略界仍然有不容小觑的声音批评深化与美安全防务合作,认为这对印度的战略自主传统形成挑战,向美国开放敏感而复杂的政府和军事通信网络,会损害印度的国家安全。

近年来印度曾婉拒美方关于"联合巡航"南海的建议,这一举动也在一定程度上诠释了印方对于战略自主性的诉求。2016年6月,时任美军太平洋司令部司令哈里斯曾在印度首都新德里提议,重启一个由美国、印度、日本和澳大利亚海军组成的非正式战略联盟,在亚太地区进行"联合巡航",尤其是在南海。哈里斯鼓吹:"在不太遥远的未来,当美国和印度合作维护所有国家的海上自由时,我们两国军舰结伴航行将成为整个印度洋–亚洲–太平洋水域司空见惯和大受欢迎的场面。"对于美方"联合巡航"的邀请,印度国防部长马诺哈尔·帕里卡尔予以公开拒绝,表示印度现阶段没有考虑海上联合巡航的问题,印度政府和国防部将从本国利益出发作出决定。据称,美印两国联合巡航的想法最早出现在2015年12月印度国防部长拜访美国太平洋司令部后。印度知名分析家马诺杰·乔希(Manoj Joshi)指出,"在涉及南海的问题上,印度政府非常清楚毫无必要地卷入那里是多么危险";美国对印度的态度是"五角大楼近乎傲慢的示好举动"伴以国务院"更世故的态度"。[①] 印度不想被任何美国领导的反华体系所束缚,认为自己要在既勇于直面中国又不过度对抗中国之间寻找平衡。[②] 日本《外交学者》杂志认为,如果印度有朝一日的确在南海巡航,这将表明其在东亚战略、海军使命以及与美国的合作等方面发生了巨大转变。[③]

---

① 《美媒:印度对华"小心翼翼"拒绝与美国联合巡逻》,中国网,2016年6月7日,http://military.china.com/important/11132797/20160607/22823759_all.html#page_2,访问日期:2021年3月16日。

② Nitin Gokhale, "Why India Snubbed U.S.," *The Diplomat*, June 12, 2012, accessed March 17, 2021, https://thediplomat.com/2012/06/why-india-snubbed-u-s/.

③ 《印度拒绝与美国"联合巡航南海",报复卖巴基斯坦战机》,新华网,2016年2月20日,http://www.xinhuanet.com//world/2016-02/20/c_128735847.htm,访问日期:2021年3月16日。

印度莫迪政府的"印太倡议"沿袭了其战略自主的外交原则，注重维护战略要素平衡和相关关系平衡。印度希望能更多地在诸如东亚峰会这样的开放式多边框架下跟多个国家保持合作，保持自己的外交独立，并不希望被强行拉入美国的同盟体系中。因此，印度的官方文件中尽管出现了"印太"这个词，却淡化了其中与美国正式结盟的政治意涵。[①] 2018年6月，印度总理莫迪在香格里拉对话会上系统阐述印度的"印太观"，在公开接受"印太"概念的同时反复强调将坚持战略自主；莫迪没有回应美方希望印度加入由美日印澳组成的四方对话以遏制所谓"中国地区扩张行动"的提议，反而阐述对印中合作的积极看法。[②] 2019年11月，印度外交部长苏杰生在演讲中指出，在新的国际格局中，印度外交应该更具活力；由于多极化世界的实质是亚洲本身多极化，因此在不同议题上印度需要开展和多边伙伴之间的合作。2020年12月，印度国防部长辛格出席在线举行的第14次东盟防长扩大会议，大力宣介总理莫迪2019年发起的"印太倡议"，指出它与东盟"印度洋－太平洋展望"颇具合作潜力，辛格强调了以东盟为中心的论坛在促进对话和参与以实现亚洲多元化合作安全秩序方面所起到的关键性作用。美方似乎已逐渐适应印度既要获得实际战略收益，又要保持相对自主的微妙心态。2020年9月，美国副国务卿斯蒂芬·比根（Stephen Biegun）在美国－印度战略伙伴关系论坛上表示："印度拥有强大且引以为傲的'战略自主'传统，我们对此表示尊重。我们无意寻求改变印度的传统，但我们试图探索如何使他们更为强大。"[③]

三、不同的期望值

美印两国对彼此间的安全防务合作存在不同期望，这对两国合作的可能深度与广度形成了制约。伴随2004年以来美印安全防务关系的逐步发展，美国国防官员对于深化美印安全防务合作的期望值明显提升，然而若

① 《外媒：美澳印打造"印太地区"各有所图》，参考消息网，2012年12月14日，http://column.cankaoxiaoxi.com/2012/1214/135873.shtml，访问日期：2021年3月16日。

② Nyshka Chandran, "India's Modi Stresses Vision for an Inclusive Indo-Pacific," June 1, 2018, accessed March 17, 2021, https://www.cnbc.com/2018/06/01/indias-modi-stresses-vision-for-an-inclusive-indo-pacific.html.

③ Stephen Biegun, "Remarks by Deputy Secretary Stephen E. Biegun at India-U.S. Forum," August 31, 2020, accessed March 17, 2021, https://in.usembassy.gov/remarks-by-deputy-secretary-stephen-e-biegun-at-india-u-s-forum/.

干迹象表明印度国防部门已经对目前的发展速度感到不适。尽管屡遭冷遇，美方却一直主动推进美印双边关系，不断提出关于深化两国合作伙伴关系的新构想。印度军方希望能开展更多的合作，但印度国防部还必须考虑其他制约深化合作的因素，如财政预算问题、政治考量和外交敏感性。长期以来，印度开展安全防务合作的方式一直是逐案审查式，这种方式将可用能力、任务范围和政治因素均纳入考量，不惜牺牲效率和控制步伐。美方对于印度现行的合作方式并不满意，"这种合作模式可以满足印度多样化的国内考量，但对于印太地区的安全状况而言却可能并不适合，该地区正面临一系列可能威胁地区经济繁荣和稳定的安全挑战"。[①] 由此可见，虽然美印两国对于"印太"地区的威胁本质拥有一定的共识，但在如何应对这些威胁方面存在意见分歧，这或许是美印两国无法在共同关切领域开展更密切合作的深层次原因。

2004年，美印两国签署了旨在排除深化双边关系障碍的《美印战略伙伴关系后续步骤倡议》（The Next Steps in Strategic Partnership Initiative）协议。自此以后，美印双边关系被公开描述为沿着向上轨道发展，因为《美印战略伙伴关系后续步骤倡议》协议促成了小布什和奥巴马政府任期内更多的美印合作倡议。许多美国官员希望美方为发展美印关系付出的诸多努力能够带来印方的善意回报，包括落实《美印民用核能合作协议》，在中型多用途战斗机招标中选择美国产品，以及印度进一步开放对美贸易和投资等。然而，印度此后的许多举动让美国失望，譬如美国公司在印度中型多用途战斗机竞标中落败，印方未能完全履行《美印民用核能合作协议》。这些事件在美国行政和立法机关中造成了失望、挫败和困惑之情，它们开始质疑印度对发展美印关系的诚意。更让美方失望的是，印度不仅在有关利比亚问题的联合国安理会投票中投下了弃权票，也没有支持美国领导的对伊朗的制裁。

印方对美方也多有怨言。在两国的防务合作中，印方的关注点一直集中在获取先进技术上，并将之视为美印安全防务关系成败的主要评判标准。美印安全防务合作在一定程度上得到了印度文职决策者的支持，但他们的最根本目标也是实现美印技术合作，以此增强印度的国防工业基础和安全自给能力。在这些文职决策者看来，"技术转让是对美方诚意的最好测

---

① S. Amer Latif, *U.S.-India Military Engagement: Steady as They Go*, p.4.

试，它能显示美方对美印关系的信心和信任"。① 然而，印方对美印技术合作的现状并不满意。印度抱怨两国的防务技术贸易严重不足，美方前后不一的技术转让政策会造成混乱，这些都加深了印方对于美方发展美印关系诚意的怀疑。而且印方人士认为，印方向美方提供了数项价值数十亿美元的军火合同已经表明自身对发展美印关系的诚意。在印方看来，美印关系一直在迅速发展，其速度之快已经让许多印度官员感到不适，要知道印度一直坚定地维持自身战略自主权。

随着美印两国安全防务关系的发展，美方正被迫接受这一现实，即印度尚未完全确定它在未来想要成为何种全球力量，以及印度军队又会发挥何种作用。迄今为止，印度尚未公布国家安全战略和国家军事战略，甚至没有发布一份概述其安全政策原则的权威白皮书。② 这种缺乏统一和明确的安全政策的后果是导致印度在与美国开展安全防务合作时缺乏持续性，进而限制美印安全防务合作在未来可能取得的进展。一方面，美国太平洋司令部（以及后来的印度洋–太平洋司令部）的军事官员们正在谋划如何通过美印合作促进亚太地区的整体安全；另一方面，印度官员似乎满足于对这些活动的纯粹执行，将之作为目的本身。换言之，印方认为开展美印安全防务合作本身就是成就。对于美印安全防务合作如何促进印度整体安全，印方似乎没有进行总体谋划，即便在南亚地区也是如此，遑论更广泛的"印太"地区或者全球范围。2013年，美国国会研究处研究报告直言不讳："在屡受挫折后……美国在某种意义上已经明白印度对进一步深化美印安全合作的热情比较有限，新德里的互惠也是不足的。"③

美印两国都有期望没有得到满足，双方都渴望在各自利益上取得更多进展。这种在安全防务合作上互不满意的状况可以追溯到源于政治和安全考量的固有限制，以及各方对于界定战略伙伴关系的不同看法。以美印防务贸易为例。对美国而言，防务贸易旨在建立一种超越纯粹军火销售的伙

---

① U.S. Net Assessment Office of the Secretary of Defense, "Indo-US Military Relationship: Expectations and Perceptions"; Varun Sahni, "Limited Cooperation Between Limited Allies," in Sumit Ganguly, Brian Shoup and Andrew Scobell ed., *US-Indian Strategic Cooperation Into the 21st Century* (New York: Routledge, 2006), p.181.

② 一些印度智库试图在没有印度官方权威发布的情况下填补空白，譬如由8名印度战略家组成的小组在2012年发布了名为《不结盟2.0：印度21世纪外交和战略政策》的综合报告，旨在概述印度未来的外交政策愿景。

③ Richard Halloran, "Friends or Allies."

伴关系；虽然防务贸易的商业价值对于美国经济有益，但军售本身并不是目的。美方将对印军售视为建立更高层次防务关系的关键组成部分，美国和印度可以利用共同平台来应对共同战略关注的议题。印方则将防务贸易视为获得美国先进技术和在联合研制与生产领域深化美印合作的机会。印方的目标显然是获得、生产乃至最终拥有和保持技术。印方对防务贸易的关注点不同于美方的长期愿景。人员往来以及业务合作能力虽然颇受印度军方重视，但它们在印度国防部官僚的考量中居于次要位置，这些官僚在做出防务贸易决策时优先考虑的是获取技术和加强本国能力建设。

最后，美方有时一厢情愿地认为帮助印度崛起为世界强国的努力自然而然能带来回报。美方的不少做法具有急功近利的色彩，仅受激励驱使并非建立持久关系的战略。虽然美国对印度国防工业提供更多援助能获得印方更多的好感，但它并不必然会在短期内转化为实际利益。在屡屡受挫后，美方已开始对美印关系的发展前景保持更清醒的看法。美方表示："鉴于美印两国官员对于彼此制度互不熟悉，除了重新调整彼此期望值，还要给予更多时间来发展两国伙伴关系。美印关系应该被视为一项长期工程，双方都要更好地了解对方的官僚和政策制定过程，并降低各自对近到中期目标的期望。"[1]

一些美国官员现在认为，美方必须管控自身不切实际的期望，美印安全防务关系的发展速度并非美方所能决定，还要取决于印方的打算。有美国官员将发展美印防务关系类比于股市的定期投资，认为美印防务关系就像"美元平均成本"，虽然起伏不断但总体趋势仍是向上移动。[2] 也有其他官员认为，美印双边军事合作不应被一些重大突发事件所打断，美方也不能企求自身关于深化合作的倡议总会得到印方的积极响应。因为过高的期望值容易带来巨大的挫败感，为保护自身的积极性，美方对于推进美印安全防务合作的态度趋于务实。然而，挑战在于美方高层人员（如美国国会、美国国务院、美国国防部、美军印太司令部高层）的定期变动，他们在就职之初往往对深化美印合作伙伴关系满怀期待，却会逐渐体会到印度官僚机构的特有挑战。

---

① S. Amer Latif and Karl F. Inderfurth, "The Long View of Indo-U.S. Ties," May 12, 2011, accessed March 10, 2016, http://online.wsj.com/article/SB10001424052748703864204576316681882086 182.html.

② S. Amer Latif, *U.S.-India Military Engagement: Steady as They Go.*

第二节　政治和外交制约

对美印深化安全防务合作的另一重要制约因素来自政治和外交层面，具体包括持续的信任缺失、美国与巴基斯坦的关系、印度与俄罗斯的关系以及美印两国的国内政治考量等，这些都会对美印安全防务合作产生负面影响。对于两国决策者来说，突破这些政治和外交制约非常困难，因为它们中的绝大多数并无迅速解决之道，也不是美国或印度的决策者仅凭一己之力就能有效解决的。许多此类制约因素都具有自身的发展惯性，可能会阻碍决策者的主观努力。有效突破这些制约将在较大程度上取决于印度对美方合作诚意的认可，美国对巴政策是否会被印度视为有损自身利益，以及美印两国的国内政治动态将如何影响双边合作关系。

一、信任缺失

进入21世纪以来，伴随美印关系的升温，美国认为自己为支持印度崛起为全球大国付出了不少努力。但由于种种原因，特别是深层次的持续信任缺失，印方并不愿意积极响应美方提出的一系列双边合作倡议，譬如签署某些防务协议，安抚美方对印度核问题的关切，以及美印两军更密切的合作等。尽管美印安全防务合作取得了重大进展，但印度人脑海中仍然存有疑虑，进而导致决策者的犹豫不决。美国繁琐严苛的防务出口和技术转让管控法律，更起到加重印方疑虑的效用。印度国内政治左派对与西方交往的坚决反对有时也强化了这种状况。最终结果就是美印在促成一些实质性安全防务合作协议上难以达成共识。印方的保守姿态又使得美国一些人士难免认为，印度要么没有兴趣，要么没有意愿为建立美印长期伙伴关系竭其所能。

美印安全防务合作的基础不够牢固，存在着持续的信任缺失，尤其是许多印度官员对美方缺乏信任。在冷战时期，美印关系经历了比较曲折的发展历程，两国关系当前的改善并未完全消除曲折历史所留下的负面遗产。虽然印方总体对21世纪以来的美印关系升温持欢迎态度，但印度的一些战略精英仍然秉持"观望"态度，对美印伙伴关系持有疑意。一些印度官员认为："在提供互惠的敏感高技术转让方面，美国是一个不大可靠的变化无常的合作伙伴，有时会自行其是。"① 这种谨慎态度源于美印关系曲折的历史、双方的现实政策分歧以及目前美方对印度过于强烈的兴趣。自印度独立以来，美国曾屡次对印度实施制裁，对美国可靠性的怀疑也因此存在于许多印度官员的心中。如果一位印度外交官、行政官员或军官于1998年履职，那么此人现在应该已是一名中层官员，且对1998年印度核试验后的美国制裁记忆犹新。因此，美国的可靠性问题不仅是20世纪六七十年代印度政坛"不结盟"一代的关切，也是印度政坛中生代官员的关切。不少印方人士担忧，在发生危机时，如果美方拒绝向印方提供军事装备的零部件，将会间接但极大制约印度对外政策的自由度。此外，美印两国目前在巴基斯坦、伊朗和利比亚等问题上的外交立场存在明显分歧。美印关系的过往历史和现实分歧使得印度防务官员难以消除对美国可靠性的怀疑，有理由在推进美印安全防务合作时犹豫不决。

让美印互信问题更趋严重的是，双方在防务磋商时经常自说自话，从而导致误解产生。譬如，印方在对美军事采购时，往往难以精确说明自身的用户需求和期望。印方的能力欠缺导致美国政府和行业官员在谈及敏感技术信息时有所保留，而这些信息往往又是印方在讨论和谈判中最希望获得的。美方不愿分享信息的部分原因是国内的保密要求，但也有部分原因是美方并不了解印方的需求。

显然，弥合美印双方的信任鸿沟需要大量的时间，美方试图从小处着手来赢得印方的信任。譬如，按时交付印方采购的武器装备，并提供无可挑剔的全周期售后服务，以此证明美国防务装备的优势。印度也在密切关注美国军火商是否与俄罗斯有所区别，后者在对印军售的交付日期和售后服务方面曾出现一些问题。美方在2011年2月按时交付了6架C-130J运输机，给印度国防部门留下了较好印象。② 在美方试图克服印方的信任缺失时，特别困难的是它为自己设置的诸多门槛，譬如美方在对印技术转让上的摇摆态度，美方在对印军售时的附加条款，以及美方在伊朗或利比亚问题上的既有立场，所有这些都可能会导致美印防务关系的停滞。印度在弥合美印信任鸿沟方面也难有作为。出于种种考量，印方并未大力宣扬美印

① K. Alan Kronstadt etc., "India: Domestic Issues, Strategic Dynamics, and US Relations," Washington, D.C.: Congressional Research Service Report, September 1, 2011, accessed March 16, 2021, https://fas.org/sgp/crs/row/RL33529.pdf.

② S. Amer Latif, *U.S.-India Defense Trade: Opportunities for Deepening the Partnership*, p.29.

安全防务合作的裨益，或清晰描述美国有望从美印伙伴关系中获得什么。美国安全防务部门的一些人士认为，印度所关心只是技术转让，而对其他合作领域毫无兴趣。

美印信任缺失的问题在美国特朗普政府任内表现得尤其显著。较之于前任奥巴马政府比较温和的外交姿态，特朗普总统显示出为维护美国利益而不择手段的强硬姿态。在经济方面，特朗普政府通过经贸战、重签或退出既有经贸条约等强硬方式以维护所谓美国国家利益，而印度并未获得或享有美国政府给予的豁免地位和特权。2018年3月，特朗普签署对进口钢铁和铝产品征收高关税（分别征收25%和10%的国家安全性关税）的公告后，印度没有出现在美国的豁免国家名单上。2019年，特朗普政府正式签署行政命令，决定取消美国对印度的普惠制待遇。根据普惠制，美国对从发展中国家进口的某些商品提供免税待遇。在2018年，印度是普惠制的最大受益国，超过10%的印度对美出口商品享受免税待遇。而在取消对印普惠制后，美国将对前15大普惠制双边进口商品征收1%~7%的关税。此前，美国政府根据美国乳业和医疗技术行业的请愿书对印度的市场准入行为进行调查之后得出的一项调查结果显示，印度未能提供"公平合理"的市场准入，这成为特朗普政府采取行动的重要理由。2020年2月10日，美国贸易代表署发表公告，宣布取消对包括印度在内的25个经济体享有的WTO发展中国家贸易最惠国待遇，此举旨在提升美国在对外贸易方面的相对优势，却激起印度的强烈抗议。印度宣布对部分外国进口产品征收10%~25%的更高关税，影响约13.2亿美元的美国出口商品（2019年数据）；双方在世贸组织中也就关税问题进行激烈交锋。[①]

特朗普政府通过修改H-1B[②]签证来推动"雇佣美国人"，与印度开展关税战和贸易战等单向利己经济政策，在一定程度上增加了印度方面对特朗普政府的疑虑。奥巴马政府时期双方就"美印双边投资条约"（BIT）进行的谈判由于在投资者保护方法上的分歧已陷入停滞。在贸易摩擦中，美印两国政府间的贸易政策论坛未能定期召开，只有私营公司举行的首席执行官论坛仍定期召开会议。在印度关心的周边安全问题上，美印也缺乏明显的有效协作。譬如，2019年2月，印度请求美方分享巴基斯坦使用的

[①]　K. Alan Kronstadt, "U.S. Trade Relations," Washington, D.C.: Congressional Research Service Report, December 23, 2020, accessed March 16, 2021, https://fas.org/sgp/crs/row/IF10384.pdf.

[②]　H-1B签证是美国针对具备高级别专业技能的外国员工发放的一种签证类型。

F-16战机有关信息，却遭美方拒绝；2020年在中印发生边境对峙后，特朗普政府表示愿意充当调节者，但印度外交部发言人在答记者问时公开拒绝美方的好意。[①]

美印之间的信任缺失问题，并非短时间内能够解决的，要让印度官员充分相信美方的诚意还需要较长的时间。为此，美国政府和行业官员已经开始着手培养与印度政府及军事官员的关系。美方认为，加强美印两国官员的交往有助于两国政府间实现更大的谅解和更好地消除误解。不过，2020年以来的新冠肺炎疫情危机使得美方财政预算收紧，也限制了美国政府官员频繁访问印度的能力，美方有时使用视频电话会议或定期电联来维持双方联系，发展友好关系和解决各种争议问题，但效果并不理想。尤其是2021年4月，印度疫情的严峻程度和美国政府的自私冷漠一度引发国际关注，美国因此遭到印方人士的批评。《印度时报》2021年4月25日报道，"拜登和哈里斯冷漠对待新德里的需求，反美情绪（在印度）爆发"。文章称，美国政府囤积新冠肺炎疫苗、拒绝开放疫苗生产专利，以及对印度等受疫情严重影响国家的可怕形势充耳不闻的做法，令印度网民的反美和反西方情绪爆发，有人质问："这就是盟友的所作所为?!"[②] 2021年，美国撤下美日印澳"四边机制"、建立"美英澳三边安全伙伴关系"（AUKUS）的做法以及美国在阿富汗问题上草草撤军的狼狈表现，均加剧了印度的战略疑虑，担心美国可能会为自身利益而牺牲印方利益，美军从阿富汗撤军事实上已经让印度付出相当沉重的代价。当然，美方在与印方长期交往后也变得趋于务实："美国领导人必须小心不要陷入试图不惜一切代价克服信任缺失的心态。美印防务关系的发展依靠双方的共同努力，而非任何一方的一己之力。因此，虽然美国官僚机构在发展美印防务关系时应该秉持积极态度，但在具体工作中却要精心谋划，避免对印方的回报产生不切实际的期望。"[③]

---

① 王莎莎:《特朗普政府时期美印关系的发展态势》，《印度洋经济体研究》2021年第1期，第17—33页。

② Chidanand Rajghatta, "Anti-US Sentiment Explodes as Joe Biden-Kamala Harris Remain Cold to New Delhi's Needs," April 24, 2021, accessed October 6,2021, https://www.msn.com/en-in/news/world/anti-us-sentiment-explodes-as-joe-biden-kamala-harris-remain-cold-to-new-delhi-s-needs/ar-BB1g0m9U.

③ S. Amer Latif, *U.S.-India Military Engagement: Steady as They Go*, p.40.

二、美巴关系

对于美印两国的决策者来说，美巴关系给美印关系的发展造成了很大的困扰。印度处于南亚次大陆的核心地位，其经济、军事和外交等方面的权势影响在该地区首屈一指；巴基斯坦作为南亚第二大国，与印度存在着根深蒂固的敌意，是南亚地区等级体系中印度主导国地位的挑战国。由于在南亚地区等级体系中的不同地位，印巴两国对外部大国介入南亚地区事务持完全不同的态度。自独立以来，印度对南亚邻国的政策一直是基于双边主义的，即用双边手段解决争端，尽可能避免包括联合国在内的第三方的干涉，但不反对将第三方的干涉作为最后选择。这种双边主义常被称为印度的"门罗主义"或"印度主义"。冷战后，印度外交决策精英们拥有一个广泛的共识：在追求世界一流大国地位的过程中，印度外交政策的首要目标就是致力于使南亚地区国家和区外国家，特别是大国接受印度的南亚主导者地位。为此，印度在南亚地区实施地区主义外交，旨在将域外大国排除在南亚次大陆之外，并希望南亚其他国家在地区问题上自加限制，不寻求或依附于任何外部势力。用美国学者塞缪尔·亨廷顿的话说，印度是一个有着全球大国野心的"地区利维坦"。[①] 与印度的地区主义外交不同，巴基斯坦对外部大国介入南亚事务总体上持欢迎态度，甚至有意将域外大国引入南亚次大陆，而印度坚决拒绝在印巴关系上接受任何第三方的干预。

冷战时期，美国对印巴两国的政策服从于在全球层级对抗苏联的需要。鉴于印度最初采取了"不结盟"外交政策，后来又与苏联维持准盟友的关系，美国对印度保持比较"疏远"的态度。20世纪60年代初，美印关系一度迅速升温，但是很快由于双方的严重战略分歧而陷入停滞。与印度倡导独立自主的外交政策不同，巴基斯坦明确表态支持美国的对苏遏制政策，并向美国寻求军事援助。20世纪50年代，美国确立了以巴基斯坦制衡印度的南亚基本战略格局。1954年5月，巴基斯坦和美国签订《巴美共同防御援助协定》；1954年9月，巴基斯坦加入美国主导的反共军事同盟条约《东南亚集体防务条约》；1955年9月，巴基斯坦成为美英控制中东地

---

① 宋德星：《从战略文化视角看印度的大国地位追求》，《现代国际关系》2008年第6期，第30页。

区的军事联盟条约《巴格达条约》的成员国；1959年3月，美巴双方又缔结了《巴基斯坦美国合作协定》。巴基斯坦通过上述四个条约与美国紧密联系在一起，成为美国在亚洲最密切的盟友之一。1967年，美国与巴基斯坦签署了新的武器协定，该协定规定，美方将根据具体情况向巴方提供有限的军火供应；1970年，尼克松政府批准了一项美巴防务协议，允诺向巴方出售300辆装甲运兵车和一定数量的飞机，这些均引起了印方的强烈反对。紧密的美巴关系不仅加剧了美印之间的隔阂，更让印度确信了美国的恶意。"印度非常生气美国偏向于小而独裁的巴基斯坦而不是印度这样的主要民主国家。而且，美国的支持容许了巴基斯坦采取对抗性的政策……迫使新德里不得不把有限的资源用作国防费用。最后，美国的援助加强了军队在巴基斯坦政治中的统治地位，降低了巴基斯坦通过外交努力解决与印度冲突的可能性。"[1] 美国对巴基斯坦的支持在1971年的第三次印巴战争中几乎达到了顶峰，当时美国总统尼克松向孟加拉湾派出"企业"号航母编队以示对巴方的支持。不过此举未能对战争的结局发挥重要影响，反而引起了印方的极大愤慨，并对此后的美印关系产生了长期的负面影响。

进入20世纪70年代后，鉴于印度在当时与苏联保有准盟友关系，美国对印度继续保持"疏远"态度，并积极支持印度的地区对手巴基斯坦，后者被美国视为抵御苏联势力南下的"前线国家"。1979年12月苏联入侵阿富汗后，美国将巴基斯坦作为支持阿富汗抵抗运动的前线基地，美巴关系进一步升温。美国把"向阿富汗游击队提供秘密军事援助，向难民提供人道主义援助，以及重新向巴基斯坦提供军事和经济援助作为主要措施"。[2] 1983年7月，巴基斯坦外长和美国国务卿举行巴美联合委员会首次会议，美方对巴方政治解决阿富汗问题所做的努力表示赞赏和支持，称美巴关系建立在共同利益的坚实基础上，并保证履行1983年和1984年两个财年的援巴计划。作为对巴基斯坦支持美国秘密援助阿富汗抗苏力量的奖励，美方向巴基斯坦提供了多达25亿美元的援助方案。"其中包括长达数年的援助承诺，还有F-16战斗机，这是美国最先进的飞机，以前只提供给北约盟国。"[3] 这引起了印度的坚决反对，但美国否认对巴武器援助会给印

① 苏米特·甘古利：《印度外交政策分析：回顾与展望》，第254页。

② Dennis Kux, *India and United States: Estranged Democracies* (Washington, DC: The National Defense University Press, 1992), p.379.

③ Dennis Kux, *India and United States: Estranged Democracies*, p.382.

度造成麻烦。

相比之下，冷战后巴基斯坦在美国的南亚战略天平上的分量总体呈下降趋势，印巴对立越来越朝着不利于巴基斯坦的方向发展。苏联于1988年从阿富汗撤军，紧随其后的是美国南亚政策的又一次重大调整。随着苏联的撤离，"美国继续向阿富汗游击武装提供武器援助，以便与援助阿富汗政府军的苏联进行对抗，但巴基斯坦不再是'前线'国家"。[1]事实上，在巴基斯坦拒绝取消铀浓缩计划（这是巴方秘密发展核武器能力的关键步骤）后，美国根据"普雷斯勒修正案"[2]，终止了对巴基斯坦的军事援助。1999年印巴卡吉尔边境冲突发生后，美国促成两国实现停火，并要求巴军方撤出实际控制线地区，这是美国在印巴冲突中第一次支持印度。

随着美印关系的逐渐升温，美巴关系却处于持续下行的轨道上。对美方而言，关键的政策挑战在于如何在印巴这两个核武化敌国之间维持区域稳定，同时并行不悖地发展与印巴两国之间的关系。自2000年以来，美国开始调整其在南亚的外交政策模式。这个调整过程逐步推进，始于2000年3月的克林顿总统访印之行，并在2006年《美印民用核能合作协议》签署后加速推进。2000年，克林顿对南亚的"历史性访问"虽然如美国承诺的那样，对印巴都进行了访问，但在印度待了5天，在巴基斯坦则仅停留6小时。"9·11"事件后，美国出于反恐需要，大幅度调整对巴基斯坦的政策，向巴提供了包括F-16战斗机在内的常规武器系统，但在核问题上，美国似乎仍然将巴视为异类。2006年美印签署民用核能合作协议后，巴基斯坦曾要求美国一视同仁，并提出了类似的民用核能合作要求，但遭到美国的拒绝，理由是巴基斯坦有核扩散的嫌疑。2005年9月，美国副国务卿伯恩斯发表对印政策演说时指出，美国把印度视为美在南亚和太平洋的重要合作伙伴。到小布什2006年访问印度时进一步提出，美国要帮助印度成长为全球性大国。奥巴马时期，美国重新调整南亚政策目标，非常重视印度广阔的市场和投资机会，积极谋求与印度建立战略伙伴关系。特朗普

---

[1]　Dennis Kux, *India and United States: Estranged Democracies*, p.425.

[2]　1985年美国国会通过了单独针对巴基斯坦核试验的"普雷斯勒修正案"，要求在美国政府向巴基斯坦提供经济和军事援助项目前，美国总统必须每年向国会提供证词，证明这些援助项目不被巴方用于发展核武器且能明显降低巴方发展核武器的风险。1990年时，美国更进一步以认为巴基斯坦于20世纪80年代中期便有能力准备进行核武器测试为由，依据"普雷斯勒修正案"，结束了对巴基斯坦的经济和军事援助。

政府上台后，延续了小布什政府以来美国共和党总统对印度的重视和友好态度，尤其试图加强美印两国在安全防务领域的合作。在美国的战略蓝图中，巴基斯坦显然不在这个位置。

美方的构想是与巴基斯坦保持密切的反恐和情报分享关系，同时把印度培育为南亚区域乃至全球范围的未来合作伙伴。伴随美国在2000年初启动美印伙伴关系的步伐，美国政府内部开始通过《美印战略伙伴关系后续步骤倡议》协议和《美印民用核能合作协议》的签署来努力将美印和美巴关系区分开来，分别作为美国对外关系的重要一环来处理。美方屡次表示，虽然美印关系发展迅速，但美国仍然高度重视与巴基斯坦的关系。有美国学者指出："美印关系植根于共同的价值观、利益和期望，美巴关系则根植于相互勉强的利益必需，即便美巴双方在内心可能并不愿意与彼此打交道，却在较大程度上因为各自并不一致的利益需求而又不得不继续交往。"[①]

当然，美方的政策调整过程在付诸实践时并没有构想的那么容易。一方面，美方在消除印方对于美巴关系的质疑方面取得了一些成效，但印方由于美国向巴基斯坦提供武器而无法完全释怀。另一方面，美方人士也抱怨印度忽视了美国在巴基斯坦的利益，认为印度仍然沉溺于过去的恩怨，未能随着国家崛起的步伐而与时俱进。

以军售为例。尽管美国试图并行不悖地发展与印巴两国的关系，但美国军售对印巴双方的安全考量都产生了深刻的负面效应。美方努力向印方证明自己是值得信赖的防务供应商，同意向印度出售一系列武器装备，从战斗机和火炮到运输机和监视平台。美国担心如果拒绝对印出售某项装备，可能会强化印度对美国不可信赖的看法。巴基斯坦则认为美对印军售是美国偏袒印度的证据，这增加了巴基斯坦对美方的不信任。巴基斯坦已被迫接受它在常规军力建设方面永远无法赶上印度的现实，变得更加依赖核武器，试图通过加快发展战术核武器来对抗印度的"冷启动"原则[②]。

---

① S. Amer Latif, *U.S.-India Military Engagement: Steady as They Go*, p.36.

② 所谓"冷启动"（Cold Start）原则，意指军队像计算机冷启动一样，在最短的时间内，迅速完成部队的动员、集结和部署，并在第一时间内对敌发动先发制人的打击。Rachel Oswald, "Pakistan-India Arms Race Destabilizing Strategic Balance, Experts Say," July 20, 2011, accessed March 17, 2021, https://www.nti.org/gsn/article/pakistan-india-arms-race-destabilizing-strategic-balance-experts-say/.

印度同样以怀疑的目光来看待美国对巴军售，认为美国出售的许多武器会被巴基斯坦用于对付印度。尽管美国坚称所售武器旨在帮助巴基斯坦反恐，印方却认为用F-16战斗机来打击巴基斯坦联邦部落区的恐怖分子未免有些荒谬。美国对巴军售是否会给美国对印军售前景造成负面影响尚有待观察。迄今最突出的迹象是美国F-16战斗机在印度中型多用途战斗机招标中惨遭淘汰，原因之一是巴基斯坦空军拥有同样的机型。巴基斯坦是美国F-16战斗机的早期用户之一；在反恐战争期间，巴基斯坦又获得了F-16 Block 52战斗机，以此作为和美国合作的回报。尽管美方承诺提供给印度的机型性能更为优越，但它不足以让F-16机型在竞争中胜出。[①]

印方一直对美巴关系的发展深表关切，美国重印轻巴的政策调整仍未能让其满意。在印度看来，美方没有给予印方的此种关切以足够照顾。印方还认为巴方正在利用美国，一方面接受美方慷慨的援助项目，一方面暗中支持这些威胁美印两国利益的"恐怖团体"。许多印度军事官员和政策制定者认为，美国只有切断对巴基斯坦的援助，才能迫使后者改变自身行为；美国的持续援助只会助长巴基斯坦的"不良行为"，因为这些援助没有附加促使巴方改变行为的严苛条件。[②]

从美国的角度来看，美巴关系的演进过程要复杂得多。从20世纪90年代美国对巴施加制裁以来，美巴关系出现了较大倒退。"9·11"事件后，由于巴基斯坦重要的地理位置和阿富汗反恐战争的急迫需要，美国希望对美巴关系进行修复。此后，美方向巴方提供了大量的军事和经济援助以及军事训练课程，以此弥合与巴基斯坦的信任缺失，传达美国对美巴长期友好关系的诚意，并说服后者积极缉拿这些破坏巴国领土完整和威胁美国驻阿富汗部队的恐怖分子。可是据印方评估，上述方法没有奏效，在执行中反而"损害"了印度的安全，特别是美国在2005年向巴基斯坦提供了36架F-16战斗机，以及其他可在未来冲突中用于对付印度的致命武器系统。[③]虽然美国并非真正关心巴方的感受，更在乎以此增加美国对区域和

---

①　Ahley Tellis, "Decoding India's MMRCA Decision," June 3, 2011, accessed March 17, 2021, https://carnegieendowment.org/2011/06/03/decoding-india-s-mmrca-decision-pub-44332.

②　S. Amer Latif, *U.S.-India Military Engagement: Steady as They Go*, p.36.

③　Elise Labott, "U.S. to Sell F-16s to Pakistan," CNN, March 28, 2005, accessed March 17, 2021, https://edition.cnn.com/2005/US/03/25/jet.sale/; K. Alan Kronstadt, "Major U.S. Arms Sales and Grants to Pakistan Since 2001," Washington, D.C.: Congressional Research Service Report, May 4, 2015, accessed March 16, 2021, https://fas.org/sgp/crs/row/pakarms.pdf.

全球的影响力，但区域稳定性的考量仍然非常重要，美方在推动美印合作时不得不相对谨慎，尽可能保持印巴之间的基本稳定，并把美印合作定调于应对更广泛的威胁，如中国的"潜在威胁"以及印度洋区域的海盗、大规模杀伤性武器的扩散和自然灾害等新兴威胁。

虽然印度决策者可能私下理解为什么美国采取现行政策，但印方仍然深切关注美国从阿富汗撤军以及美巴关系未来走向。在印方看来，正是阿富汗稳定局面的破坏导致了20世纪90年代的代理人战争，而最坏情况则是（从巴基斯坦一侧）对印控克什米尔地区的跨境袭击因此急剧增加。对印度有利的是，由于美巴关系自2011年以来一直呈恶化之势，美方对通过安抚政策促进巴基斯坦变化的期望逐渐下降。在印方看来，美国对巴态度近年来终于"出现曙光"（特别是在乌萨马·本·拉登被击毙后），但是尚不能确定美方的态度转变是否意味着会对巴施加更大压力，迫使该国起诉2008年11月孟买恐怖袭击的幕后真凶，以及停止支持这些威胁印度安全的恐怖主义团体。① 除非印度看到美方态度变化的实际表现，否则仍会对美方相关承诺存在一定怀疑。

伴随美国从阿富汗的撤军进程，印方尤其担心巴基斯坦会趁机以较低廉的价格购买更多的美国军事装备。在2014年9月印度总理莫迪首次访印前，美国完成了向巴基斯坦销售160辆反雷装甲车。2016年2月12日，美方宣布批准向巴销售8架F-16战斗机的计划，连同配套的培训、雷达和其他设备，该合同总价值达到6.99亿美元。美国防务安全合作局称，新的F-16战斗机将使巴基斯坦空军具备全天候和夜间行动能力，以及帮助"巴基斯坦方面打击叛乱和恐怖主义"。印度外交部随即召见美国驻印大使，向其表达"失望和不满"；印度外交部还发表声明称："我们不认同美方的说法，即这些军备转让有助于反恐。近年来发生的事情就能反证这一点。"针对印方的担心，美方表示，该武器销售协议"不会改变这一地区基本的军力平衡"。②

美国特朗普政府上台后，美国加快从阿富汗撤军的步伐，在阿富汗问题上注重发挥巴基斯坦的作用，这引起印度的不满。印度质疑美国特朗普政府依赖巴基斯坦在阿富汗局势中发挥作用、通过对话和解使塔利班回归

---

① S. Amer Latif, *U.S.-India Military Engagement: Steady as They Go*, p.37.

② 《印度不满美巴军售，巴基斯坦反呛：印才是最大武器进口国》，新华网，2016年2月16日，http://news.xinhuanet.com/world/2016-02/16/c_128720561.htm，访问日期：2021年3月16日。

政治主流的政策，公开反对美国和塔利班进行直接对话讨论阿富汗的未来政治安排。由于印度一直将与塔利班建立联系排除在政策选项之外，因此其在阿富汗局势中难以发挥重要作用；相比之下，随着美国自2018年10月启动与塔利班在多哈的对话，巴基斯坦的作用十分显著。为确保巴基斯坦在美塔和谈中能够发挥作用，美国希望印巴双方保持克制，防范紧张和局部冲突升级。2019年2月，巴基斯坦外长对时任美国国务卿蓬佩奥表示，印度正在推行一种"侵略行动"，势必会转移巴基斯坦的注意力，从而影响美国推动的阿富汗和谈。特朗普随后宣布，印巴对峙极为危险，美国将寻求与其他国家一起缓和紧张局势。面对印度对阿富汗问题的关切以及对美巴关系和美塔和谈的质疑态度，美国阿富汗问题特使多次访印，与印度保持接触并寻求消除印方的疑虑。2019年6月，美国阿富汗问题特使再次访印，向印方通报美塔和谈的进展。而印方也反复向美方表达自身的主要担忧：一是担心巴基斯坦通过支持美国的阿富汗和谈换取美国支持巴基斯坦对克什米尔问题的立场；二是担心巴基斯坦策划在美国撤军后将阿富汗变成反印武装分子的集结地。2019年7月11—12日，中、俄、美、巴四方在北京举行会晤，发布《阿富汗问题联合声明》。7月22日，美国总统和巴基斯坦总理举行会晤，美方肯定了巴基斯坦为促进和平解决阿富汗问题所采取的系列措施，双方讨论了阿富汗问题的解决方案以及打击恐怖主义的相关问题。2020年2月29日，美国与阿富汗塔利班代表在多哈签署了旨在结束阿富汗战争的和平协议。有分析人士指出，虽然印度作为邻国在阿富汗颇受欢迎，但在阿富汗和平进程中的角色令人失望，印度本身的表现也过于消极。①

在印巴克什米尔争端问题上，印度也一再明确反对美国的介入。2017年印巴克什米尔争端再起之际，美国驻联合国大使妮基·黑利公开表示，在印巴缓和紧张局势时，美国希望找到自己的位置；2019年7月巴基斯坦总理访美期间，美国总统特朗普声称印度总理莫迪要求他在克什米尔争端中充当"调解者"。针对美国官方的上述言论，印度外交部发言人分别予以回应，明确表示印巴问题是双边关系问题，需要在印巴两国间解决，印度反对任何第三方介入。2019年8月5日，印度莫迪政府做出废除宪法第

---

① 张力：《从地区安全热点看印美战略关系的制约因素》，《南亚研究季刊》2019年第3期，第6—7页。

370条款①的争议性决定，取消克什米尔地区的自治并将其划归中央直辖。在印度政府宣布废除宪法第370条款时，美国国务院发言人表达"担忧"，并敦促印度政府"尊重个人权利，并与受影响群体展开讨论"。但据印度媒体称，莫迪政府"曾两次告知美国废除宪法第370条款"；印度国家安全顾问多瓦尔于2019年2月就此事知会美国总统国家安全事务助理博尔顿，同时印度外长苏杰生于8月初参加第20届东盟外长会议期间也向美国国务卿蓬佩奥通告此事。②而特朗普在2019年8月24—26日七国集团峰会上与莫迪总理谈话后也改变了立场，称印度似乎已掌控了局势。

印度废除宪法第370条款后，印巴关系急剧恶化。双方在边境地区的军事力量处于紧张对峙状态。据巴方指控，2020年以来，印军多次违反停火协议，对印巴控制线附近巴方一侧进行炮击，造成当地民众伤亡；巴基斯坦总理伊姆兰·汗（Imran Khan）屡屡在公开场合、社交媒体上谴责印度对印控克什米尔的政策；印巴两国在各种国际场合也频频激烈交锋，两国曾大批驱逐对方外交人员。面对印巴关系的紧张局面，特朗普再度声称美国是印巴克什米尔争端的最佳调解者；而新德里则公开回应称，克什米尔是印巴双边问题，而印度宪法第370条款的撤销是印度内部事务，没有向美方提出调停请求。在2020年2月特朗普总统访问印度前，巴基斯坦外交部发言人在2月13日表示，特朗普的确应在访问印度期间与莫迪接洽调解提议。印度外交部长苏杰生则在2月14—16日举行的慕尼黑安全会议上重申印度的立场，他告诉参会的美国代表，印度将自行"解决"克什米尔问题。为消除混乱，美国国务院在社交媒体上专门澄清美国政府的立场，即"克什米尔是双方共同讨论的双边问题"，而特朗普政府"已准备就绪'协助'"；但美国国内政治是特朗普的首要任务。③

---

① 1954年印度发布总统令，赋予印控克什米尔地区特殊地位，除国防、外交和通信等领域外，印度宪法中的所有规定在这一地区都不适用。这个370条款曾被视作印度宪法的"永久条款"。

② Manveena Suri, "Article 370: How India's Special Status for Kashmir Works," August 5, 2019, accessed March 17, 2021, https://edition.cnn.com/2019/08/05/asia/article-370-india-explainer-intl/index.html; "Modi Govt Had Told US About Plans to Scrap Article 370 Twice," August 5, 2019, accessed March 17, 2021, https://theprint.in/diplomacy/modi-govt-had-told-us-about-plans-to-scrap-article-370-twice-last-week-and-in-february/272652/.

③ Suchitra Karthikeyan, "EAM Shuts Down US 'Concerns' on J&K Issue," February 15, 2020, accessed March 17, 2021, https://www.republicworld.com/india-news/general-news/eam-responds-to-us-concerns-on-j-and-k-issue-1-democracy-will-end-it.html.

鉴于南亚区域稳定的复杂性，美国该如何证明深化美印安全防务合作具有合理性，不会破坏区域稳定？由于南亚区域力量体系的结构特征和印巴两国较具根本性的利益分歧，美国可能永远无法完全消除巴基斯坦对美印安全防务合作的担心，这同样适用于印度对美巴安全防务合作的担心。实践表明，不断强化的美印安全防务合作破坏了南亚地区的力量均衡格局，加剧了地区的军备竞赛风险。通过大量对美采购先进武器装备和与美国日趋机制化的防务合作，印度在与巴基斯坦进行对抗时优势更为明显，态度更为强硬。印度充当南亚霸主的野心更为膨胀，克什米尔争端等地区问题的缓和与解决遥遥无期，甚至有随时爆发冲突的危险。

三、俄印关系

如果说印度对美巴关系的发展耿耿于怀，美国则对俄印关系的发展心存芥蒂，这在安全防务领域表现得尤为明显。俄罗斯以及此前的苏联是印度历史最久、交易规模最大的军火来源国，也是印度谋求防务合作的最重要对象之一。2001年美印关系逐步改善后，美国重新加入印度防务市场的角逐，加剧了和俄罗斯、法国等与印度有着悠久军售关系的国家的竞争。与俄法等传统对印军售大国不同，美国不仅想要对印军售，还想与印度建立更广泛的战略伙伴关系。而俄法等国传统上主要视印度为巨大的军售市场，它们在对印军售时主要考虑商业利益而不追求更多的目标，这种做法倒是符合印方在冷战期间所秉持的"不结盟"立场。而且，虽然印方积极发展美印关系，却仍然谨慎保持其主要防务合作伙伴之间的平衡，尤其是美俄平衡，避免与任何单一大国过于接近，并争取成为全球体系的重要一极。

印度与俄罗斯的防务关系在较大程度上源于冷战时期的印苏关系。1962年8月，苏联承诺向印度提供米格–21战斗机，并将在印度建立相关生产线，这被认为是苏印建立军事关系的标志性事件。在20世纪60年代，印度政府承认本国航空制造业基础薄弱，与苏联签订米格–21战斗机技术转让协议，并指出未来战机制造将以获得外国技术转让为主；此外，印度还上马了不少其他许可生产项目，包括坦克、驱逐舰等。1965年第二次印巴战争后，美国对印巴两国的武器禁运促使印度与苏联建立了更密切的防务关系。而由于冷战政治的需要，苏联也愿意以对印度有利的条件向其提供武器和其他军事援助。从1964年起，苏联开始加大对印度的军事援助力度。此后4年间，苏联向印度提供了500辆坦克、1艘潜艇、1艘护卫舰、4个中队的米格-21战斗机以及若干架米格-4直升机等。到20世纪60年代末，印度共接收苏联价值约7亿美元的军事装备，苏联成为印度的主要武器供应方。[①] 1971年8月，印度与苏联签署具有军事性质的《苏印和平友好合作条约》，有效期为20年。条约签订后不久，印度即在苏联支持下发动了第三次印巴战争，苏印军事合作关系达到了历史的新高。20世纪七八十年代，印度作为苏联的准军事盟友，在国防科工领域严重依赖苏联。苏联的武器转让和用于许可生产的技术转让有助于增强印度的军事能力，但对提升印度的自主国防工业和技术能力则贡献有限。印度国防研究与发展组织前负责人曾表示："印度的大多数国防产品均获得许可，却既未形成设计能力，也未发展出先进的制造技术；武器系统组装的许可仅带来无聊的流水线作业。"到冷战结束时，印度主战装备对苏联的进口依赖超过80%。具体而言，地面防空装备为100%，防空战斗机为75%，地面攻击机为60%，履带装甲车为100%，坦克为50%，制导导弹驱逐舰为100%，常规潜艇为95%，护卫舰为70%。[②]

苏联解体之初，印度与俄罗斯的安全防务合作一度陷入停滞。1992年9月，印度国防部长帕瓦尔访俄，与俄就恢复军事合作进行磋商。1993年1月，俄罗斯总统叶利钦访印，俄印签署《俄印友好合作条约》以替代原来的《苏印和平友好合作条约》，这标志着两国从原有战略关系向普通国家关系的转变，但双方在国防科工等领域仍保持密切的合作关系。《俄印友好合作条约》不再包括带有军事结盟性质的条款，而是更强调经济合作与互利互惠。俄印两国签署了《俄印防务合作协定》《俄印贸易合作协定书》等9项协议，一致同意在军事、经贸、科技、安全、航天等多领域发展合作关系。1996年，两国又签订了旨在进一步加强俄印在军事领域合作的《俄印国防部合作协议》。2000年，两国签署《俄印战略伙伴宣言》、和平利用原子能备忘录及其他四项防务合作协议，为俄印合作关系的发展奠定新的战略框架和法律基础。2002年，俄印两国签署了《关于进一步加强两国战略伙伴关系的德里宣言》，反恐合作备忘录，加强和提高经济、科技合作的联合声明，以及经贸、文化、技术合作协议等八个文件，使两国战

① 李莉：《印度偏离不结盟及其动因分析》，《国际政治科学》2017年第1期，第10页。

② Lexman kumar behera, *Indian Defence Industry: An Agenda for Making in India* (New Delhi: Pentagon Press, 2016), p.7.

略合作得到进一步强化。

在防务装备方面，印度仍然显著依赖俄罗斯作为其主要供应商。苏（俄）制防务设备不仅性能稳定，而且价格比西方国家的同类装备明显优惠。印度有意保住自己主要的武器来源地，俄罗斯则希望保住印度这个最大的武器市场。俄印防务装备合作受苏联解体的影响比较有限。1994年12月，俄印签订了《2000年前实施长期军事技术合作协定》。俄罗斯根据协定的规定向印度出售包括S-300防空导弹系统、T-90坦克、苏–30战斗机在内的先进装备，还帮助印度改进米格–21、米格–29战斗机和T-72型坦克等武器装备。2011—2016年，在印度庞大的军备进口中，俄制装备占六成以上，涵盖陆海空各个军种。已经完成的重要军售项目包括T-90主战坦克、T-72坦克、BMP-2装甲战车、苏–30MKI战斗机、"布拉莫斯"巡航导弹、"俱乐部"反舰导弹、"查克拉"号攻击型核潜艇、"超日王"号航空母舰、米格–29K舰载机、伊尔–38SD反潜机、SA-3防空导弹系统、"旋风"9K58式多管火箭炮、"克里瓦克"III级护卫舰、"基洛"级潜艇、S-400防空导弹系统等。现在，俄罗斯最新的对印军售计划包括第二艘攻击型核潜艇、苏–35歼击机、T-50隐身战斗机和"暴风"多功能航母等。

俄印两国的防务技术合作也非常深入。两国早在2000年就建立了政府间军事技术合作委员会，由国防部长领导，负责协调军事技术合作相关事宜。该委员会由军事技术合作委员会和船舶、飞机和车辆生产事务委员会组成，其主要职责是监管俄印两国军事技术合作政府协定的实施情况。两国每年举办一届军事技术合作委员会会议，以确定次年军事技术合作项目清单。俄印两国采用长期规划与短期协议相结合的形式发展军事技术合作。为期10年的《俄印军事技术合作大纲》是双方在该领域合作的指导性文件，已完成了两个10年大纲（2001—2010年和2011—2020年）。两国高层通过定期会晤签署军事技术合作协议，规划了双方阶段性合作的具体任务。俄罗斯总统普京曾向印度领导人保证，俄罗斯愿意和印度分享所拥有的任何尖端国防技术，这在随后的联合研发和武器制造中表现得很明显，比如两国合作开发第五代战斗机和多用途运输机、合作研制布拉莫斯超音速巡航导弹等。据印度外交部2012年的一份简报称，俄印双边关系是印度外交政策的关键支柱。印度将俄罗斯视为长期的和经过时间考验的朋友，在经济发展和安全方面发挥着重要作用；在军事技术合作方面，两国"已从单纯的买卖关系演进为先进国防技术与系统的联合研发、联合生产和销售"。①

尽管存在长期合作历史和积极合作举措，但其他方面的发展态势显示，俄罗斯与印度紧密的防务关系正在面临巨大冲击，其中美印防务关系的发展是最重大的挑战因素之一。俄罗斯一直被美国政治建制派精英视为战略竞争对手之一。美国在2017年和2018年相继出台《美国国家安全战略报告（2017）》和《2017国家防务战略报告》，俄罗斯被定义为拥有全球范围影响的美国战略竞争对手。尽管有"通俄"之嫌的特朗普本人试图缓和及改善美俄关系，但美国政治建制派精英仍对俄罗斯持有较强敌意。2017年8月，在国会压力下，美国总统特朗普签署《以制裁反击美国敌人法案》（CAATSA），旨在制裁与俄罗斯国防工业部门开展业务的国家。美国国防部长马蒂斯率先敦促美国国会将一小部分美国合作伙伴（特别是印度、印度尼西亚和越南）免除与CAATSA相关的制裁义务。美国国会在《2019财年国防授权法案》（NDAA）的第1294节中做出回应，允许美国总统行使CAATSA设立的豁免权，前提是他可以证明该豁免权从根本上符合美国国家安全利益，接受援助的国家正在采取明显措施，以减少其对俄罗斯的国防依赖，并表示它们正在与美国合作促进重要的战略利益。这些确实是极具约束力的条件，但修改后的法案至少为可能免除对美重要的一些国家实施与CAATSA相关的某些制裁提供便利。这也让印度不少人士认为美国有意为印度提供豁免。2018年7月27日，印度快报的社论令人欣慰地宣称："随着美国国会通过一项为印度提供例外的法律，给双边关系蒙上怀疑阴影的乌云现在正在消失。"②

在特朗普执政期间，美印在俄罗斯问题上的突出分歧之一是印度采购俄罗斯S-400防空导弹系统。这是2018年俄总统普京访印时达成的军购协议，价值54.3亿美元。在协议签署前，特朗普政府警告称，印度采购俄罗斯S-400导弹系统的相关决定可能引发严重后果，而非外界所说的"交易无关紧要"，交易触及美方《以制裁反击美国敌人法案》，将使印度可能面临来自美国的经济制裁，直接影响美印防务关系和高科技合作，包括美印有关向印度出口先进装备的各项谈判。印度购买俄S-400的主要理由是满

① Richard Halloran, "Friends or Allies."

② Ashley J. Tellis, "How Can U.S.-India Relations Survive the S-400 Deal?" August 29, 2018, accessed March 17, 2021, https://carnegieendowment.org/2018/08/29/how-can-u.s.-india-relations-survive-s-400-deal-pub-77131.

足自身战略防空部署的迫切需要。为使印度放弃购买S-400，美国曾与印度谈判出口"萨德""爱国者–3"等导弹防御系统，以满足印度在主要防御区部署有效反导系统的需求。同时，有美国政府官员表示，如果印度愿意放弃向俄罗斯采购S-400防空导弹系统，美方"有可能"向印度出口F-35战斗机。[①] 不过，印方没有响应美方的要求。美国的同类防空导弹系统不仅综合性能不如S-400，并且缺少价格优势。而俄罗斯S-400拥有较高的性价比，更符合印度的实际作战需求，印度方面仍决定继续与俄罗斯的交易。在协议签署后，美方仍多次公开施压印度，要求后者取消与俄罗斯达成的S-400采购协议。在2019年6月G20大阪峰会期间，特朗普在与莫迪的会晤中提议消除双方各自政策障碍，主要问题中就包括俄印军售关系，具体即指印度向俄购买S-400。在美印一系列互动中，印方坚持从俄采购S-400，同时确保美国不动用《以制裁反击美国敌人法案》制裁印度。印度甚至发出反警告，如果美国坚持就印度采购S-400动用制裁条款，将对印度以后从美进口巨额军备产生负面影响。事实表明，在从俄采购S-400的问题上，印度竭力顶住美国压力，不做实质性让步，同时通过外交努力寻求对自身利益最大化的结局，包括争取美方理解和淡化对美印双边关系的影响。[②] 尽管如此，该交易仍可能会对美印安全防务合作产生长远的负面影响，诚如美国学者阿什利·泰利斯所言："围绕S-400的现实纠葛使美印的相互碰撞无法避免，并可能影响双方在印太地区的战略合作。"[③]

俄印防务合作在近年来基本得以维系。2019年9月4日，俄罗斯总统普京在俄印第20次首脑峰会结束后表示，俄印双边军事技术合作计划正在顺利实施，俄罗斯不仅向印度提供武器，还与印方伙伴共同制造新型产品，目前在印生产卡拉什尼科夫小型武器、K-226T直升机与导弹系统的联合项目正在实施中。[④] 俄军事技术合作局长迪米特里·舒加耶夫（Dmitry Shugaev）也表示，印度一年内向俄罗斯订购了价值145亿美元的武器与其他军事装备，其中包括S-400防空导弹系统、11356型护卫舰等。印度与俄

---

① 《美用F-35"诱惑"印度放弃S-400，还附赠"萨德"》，新华网，2019年6月10日，http://www.xinhuanet.com/mil/2019-06/10/c_1210154534.htm，访问日期：2021年3月15日。

② 张力：《从地区安全热点看印美战略关系的制约因素》，《南亚研究季刊》2019年第3期，第4—6页。

③ Ashley J. Tellis, "How Can U.S.-India Relations Survive the S-400 Deal?"

④ 《俄媒：俄印S-400协议进展顺利，还将开展新合作》，新华网，2019年9月5日，http://www.xinhuanet.com/mil/2019-09/05/c_1210267989.htm，访问日期：2021年3月15日。

罗斯在此次首脑峰会上签署苏制俄制装备零部件供应政府间合作协议。按照协议要求，印度将在至少5年内继续为印度使用的苏联产和俄产武器装备采购俄制零部件；与此同时，印度与俄罗斯的企业将依据"印度制造"政策在印度本土建立合资企业，借助俄军工企业的技术转让，在当地制造、保养"俄制武器和防务装备所需的零部件"。

2019年11月初，印度国防部长辛格访问俄罗斯，重要目的之一是与俄方协商2030年前俄印军事技术合作计划；辛格表示，尽管存在美国的压力，但印度仍将进一步发展对俄军事技术合作，加强两国军事工业联合体间的联系。2020年6月，印度国防部长辛格率领75人的庞大代表团访问俄罗斯，参加在莫斯科红场举行的第二次世界大战胜利75周年纪念日游行，印度各军种司令部均派高级代表参加。2020年9月3—5日，印度国防部长辛格应邀赴俄参加上海合作组织、集体安全条约组织和独联体国家国防部长会议，并对俄罗斯进行访问。9月3日，辛格与俄国防部长谢尔盖·绍伊古（Sergey Shoigu）举行双边会晤，这是绍伊古与所有来访国防部长的首次会晤。印度国防部称，这次会晤"具有传统的热情和友谊，是印度与俄罗斯联邦特殊和特权伙伴关系的标志，军事技术合作和两军交往是其中的重要支柱"；"会议涵盖了两国之间广泛的合作领域。就和平与安全领域在区域和国际层面的挑战而言，两国立场存在着广泛的共同点，反映了双方对于作为战略合作伙伴的深切信任和信心"。印度赞赏俄罗斯坚定地致力于与印度的特殊关系，尽管目前与印关系不睦的国家可能会施加压力。据印度《印度经济时报》报道，绍伊古在会晤中向辛格保证，俄罗斯将同意印度"不向巴基斯坦提供武器"的要求。俄印国防部长会议反映了两国关系的热情，会议强调俄罗斯是印度可靠的朋友。[①]

不过，俄罗斯对于印度不断靠拢美国并加入"四边机制"的做法似乎日益感到忧虑。俄罗斯外交部长谢尔盖·拉夫罗夫（Sergey Lavrov）在2020年12月发表声明称，西方列强采取了"激进"和"曲折"政策，以促使印度参与"通过促进印太战略而进行的反华运动"。拉夫罗夫曾指责西方大国试图破坏俄印紧密伙伴关系和特权关系。拉夫罗夫的讲话反映了俄

[①] Vijainder K Thakur, "Indian & Russian Defence Ministers Meet in Moscow," September 4, 2020, accessed March 17, 2021, https://dfnc.ru/en/russia-news/indian-russian-defence-ministers-meet-in-moscow/ .

方对"印太战略"概念的传统怀疑。① 已持续了20年之久的印度–俄罗斯年度峰会也在2020年首次取消，两国官方均强调是因为受到新冠肺炎疫情的影响，但有印度媒体称，这是因为俄方对印度加入美国主导的"四边机制"感到不安，俄方对此发表的评论引发印方不满，两国关系出现紧张；俄方试图调节中印边境争端的做法也让新德里感到"一定程度"的不满。印度最大反对党国大党领袖之一拉胡尔·甘地（Rahul Gandhi）表示，俄罗斯是印度非常重要的朋友，"破坏我们的传统关系是短视的，对我们的未来也是危险的"。②

进入2021年后，印度在积极投身"印太四国"阵营、努力强化美印安全防务合作的同时，仍然勉力经营俄印安全防务关系，试图维持对俄和对美关系的平衡。2021年12月初俄罗斯总统普京访问印度，参加第21届俄印年度峰会，这是新冠肺炎疫情以来普京第二次出访。普京和印度总理莫迪开展了双边会谈，议题涉及阿富汗局势、反恐斗争以及两国在二十国集团、金砖国家和上海合作组织内部的合作等。双方会后发表的联合声明呼吁对联合国安理会进行全面改革，并同意在安理会内加强俄印政治对话，普京还重申俄罗斯支持印度成为经过改革和扩大的安理会常任理事国。在俄印首脑会晤的同日，俄国国防部长绍伊古和外交部长拉夫罗夫在新德里与印方举行两国首次防长、外长"2+2"会谈，主要议题包括亚太和中亚局势的发展以及解决阿富汗和叙利亚问题的双边合作等。据印度媒体报道，俄印签署了一项为期10年的防务合作协议和28项协议/谅解备忘录，涵盖互联互通、航运、太空、军事技术合作、科技、教育和文化等多个领域。③ 由于奉行"战略自主"的印度一直试图保持在美俄两国间的战略平衡，故而普京的访问让印方欣喜不已。有印度学者认为："这是印度巧妙外交的成功，它与全球所有参与者保持开放的沟通，并促进了各种可能的排

---

① "India-Russia Summit 2020 Didn't Take Place Due to Covid-19 Pandemic, Clarifies MEA," December 23, 2020, accessed March 17, 2021, https://newsvibesofindia.com/india-russia-summit-didnt-take-place-due-to-covid-19-pandemic-mea-47884/.

② 肖昀、柳直：《俄印20年来首次取消年度峰会，印网友：印度现在是美国附庸》，2020年12月25日，https://m.gmw.cn/2020-12/25/content_1301972486.htm，访问日期：2021年3月16日。

③ CGTN, "Putin, Modi Hold Bilateral Talks in New Delhi," December 7, 2021, accessed April 26, 2022, https://newsaf.cgtn.com/news/2021-12-07/Putin-Modi-hold-bilateral-talks-in-New-Delhi-15MB4ZUPKZW/index.html.

列和组合的对话。"①

在2021年12月俄罗斯总统普京访印之际，俄印两国的军备合作和军事贸易格外令人瞩目。根据俄方在会谈后发布的联合声明，俄印双方同意继续促进使用本国货币而非美元的贸易，并"重申了升级防务合作的承诺，包括促进军事装备的联合开发和生产"。目前，俄印的重大联合军事项目包括增程型"布拉莫斯"巡航导弹、"苏霍伊/HAL"第五代战斗机的开发以及苏–30战斗机和T-90主战坦克的许可生产。②2021年11月，印度国防采办委员会批准俄印合资生产AK-203步枪项目，该项目是约三年前印度紧急与俄罗斯敲定的合作项目，但由于技术转让等原因，自2019年3月后一直处于搁置状态。同时，俄罗斯开始按计划向印度交付其采购的首批S-400防空导弹系统。此次交付源于2018年10月俄印签署的关于采购五套S-400防空导弹系统的协议，合同价值高达50亿美元。美国特朗普政府曾就此警告称，继续执行该合同可能会招致美国制裁；而拜登政府上台后，尚未澄清是否会根据《通过制裁反击美国对手法案》对印实施制裁。俄罗斯外长拉夫罗夫表示，俄印的S-400导弹协议对提升印度防御能力具有非常重要的意义，尽管美国试图"破坏"合作，但该协议仍在实施，而印度已"明确而坚定地"解释说，它是一个主权国家，在国防采购上有自己的决定。③

乌克兰危机爆发后的大国博弈，再次显示出印度在战略上倒向美国等西方阵营的限度所在。虽然美国逼迫各国在此问题上选边站队，但印度拒绝跟风谴责和制裁俄罗斯，还寻求加强与俄方的能源合作，包括建立两国货币互换机制。印度网民发起"我支持普京"运动，社交媒体上也广泛传播印方人士谴责美国的视频。为协调对俄立场，美国召集了专门的"印太四国"元首线上峰会，也与印方开展双边沟通，但印度显然没有听从美方

① TP Sreenivasan, "Putin Visit: Result of India's Deft Diplomacy," December 5, 2021, accessed April 26, 2022, https://chanakyaforum.com/putin-visit-result-of-indias-deft-diplomacy/.

② Vusala Abbasova, "Russia, India Use National Currency in Arms Deals Replacing US Dollar," December 9, 2021, accessed April 26, 2022, https://caspiannews.com/news-detail/russia-india-use-national-currency-in-arms-deals-replacing-us-dollar-2021-12-9-52/.

③ PTI, "S-400 Missile Deal Has Very Important Meaning for Indian Defence Capability: Russian Minister," December 6, 2021, accessed April 26, 2022, https://www.newindianexpress.com/world/2021/dec/06/s-400-missile-deal-has-very-important-meaning-for-indian-defence-capability-russian-minister-2392490.html.

的要求。印度政府的立场让美国感到不满，美国总统拜登公开表示，印度是美国盟友中的一个例外，对乌克兰危机做出的反应"不牢靠"。①

四、国内政治考量

印度决策者依靠选举获胜才能上台执政，他们需要让美印安全防务合作步伐适应国内政治形势的发展。印度作为一个新兴大国，面临着许多严峻的国内现实挑战。美国的战略精英有时忽视了印度棘手的经济发展和国内安全挑战，主要关注印度如何能帮助美国塑造"印太"地区安全形势。然而，对于印度领导人来说，大多数选民对外交政策远没有对国内发展问题那么重视。随着近年来美印双边关系的加深，印度执政党不得不对国内政治风向保持警惕，以确保美印防务合作不会越界成为政治负担。

2008年正式生效的《美印民用核能合作协议》曾引发了印度国内关于美印关系的激烈辩论。印度人民党立即对该协议进行抨击，认为这份协议不仅限制了印度的核研究计划，还将让印度因分离军民核设施而遭受重大损失；左翼政党则痛批政府放弃了长期坚持的核裁军政策，甚至威胁要推翻当时执政的国大党团结进步联盟政府。美国国务卿希拉里2009年7月访印期间，美印双方就美国对印军售产品的"终端用途监督"问题达成协议。当协议发布时，一些印度反对党的议员走出议会进行抗议。印度政府从中汲取了教训，在此后的美印安全防务合作中比较谨慎，没有进行过多的宣传。印方保持低调的重要考量之一是担忧对美印安全防务关系的高调宣扬会引起印度政界左派人士的反对。②印度的大量穆斯林选民也让美印在伊朗等问题上的合作能力受限，因为印度穆斯林人口中存在大量的什叶派教徒，他们会关注印度是否在伊朗问题上屈从于美国的压力。

印度政策制定者还必须应对日益多元化的国内政治环境，它更受制于各地方政党，而不是传统的国大党或人民党。印度政治正在进入一个中央和地方政府关系发生演变的过渡时期。近年来，印度地方政府官员在制定（或阻碍）国家政策方面发挥了更为突出的作用。印度西孟加拉首席部长玛

---

① Gloria Methri, "Biden Calls India 'Somewhat Shaky' on Punishing Russia for Invasion of Ukraine," March 22, 2022, accessed April 26, 2022, https://www.republicworld.com/world-news/russia-ukraine-crisis/biden-calls-india-somewhat-shaky-on-punishing-russia-for-invasion-of-ukraine-articleshow.html.

② S. Amer Latif, *U.S.-India Military Engagement: Steady as They Go*, p.38.

玛塔·班纳吉（Mamata Banerjee）和泰米尔纳德邦首席部长贾娅拉姆·贾亚拉利塔（Jayalalithaa Jayaram）就曾在印度外交政策事务中显现作用。玛玛塔·班纳吉曾在2011年印度总理辛格访问孟加拉国前有效地阻碍了印孟两国达成一项水资源共享协议。贾亚拉利塔的主要行为有二：其一，印度中央政府事先未知会泰米尔纳德邦，就让参加"马拉巴尔"军演的美国航母在金奈停泊，她对此公开表达关切；其二，她对斯里兰卡空军官兵到印度受训表达愤慨之情，以此抗议泰米尔人在斯里兰卡遭受不公对待。[①] 单凭这些事件尚不足以判断印度地方官员如何看待美印安全防务合作，但比较狭隘的地方主义立场在所难免。印度目前执政的脆弱政治联盟中包含一些主要关注狭隘利益的地方政党，这导致中央政府采取果敢决定或实施必要改革的能力受到限制。

印度政界对美印安全防务合作的反对论调主要根植于两个因素。第一个因素是，对印度可能会因为与美国或其他国家建立密切联系而伤害自身外交自主权的高度敏感。这种担忧在印度政界得到了广泛认同。印度有些政治势力对美印深化安全防务合作持反对态度。例如，印度共产党认为，更密切的美印关系会助长破坏性的资本主义，牺牲平均主义发展的原则，而后者才最适合印度。[②] 显著例外之一是印度人民党，它在历史上一直支持强大的美印关系，尽管反对2008年正式生效的《美印民用核能合作协议》，但这种反对姿态被认为纯属政治上的权宜之计，旨在通过抨击当时执政的国大党政府来赢得声望。[③]

第二个因素是，印度执政者更多地忙于选民关注的国内问题，而不是国家安全、外交政策和全球合作等外部问题。在印度选举中，国家安全议题通常难以吸引民众的注意力，因为绝大多数民众主要关注基本生活需求，譬如清洁饮水、供电和居所。正如印度战略分析家、前海军参谋长阿伦·普拉卡什（Arun Prakash）所言："印度政府正在努力让5亿民众脱离贫困，这对他们的可用资源提出许多需求，霸权是他们心目中的最后一件

① S. Amer Latif, *U.S.-India Military Engagement: Steady as They Go*, p.39.

② Paul K. Kerr, "U.S. Nuclear Cooperation with India: Issues for Congress," Washington, D.C.: Congressional Research Service Report, June 26, 2012, accessed March 17, 2021, https://sgp.fas.org/crs/nuke/RL33016.pdf.

③ Suresh Nambath, "Advani Plays Down BJP Opposition to Nuclear Deal," March 18, 2011, accessed March 17, 2021, https://www.thehindu.com/news/the-india-cables/Advani-plays-down-BJP-opposition-to-nuclear-deal/article14953602.ece.

事。"① 对印度政治家政绩的评判主要基于他们提高民众生活水准的能力，而不是他们的外交和国防政策敏锐性。简单来说，印度政治仍呈现内向性和地方性。在许多印度政治家的政治生涯中，满足民众的物质生活需求是压倒一切的。相比之下，外交和国防政策无论成功与否，都难以在印度赢得选票。虽然印度议会的若干人士对外交和防务议题感兴趣，但大多数印度议员并不了解美印安全防务关系的本质。即便在涉及防务采购等国家安全议题时，想要赢得选票的印度政治家们也更倾向于从内政角度去考虑，"新德里将国防采购视为工业和就业政策，而不是作为使其武装部队获得业务成功所需的军事装备的机制"。② 此外，印度在克什米尔地区、印度东北部地区和纳萨尔诸邦面临内部安全挑战，这也限制了印度与美国开展安全防务合作的能力。当然，防务问题有时也会变得至关重要，那就是防务交易丑闻进入公众视线时。在印度，官员以权谋私的公共腐败事件频发，防务交易腐败很容易激发众怒。鉴于公众对腐败问题的高度敏感，印度政治家在批准防务交易时变得非常谨慎。

美方也面临国内政治挑战。美国的政策制定者既忙于在伊拉克和阿富汗的军事行动，又要和争吵不休的巴基斯坦打交道，还要处理各种棘手的国内事务。无论是始于美国的2008年全球金融危机，还是2020年以来在美国肆虐的新冠肺炎疫情，都消耗了美国行政部门的大量时间。由于这些重大挑战，美国的政策制定者在发展美印安全防务合作时常常心有余而力不足。美方有限的精力，加上印方不愿深化美印安全防务合作，在利比亚和伊朗问题上也和美方存在分歧，所有这些使得一度强劲的美印安全防务合作近年来发展势头趋缓。

在美国国会山，国会两党几乎从克林顿政府时期就强烈支持拓展美印关系，但是由于印度不愿在一些共同关注的问题上与美国合作，美国国会时常会感到挫败。美国国会通常支持对印军售，视印度为能带来经济效益的潜在巨大市场，是能与美国在共同关注领域开展合作的伙伴。但美国国

---

① Arun Prakash, "The Rationale and Implications of India's Growing Maritime Power," in Michael Kugelman ed., *India's Contemporary Security Challenges* (Washington D.C.: Woodrow Wilson International Centre for Scholars, 2011), p.87.

② Ashley J. Tellis, "The Surprising Success of the U.S.-Indian Partnership," February 20, 2020, accessed March 16, 2021, https://www.foreignaffairs.com/articles/india/2020-02-20/surprising-success-us-indian-partnership?.

会也关注其他一些问题，包括南亚区域稳定问题（特别是印巴关系），印度不愿签署基本防务协议，以及美方调整对印技术转让政策却未能获得回报。在印度做出有关中型多用途战斗机的决定后，美国国会对印度的兴趣曾大幅降低，美国国会议员和高级工作人员转而质疑印度对发展美印双边关系的诚意。此后，由于印度在利比亚问题上表达不同意见，也不愿支持美国领导的制裁伊朗计划，美方的疑虑进一步加剧。虽然美国国会不太可能采取措施限制美印防务贸易，但两国持续的政策分歧却有可能会削弱美国国会对大力推进美印关系的支持力度。[①]

第三节　官僚制约

官僚制约是美印两国深化安全防务合作的重大阻碍因素之一。2012年《美印国防技术和贸易倡议》指出："美国和印度的防务合作是两国的战略优先事项，但是两国防务技术和贸易合作的速度及范围受到各自不同官僚程序和法律要求的阻碍。"[②] 美印两国军兵种在开展防务合作时要谨慎规划以求获得印度国防部的批准，后者基于非常严苛的标准对这些规划仔细审查。这种情况导致美印安全防务合作采取逐案审查的方式，这易于让印方在政治上接受，却从整体上降低了两国合作的效率。美方对印度缓慢而不公开的官僚决策过程感到担忧，印方有时似乎无端取消一些合作项目，并对美印安全防务合作持总体审慎态度，这让一些美方人士怀疑印方的合作意愿。在印方看来，当前的美印安全防务合作水平已经很高，美方若固执地继续推动两国合作的深化，只会让印方产生畏惧。印方还认为美方不愿意与印度分享高精尖的防务技术，这些技术被印度国防部官员视为印度防务生产自给自足的关键。美印安全防务合作要想向常态化、体制化的方向发展，美印双方都需要对彼此国内官僚体系运作拥有更好的理解。

一、印度官僚

伴随印度新兴大国地位的迅速提升，其国际军事交往在急剧扩展，却

---

① S. Amer Latif, *U.S.-India Defense Trade: Opportunities for Deepening the Partnership*, p.31.

② U.S. Department of Defense, "U.S.-India Defense Technology and Trade Initiative (DTTI)," 2012, accessed March 16, 2021, https://forumias.com/portal/daily-editorial-us-india-defense-technology-and-trade-initiative-dtti/.

没有增设必要规模的配套办事机构、工作人员和专家团队来处理这些数量和范围不断扩展的安全防务关系。对于美国政府官员或行业人员来说，试图理解印度官僚机构是一项艰巨任务。美国政府官员和行业人员在应对印度官僚体系上花费了颇多精力，试图弄清楚何时进行接洽、与谁接洽、以何种方式。从书面上了解印度政府机构有助于最初的努力方向，但印方如何决策和书面文件如何具体落实对于美方而言仍是模糊不清。印方在如何以及何时做出安全防务合作决策方面缺乏透明度，而且决策程序十分繁琐复杂。美方往往难以对印方的决策时机和结果进行适当预测，而这又是进行长期合作规划所需要的。

其一，印度官僚机构长期人力不足，负担过重。随着印度经济和军力的迅速增长，全球各国对与印度开展安全防务合作的需求也在增长。这些需求给印度国防部和外交部等官僚机构造成了比较沉重的负担。传统上，印度国防部门的主要工作是军备生产、采购以及遂行保护国家主权和领土完整的军事行动，并没有强大的对外交往功能。"在20世纪90年代美印开始防务合作前，印度从未与其他国家建立类似的双边防务关系。印度与苏联的防务关系聚焦于武器装备、技术培训和后勤支持，并没有演习、交流、磋商和军售等内容，而这些均被美方视为正常防务合作的重要组成部分。"[①] 在后冷战时期，有很多国家希望通过安全防务合作来发展与印度的"战略"关系，这导致印度官僚机构的工作压力越来越大，在规划双边磋商、专家交流和军事演习时经常出现延误或取消的情况。由于印度军方还需要和外交部门进行密切协调，情况变得更加复杂，因为印度外交部门本身也存在能力限制。在印度国防部内，规划和国际合作联合秘书（JSPIC）办公室充当主要联络机构，负责管理印度所有的双边防务关系以及印度国防部和外交部之间的联络。尽管印度的全球防务合作任务不断增加，JSPIC办公室的人员规模自2000年以来并未显著增多，这造成了处理日常工作的延宕。为了弥补JSPIC办公室的能力缺陷，印度国防部有时把一些任务转交由联合防务参谋部和各军兵种分担，这些机构通过各自的对外联络处来指导国际军事合作。然而，这些机构也同样饱受专业人才短缺的困扰，没有数量足够、经验丰富的官员来管理不断拓展的对外军事

① John H. Gill, "US-India Military to Military Interaction," in Sumit Ganguly, Brian Shoup and Andrew Scobell ed., *US-Indian Strategic Cooperation Into the 21st Century* (New York: Routledge, 2006), p.122.

交往。

其二，印度官僚机构的组织和决策过程缺乏透明度。印度官僚机构权力高度集中，甚至一些微不足道的决定也要呈报印度政府的最高行政部门进行决策。许多防务合作决策需要在印度官僚体系内进行跨部门审查，包括印度国防部、财政部和总理办公室等。印军各军兵种总部和联合防务参谋部提出的国际合作提案，首先要交由印度国防部审批。在印度国防部进行审批之前，该提案还必须得到外交部的批准。印度财政部也有分管防务事务的下属机构（配备了专职文职官员），有权批准或否决各种防务支出决策。在获得外交部和财政部的批准后，该提案再被反馈给国防部，国防部长本人必须对其进行审查授权。最初的提案在上述决策过程中的任何环节都可能会遭遇搁置或否决。[①] 印度中央政府各部委之间有时沟通不畅，有关决策状态或时限的信息相互矛盾。这些下级官僚机构通常不愿意对调整计划、修改合同等防务合作日常事务做出决定，也不愿意变更会延迟合作计划或增加合作成本的指令。但是，试图加快决策速度的努力有时又会让印度政府官员怀疑存在欺诈或造成失误。[②]

其三，印度文职防务官员严重缺乏安全防务专业知识。印度奉行"文官治军"的原则，印军由文官系统牢牢掌控，从军事政策方针、法制法规、军队部署、军费拨付与使用、士兵员额增减，到具体战术运用、军官晋升等，均由文官系统决定。印度现行最高政治、安全和国防事务决策机构是内阁政治事务委员会，由总理任主席，核心成员包括国防部长、外交部长、内政部长和财政部长等。印度国防部负责印度军队的指挥、管理和协调，负责传达并执行内阁所有与国防和安全有关事项的政策方针，并负责军队建设、国防费用和军队所需全部武器装备、物资调拨，负责国防、战备等一切事务。印度各军兵种被排除在国防部建制之外，仅陆海空三军司令部象征性地隶属国防部，但在预算、采购、军事规划等方面没有任何权

---

① Brian Hedrick, "India's Strategic Defense Transformation: Expanding Global Relationships," November 2009, accessed March 16, 2021, https://www.globalsecurity.org/military/library/report/2009/ssi_hedrick.htm; Arvind Dutta, "Role of India's Defence Cooperation Initiatives in Meeting Foreign Policy Goals," *Journal of Defence Studies*, no. 3, July 2009, p.43.

② Saurabh Joshi, "The Ghost of Bofors Resides in South Block," May 2, 2009, accessed March 17, 2021, http://www.stratpost.com/the-ghost-of-bofors-resides-in-south-block; Ajai Shukla, "The Indian Artillery Project: An Indian Journey Sans Bofors Baggage," July 27, 2010, accessed March 17, 2021, https://www.ajaishukla.com/2010/07/indian-artillery-project-indian-journey.html.

力，只负责拟定、实施作战计划，指挥作战行动。[①] 自国防部长以降，印度国防部主要由来自印度行政官机构（IAS）的文职官员组成，他们大多是能力较强的人士，曾经过多个岗位历练。可是，他们往往是行政事务通才，在进入国防部工作以前较少甚至没有安全防务事务工作经验。此外，许多国防部文职官员任职时间较短，通常在某个岗位任职两到四年，就轮换到另一个与安全防务无关的岗位，几乎没有机会重新接触安全防务事务。以专业要求较高的防务采购为例，印度国防部缺乏一支熟悉印方采购程序及外国防务供应商情况的常驻采购专家团队，这些负责防务采购的官员在履职前往往没有任何相关工作经验。在多数情况下，关键采购岗位的人员可能来自一个与防务事务完全无关的部门。印方快速的官员轮换使得美国政府官员和行业人员时常需要从头开始向新履职的印度官员讲授美国"对外军售系统""直接商业销售"和其他对外军售的复杂细节。[②] 由于安全防务专业知识有限，印度国防部官员与美国同行就重要战略议题进行深入磋商的能力也受到限制。这种状况在美印防务政策委员会年度会议上有所体现。美印防务政策委员会位于美印防务关系的顶端，由美国国防部副部长和印度国防部长共同主持，提供了解决重大问题、讨论各自安全挑战、提出未来合作领域，以及向下级防务小组和官员提供政策指导的机会。虽然印度官员熟知防务技术问题的细微差别，但在进行战略磋商时却存在空白，印方对获取防务技术的强烈关注几乎掩盖了任何进行更高级别磋商的可能性。

其四，印度军队内部、政府军事和民事部门之间，特别是国防部和外交部之间的协作也有待进一步优化。一方面，目前印度军队联合机构与各军兵种的沟通以及各军兵种之间的合作尚有待改进，加强印度军队内部的协作将有助于减少重复低效工作。尤其是在涉及使用多军种（或准军事部队）的资源或人员，譬如三军联合演习或人道主义救援工作。印军联合作战指挥体制改革举步维艰，直至2017年10月，印度三军才进行首次真正的联合军事演习；2019年8月，印度国防部首次设立国防参谋长，其主要任务是促进各军种联合行动，但目前成效不大。另一方面，消除印度军事和民事部门的隔阂对于实现印度对外安全防务合作预期目标也至关重要，

---

① 况腊生：《论印度的进攻型边海防体制》，《南亚研究》2021年第1期。

② Firdaus Ahmed, "To Specialise or Not?" December 26, 2011, accessed March 17, 2021, http://indiatogether.org/articles/special-op-ed.

尤其需要增进印度国防部和外交部的合作。在印度，安全防务合作属于国防部和外交部相互交叉的职权范围，因此需要两者间的密切合作。然而，双方之间的隔阂明显存在，甚至在安全防务合作的目标上似乎都难以达成一致意见。印度国防分析师尼丁·高卡勒在评点印度军事外交时曾指出："军队仅限于进行专业交流和演习，而政治方面则由外交部处理。"[①] 在印度最高内阁和秘书级别确已进行了相当程度的合作。印度驻外使馆的军事外交官在协作国防与外交事务方面也发挥了关键作用。近年来，印度有意加强了这两个部门间的人员交流，包括安排外交官到国防部计划与国际合作司任职，以及安排现役军官担任外交部的军事事务主管。但是，这种努力仍需继续强化。[②]

其五，21世纪以来美印关系的升温没有完全消除印度官僚对美国可靠性的怀疑。虽然印军各军兵种期望与美国同行们建立更密切的关系，印度国防部官僚却一直在后面为各军兵种划定合作红线。印度国防部对于建立更密切的美印军事关系持保留态度，有时不愿与美方进行更深层次的战略磋商，不时取消或推迟美印联合军演、培训课程或访问计划；印度国防部还严格禁止本国官员和现役美国官员之间在官方业务之外的私下交往。印度国防部的保留态度一度受到了印度国防部长 A.K. 安东尼（2006年10月—2014年5月在任）的鼓励，他反对印军与美军建立过于密切的关系。安东尼几乎对于所有美印军事合作都是从政治角度来审视的，他认为过于密切的美印军事合作会伤害印度国大党政府的政治前景。安东尼所反映的不仅仅是其个人的对美认知，而是整个印度官僚系统对美方可靠性的长期疑意。一些年长的印度高级官员对于冷战时期的美国制裁和苏联援助仍然记忆犹新。美国在1998年印度核试验后进行的制裁可能又使印度新一代公务员对美产生怀疑。美方制裁迄今仍对美印关系产生负面影响，印方尚不确定如果印度进行另一次核试验，美国政府会否撤销《美印民事核能合作协议》，对印度重新施加制裁。

---

① Nitin A. Gokhale, "India's Erratic Defence Diplomacy: In Need of a Booster Dose," in Harsh V. Pant ed., *Handbook of Indian Defence Policy: Themes, Structures and Doctrines* (New Delhi: Routledge India, 2016), pp.115-124.

② Dhruva Jaihankar, "India's Military Diplomacy: Taking the Leap," January 12, 2017, accessed March 17, 2021, https://csep.org/policy-brief/indias-military-diplomacy-taking-the-leap/.

二、美国官僚

正如印度官僚机构的繁琐低效让美方感到不满，试图与美国官僚机构打交道的印度人士也有相似的感觉。在安全防务合作的不同具体领域，印方需要与美国政府的多个部门进行接洽，譬如白宫、国防部、国务院、商务部、国会以及各美军相关战区司令部和军兵种。对于习惯集权化官僚制度的印度人来说，应付如此众多的美国官僚机构难免让人棘手。以防务贸易为例，美国对外军售的主管部门分属国会与行政两个体系；但是各执行部门并非独立建制，而是整合在现有的组织架构之中。作为军售事务的主要执行机构，美国国防部不同层级部门分别负责军售的政策、程序及数据库等业务，并提供武器系统以外的项目管理、使用经验、训练设施与后勤支持等需求。由于涉及政府部门众多，美国国防部设置了一些节点机构，以方便与其他政府部门及采购方的协调联系；但是也会因为工作人员态度或专业的问题，影响到采购国的采购效益。在对外安全防务合作方面，尤为重要的是美国国防部和国务院，而即便这两大重要部门在很长时期内也缺乏必要的协调。

美方已认识到需要加强本国政府的跨部门协调以便推动美印安全防务合作，美印"2+2"部长级对话机制的建立就是重要举措之一。此外，根据美国国会的要求，美国国防部长和国务卿每年应共同向国会国防委员会、参议院外交关系委员会及众议院外交委员会提交关于美国如何在一系列具体行动方面支持其与印度的防务关系的报告。2017年美国国防部和国务院联合向国会提交的"加强与印度的国防与安全合作"报告要求，国防部长和国务卿为采取以下措施而必须开展联合行动：（1）承认印度是美国主要防务伙伴的地位；（2）在执行部门中指定一位具有防务采购和技术经验的人员，以通过跨部门协调加强《美印防务关系新框架》协议的成功，并帮助解决阻碍防务贸易、安全合作以及联合生产和共同研发的机会；（3）批准并促进与美国常规武器转让政策相一致的先进技术转让，以支持与印度军方进行联合军事计划，执行诸如人道主义援助和救灾、打击海盗、航行自由和海域意识的任务，并促进武器系统的互用性；（4）加强《美印国防技术和贸易倡议》的有效性，以及国防部"印度快速反应小组"的持久性；（5）与印度政府合作发展相互同意的机制，以验证防务物品、国防服务和相关技术的安全性，譬如适当的网络安全和最终用途监控安排，确保符合美国出口管制法律和政策；（6）制定政策，鼓励对防务产品销售和对印出口进行有效的审查和授权；（7）鼓励美国和印度之间进行更多的政府间和商业化军事交易；（8）支持印度的出口控制和采购制度与美国及多边控制制度的发展和协调；（9）继续加强与印度的防务与安全合作，以促进美国在南亚和更大的"印太"地区的利益。① 这表明美方已经认识到自身官僚体系在开展对印安全防务合作方面存在的问题，并进行了一定的调适，但具体成效如何尚有待检验。

印方对美方官僚的不满在美印防务贸易和技术转让领域表现得尤为明显。印度官员经常会对美方技术转让许可程序所涉及的大量机构感到困惑。印方也对美国政府的技术转让政策感到失望，认为美方未能完全致力于为印度提供最佳防务技术及相关专业技能。在从美印防务政策委员会到各军兵种执行指导小组的每次防务磋商中，技术转让问题都不可避免地出现。虽然美国自2006年《美印民用核能合作协议》签署以来已经在对印技术转让问题上调整了立场，但仍拒绝向印度提供某些关键技术，因为这些技术过于敏感或是美印尚未签署相关防务协议。不过美方也清楚，获得防务技术是印度国防部在美印军事合作中的首要目标；美国如果长期无法满足印度对技术转让的期望，可能会导致其他防务合作领域的萎缩。

美国公司的官僚作风也会阻碍美印防务贸易合作。许多印度官员认为，当需要双方进行深入讨论时，美国公司官员有意援引本国技术转让限制条款，来避免与印方进行详细讨论。这强化了印度对美方极为傲慢的看法。此外，由于成本和政策限制等种种原因，美国公司通常不愿意根据印度的需求定制设备，印度感觉美国公司将提供技术作为对印度的恩赐，而非将印度视为受尊敬的客户。

印方也经常为所采购美国武器装备的售后服务问题感到困惑。如果经由美国"对外军售系统"采购路径，印方的防务采购得到美国政府支持，印方既可以直接与美国公司联系，也可以通过美国驻印使馆的防务合作办公室寻求支持。美国"对外军售系统"路径还确保美国政府得以参与防务交易进程，从而给予政府官员在产品出现问题时向美国公司施压的渠道。相比之下，"直接商业销售"路径使美国政府完全置身于事外，由印度官员

① U.S. Department of Defense & Department of State, "Enhancing Defense and Security Cooperation with India: Joint Report to Congress," July 6, 2017, accessed March 16, 2021, https://dod.defense.gov/Portals/1/Documents/pubs/NDAA-India-Joint-Report-FY-July-2017.pdf.

直接与美国军火商打交道。在这种情况下，美国官员几乎无法解决印方关于产品的投诉。这让印度官员感到困惑，他们认为这些武器装备既然是美国生产的，理应获得美国的售后服务。印度官员倾向于选择"直接商业销售"路径，因为他们认为通过直接与军火商议价而不经过美国政府，能够降低采购成本。然而，这种路径可能会导致美方减少售后服务、人员培训和后勤支持，而美国"对外军售系统"路径可以对这些条款进行强制规定，以确保所售产品在整个使用周期都能获得良好的售后服务。即便如此，印度官员对于经由美国"对外军售系统"的采购案中出现零备件补给不足的情况依然表示不满，这反过来又增加了印方对美国"对外军售系统"流程本身的怀疑，强化了印度希望实现军备制造国产化的愿望。[①]

　　阻碍美印安全防务合作的另一主要官僚障碍是美方的战区体系划分与印度的战略视野难以匹配。美印军事合作项目主要由美军印度洋-太平洋司令部（以及此前的太平洋司令部）牵头，但它很难顾及印度的全部战略利益和关切，因为印度的许多安全目标和关切都位于美国印度洋-太平洋司令部辖区之外，处于美国中央司令部或非洲司令部的辖区内。美方传统上将印度洋区域划入美军三个不同战区司令部的辖区，即太平洋司令部、中央司令部和非洲司令部。[②]印巴边界成为印度洋-太平洋司令部和中央司令部的分界线，印度位于印度洋-太平洋司令部的辖区内，巴基斯坦则位于中央司令部的辖区内。美军印度洋-太平洋司令部管辖印度洋的最远点在孟买，再往前就是美军非洲司令部和中央司令部的防区；在和平时期，印度洋-太平洋司令部不能超越其作战地理界线。印度非常关注在波斯湾、中东、中亚、阿富汗和西亚地区的战略安全目标，譬如印巴边境地区的跨境恐怖主义、动荡不安的阿富汗以及来自波斯湾的能源运输等。印方认为，"太平洋司令部既无权威也无办法与印度开展全方位的军事合作"。过去，印方曾表示希望与美方在印度洋区域乃至全球的所有战区司令部开展双边合作。印方的要求遭到美方婉拒，因为美方已将美印防务合作交由太平洋司令部（以及后来的印度洋-太平洋司令部）专门负责。虽然印方可以与其他地区司令部合作，但必须要通过太平洋司令部（以及后来的印

①　S. Amer Latif, *U.S.-India Defense Trade: Opportunities for Deepening the Partnership*, p.46.

②　Andrew Feickert, "The Unifed Command Plan and Combatant Commands: Background and Issues for Congress," Washington, D.C.: Congressional Research Service Report, July 17, 2012, April 29, 2022, https://crsreports.congress.gov/product/pdf/R/R42077/11.

度洋–太平洋司令部）进行。特别是美军中央司令部，最初对美印双边安全防务合作持谨慎态度，因为其担心这种合作可能会激怒巴基斯坦。然而，随着时间的推移，印方对于美军各地区司令部的关注已经逐渐减少，因为它已经学会如何在美军战区司令部架构下行事。由于这些组织结构的障碍，印方倾向于越过太平洋司令部（以及后来的印度洋–太平洋司令部）层级，直接和华盛顿进行沟通。具有讽刺意味的是，印方现在并不愿意成为美军战区司令部架构下的积极合作伙伴，一直拒绝参加美方领导的第151联盟特遣部队[①] 和联合海上力量。印方对加入该特遣部队持保留态度，坚持在签署任何联盟协议前首先要获得联合国的授权；印方也根本不接受由美方领导的海上特遣部队。[②]

美国一些分析和评论人士认为，应该把印巴两国放在同一战区司令部辖区内，以便对两个核武化的对手进行更好的监督。也有人呼吁建立一个新的南亚司令部来监督印巴两国。[③] 但是，在可以预见的未来，美国有很大可能会继续维持目前分而治之的做法。美国国防部报告曾指出："美方认为，印度从根本上误解了美军战区司令部在规划和落实安全防务合作项目的核心作用，包括运用力量、分配资源和发挥权威作用等。"实际上，美方颇为自许"将印巴两国划入不同战区的裨益，宣称如果将印巴两国划入同一个战区，会损害美军指挥官的可信度，使得他们很难与印巴任何一国建立互信和发展友好关系"。[④] 有美国智库研究指出："将印巴两国放在同一个战区司令部中会推动两国关系的重新组合，可能会阻碍美国深化美印关系的努力。任何负责印巴两国的美军指挥官，都会从对立国家的角度来审视美印或美巴军事合作，并自然而然地采取更谨慎的态度。这反过来可能会束缚发展美印防务关系的创造力和主动性。继续把印度作为美军太平洋司令部辖区的一部分，视印度为亚洲的重要组成部分，这对于美国推行

---

① 第151联盟特遣部队（CTF-151）是由美国领导的一支国际联合海事部队，总部设在巴林的麦纳麦，美方宣称该部队的使命在于"在亚丁湾、阿拉伯海、印度洋和红海水域实施反海盗作战行动，并在这些地区建立法律上的海事秩序，创造安全的海事环境"。

② S. Amer Latif, *U.S.-India Military Engagement: Steady as They Go*, p.35.

③ Bruce Riedel and Stephen Cohen, "Rethinking South Asia," May 4, 2011, accessed March 17, 2021, https://nationalinterest.org/commentary/rethinking-south-asia-5253.

④ U.S. Net Assessment Office of the Secretary of Defense, "Indo-US Military Relationship: Expectations and Perceptions"; Varun Sahni, "Limited Cooperation Between Limited Allies," in Sumit Ganguly, Brian Shoup and Andrew Scobell ed., *US-Indian Strategic Cooperation into the 21st Century* (New York: Routledge, 2006), p.181.

'亚太再平衡'战略非常关键，因为美国寻求通过加强美印合作来促进印太地区的稳定。"①

第四节　程序—技术制约

美印深化安全防务合作还面临一系列程序—技术制约，具体包括美国对外军售和印度防务系统之间的严重脱节，在技术转让议题上的尖锐矛盾，以及在采购抵消和外商直接投资等事项上的明显分歧。

一、军售/采购程序

美印防务贸易中最棘手的挑战之一是调和美国"对外军售系统"（FMS）和印度"国防采购程序"（DPP）之间的差异。美国军售制度比较完备，涉及法规体系、组织架构、价格合约政策以及供售类型等多个方面。完善的制度规范了美国政府依法处理军售事务，有利于军售采购的稳定运作；而且全球多个国家的共同购买，有助于实现批量生产的价格利益。但是，美国军售的政策、制度与规则均从维护美国利益出发，由美国政府以保护自身作业零风险的原则单方制定，使采购国的采购质量、时程及价格存有高度不确定的风险，也限制了满足采购国特定采购要求的灵活性。

美国"对外军售系统"是指采购国委托美国政府代办军事采购的活动与过程。此一程序以美国政府为中心，分为两个部分：其一是采购国委托美国政府代办采购的程序，其性质属政府间的委托行为，双方签署被称为"发价书"（Letter of Offer and Acceptance）的法律文件；其二是美国政府和本国商业公司进行的订约、研制及交付等活动，其性质属于一般的商业交易，双方签署买卖合同。"对外军售系统"的标准方式包括"特定订单"（Defined Order）、"一揽子订单"（Blanket Order）和"合作后勤供应支持协议"（CLSSA）。这些方式通常使美国国防部能够向采购方提供美军使用的同类防务产品和服务。美国政府可以汇集各采购国以及美军本身的共同需求，订立单一采购合同；这虽能让采购国享有规模效益的价格优惠，却容易造成交货时间与交货价格的不确定，以及难以满足采购国提出的特定采购要求。美国军售也可通过非标准件支持（Non-Standard Equipment）等方

① S. Amer Latif, *U.S.-India Military Engagement: Steady as They Go*, p.35.

式进行，以满足采购方的个性化需求。只要是通过美国"对外军售系统"进行采购，采购国所规划的采购需求就必须事先获得美国政府输出许可程序的同意，该程序耗时较长，而且美国政府同意输出的品项未必等同于采购国家的原有需求。①

与美国完备的制度相比，印度的国防采购制度尚处于逐步完善之中。"国防采购程序"是印度所有国防采购的工作指南。1999年印巴卡吉尔边境冲突和2002年印巴紧张对峙给印度的"教益"就是，它需要改变看待防务关系的视角，并大力改革本国的采购机制。2001年，印度发布首版"国防采购程序"，旨在为国防采购程序建立包括进行相互竞价在内的规范。此后，印方一直在努力完善该程序，每隔两三年就要根据来自不同渠道的反馈进行修订，在2003年、2005年、2006年、2008年、2011年、2013年、2016年及2020年均发布了更新版本。在修订采购程序时，印方既希望加强本国采购体系的透明度，以增加外国公司对印度防务市场竞争环境的信心，更希望通过对本土产品的明确优先采购政策，推动印度国防工业的自主化。根据印度"2016年国防采购程序"的定义，该程序旨在"通过最佳利用分配的预算资源，确保及时采购在性能、质量标准方面符合武装部队要求的军事装备、系统和平台；同时，国防采购程序将提供最高程度的诚实、公共责任、透明度和公平竞争环境"。②对于印度国防部而言，这殊非易事。印军装备总体陈旧，并且面临日益复杂的国内外安全环境，亟待加强现代化建设。所以，对外防务采购是一项非常艰巨的任务，需要不断改进。

对于开拓印度市场的美国军工企业而言，印度是一个防务采购体系尚不健全的国家。美方"对外军售系统"和印方"国防采购程序"之间经常出现对接不良的情况。2012年9月，美国国防部副部长卡特在接受采访时指出："可见这种出口控制体系多么让人沮丧。而这些问题一旦涉及到印度就越发显得尖锐突出，因为美印两国在工业和技术上分离已久，从冷战时

---

① Stephen farmen, "Foreign Military Sales: Building Readiness Through Partner Capacity," October 17, 2017, accessed March 26, 2021, https://www.ausa.org/sites/default/files/ausa-unstreamed-event-slides/foreign-military-sales.pdf.

② MAZARS, "Indian Defence Industry: Deciphering a Multifaceted Growth for Private Participation," 2017, accessed April 26, 2022, https://www.mazars.co.in/Home/News/Our-Publications/The-Indian-Defence-Industry.

期就已分离。所以我们在努力适应他们做事的方式和我们做事的方式。我们没有这种历史。我们得创造历史。"[①] 表4.1显示了美印两国军售/采购程序在一些关键事项上的不同之处。

表4.1　美印两国军售/采购程序关键事项对比[②]

关键事项	印方"国防采购程序"	美方"对外军售系统"/"直接商业销售"
无偿试用	要求供应商无偿提供装备样品用于实地试用	不支持无偿提供装备样品用于实地试用，由有意参与印方招标的美国公司自行决定
生命周期成本	在进行价格评估时不考虑生命周期成本（可能纳入"需求建议"考量中）	报价中已经纳入了生命周期成本
固定价格	要求采购的军备拥有固定价格	根据美方"对外军售系统"，美国政府不应从军售中获取利益或承担损失，从而避免可能的成本变动以适应印方要求；根据"直接商业销售"，固定价格是可能的
采购抵消	所有合同价值超过30亿卢比的对外防务采购，其30%的合同价值要进入"直接采购抵消"渠道	根据法律，美国政府不提供采购抵消，由美国军火公司和印方谈判商定
技术转让	要求军售方转让大多数技术项目和专业知识，包括技术升级	技术限制性条款阻止最为敏感的核心技术转让；印方拒绝签署CISMOA协议也限制了安全通信装备的转让
维护设施的技术转让	要求维护设施的技术也转让给印度	美国供应商保留后勤和零部件供应；可以在印度进行许可生产，但印度现有人员设施不具备相应能力
需求建议	印方"需求建议"提出特定的具体采购要求	美方认为印方有时提出不受市场支持的特定技术要求
评估程序	印方执行严格的两阶段评估程序，首先进行技术评估，然后是价格评估，在通过技术评估后，报价最低者就是获胜者	美方希望印方在评估美国军备产品时，能将生命周期成本、产品性能、长期防务关系等作为评比的基础考量因素
采购时长	从提出需求计划到最后签署合同要20~34个月	美方认为，印方的采购时长难以预测，可能会因为预算、政治或国内官僚原因而突然取消合同；前期投入成本也无法求偿
终端使用监督	抵制所有"终端使用监督"（虽已签署该协议）	将"终端使用监督"作为对外军售的前提条件
宗旨	以最低的价格、较高的技术转让和采购抵消来获得合意的军备	强调最合算和一揽子方式，重视促进安全合作目标

① K. Alan Kronstadt & Sonia Pinto, "India-U.S. Security Relations:Current Engagement," Washington, D.C.: Congressional Research Service Report, November 23, 2020, accessed March 16, 2021, https://fas.org/sgp/crs/row/IF10384.pdf.

② S. Amer Latif, *U.S.-India Defense Trade: Opportunities for Deepening the Partnership*, p.35.

　　除了美方的特定关切事项，外国军火公司在印度竞标时有四个普遍关切事项。其一，印度政府缺乏战略采购计划和"需求建议"（RFP）流程，使得外方很难确定印方的下一年度采购需求。印度出台的短期（年度）、中期（5年）和长期（10年）防务采购计划有助于缓解这种关切，但迄今印方并未公布所有的计划。[①] 目前，外国公司除了通过道听途说和主观臆测，很难了解印方下一步的采购需求。"需求建议"流程本身也引起外国公司的关切，因为印方"需求建议"经常包含不受市场支持的特定技术要求，进而导致许多"需求建议"最终被撤销。

　　其二，外国公司对印度采购体系的可预测性和变通性感到担忧。印度国防部一向以难以完成年度财政预算而著称。这种情况会阻碍印方采购计划和扰乱外国公司规划。缺乏变通性也是外国公司普遍关注的问题。印度采购体系采取严格的"基于规则"的采购方法，进行采购时往往优先考虑报价最低的投标者，一些性能较好的产品反而因为报价较高而无法得到应有的青睐。[②] 此外，由于印度"国防采购程序"要求至少有两个竞标方，因此技术门槛设置通常要确保性能较差、价格较低的产品参与竞标。结果就是印度军方很少能得到最好的产品。

　　其三，参加印度防务采购招标的总成本非常高昂。外国公司可能会花费上百万美元，最终却一无所获。加上印方采购过程漫长，有时甚至半途而废，取消招标，使得参与印度军火市场竞争对于任何外国公司来说都是一项高风险的选择。一些拥有丰富资源的大公司较具优势，它们可以对印度防务市场采取长期投入、持续经营的做法，而那些实力相对薄弱的中小企业却等待不起，它们难以忍受僵化的印度采购系统所耗费的大量时间和经济成本。

　　其四，伴随印度"国防采购程序"的屡次修订，印方日益明确对本土产品的优先采购政策。2003年版本引入"采购和制造（伴随技术转让）"类别。2011年版本新增"自产自销"类别，并直接把该类别的采购需求交

---

　　① 印度2011年"国防采购程序"要求拟定三种类型的采购计划，包括年度采购计划（AAP）、5年军兵种采购计划（SCAP）和15年长期综合预期计划（LTIPP）。

　　② KPMG, "Opportunities in the Indian Defence Sector: An Overview," 2010, accessed March 17, 2021, https://www.in.kpmg.com/SecureData/aci/Files/OpportunitiesintheIndianDefenceSector.pdf.

给有能力的印度军工企业。[①] 2013年版本将采购优先次序规定为"在印采购""在印采购和制造""在印制造""采购和制造（伴随技术转让）""全球采购"等五级，印度本土采购和制造享有更高优先权。2016年版本引入全新的采购类别"在印采购（自主设计、研发和制造）"，并将其列为最高优先级。2020年版本带有鲜明的"自力更生"色彩，"其精神和动力源于'自力更生'和'印度制造'的伟大号召"，程序新增"全球采购–印度制造"类别，规定国际采购的合同总价值至少要有50%的本土化，旨在随后通过技术转让实现印度制造。[②] 显然，印方的最终目标是改变印度需要大规模进口武器装备的状况。印方的政策导向不利于美印之间在军工领域的长期合作努力。

目前，美印双方已经采取一些措施加强两国军售/采购体系的对接。迄今为止，美国对印军售主要通过"对外军售系统"的单一路径进行，这导致印方认为该路径不利于多供应商竞争。可是，印方的许多对美采购都获得了本国"国防采购程序"中的"快速通道"授权，旨在弥补印军某些关键环节的短板。[③] 相比之下，"直接商业销售"（DCS）路径允许印方直接与美国军火商交易，不需要经过美国政府的相关程序。印方更喜欢"直接商业销售"路径，印度政府认为如果直接与美国军火商交易，就可以获得更优惠的武器装备报价。针对印方的偏好，美方正在试验"混合"式路径，即对印军售通常采用"直接商业销售"模式，而受美国管制的零部件仍通过"对外军售系统"路径来出售。对于印方来说，这种混合式路径可能是较为满意的妥协，同时也满足美方关于敏感防务项目必须通过美国"对外军售系统"的要求。

知情观察家认为，随着美印双方对彼此的军售/采购体系逐渐适应，相互理解也会随之增加。不过，要改变印方对美国的看法，美方要么展现更多的灵活性来适应印度的"国防采购程序"，要么接受对印军售种类和规模的固有限制。美方近年来已经在对印军售中展现出一定的灵活性，但

---

① India MOD, "DPP (Defence Procurement Procedure) 2011," January 2011, accessed March 26, 2021, http://mod.nic.in/dpm/DPP2011.pdf.

② PIB, "India Unveils Defence Acquisition Procedure–2020," September 28, 2020, accessed March 26, 2021, https://indiandefenceindustries.in/india-unveils-acquisition-procedure-2020.

③ Laxman Behera, "An American Solution to India's Defense Acquisition Problem?" Institute for Defence Studies and Analyses, October 8, 2010, accessed March 17, 2021, https://idsa.in/idsacomments/AnAmericanSolutiontoIndiasDefenceAcquisitionProblem_lkbehera_081010.

仍受到《武器出口管制法》（AECA）条款的较大束缚。此外，股份制的美国军火公司最终必须对其股东负责，并证明印度是个前景良好的军售市场。困难在于，美国公司经常无利可图的现实可能导致一些公司选择放弃印度市场。美方也期待，伴随印度"国防采购程序"的不断发展和完善，其持续修订的版本能够更好地解决美方所关注的问题。而从长远来看，印方的最终目标是摆脱对进口武器的依赖，实现军事装备国产化，这可能是美印深化防务贸易合作的根本阻碍。

二、技术转让

在美印关系中，很少有议题像技术转让问题一样激发双方的高度关切。对于印度而言，获得技术转让不仅是实现武器装备国产化的必经之路，而且是评判美国对美印双边关系诚意的关键衡量标准。防务技术转让问题在美印关系中如此重要，以至于美印两国成立了一个双边工作组，专门负责美印高技术贸易问题，还有其他三个防务工作组也参与该议题。几乎每一次美印官员间的防务和安全会议都会以某种形式提及技术转让的问题。[①]

印方认为，美国的技术转让体系过于繁琐，缺乏透明度和连贯性。对于许多印度公司和国有军工企业来说，美方的技术出口许可程序是个充满不可预测性的艰难过程，有时导致印方主动放弃许可过程。根据美国繁琐严密的出口管制制度，军品和军民两用品均属重点管制物项，从流程、分类、法律、国别等方面将个人和组织的出口中涉及美国原产地、美国知识产权的技术和产品都纳入管制范围。从执行部门来看，美国的民用技术和军民两用技术主要由商务部负责管制；军用技术则主要由国务院会同国防部进行管制。在出口许可证审批方面，由美国商务部、国务院接受申请，实行跨部门审查制度。

在技术转让问题上，美方与印方的看法相去甚远。美国官员经常对印方的抱怨感到困惑，认为迄今为止美国对印技术转让成功率很高。对于军民两用技术，美方批准了99%以上印度机构的许可申请，仅对那些可能流

---

① 美印防务和安全会议的主办者包括由美国商务部和印度外交部共同领导的高技术合作小组、由美国防务安全合作署和采购主管共同领导的防务采购和生产小组、由美国防务技术安全局和印度国防部共同领导的高级技术保障小组、由美国国防部长办公室和印度防务研发组织共同领导的联合技术小组等。所有这些工作组会议都以某种形式涉及出口许可和技术转让的议题。

向印度核研发机构的项目予以否决。据美国商务部统计，在2011年价值213亿美元的美印双边贸易中，只有0.3%的项目需要许可证。防务贸易获得许可的比例与之相似，绝大多数（超过99%）的项目获得批准，只有少量可用于弹道导弹或核计划的项目遭否决，或源于印度拒绝签署《通信互用性和安全协议备忘录》等防务协议。①

美印双方之所以在技术转让方面产生如此明显的意见分歧，可能主要是由于以下原因。

其一，印方认为美方的许可制度太过繁琐冗长。印度机构并不熟悉美方许可程序，因而更愿意与法国、俄罗斯等国合作，因为后者的技术转让程序相对简单。美方曾在2010年11月对技术转让程序进行改革，几乎将所有印度机构从美国商务部的"管控清单"上移除，并把印度置于美国"最亲近的盟国和合作伙伴"的技术转让类别。这里的例外是参与印度核项目的原子能机构。②虽然美方对技术转让程序进行改革，但是美方否决印方许可申请或对若干授权许可施加限制性条款的情况仍时有发生。美方的做法旨在防止最敏感和核心技术的外泄，却引起了印方对美方技术转让诚意的怀疑。

其二，印方难以跟踪这些被否决或无理由驳回（RWA）的许可申请的状态。③当某个印度政府机构向美方申请技术转让许可时，美方对该申请的回应将反馈给该特定机构。如果美方否决了该印度政府机构的许可申请，一般会注明原因，但美方对于印度私营公司的许可申请有时没有清晰的反馈意见。美方模糊的责任制有时使得印方指责美方在没有提供具体数据或信息说明的情况下就否决了印方的许可申请。

其三，这些有意参与印度防务招标的美国公司可能会因为印方提出的严格技术要求而止步不前。美国公司往往需要经过很长时间才能获得出口

---

① Kenneth I. Juster and Ajay Kuntamukkala, "U.S.-India Initiative Series: Unleashing U.S.-India Defense Trade," Center for New American Security Working Paper, October 2010, accessed March 16, 2021, https://fas.org/sgp/crs/row/RL33529.pdf.

② U.S. Commerce Department, "Department of Commerce Takes Steps to Implement Export Control Initiatives to Facilitate High Tech Trade with India," January 24, 2011, accessed March 16, 2021, https://2010-2014.commerce.gov/blog/2011/01/24/department-commerce-takes-steps-implement-export-control-initiatives-facilitate-high.html.

③ 技术转让许可申请在提交美国政府主管部门时，可能会被批准、否决或无理由驳回。所谓无理由驳回是指许可申请者未能提供足够详细的相关信息以便主管部门确定是否应该批准申请。在必要情况下，美国政府主管部门通常会要求许可申请者提供更详细的相关信息。

敏感技术的许可证，有时甚至提供关于敏感武器装备的基本信息也要获得许可。考虑到获得技术许可的繁琐程序[①]，一些美国公司干脆选择放弃竞标，因为它们事先知道自己准备推出的特定技术无法获批，或难以及时获批以满足参与印度防务招标的最后期限。而这些选择继续参与招标并将产品提交审查的美国公司有时被国防部官僚告知，它们的产品只有经过改装才符合出口要求。问题在于这些公司常常并不知道哪些地方需要改装或应该如何改装，这使得为印度专门订制产品的成本过于高昂，还面临被主管机构否决的风险。然而，如果美方直接拒绝参与印度防务招标，又可能会加剧印方对美方封锁技术的怀疑。

其四，虽然印方认为美国军事装备在技术上更为先进，但是他们也质疑这些装备能否经受住印度战场环境的考验。从北部的喜马拉雅雪山到拉贾斯坦邦的塔尔沙漠，印度的战场环境复杂多变，十分严苛，需要方便耐用的装备。现在判断美国军工产品能否经受住印度战场环境的考验还为时过早，但印度无疑希望获得更多的适应自身需求的定制化防务平台，然而美国公司由于成本或出口限制的原因，往往不能或不愿满足印方的个性化需求。

其五，美方对技术转让的看法与俄罗斯、法国、以色列等军贸竞争对手存在着根本区别。对于后者而言，对外军售本质上是出口贸易，即便它们本国军队由于预算限制或要求也常常无法采用本国国防工业的最新技术。因此，这些国家将军售视为商业行为，拥有比较灵活的技术管控制度。相比之下，美方把防务技术视为战略商品，主要从国家安全角度来看待技术转让，商业考虑反居其次。这种心态使得美方经常对技术转让持犹豫甚至拒绝的态度。美国前国防部长盖茨在退休前曾试图改革现行出口管制制度，但这些改革要完全实现还需要一段时间。[②]

其六，美印在知识产权和国产化问题上尚未达成共识，双方在如何平衡知识产权保护以激励创新和支持其他政策目标方面存在较大分歧。印度

[①] 美国对印度敏感防务技术的转让是一个复杂的过程。尽管技术转让许可证由美国国务院颁发，国防部却在这些决定中发挥了关键作用。在美国国防部内，各军兵种、DTSA、DSCA 和国防部长办公室的多个部门都在技术转让的最终决策上拥有发言权。决策过程时常出现争议，有时甚至在机构和军兵种间出现分歧。因此，虽然绝大多数许可证有望获得批准，但那些最敏感的技术将受到非常严格的审查，不仅耗时耗力，而且时常失败。

[②] S. Amer Latif, *U.S.-India Defense Trade: Opportunities for Deepening the Partnership*, p.38.

仍在美国《2020年特别301报告》（2020 Special 301 Report）的重点观察名单中，该报告指出印度在应对知识产权挑战方面进展不足，并表达了对印度专利处理随意、知识产权盗窃率高和商业秘密保护过于宽松的担忧。当印方谈到技术转让时，它所希求的其实具有超越武器装备本身的更广泛内涵。印方关注的不仅是技术本身，还包括技术如何整合的专门知识，譬如源代码、系统整合程序，以及开发这些系统的总体智力资本。尽管美方向印方提供了大量的防务技术，却尚未跨过门槛去协助印度进行技术的概念化、设计、定型、测试、建造工作，乃至最终实现武器装备国产化。美国对于印度某些"强制"国产化的做法也颇有异议，譬如对国内数据存储和国内测试要求等的要求。印度对某些数据和信息的限制性国产化规定增加了美国一些跨国公司的担忧，直接影响了它们与印方的更深入合作。①

美国国内在对印技术转让问题上也存在争论和意见分歧。支持对印进行技术转让的美方人士指出，伴随印度崛起为全球大国，美印战略伙伴关系日益强化，印度对全球安全的贡献潜力巨大。美印人员往来不断增加，两国未来有望建立联合研发的伙伴关系和双方互利的合作制度。他们还假定，协助印度发展防务能力将发出明确信号，即美国打算帮助印度在防务生产方面实现自给自足。从长远来看，通过将印度纳入美方供应链和降低生产成本，美国公司有望获得巨大的经济利益。怀疑论者则援引印度在冷战期间与苏联的悠久防务合作史，并质疑这些敏感的技术或专门知识可能会被印度转让给俄罗斯、以色列或欧洲国家。虽然印度常常声称拥有技术保护的优良记录，但美国官员仍然担忧印度缺乏用来防范未经授权的技术转让的系统程序。② 还有人担心损害美国的技术优势，认为如果印度持续拒绝签署或贯彻落实相关防务协议，美方就不应该对印进行技术转让。一些美国官员质疑印度对美印伙伴关系的诚意，想知道如果美方帮助印度发展本土防卫能力，印方会如何回报美方的投入。虽然印度有成为全球大国的积极趋势，但现在还很难断定印度会否成为美国所设想的战略伙伴。美国公司也对向印度提供核心技术的想法嗤之以鼻，它们为开发这些旨在谋取商业利润的敏感技术投入了大量资金。美方还有一种长远担忧，即印度会使用这些先进的防务技术来开拓自己的出口市场，从而与美方形成军售

---

① K. Alan Kronstadt, "U.S. Trade Relations," Washington, D.C.: Congressional Research Service Report, December 23, 2020, accessed March 16, 2021, https://fas.org/sgp/crs/row/IF10384.pdf.

② S. Amer Latif, *U.S.-India Defense Trade: Opportunities for Deepening the Partnership*, p.38.

竞争。最后，印度国防工业目前比较缺乏协作能力，所提供的回报利益也微乎其微，不少美国军工行业官员认为很难与之合作。

美方有充分理由反对向印度提供更多的核心技术，但支持在不转让过度敏感技术的前提下，与印方联合研制能够满足双方需求的若干防务平台。"目前，美印两国国防工业部门之间非常陌生，这阻碍了双方未来合作的能力。参与联合研制项目会有很多裨益，譬如为美印防务合作树立典范，以及增强两国防务部门之间的信任和了解从而促进未来合作。从长远来看，如果双方建立成熟的联合研制关系，美国公司与印度联合研制防务装备的成本会比在美国生产更低。"[1] 为此，在美国参议院武装部队委员会的指导下，美国国防部在2011年出台了一份报告，旨在评估"美印建立共同研发一种或更多军事系统的潜在伙伴关系，包括但不限于预期的美国空军T-38训练机换代计划"。随后出台的美国国防部评估报告没有直接回答这个问题，但提出了许多详细建议。该报告认为，美印联合研制乃至生产一款两国通用的训练机，将成为双边合作的重要象征之一，并向美印两国国内的怀疑论者清晰表明美印伙伴关系的价值所在。[2]

美国对印防务技术转让还受制于印度对外国直接投资（FDI）的限制。在印度防务政策圈内，外国直接投资是一个敏感议题，因为它涉及该国对侵犯国家主权和危害国家安全的关切。在较长一段时间内，印度国防部门对外国直接投资的上限为26%，这个标准自2001年后开始实行。不过，印度政府内部后来进行辩论，是否应将上限提高到49%或者更高，以便吸引外国公司加大对印度国防工业的投资。[3] 美方积极怂恿印方提高外国直接投资的上限，宣称："更高占比的外国直接投资有助于印度夯实国防工业基础，学习美国顶级管理实践，并获得高端技术（在符合美国出口管制政策权限内）。修改外国直接投资上限将为美国公司在印投资提供重要激励，也让它们在发展印度国防工业中占据一席之地。允许更大比例的外国直接投资将有助于消除美国公司对于公司运营缺乏发言权的担忧。对于印度当

---

[1] S. Amer Latif, *U.S.-India Defense Trade: Opportunities for Deepening the Partnership*, p.39.

[2] Robert Blackwill and Naresh Chandra, "The United States and India: A Shared Strategic Future," Council on Foreign Relations/Aspen Institute India Joint Study Group Report, September 2011, accessed March 16, 2021, https://www.cfr.org/event/united-states-and-india-shared-strategic-future-0.

[3] Times of India, "Govt Favours 49% FDI in Aviation, to Give Rs 150 Crore to Air India," April 11, 2012, accessed March 16, 2021, https://timesofindia.indiatimes.com/business/india-business/Govt-may-allow-49-FDI-by-foreign-airlines-this-week/articleshow/12615911.cms.

局所关切的国家安全问题，可以通过确保外国公司遵守印度有关技术开发和转让的法律法规来予以解决。"① 莫迪政府2014年上台后不久，将防务领域外国直接投资的上限从26%提升至49%；2020年5月，印度进一步将外国直接投资的上限从49%增至74%，并采取其他一些改善营商环境的措施，以此鼓励外国防务公司与印度防务部门建立合作伙伴关系，对武器装备进行联合研制和开发。尽管如此，美国对印度投资直接壁垒的担忧仍然存在，印度监管薄弱以及诸如知识产权和国产化政策等其他问题更是加剧了美方的担忧。

三、采购抵消

采购抵消（Offsets）② 政策最早于2005年作为印度国防采购程序的组成部分提出，其主要动机是通过促进国防产品的本土生产来保护国内制造商的利益。"2005年国防采购程序"不仅制定了采购抵消政策，还成立了促进采购抵消的专门机构。"2011年国防采购程序"规定，所有合同价值超过30亿卢比并被列入"全球采购"类别的防务交易，其30%的合同价值要进入"直接采购抵消"③ 的渠道，并将政策范围扩展至航空和国内安全领域。"2012年国防采购程序"对防务采购抵消政策进行修订，将技术转让也纳入抵消清单。2015年8月，根据新的采购抵消政策，强制性抵销的最低合同价值由30亿卢比提升为200亿卢比，恢复了服务（研发、维护、修理和技术转让）作为采购抵消的合格途径，并简化了外国军工企业落实采购抵消的机制。鉴于印度规模巨大的防务采购，未来十年有望带来数十亿美元的采购抵消，许多印度人士认为这是实现防务生产自给自足的最佳路径。

---

① S. Amer Latif, *U.S.-India Defense Trade: Opportunities for Deepening the Partnership*, p.43.

② 采购抵消是指一国在向另一国采购防务产品或服务时，后者以其他形式向前者提供的除采购物外的其他额外补偿。这是军事和航天领域常见的一种贸易形式。采购抵消分为直接抵消、间接抵消和两者兼有。直接抵消就是与所采购装备直接有关的补偿，如联合生产或转包等；间接抵消就是与所采购装备没有直接关系的补偿，如国外投资或购买物资或服务。在美国对外军售历史上，抵消政策曾是美国实现外交和国家安全目标的重要方式之一，旨在提高盟国的工业能力、军事装备标准化和盟国军队的现代化建设。NDIA, "Offsets," accessed March 17, 2021, https://www.ndia.org/policy/international/offsets.

③ 直接采购抵消就是分配给印度防务工业的资源，既包括印度国有军工企业，也包括印度私企。根据印度"2011年国防采购程序"，印度将抵消形式扩展至民用航空、国土安全和训练等领域。有些印度评论家批评了这项政策，认为它会削弱印度获得高技术的能力。但是，外国公司在提供采购抵消方面获得更多的灵活性，不再局限于与印度军工部门合作。

然而，尽管印方热衷于获得采购抵消，但该国现行采购抵消政策及其实施还存在若干问题。首先，印方对于自身想从采购抵消中获得的东西没有明确愿景。印方从未制定明确的采购抵消规划，也未清晰阐明自身想从美方采购抵消项目中获得的技术和能力。印方主管官员往往把确定采购抵消项目的责任交由外国公司，自己很少甚或不会提供指导。对于外国公司来说，它们通常会选择便于实施或不要求获得出口许可的项目，因为所有采购抵消承诺都必须在采购合同期限内同时完成。结果，这些采购抵消项目即便得以落实，也不会提供印度所需的高端技术。

印度利用采购抵消项目的能力也遭到严重质疑。印度国有军工企业没有足够能力消化大量涌入的采购抵消资源，有时造成巨大浪费和潜在腐败。虽然印方现在允许私企成为外国公司的采购抵消合作伙伴，但究竟是选择印度国有军工企业还是选择一些刚刚进入防务市场的印方中小企业作为技术合作伙伴，美国公司也面临两难选择。根据现行体制，印度防务采购抵消促进署（DOFA）的主要功能之一就是协助外国军火公司与印度军工行业进行业务对接，但现实是外国公司主要依靠自己来寻找合适的合作伙伴。因此，美国公司要自己开展调研工作以便找到合适的印方合作伙伴，即便开发的项目能让美印双方共同受益。对于那些在印度没有常驻机构且不熟悉该国情况的美国公司来说，挑战可谓极为复杂。当前的美印临时合作机制不仅耗时耗力，而且成效不彰。

印度私营企业有望成为发展国防能力的强劲动力和美国公司的合作伙伴，但印度政府对私企的差别化对待制约了它们作出贡献的能力。印度私营企业一再表示对政府决策缓慢、腐败盛行，以及不愿实施政策变革以便使私企与国企公平竞争的做法感到沮丧。由于受到种种限制，印度几家大型私企已在考虑退出军工行业，因为它们无法向其股东阐明参与军工行业的裨益。①

国有军工企业对于印度政府具有特殊意义，被视作印度防务自力更生的标志，尽管它们在很大程度上无法有效满足印度军方对先进战斗机的需求。印度私企有志于更多地参与防务项目，政府却不愿意让私企过多进入军工行业，担心国家安全会受制于这些一味逐利的私企，认为它们无法提供国家紧急状况时需要的产品。虽然国有军工企业在印度官方体系内占据

---

① S. Amer Latif, *U.S.-India Defense Trade: Opportunities for Deepening the Partnership*, p.41.

着优越地位，但它们好高骛远，制造工艺落后，管理水平低下，难以保留高端人才，缺乏竞争意识，以及与军方沟通不畅，这些使得国有军工企业难以发挥出最佳水平。[①]

最后，印度防务研发机构的低效制约了该国军事能力的发展，也阻碍了美印双方有效的技术合作。尽管印度拥有一些实力较强的私营军工公司，印度政府却没有真正释放私营部门在防务领域的研发能力。据估算，印度的研发成本大约仅为美国的四分之一，如果允许印度私营部门在防务研发中发挥更积极的作用，将能带来更多的美印合作机遇，并增强印度的国防能力。让私营公司参与防务研发可以成为提升印度防务能力的催化剂。然而，印度国有军工企业对此持反对态度，它们担忧这些私营部门参与研发可能会威胁自身地位，如果后者能提供更迅捷、更便宜、更高质的产品。[②]

虽然采购抵消是印度实现防务生产本土化战略的重要助力之一，但从现状看，印度通过防务抵消实现技术自给自足的可能性极低，除非它实施必要的政策和改革。印方现行的采购抵消政策缺乏清晰的战略目标和促进美印两国公司合作的有效机制，印方自然也难以获得它所期望的高端技术。不过，印度对本国采购抵消政策的弊端也已有一定认识，近年来也采取了一些改革措施，其功效有待检验。

第五节　能力制约

除了战略、政治（外交）、官僚以及程序—技术障碍，美印双方（尤其是印方）还存在严重的军事和沟通能力的短板，对两国安全防务合作形成一定制约。

一、军事能力

目前，印度正处于规模空前的军事现代化进程中，需要处理各种复杂的安全挑战和棘手的人事问题，因而印度军方可真正投入到美印安全防务

[①]　Sunil Khilnani et al., "Non-Alignment 2.0: A Foreign and Strategic Policy for India in the Twenty First Century," Centre for Policy Research, 2012, accessed March 16, 2021, https://www.cprindia.org/research/reports/nonalignment-20-foreign-and-strategic-policy-india-twenty-first-century, p.56.

[②]　S. Amer Latif, *U.S.-India Defense Trade: Opportunities for Deepening the Partnership*, p.42.

合作及相关活动的精力其实有限。印度现有军事能力难以进行精确评估，但是可以通过简要地研究印度的军事运行状态得出一些推论。

21世纪以来，印度军方努力促使主要防务供应商多元化，其中包括俄罗斯、美国、以色列和一些欧洲国家。虽然近年来印度已经跻身全球军备采购者的前列，但有一点不可忽视，即印度采购的新装备大部分用于老旧装备的更新换代。让印军现代化进程变得复杂的是，印度的防务采购过程极为繁琐，将新装备列装部队耗时漫长。无法快速更换老旧装备已经开始拖累印度陆军的战斗力。印度陆军司令 V. K. 辛格在2012年退休之前曾致信总理曼莫汉·辛格，直陈印度陆军的现有装备不足以应对当前威胁。这封后来被披露给了媒体的信件指出，印度陆军的坦克团"没有击败敌方坦克的关键弹药"，97%的现有防空系统"已经过时"，因此缺乏在敌人空袭时保护自身的装备。[①] 2017年印度议会的一份报告指出，印度陆军的152种弹药中有83种（55%）低于最低可接受风险水平，即不足以满足20天的激烈战争需求。[②] 印度陆军的能力短板会在近期内限制其与美方深化合作，譬如开展更复杂的实地军事演习和处置意外情况等。

印度空军也在努力应对自身的能力挑战。印度空军不仅创新活力不足，而且按照不同估算，印度空军实际兵力已经远远少于39.5个飞行中队的核定兵力；印度空军不仅战机总数较少，那些仍然在役的战机也日益老化而过时。[③] 这引起了印度空军领导层的高度关切，尤其是考虑到邻国巴基斯坦正在对空军进行现代化改造。印度国内安全问题还制约了印度空军执行国际维和任务的能力。譬如，2011年7月，为处置国内的纳沙拉特叛乱，印度空军撤回了在联合国刚果（金）维和特派团服务的所有17架直升机。对印度空军日益增加的要求和压力反而制约了美印空军合作，因为印度空军不太愿意参与国际演习和交流，认为这会消耗其本已紧张的资源。甚至从美国采购的先进装备在印军使用过程中的表现也差强人意。譬如，美制 C-130J 运输机是全球经典运输机型，由于出色的性能和极低的故

---

① "Army Chief's Letter to PM: General V. K. Singh Exposes Chinks in Armour," *Times of India*, March 29, 2012, accessed March 17, 2021, https://timesofindia.indiatimes.com/india/Army-chiefs-letter-to-PM-General-V-K-Singh-exposes-chinks-in-armour/articleshow/12447751.cms.

② "Ongoing Defence Reforms May Not Solve Indian Army's Ammunition Shortage," *Newsclick Report*, March 8, 2018, accessed March 16, 2021, https://www.newsclick.in/ongoing-defence-reforms-may-not-solve-indian-armys-ammunition-shortage-problem.

③ S. Amer Latif, *U.S.-India Military Engagement: Steady as They Go*, p.41.

障率，一直是美国洛克希德·马丁公司在国际战术运输机市场上的主打产品。可是自首批6架C-130J运输机于2011年交付印度以来，截至2017年已有三架飞机在事故中坠毁或损坏：2014年3月，一架C-130J运输机由于飞行员操作失误在印度北部城市瓜廖尔坠毁，造成机组5名飞行员遇难；2017年初一架C-130J运输机在中印边界执行任务时，在机场降落过程中发生意外并导致飞机严重损坏。这些事故引发了印度舆论对本国军事能力的严重质疑和嘲讽。①

印度海军的能力建设同样挑战重重。尽管印度海军设定了宏大的发展目标，但海军装备的现代化并非易事。21世纪以来，印度非常重视海军建设，积极谋划通过打造两个航母战斗群，以及装备隐形战舰、潜艇和远程侦察机来应对未来的突发事件。印度海军目前拥有两艘航母：一艘为从俄罗斯采购的"超日王"号航母，目前配属印度西部舰队；另一艘为虽屡次下水却迄今尚未正式入役的国产"维克兰特"号航母，2021年8月进行了首次海试，目前正在完善装备。此外，印度1986年从英国购买的"维拉特"号航母已于2016年底退役。印度海军一直在积极地对其舰队进行现代化改造，2012—2013财年装备现代化预算增长高达72%。②印度海军的对外采购一再延误，最知名的例子是印度购买俄罗斯航母"超日王"号（原名"戈尔什科夫"号）的曲折经历。印度早在1999年就向俄方交涉采购"戈尔什科夫"号，原定交付日期是2008年。但是由于俄印两国关于航母价格和改造方案的谈判一再推延，该航母迟迟无法交付。直至2013年11月，俄方才将该航母最终移交给印度海军，配属印度西部舰队，前后历经十年之久，改装费用超过23.5亿美元。由于此次采购屡遭重大延误，印度转而将主要精力放在加强本国造船能力，新建了一些船厂并升级国有造船设施。

除了装备老化，印度军队还需要处理一系列人事问题，从体制机制不健全到优秀人才招募困难再到印军高层腐败，亟待力行改革。印军当前存在较多体制机制问题，严重影响其军事能力，包括：联合作战指挥体制尚待健全，难以打赢现代化信息战争；缺乏统一的军事法律制度，各军种自

---

① "Wake Turbulence Led to C-130 J Aircraft Crash," April 23, 2014, accessed March 17, 2021, https://indianexpress.com/article/india/india-others/wake-turbulence-led-to-c-130-j-aircraft-crash/.

② Laxman K. Behera, "India's Defence Budget 2012–13," March 20, 2012, accessed March 17, 2021, https://idsa.in/idsacomments/IndiasDefenceBudget2012-13_LaxmanBehera_200312.

行其是；雇佣制削弱印军战斗力，存在大量中老年士兵；军队组成机构问题众多，官兵等级界线分明，民族宗教结构和矛盾复杂。[①] 随着印度经济的增长，印军越来越难以吸引本国优秀青年参军入伍，甚至各军种军官也存在一定缺额，因为商业机构和私营部门存在更多的赚钱机会。印军内部不时披露的腐败和内讧案例加剧了招募优秀军官的困难。曾任印度陆军司令的比克拉姆·辛格（Bikram Singh）将军把恢复诚信作为印度陆军的最优先事项之一，承认腐败和不听指挥正在侵蚀印度陆军的战斗力。[②]

最后，印度面临着一系列可能阻碍其与美国更密切合作的国内外威胁。巴基斯坦等被印度视为主要外部威胁，印军的大量资源被消耗于印巴和印北部边境以及印度洋区域。美国学者阿什利·泰利斯就认为，印度军方需要将其思维方式从边防型军队转变为能够将力量投射到次大陆之外的远征型军队。尽管印度军队的能力和专业水平在不断提升，但总体态势仍然保守，其军事技术、学说和战术主要由守卫印巴和印中边界的需要所驱动，因此印度在向更广泛的"印太"地区提供安全方面的能力不足。[③] 对印度领土完整的各种内部威胁也加重了印军的负担，包括克什米尔和印度东北部的叛乱。虽然印军不愿直接介入镇压纳萨尔派的叛乱，他们却需要为平叛提供各种支持，如为准军事部队提供空运、医疗后送和关于反叛乱战术的培训。

总体而言，印度军队是一支已经过度使用的力量，它的武器装备老旧，人事问题丛生，却竭尽所能去应对各种安全挑战。2019年《印度国家安全战略》报告坦言："印度三个军种都存在严重的能力不足。军队的装备大多属于复古类，现代武器系统的引进速度极慢。空军面临着战机力量的减少和空对空加油机、机载预警和控制平台以及教练机的缺乏。海军在常规潜艇、无人机、反水雷舰艇、反潜战和海军通用直升机方面面临能力差距。我们目前的国防预算分配、滞后的采购程序、现有部队组成和决策结构对军队现代化构成了严峻挑战。"[④] 美方也逐渐意识到，在近中期期待印

---

① 况腊生：《论印度的进攻型边海防体制》，《南亚研究》2021年第1期。

② S. Amer Latif, *U.S.-India Military Engagement: Steady as They Go*, pp.41-42.

③ Ashley J. Tellis, "The Surprising Success of the U.S.-Indian Partnership," February 20, 2020, accessed March 16, 2021, https://www.foreignaffairs.com/articles/india/2020-02-20/surprising-success-us-indian-partnership?

④ Indian National Congress, "India's National Security Strategy," March 2019, accessed January 18, 2022, https://manifesto.inc.in/pdf/national_security_strategy_gen_hooda.pdf.

度为"印太"区域安全作出重大贡献并不现实，印度要成为世界军事大国还有漫长的道路要走。所以，"美印防务关系最重要的决定因素是印度维持国内繁荣、稳定和社会凝聚力的能力"；"一个饱受内乱、内部分裂和腐蚀性意识形态对立困扰的印度将无法迅速增长和实现军事现代化，也就不可能将其力量投射到印度次大陆之外"，这会极大地制约美印防务关系的长远发展。[①]

二、沟通能力

印方从根本上仍然存在着对美国防务政策、程序和态度的无知和误解，反之亦然。知情的印度评论人士指出，虽然美印人员往来和高层接触看上去成效显著，但印度媒体界和一些官员私下里仍然对美方的相关政策持总体负面的看法。

在印度媒体界存在一个人数较少的军事记者团体，他们的集体报道往往反映印度政府的看法，甚至被认为是印度政府有意对外放风的手段。这些印度记者经常感慨很难从美国官员或消息来源获得及时准确的防务信息。美方人士往往不太愿意与印度媒体接触，担心自己的言辞遭印度媒体错误援引和不实报道。也有人担心美方的防务合作姿态被拔得过高会导致政治反弹，因为印度国内有些政治势力一直抨击政府与美方过于接近。美国驻印使馆的防务官员则忙于日常事务，少有时间来接待印度媒体。上述因素使得印方关于美方的报道往往是一边倒的，有时带有不准确的信息。

迄今为止，美方在向印方阐释本国政策、工作流程以及美印伙伴关系前景方面成效一般。美方的宣讲对象往往局限于印度政府和国防部官员，较少扩展到更广泛的印方人士，譬如智库、媒体、立法机构、贸易团体以及地方政府等。虽然一些美国官员在适当场合会以某种形式与印方人士开展交流，但真正有用的是美方持之以恒地向上述团体阐释美国的安全防务立场、对外军售系统、技术转让政策、最终用途监测、防务协议和其他相关政策主张。就现状而言，美方在有效阐释自身对美印防务合作的立场方面成效有限。

在防务贸易方面，印度对美国公司和产品的期待似乎要高于其政府。尽管俄罗斯军火商屡屡出现交付延期和售后短板等问题，俄方却没有像美

---

① Ashley J. Tellis, "The Surprising Success of the U.S.-Indian Partnership."

国公司那样遭到印度媒体严苛的审视。当然也有例外情况，那就是印度向俄罗斯采购的"戈尔什科夫"号航母，它因为售价屡屡上涨和交付一再延误，曾对俄印防务关系产生一定的负面影响。以色列军火商也在较大程度上置身于印度媒体的聚光灯之外，这主要是因为印度政府担心国内左派政客和穆斯林选民反对购买以色列军火。

印方主动与美方进行沟通的能力也亟待提升。印度政府一直没有出台专门文件，向美印两国各种有影响力的机构阐述美印安全防务合作的互利性。印方也没有积极向美方公布本国的短期、中期和长期采购计划，以便美国军工企业进行商业规划，并增强美方对印度防务市场透明度和可预测性的信心。此外，印度国防部官员的业务知识比较欠缺，已成为美印安全防务合作的重要制约。安全防务合作事务本来就颇为棘手，与对外防务合作程序复杂的美国开展安全防务合作更是难上加难。这些履新的印度防务官员往往对美国安全防务合作政策和流程缺乏了解，印度政府也缺乏一支专业的对外防务采购队伍。

小　结

美印深化安全防务合作主要面临五个方面的制约。其一，战略制约。美印两国在安全防务合作方面缺乏共同愿景，印度具有坚定的战略自主诉求，美印两国对合作的期望值也存在较大差异。其二，政治和外交制约。囿于历史和现实的种种因素，美印两国间存在比较严重的信任缺失情况，美巴关系和俄印关系制约着美印关系的发展，印度在与美方签署更多防务协议方面一直态度谨慎，美印两国的国内政治考量也对其安全防务关系的发展形成阻力。其三，官僚制约。美印两国官僚机构的运转存在较大差异，程序繁琐、效率低下、官僚主义作风或规章制度苛刻等因素在两国的官僚机构中不同程度地存在着，对两国的安全防务合作形成消极影响。其四，程序—技术制约。美印两国的军售/采购程序存在衔接不畅的情况，在技术转让和采购抵消等议题上出现不少矛盾和纷争。其五，能力制约。印度有限的军事能力限制其投入更多资源与美方进行防务合作，美印两国在与彼此的沟通能力和成效方面均有待提高。

对于美印两国决策者来说，突破上述制约因素并非易事，因为它们中的绝大多数并无迅速解决之道，也不是美国或印度的决策者仅凭一己之力就能有效解决的。许多此类制约因素都具有自身的发展惯性，可能会阻碍决策者的任何主观努力。

回顾历史，美印安全防务关系的发展绝非坦途，而是走过了一条充满曲折坎坷和艰难险阻的道路，在冷战时期和20世纪90年代尤其如此。在印度学者米纳克什·艾哈迈德看来："美印关系的发展不是一条直路，有时甚至是相反的方向。它遇到了许多障碍，并且常常以路标'困难年代'为标记；但是，'远大前程'使旅行者找到了出路。"[①]

进入21世纪以来，美印安全防务关系在较短时间内取得了较大进展，其发展之迅速引人瞩目。即便是一些颇负盛名的战略分析家，在21世纪之初也难以预料美印安全防务合作会发展到当前的较高水平。事实上，当前的美印安全防务合作较之于以往任何时候都要更为密切。目前美印两国联合军演的次数要超过任何其他国家，印度对美防务采购合同价值到2020年累计已达200亿美元之巨，美印两国还签署了关于防务关系、武器研发、后勤保障、灾难救援、反恐合作、海上合作、核能合作、网络合作等一系列安全防务合作协议。考虑到冷战时期及20世纪90年代跌宕起伏的美印关系史，以及印度由来已久的战略自主外交诉求，这种局面的出现确实值得关注。

美印两国目前已经建立了一种基于两军共同利益和多元合作的务实防务关系，而且美印基于联合军演的防务关系有望逐步转化为植根于相互关切领域的常态化安全合作关系。2012年，时任美国国防部副部长阿什顿·卡特指出："我们认为，鉴于美印两国在价值观和政治哲学上的固有联系，我们与印度合作的唯一限制应该是两国的独立战略决策，因为任何两个国家都有不同，而不是官僚主义障碍。"[②] 2018年11月，美国驻印大使肯尼斯·贾斯特发表名为《美印关系：建立21世纪的持久伙伴关系》的就职演说，将"防务与反恐"视为美印关系的首要关键支柱，其他关键支柱包括"经贸关系""能源与环境""科学技术与卫生"以及"区域合作"；贾

①　Vikram S. Mehta, "Over the Barrel: A Brief History of India-US Relations," February 8, 2021, accessed March 16, 2021, https://www.financialexpress.com/opinion/over-the-barrel-a-brief-history-of-india-us-relations/2190026/.

②　PTI, "U.S. Moving Towards Technology Sharing, Co-Production with India: Pentagon," October 3, 2012, accessed March 16, 2021, https://economictimes.indiatimes.com/news/politics-and-nation/us-moving-towards-technology-sharing-co-production-with-india-pentagon/articleshow/16658924.cms.

斯特提议，美印可在联合军演、军事装备和技术、军事交流和反恐等关键领域进一步推进防务合作。[①]

然而，美印安全防务关系的迅速发展也导致美方有些操之过急，一厢情愿地认为更深层次的美印合作是必然趋势。事实上，部分印度人士认为，当前的美印安全防务合作进展顺利，已经具有一定程度的常态化合作，没有必要采取进一步深化合作的举动。当然，根本制约在于美印双方对安全防务合作的未来缺乏共同战略愿景。譬如美方虽然呼吁让印度成为"印太"地区的"净安全提供者"，却认为"在近中期的任何时候，印度都不大可能成为印太地区安全的关键提供者"。[②]此外，美印双方深化合作的制约还源于政治和外交、官僚机构、程序—技术和能力等方面。

那么美印安全防务合作的发展方向何在呢？伴随美印两国军事与安全的稳步推进，双方也逐渐清楚美印安全防务关系的限制与机遇，尝试管理对彼此的期望，摒弃不切实际的幻想。印度寻求以令自身安心的步伐进行美印军事合作，在深化美印合作和与美国保持距离之间维持微妙的平衡。美国学者拉蒂夫认为，在近中期内，美印防务关系的发展应该基于三项原则。首先，双方应努力发展对美印关系根本战略目标的相互理解。虽然联合军事演习等活动为两国防务合作提供了良好平台，但美印两国需要确立一个相互商定的根本目标，重点关注各军兵种的双边合作，优先聚焦于救灾和人道主义援助等具体任务领域。随着时间推移，这个根本目标可能会伴随美印双边合作关系的性质改变而发生变化，但重要的是首先确立两国的根本目标。其次，双方应该努力使合作变得更加常态化和制度化。更具体地说，双方应该继续加强对彼此相关领域的熟悉，譬如官僚制度、战术、技术和程序、培训方法、装备维护和决策过程等。最后，双方需要保持长期的军事合作。在近中期内，两国军事合作的成就和速度应该被双方视为令人满意。随着印度的实力和信心在未来数年的增长，双方的期望和合作也会相应发生演变。[③]为此，双方可以采取若干举措来深化这种关系，

---

① Kenneth I. Juster, "U.S.-India Relations: Building a Durable Partnership for the 21st Century," January 11, 2018, accessed March 16, 2021, https://in.usembassy.gov/u-s-india-relations-building-durable-partnership-21st-century/.

② S. Amer Latif, *U.S.-India Military Engagement: Steady as They Go*, p.43.

③ S. Amer Latif, *U.S.-India Military Engagement: Steady as They Go*, pp.44-45.

使得美印关系机制变得"常态化、可预期和例行性"。①

　　总体而言，美印安全防务合作议题众多、内容丰富、风云变幻、影响深远，是一个值得长期持续关注的重要课题。基于美印双方各自的战略需求，两国维系和发展安全防务关系的总体趋势仍将持续。美印安全防务合作的走向和深度将在很大程度上影响中国的安全和利益，中国必须予以高度警惕、密切关注和有效应对。

---

　　① Michèle Flournoy, "Investing in the Future of U.S.-India Defense Relations," July 1, 2010, accessed March 16, 2021, http://asiasociety.org/files/pdf/100701_flournoy_transcript.pdf.

参考文献

一、英文官方文件和研究报告

（一）英文官方文件

1. India Ministry of Defense, "Defense Acquisition Procedure 2020," September 30, 2020, https://www.mod.gov.in/dod/defence-procurement-procedure.

2. India Ministry of External Affairs, "Indo-U.S. Framework for Maritime Security Cooperation," March 2, 2006, https://mea.gov.in/bilateral-documents.htm?dtl/6030/IndoUS+Framework+for+Maritime+Security+Cooperation.

3. India Ministry of External Affairs, "U.S.-India Joint Declaration on Combatting Terrorism," September 22, 2015, https://www.mea.gov.in/bilateral-documents.htm?dtl/25836/USIndia_Joint_Declaration_on_Combatting_Terrorism.

4. India Ministry of External Affairs, "Joint Statement — United States and India: Prosperity Through Partnership," June 27, 2017, https://mea.gov.in/bilateral-documents.htm?dtl/28560/United_States_and_India_Prosperity_Through_Partnership.

5. India Ministry of External Affairs, "Joint Statement: Vision and Principles for India-U.S. Comprehensive Global Strategic Partnership," February 25, 2020, https://mea.gov.in/bilateral-documents.htm?dtl/32421/Joint_Statement_Vision_and_Principles_for_IndiaUS_Comprehensive_Global_Strategic_Partnership.

6. Indian National Congress, "India's National Security Strategy," March 2019, https://manifesto.inc.in/pdf/national_security_strategy_gen_hooda.pdf.

7. U.S. Department of Defense, "New Framework for the India - U.S. Defence Relationship," June 28, 2005, https://theasiadialogue.com/wp-content/uploads/2017/09/2005-06-2820New20Framework20for20the20US-India20Defense20Relationship.pdf.

8. U.S. Department of Defense, "Quadrennial Defense Review Report," February 2010, https://dod.defense.gov/Portals/1/features/defenseReviews/QDR/QDR_as_of_29JAN10_1600.pdf.

9. U.S. Department of Defense, "Report to Congress on U.S.-India Security Cooperation," November 2011, https://dod.defense.gov/Portals/1/Documents/pubs/20111101_NDAA_Report_on_US_India_Security_Cooperation.pdf.

10. U.S. Department of Defense, "Sustaining Global Leadership: Priorities for 21st Century Defense," January 2012, http://www.defense.gov/news/Defense_Strategic_Guidance.pdf.

11. U.S. Department of Defense, "Statement on Remains Recovery Activities in India," June 5, 2012, http://www.defense.gov/releases/release.aspx?releaseid=15346.

12. U.S. Department of Defense, "U.S.-India Defense Technology and Trade Initiative (DTTI)," 2012, https://forumias.com/portal/daily-editorial-us-india-defense-technology-and-trade-initiative-dtti/.

13. U.S. Department of Defense, "Framework for the U.S.-India Defense Relationship," June 3, 2015, https://archive.defense.gov/pubs/2015-Defense-Framework.pdf.

14. U.S. Department of Defense, "Joint India-United States Statement on the Visit of Secretary of Defense Carter to India," December 8, 2016, https://www.defense.gov/Newsroom/Releases/Release/Article/1024228/joint-india-united-states-statement-on-the-visit-of-secretary-of-defense-carter/.

15. U.S. Department of Defense & Department of State, "Enhancing Defense and Security Cooperation with India:Joint Report to Congress," July 6, 2017, https://dod.defense.gov/Portals/1/Documents/pubs/NDAA-India-Joint-Report-FY-July-2017.pdf.

16. U.S. Department of Defense, "Indo-Pacific Strategy Report," June 1, 2019, https://media.defense.gov/2019/Jul/01/2002152311/-1/-1/1/DEPARTMENT-OF-DEFENSE-INDO-PACIFIC-STRATEGY-REPORT-2019.PDF.

17. U.S. Department of Homeland Security, "Readout of Secretary Napolitano's Trip to New Delhi," May 27, 2011, https://www.dhs.gov/news/2011/05/27/readout-secretary-napolitanos-trip-new-delhi.

18. U.S. Department of State, "U.S.-India Disaster Relief Initiative," July 18, 2005, https://2001-2009.state.gov/p/sca/rls/fs/2005/49730.htm.

19. U.S. Department of State, "A Free and Open Indo-Pacific: Avancing a Shared Vision," November 4, 2019, https://www.state.gov/wp-content/uploads/2019/11/Free-and-Open-Indo-Pacific-4Nov2019.pdf.

20. U.S. Department of State, "U.S. Security Cooperation with India," 2020, https://www.state.gov/u-s-security-cooperation-with-india/.

21. U.S. Department of State, "Countries Reports on Terrorism 2019," June 24, 2020, https://www.state.gov/reports/country-reports-on-terrorism-2019/.

22. U.S. White House, "Joint Statement Between President George W. Bush and Prime Minister Manmohan," July 18, 2005, https://georgewbush-whitehouse.archives.gov/news/releases/2005/07/20050718-6.html.

23. U.S. White House, "U.S.-India Joint Declaration on Defense Cooperation," September 27, 2013, https://obamawhitehouse.archives.gov/the-press-office/2014/09/30/us-india-joint-statement.

24. U.S. White House, "U.S.-India Joint Strategic Vision for the Asia-Pacific and Indian Ocean Region," January 25, 2015, https://obamawhitehouse.archives.gov/the-press-office/2015/01/25/us-india-joint-strategic-vision-asia-pacific-and-indian-ocean-region.

25. U.S.White House, "U.S.-India Joint Statement–Shared Effort; Progress for All," January 25, 2015, https://www.whitehouse.gov/the-press-office/2015/01/25/us-india-joint-statement-shared-effort-progress-all.

26. U.S. White House, "Framework for the U.S.-India Cyber Relationship," June 7, 2016, https://obamawhitehouse.archives.gov/the-press-office/2016/06/07/fact-sheet-framework-us-india-cyber-relationship.

27. U.S. White House, "The United States and India: Enduring Global Partners in the 21st Century," June 7, 2016, https://obamawhitehouse.archives.gov/the-press-office/2016/06/07/joint-statement-united-states-and-india-enduring-global-partners-21st.

28. U.S. White House, "A New National Security Strategy for a New Era," December 18, 2017, https://trumpwhitehouse.archives.gov/articles/new-national-security-strategy-new-era/.

（二）英文研究报告

1. Ashley J. Tellis, "The Long and Winding Road to Defense Cooperation," December 10, 2015, Washington, D.C.: Carnegie Endowment for International Peace, http://carnegieendowment.org/2015/12/10/back-to-first-principles-realizing-promise-of-u.s.-indian-defense-ties/imz0.

2. Brian Hedrick, "India's Strategic Defense Transformation," November 2009, Carlisle: Strategic Studies Institute, http://www.strategicstudiesinstitute.army.mil/

pdfles/pub950.pdf.

3.   Gurmeet Kanwal, "India's Military Modernization," September 24, 2012, Washington, D.C.: National Bureau of Asian Research, http://www.nbr.org/research/activity. aspx?id=275.

4.   Hemant Singh & Richard Rossow, "U.S.-India Maritime Security Cooperation," October 2019, Washington, D.C.: Center for Strategic and International Studies, https://www.csis.org/analysis/us-india-maritime-security-cooperation.

5.   Jesse Barker Gale & Andrew Shearer, "The Quadrilateral Security Dialogue and the Maritime Silk Road Initiative," March 2018, Washington, D.C.: Center for Strategic and International Studies, https://www.csis.org/analysis/quadrilateral-security-dialogue-and-maritime-silk-road-initiative.

6.   K. Alan Kronstadt etc., "India: Domestic Issues, Strategic Dynamics, and US Relations," September 1, 2011, Washington, D.C.: Congressional Research Service, https://fas.org/sgp/crs/row/RL33529.pdf.

7.   K. Alan Kronstadt & Sonia Pinto, "U.S.-India Security Relations: Strategic Issues," January 24, 2013, Washington, D.C.: Congressional Research Service, https://fas. org/sgp/crs/row/R42948.pdf.

8.   K. Alan Kronstadt, Shayerah I. Akhtar, "India-US Relations:Issues for Congress," June 19, 2017, Washington, D.C.: Congressional Research Service, https://fas.org/ sgp/crs/row/R44876.pdf.

9.   Kenneth I. Juster and Ajay Kuntamukkala, "U.S.-India Initiative Series: Unleashing U.S.-India Defense Trade," October 2010, Washington, D.C.: Center for New American Security, https://www.files.ethz.ch/isn/122830/2010_10_ USIndiaDefenseTrade_Juster.pdf.

10. Laxman Behera, "An American Solution to India's Defense Acquisition Problem?" October 8, 2010, New Delhi: Institute for Defence Studies and Analyses, http:// www.idsa.in/node/6057/1796.

11. Nayantara Ranganathan, "Cybersecurity and Bilateral Ties of India and the United States: A Very Brief History," September 30, 2015, New Delhi: Internet Democracy Project, https://internetdemocracy.in/reports/cybersecurity-and-india-us-bilateral-ties-a-very-brief-history/.

12. Paul K. Kerr, "U.S. Nuclear Cooperation with India: Issues for Congress,"

February 14, 2011, Washington, D.C.: Congressional Research Service, https://fas.
org/sgp/crs/nuke/RL33016.pdf.

13. Robert Blackwill and Naresh Chandra, "The United States and India: A Shared
Strategic Future," September 2011, Washington, D.C.: Council on Foreign
Relations/Aspen Institute India Joint Study Group, https://www.cfr.org/event/
united-states-and-india-shared-strategic-future-0.

14. Rodney Jones, "Conventional Military Imbalance and Strategic Stability in South
Asia," March 2005, Bradford: Department of Peace Studies of the University of
Bradford, http://www.policyarchitects.org/pdf/Conventional_imbalance_RJones.
pdf.

15. S. Amer Latif, "U.S.-India Counterterrorism Partnership: Deepening the
Partnership," September 14, 2011, Statement before the House Foreign Afairs
Committee, Subcommittee on Terrorism, Nonproliferation, and Trade, http://csis.
org/fles/ts110914_Latif.pdf.

16. Sunil Khilnani et al., "Non-Alignment 2.0: A Foreign and Strategic Policy for India
in the Twenty First Century," 2012, New Delhi: Centre for Policy Research, http://
www.cprindia.org/sites/default/fles/Non-Alignment%202.0_1.pdf.

二、中文著作

1. 〔澳大利亚〕大卫·布鲁斯特:《印度之洋:印度谋求地区领导权的真相》,杜
幼康、毛悦译,社会科学文献出版社,2016。

2. 〔美〕查尔斯·库普乾:《美国时代的终结:美国外交政策与21世纪的地缘政
治》,潘忠岐译,上海人民出版社,2004。

3. 〔美〕法里德·扎卡利亚:《后美国世界:大国崛起的经济新秩序时代》,赵广
成、林民旺译,中信出版社,2009。

4. 〔美〕亨利·基辛格:《美国的全球战略》,胡利平、凌建平译,海南出版社,
2009。

5. 〔美〕杰克·斯奈德:《帝国的迷思:国内政治与对外扩张》,于铁军等译,北
京大学出版社,2007。

6. 〔美〕沈大伟:《纠缠的大国:中美关系的未来》,丁超等译,新华出版社
2015。

7. 〔美〕苏米特·甘古利:《印度外交政策分析:回顾与展望》,高尚涛等译,世

界知识出版社，2015。

8. 〔美〕约瑟夫·S.奈:《美国注定领导世界?——美国权力性质的变迁》，刘华译，中国人民大学出版社，2012。

9. 〔美〕詹姆斯·福尔摩斯等:《印度二十一世纪海军战略》，鞠海龙译，人民出版社，2016。

10. 〔美〕兹比格涅夫·布热津斯基:《战略远见:美国与全球权力危机》，洪漫译，新华出版社，2012。

11. 〔印度〕贾瓦哈拉尔·尼赫鲁:《印度的发现》，齐文译，世界知识出版社，1956。

12. 〔印度〕拉贾·莫汉:《莫迪的世界:扩大印度的势力范围》，朱翠萍、杨怡爽译，社会科学文献出版社，2016。

13. 〔印度〕桑贾亚·巴鲁:《印度崛起的战略影响》，黄少卿译，中信出版社，2008。

14. 〔印度〕威奈·莱、〔美〕威廉·西蒙:《思考印度》，宣晓凤等译，上海大学出版社，2010。

15. 〔英〕巴里·布赞:《美国与诸大国:21世纪的世界政治》，刘永涛译，上海人民出版社，2007。

16. 〔英〕戴维·史密斯:《龙象之争:中国、印度与世界秩序》，丁德良译，当代中国出版社，2007。

17. 戴超武:《印度国情报告（2019）》，社会科学文献出版社，2020。

18. 龙兴春:《印度大国外交》，中国社会科学出版社，2016。

19. 马勇:《南亚恐怖主义与反恐合作研究》，时事出版社，2018。

20. 慕永鹏:《中美印三边关系:形成中的动态平衡体系》，世界知识出版社，2011。

21. 钱其琛主编《世界外交大辞典》，世界知识出版社，2005。

22. 上海社会科学院世界经济与政治研究院:《新兴大国与传统大国:博弈中的合作》，时事出版社，2011。

23. 宋德星:《印度海洋战略研究》，时事出版社，2016。

24. 孙士海主编《印度的发展及其对外战略》，中国科学技术出版社，2000。

25. 谭中主编《中印大同:理想与现实》，宁夏人民出版社，2007。

26. 文富德:《印度经济发展前景研究》，时事出版社，2014。

27. 王德华、吴杨:《龙与象:21世纪中印崛起的比较》，上海社会科学院出版社，

2003。

28. 王志军等:《印度国家战略问题研究》,解放军出版社,2005。

29. 徐萍等:《新兴市场国家:融入体系还是挑战格局》,长春出版社,2011。

30. 杨晓冬:《世界军事外交发展报告（2019）》,世界知识出版社,2020。

31. 张贵洪等:《中美印三边关系研究》,时事出版社,2013。

32. 张敏秋:《跨越喜马拉雅障碍:中国寻求了解印度》,重庆出版社,2006。

33. 张文木:《印度与印度洋:基于中国地缘政治视角》,中国社会科学出版社,2006。

34. 赵干城:《中印关系:现状·趋势·应对》,时事出版社,2013。

35. 赵干城:《印度:大国地位与大国外交》,上海人民出版社,2009。

36. 郑瑞祥:《印度的崛起与中印关系》,当代世界出版社,2006。

37. 朱翠萍:《印度洋地区发展报告（2018）》,社会科学文献出版社,2018。

38. 朱翠萍:《印度洋地区发展报告（2019）》,社会科学文献出版社,2019。

39. 朱翠萍:《印度洋地区发展报告（2020）》,社会科学文献出版社,2020。

40. 汪戎、朱翠萍:《印度洋地区发展报告（2017）》,社会科学文献出版社,2017。

三、英文著作

1. Ashley J. Tellis, Travis Tanner, Jessica Keough, *Strategic Asia 2011-12: Asia Responds to Its Rising Powers- China and India*, Washington, DC: National Bureau of Asian Research, 2011.

2. Ashley J. Tellis, Andrew Marble and Travis Tanner, eds., *Strategic Asia 2010-11: Asia's Rising Power and America's Continued Purpose*, Washington, D.C.: National Bureau of Asian Research, 2010.

3. Balder Raj Nayar and T.V.Paul, *India in the World Order*, Cambridge: Cambridge University Press, 2003.

4. C. Christine Fair, *The Counterterrorism Coalitions: Cooperation with Pakistan and India*, Santa Monic: RAND Cooperation, 2004.

5. Cohen and Dasgupta, *Arming Without Aiming: India's Military Modernization*, Washington, D.C.: Brookings Institution Press, 2010.

6. Deba R. Mohanty & Uma Purushothaman, *India-US Defence Relations: In Search of a Direction*, New Delhi: Observer Research Foundation, 2011.

7. Deba R. Mohanty, *India's Defence Industry in the 21st Century*, Bonn: Bonn

International Center for Conversion, 2004.

8. Dennis Kux, *India and United States: Estranged Democracies*,Washington, D.C.: The National Defense University Press, 1992.

9. Gurmeet Kanwal and Neha Kohli, *Defence Reforms: A National Imperative*, New Delhi: Pentagon Press, 2018.

10. Jaswant Singh, *Defending India*, New Delhi: MacMillan India, 1999.

11. Laxman Kumar Behera, *Indian Defence Industry: An Agenda for Making in India*, New Delhi: Pentagon Press, 2016.

12. Ranjit Ghosh, *Key to Self-Sufficiency and Strategic Capability*, New Delhi: Institute for Defence Studies and Analyses, 2016.

13. S. Amer Latif, *U.S.-India Defense Trade*, Washington, D.C.: CSIS, June 2012.

14. S. Amer Latif, *U.S.-India Military Engagement : Steady as They Go*, Washington, D.C.: CSIS, 2012.

15. Shahid Latif Bajwa, *U.S. Security Cooperation with India and Pakistan: A Comparative Study*, Monterey: U.S. Naval Postgraduate School, 2013.

16. Stephen J. Flanagan, Ellen L. Frost, and Richard L. Kugler, *Challenges of the Global Century: Report of the Project on Globalization and National Security*, Washington, D.C.: National Defense University Press, 2001.

17. Stephen Philip Cohen, *India: Emerging Power*, Washinton, DC: Brookings Institution Press, 2004.

18. Strobe Talbott, *Engaging India Diplomacy, Democracy, and the Bomb*, Washington, D.C.: Brookings Institution Press, 2004.

19. Sumit Ganguly, Brian Shoup, and Andrew Scobell, *US-Indian Strategic Cooperation into the 21st Century*, New York: Routledge, 2006.

20. Tim Sullivan and Michael Mazza, *Shaping the Future of U.S.-India Defense Cooperation*, Washington, D.C.: CSIS, September 2010.

21. Vinod Misra, *Core Concerns in Indian Defence and the Imperatives for Reforms*, New Delhi: Pentagon Press, 2015.

22. Virender Singh Salaria, *India-United States Security Cooperation:Past, Present, and Future*, Biblio Scholar, 2012.

23. V. M. Hewitt, *The International Politics of South Asia*, Manchester: Manchester University Press, 1991.

附　录

条约协议译名对照表

1. 《123协议》　　　　　　　"123" Agreement
2. 《2019财年国防授权法案》　FY2019 National Defense Authorization
　　　　　　　　　　　　　　　Act (NDAA)
3. 《巴格达条约》　　　　　　The Baghdad Pact
4. 《巴基斯坦美国合作协定》　Pakistan-U.S. Agreement of
　　　　　　　　　　　　　　　Cooperation
5. 《巴黎协定》　　　　　　　The Paris Agreement
6. 《巴美共同防御援助协定》　Pakistan-U.S. Mutual Defense
　　　　　　　　　　　　　　　Assistance Agreement
7. 《巴美技术援助协定》　　　Agreement for Technical Cooperation
　　　　　　　　　　　　　　　between the United States of America
　　　　　　　　　　　　　　　and Pakistan
8. 《不结盟2.0：印度21世纪外交和战略政策》
　　　　　　　　　　　　　　　Nonalignment 2.0: A Foreign and
　　　　　　　　　　　　　　　Strategic Policy for India in the 21st
　　　　　　　　　　　　　　　Century
9. 《不扩散核武器条约》　　　Treaty on the Non-Proliferation of
　　　　　　　　　　　　　　　Nuclear Weapons (NPT)
10. 《部分核禁试条约》　　　　Partial Test Ban Treaty (PTBT)
11. 《地理空间情报基本交流与合作协定》
　　　　　　　　　　　　　　　Basic Exchange and Cooperation
　　　　　　　　　　　　　　　Agreement (BECA)
12. 《东南亚集体防务条约》　　Southeast Asia Collective Defense
　　　　　　　　　　　　　　　Treaty
13. 《俄印防务合作协定》　　　Agreement between the Government
　　　　　　　　　　　　　　　of the Russian Federation and the
　　　　　　　　　　　　　　　Government of the Republic of India on

Military Cooperation

14. 《俄印国防部合作协议》　Agreement between the Ministry of Defense of the Russian Federation and the Ministry of Defense of the Republic of India

15. 《俄印友好合作条约》　Treaty of Friendship and Cooperation between the Republic of India and the Russian Federation

16. 《俄印战略伙伴宣言》　Declaration on Strategic Partnership between the Republic of India and the Russian Federation

17. 《高级终端用户监控协议》　Enhanced End Use Monitoring Agreement (EEUMA)

18. 《戈德华特–尼科尔斯法》　Goldwater-Nichols Act

19. 《工业安全附件》　Industrial Security Annex (ISA)

20. 《关于进一步加强两国战略伙伴关系的德里宣言》

Delhi Declaration on Further Consolidation of Strategic Partnership between the Republic of India and the Russian Federation

21. 《国防部改组法》　Department of Defense Reorganization Act

22. 《国防授权法案》　National Defense Authorization Act (NDAA)

23. 《国家安全法》　National Security Act

24. 《海德法案》　Hyde Act

25. 《海事信息共享技术协议》　Maritime Information Sharing Technical Arrangement (MISTA)

26. 《核安全保障协议》　Agreement Between the Government of India and the IAEA for the Application of Safeguards to Civilian Nuclear Facilities

27. 《核损害补充赔偿公约》 Convention on Supplementary Compensation for Nuclear Damage

28. 《后勤交换协议备忘录》 Logistics Exchange Memorandum of Agreement (LEMOA)

29. 《后勤相互保障协定》 Mutual Logistics Support Agreement (MLSA)

30. 《互惠准入协定》 Reciprocal Access Agreement (RAA)

31. 《美国国防规划指南》 Defense Planning Guidance (DPG)

32. 《美国国家安全战略报告》 National Security Strategy of the United States (NSS)

33. 《美国国土安全总统指令》 Homeland Security Presidential Directive (HSPD)

34. 《美印安全合作报告》 Report to Congress on U.S.-India Security Cooperation

35. 《美印反恐合作倡议》 U.S.-India Counter Terrorism Cooperation Initiative (CCI)

36. 《美印防务关系框架》协议 Framework for the U.S.-India Defense Relationship

37. 《美印防务关系新框架》协议 New Framework for the U.S.-India Defense Relationship

38. 《美印国防技术和贸易倡议》 Defense Technology and Trade Initiative (DTTI)

39. 《美印关系：21世纪展望》 U.S.-India Relations: A Vision for the 21st Century

40. 《美印海上安全合作框架》协议 Indo-U.S. Framework for Maritime Security Cooperation

41. 《美印技术合作协定》 Agreement Between the United States of America and India Relating to Technical Cooperation

42. 《美印技术援助协定》 General Agreement for Technical Cooperation between India and The United States of America

43. 《美印军事信息总体安全协定》　General Security of Military Information
Agreement (GSOMIA)

44. 《美印科学技术协议》　U.S.-India Science and Technology
Cooperation Agreement

45. 《美印防务关系会议纪要》

Agreed Minute on Defense Relations
between the United States and India

46. 《美印民用核能合作协议》　U.S.-India Civilian Nuclear Cooperation
Agreement

47. 《美印清洁能源、能源效率、能源安全和气候变化谅解备忘录》

Memorandum of Understanding
between the Government of United
States of America and the Government
of India to Enhance Cooperation on
Energy Security, Energy Efficiency,
Clean Energy and Climate Change

48. 《美印网络关系框架》协议　Framework for the U.S.-India Cyber
Relationship

49. 《美印刑事司法互助条约》　Mutual Legal Assistance Treaty between
the United States of America and India
(MLAT)

50. 《美印亚太和印度洋地区联合战略愿景》

U.S.-India Joint Strategic Vision for the
Asia-Pacific and Indian Ocean Region

51. 《美印灾难救援倡议》　U.S.-India Disaster Relief Initiative

52. 《美印战略伙伴关系后续步骤倡议》

The Next Steps in Strategic Partnership
Initiative

53. 《全面禁止核试验条约》　Comprehensive Nuclear Test Ban Treaty
(CTBT)

54. 《日印防卫装备品及技术转让协定》

Agreement between the Government of Japan and the Government of the Republic of India Concerning the Transfer of Defense Equipment and Technology

55. 《四年防务评估报告》　　Quadrennial Defense Review (QDR)

56. 《苏印和平友好合作条约》　Treaty of Peace, Friendship and Cooperation between the Union of Soviet Socialist Republics and the Republic of India

57. 《通信兼容与安全协议》　Communications Compatibility and Security Agreement (COMCASA)

58. 《武器出口管制法》　　Arms Export Control Act (AECA)

59. 《相互提供物资与劳务协定》　Acquisition and Cross-Servicing Agreement (ACSA)

60. 《以制裁反击美国敌人法案》　Countering America's Adversaries Through Sanctions Act (CAATSA)

61. 《印度海上军事学说》　Indian Maritime Doctrine

62. 《原子能法》　　Atomic Energy Act (AEA)

63. 《终端用户监控协议》　End Use Monitoring Agreement (EUMA)

64. 美国"全球入境计划"　Global Entry

65. 美国《2020 年特别 301 报告》　2020 Special 301 Report

66. 美国《出口管制条例》　Export Administration Regulations (EAR)

67. 美国《国家安全研究备忘录》　National Security Study Memorandum (NSSM)

68. 美国《印太战略报告》　Indo-Pacific Strategy of the United States

外国人名中英对照表

A. P. J. Abdul Kalam	阿卜杜勒·卡拉姆
Ajay Kumar	阿贾伊·库马尔
Ajit Doval	阿吉特·多瓦尔
Anil Jai Singh	阿尼尔·贾伊·辛格
Antony Blinken	安东尼·布林肯
Arackaparambil Kurien Antony	A.K.安东尼
Arun Prakash	阿伦·普拉卡什
Ashley J. Tellis	阿什利·泰利斯
Ashraf Ghani	阿什拉夫·加尼
Ashton B. Carter	阿什顿·卡特
Atal Bihari Vajpayee	阿·比·瓦杰帕伊
Barack Obama	贝拉克·奥巴马
Bernard Brodie	伯纳德·布罗迪
Bharat Ramamurti	巴拉特·拉马莫尔蒂
Bill Gates	比尔·盖茨
Bikram Singh	比克拉姆·辛格
Brij Mohan Kaul	布里吉·考尔
C. Raja Mohan	拉贾·莫汉
Chandra Shekhar	钱德拉·谢卡尔
Chester Bowles	切斯特·鲍尔斯
Claude M. Kicklighter	克罗德·基克莱特
Colin Luther Powell	科林·鲍威尔
Condoleezza Rice	康多莉扎·赖斯
Dharmendra Pradhan	达尔门德拉·普拉丹
Dmitry Shugaev	迪米特里·舒加耶夫
Donald Rumsfeld	唐纳德·拉姆斯菲尔德
Donald Trump	唐纳德·特朗普

Douglas Dillon	道格拉斯·狄龙
Douglas Feith	道格拉斯·费斯
Dwight D. Eisenhower	德怀特·D.艾森豪威尔
Fareed Zakaria	法里德·扎卡利亚
Frank G. Wisner	弗兰克·维斯纳
Franklin D. Roosevelt	富兰克林·D.罗斯福
Garima Verma	卡利玛·维尔玛
Gita Gopinath	吉塔·戈皮纳特
George Walker Bush	乔治·沃克·布什（小布什）
Harsh Vardhan Shringla	哈什·瓦尔丹·施林格拉
Harry Harris	哈里·哈里斯
Harry S. Truman	哈里·S.杜鲁门
Hazel Reid O'Leary	黑泽尔·奥利里
Henry Rowen	亨利·罗文
Henry A. Kissinger	亨利·A.基辛格
Henry F. Grady	亨利·格雷迪
Herbert Raymond McMaster	赫伯特·雷蒙德·麦克马斯特
Hillary Clinton	希拉里·克林顿
Homi Bhabha	霍米·巴巴
Islam Siddiqui	伊斯兰·西迪基
Indira Gandhi	英迪拉·甘地
Imran Khan	伊姆兰·汗
Jack Anderson	杰克·安德森
James E. Carter, Jr.	小詹姆斯·E.卡特（吉米·卡特）
James Holmes	詹姆斯·福尔摩斯
James N. Mattis	詹姆斯·马蒂斯
Janet Napolitano	珍妮特·纳波利塔诺
Jayalalithaa Jayaram	贾娅拉姆·贾亚拉利塔
Jaswant Singh	贾斯万特·辛格
John C. Aquilino	约翰·阿奎利诺
John Cornyn	约翰·科宁
John F. Kennedy	约翰·F.肯尼迪

Mohammad Nawaz Sharif	穆罕默德·纳瓦兹·谢里夫
Morarji Desai	莫拉尔吉·德赛
Narendra Modi	纳伦德拉·莫迪
Neera Tanden	妮拉·坦登
Nicolas Sarkozy	尼古拉·萨科齐
Nikki Haley	妮基·黑利
Nirmala Sitharaman	尼尔马拉·西塔拉曼
Nisha Biswal	妮莎·毕斯瓦
Osama bin Laden	乌萨马·本·拉登
P. S. Raghavan	P.S.拉加万
Palaniappan Chidambaram	帕拉尼亚潘·奇丹巴拉姆
Pandit Jawaharlal Nehru	潘迪特·贾瓦哈拉尔·尼赫鲁
Philip Davidson	菲利普·戴维森
Pranab Mukherjee	普拉纳布·慕克吉
Rahul Gandhi	拉胡尔·甘地
Rajiv Gandhi	拉吉夫·甘地
Rajiv Shah	拉吉夫·沙阿
Rajnath Singh	拉杰纳特·辛格
Rex Wayne Tillerson	雷克斯·蒂勒森
Richard Armitage	理查德·阿米蒂奇
Richard Bruce Cheney	理查德·布鲁斯·切尼（迪克·切尼）
Richard Kirkland	理查德·柯克兰
Richard M. Nixon	理查德·M.尼克松
Richard Meserve	理查德·梅瑟
Richard Myers	理查德·迈尔斯
Rick Perry	里克·佩里
Robert D. Kaplan	罗伯特·卡普兰
Robert D. Blackwill	罗伯特·布莱克威尔
Robert Gates	罗伯特·盖茨
Ronald Brown	罗纳德·布朗
Ronen Sen	罗南·森
S. Jaishankar	苏杰生

图书在版编目（CIP）数据

美国与印度的安全防务合作 / 胡二杰著. -- 北京 ：
世界知识出版社，2023.10
ISBN 978-7-5012-6576-3

Ⅰ. ①美… Ⅱ. ①胡… Ⅲ. ①国家安全－国际合作－
研究－美国、印度 Ⅳ. ①D771.233.9②D735.133.9

中国国家版本馆CIP数据核字（2022）第206848号

书　　名	美国与印度的安全防务合作 Meiguo Yu Yindu De Anquan Fangwu Hezuo
著　　者	胡二杰
责任编辑	范景峰
责任出版	李　斌
责任校对	张　琨
出版发行	世界知识出版社
地址邮编	北京市东城区干面胡同51号（100010）
网　　址	www.ishizhi.cn
电　　话	010-65233645（市场部）
经　　销	新华书店
印　　刷	艺堂印刷（天津）有限公司
开本印张	787mm×1092mm　1/16　21½印张
字　　数	370千字
版次印次	2023年10月第一版　2023年10月第一次印刷
标准书号	ISBN 978-7-5012-6576-3
定　　价	135.00元